水利水电工程施工技术全书

第二卷 土石方工程

第九册

疏浚与吹填工程施工技术

杨涛 周志辉 等 编著

中国水利水电出版社
www.waterpub.com.cn
·北京·

内 容 提 要

本书是《水利水电工程施工技术全书》第二卷《土石方工程》中的第九分册。本书系统阐述了疏浚与吹填工程施工的技术和方法。主要内容包括：综述、施工组织、疏浚工程施工技术、吹填工程施工技术、施工安全与环境保护、工程案例等。

本书可作为水利水电工程施工领域的工程技术人员、工程管理人员和高级技术工人的工具书，也可供从事水利水电工程科研、设计、建设及运行管理和相关企事业单位的工程技术人员、工程管理人员使用，并可作为大专院校水利水电工程及机电专业师生教学参考书。

图书在版编目（CIP）数据

疏浚与吹填工程施工技术 / 杨涛等编著. -- 北京：中国水利水电出版社，2019.1
（水利水电工程施工技术全书. 第二卷，土石方工程；第九册）
ISBN 978-7-5170-7608-7

Ⅰ. ①疏… Ⅱ. ①杨… Ⅲ. ①疏浚工程－工程施工②吹填土－工程施工 Ⅳ. ①U616

中国版本图书馆CIP数据核字（2019）第069421号

书　　名	水利水电工程施工技术全书 第二卷　土石方工程 第九册　疏浚与吹填工程施工技术 SHUJUN YU CHUITIAN GONGCHENG SHIGONG JISHU
作　　者	杨涛　周志辉　等 编著
出版发行	中国水利水电出版社 （北京市海淀区玉渊潭南路1号D座　100038） 网址：www.waterpub.com.cn E-mail：sales@waterpub.com.cn 电话：（010）68367658（营销中心）
经　　售	北京科水图书销售中心（零售） 电话：（010）88383994、63202643、68545874 全国各地新华书店和相关出版物销售网点
排　　版	中国水利水电出版社微机排版中心
印　　刷	天津嘉恒印务有限公司
规　　格	184mm×260mm　16开本　20印张　474千字
版　　次	2019年1月第1版　2019年1月第1次印刷
印　　数	0001—3000册
定　　价	98.00元

凡购买我社图书，如有缺页、倒页、脱页的，本社营销中心负责调换

版权所有·侵权必究

《水利水电工程施工技术全书》
编审委员会

顾　　问：潘家铮　中国科学院院士、中国工程院院士
　　　　　谭靖夷　中国工程院院士
　　　　　陆佑楣　中国工程院院士
　　　　　郑守仁　中国工程院院士
　　　　　马洪琪　中国工程院院士
　　　　　张超然　中国工程院院士
　　　　　钟登华　中国工程院院士
　　　　　缪昌文　中国工程院院士

名誉主任：范集湘　丁焰章　岳　曦
主　　任：孙洪水　周厚贵　马青春
副 主 任：宗敦峰　江小兵　付元初　梅锦煜
委　　员：丁焰章　马如骐　马青春　马洪琪　王　军　王永平
　　　　　王亚文　王鹏禹　付元初　江小兵　刘永祥　刘灿学
　　　　　吕芝林　孙来成　孙志禹　孙洪水　向　建　朱明星
　　　　　朱镜芳　何小雄　和孙文　陆佑楣　李友华　李志刚
　　　　　李丽丽　李虎章　沈益源　汤用泉　吴光富　吴国如
　　　　　吴高见　吴秀荣　肖恩尚　余　英　陈　茂　陈梁年
　　　　　范集湘　林友汉　张　晔　张为明　张利荣　张超然
　　　　　周　晖　周世明　周厚贵　宗敦峰　岳　曦　杨　涛
　　　　　杨成文　郑守仁　郑桂斌　钟彦祥　钟登华　席　浩
　　　　　夏可风　涂怀健　郭光文　常焕生　常满祥　楚跃先
　　　　　梅锦煜　曾　文　焦家训　戴志清　缪昌文　谭靖夷
　　　　　潘家铮　衡富安
主　　编：孙洪水　周厚贵　宗敦峰　梅锦煜　付元初　江小兵
审　　定：谭靖夷　郑守仁　马洪琪　张超然　梅锦煜　付元初
　　　　　周厚贵　夏可风
策　　划：周世明　张　晔
秘 书 长：宗敦峰（兼）
副秘书长：楚跃先　郭光文　郑桂斌　吴光富　康明华

《水利水电工程施工技术全书》
各卷主（组）编单位和主编（审）人员

卷序	卷名	组编单位	主编单位	主编人	主审人
第一卷	地基与基础工程	中国电力建设集团（股份）有限公司	中国电力建设集团（股份）有限公司 中国水电基础局有限公司 中国葛洲坝集团基础工程有限公司	宗敦峰 肖恩尚 焦家训	谭靖夷 夏可凤
第二卷	土石方工程	中国人民武装警察部队水电指挥部	中国人民武装警察部队水电指挥部 中国水利水电第十四工程局有限公司 中国水利水电第五工程局有限公司	梅锦煜 和孙文 吴高见	马洪琪 梅锦煜
第三卷	混凝土工程	中国电力建设集团（股份）有限公司	中国水利水电第四工程局有限公司 中国葛洲坝集团有限公司 中国水利水电第八工程局有限公司	席　浩 戴志清 涂怀健	张超然 周厚贵
第四卷	金属结构制作与机电安装工程	中国能源建设集团（股份）有限公司	中国葛洲坝集团有限公司 中国电力建设集团（股份）有限公司 中国葛洲坝集团机电建设有限公司	江小兵 付元初 张　晔	付元初
第五卷	施工导（截）流与度汛工程	中国能源建设集团（股份）有限公司	中国能源建设集团（股份）有限公司 中国葛洲坝集团有限公司 中国水利水电第八工程局有限公司	周厚贵 郭光文 涂怀健	郑守仁

《水利水电工程施工技术全书》
第二卷《土石方工程》编委会

主　　编：梅锦煜　和孙文　吴高见
主　　审：马洪琪　梅锦煜
委　　员：王永平　王红军　李虎章　吴国如　陈　茂
　　　　　陈太为　何小雄　沈益源　张小华　张永春
　　　　　张利荣　汤用泉　杨　涛　林友汉　郑道明
　　　　　黄宗营　温建明
秘 书 长：郑桂斌　徐　萍

《水利水电工程施工技术全书》
第二卷《土石方工程》
第九册《疏浚与吹填工程施工技术》
编写人员名单

主　　编：杨　涛　周志辉

审　　稿：杨　涛　随守信　温建明　翟德勤

编写人员：周志辉　严六四　阎国权　褚　勇　张秀莲

序 一

水利水电工程建设在我国作为一项基础建设事业，已经走过了近百年的历程，这是一条不平凡而又伟大的创业之路。

新中国成立66年来，党和国家领导一直高度重视水利水电工程建设，水电在我国已经成为了一种不可替代的清洁能源。我国已经成为世界上水电装机容量第一位的大国，水利水电工程建设不论是规模还是技术水平，都处于国际领先或先进水平，这是几代水利水电工程建设者长期艰苦奋斗所创造出来的。

改革开放以来，特别是进入21世纪以后，我国的水利水电工程建设又进入了一个前所未有的高速发展时期。到2014年，我国水电总装机容量突破3亿kW，占全国电力装机容量的23%。发电量也历史性地突破31万亿kW·h。水电作为我国当前重要的可再生能源，为我国能源电力结构调整、温室气体减排和气候环境改善做出了重大贡献。

我国水利水电工程建设在新技术、新工艺、新材料、新设备等方面都取得了突破性的进展，无论是技术、工艺，还是在材料、设备等方面，都取得了令人瞩目的成就，它不仅推动了技术创新市场的活跃和发展，也推动了水利水电工程建设的前进步伐。

为了对当今水利水电工程施工技术进展进行科学的总结，及时形成我国水利水电工程施工技术的自主知识产权和满足水利水电建设事业的工作需要，全国水利水电施工技术信息网组织编撰了《水利水电工程施工技术全书》。该全书编撰历时5年，在编撰过程中组织了一大批长期工作在工程建设一线的中青年技术负责人和技术骨干执笔，并得到了有关领导、知名专家的悉心指导和审定，遵循"简明、实用、求新"的编撰原则，立足于满足广大水利水电工程技术人员的实际工作需要，并注重参考和指导价值。该全书内容涵盖了水利水电工程建设地基与基础工程、土石方工程、混凝土工程、金属结构制作与机电安装工程、施工导（截）流与度汛工程等内容的目标任务、原理方法及工程实例，既有理论阐述，又有实例介绍，重点突出，图文并茂，针对性及可操作性强，对今后的水利水电工程建设施工具有重要指导作用。

《水利水电工程施工技术全书》是对水利水电施工技术实践的总结和理论提炼，是一套具有权威性、实用性的大型工具书，为水利水电工程施工"四新"技术成果的推广、应用、继承、创新提供了一个有效载体。为大力推动水利水电技术进步和创新，推进中国水利水电事业又好又快地发展，具有十分重要的现实意义和深远的科技意义。

水利水电工程是人类文明进步的共同成果，是现代社会发展对保障水资源供给和可再生能源供应的基本需求，水利水电工程施工技术在近代水利水电工程建设中起到了重要的推动作用。人类应对全球气候变化的共识之一是低碳减排，尽可能多地利用绿色能源就成为重要选择，太阳能、风能及水能等成为首选，其中水能蕴藏丰富、可再生性、技术成熟、调度灵活等特点成为最优的绿色能源。随着水利水电工程建设与管理技术的不断发展，水利水电工程，特别是一些高坝大库能有效利用自然条件、降低开发运行成本、提高水库综合效能，高坝大库的（高度、库容）记录不断被刷新。特别是随着三峡、拉西瓦、小湾、溪洛渡、锦屏、向家坝等一批大型、特大型水利水电工程相继建成并投入运行，标志着我国水利水电工程技术已跨入世界领先行列。

近年来，我国水利水电工程施工企业积极实施走出去战略，海外市场开拓业绩突出。目前，我国水利水电工程施工企业在亚洲、非洲、南美洲多个国家承建了上百个水利水电工程项目，如尼罗河上的苏丹麦洛维水电站、号称"东南亚三峡工程"的马来西亚巴贡水电站、巨型碾压混凝土坝泰国科隆泰丹水利工程、位居非洲第一水利枢纽工程的埃塞俄比亚泰克泽水电站等，"中国水电"的品牌价值已被全球业内所认可。

《水利水电工程施工技术全书》对我国水利水电施工技术进行了全面阐述。特别是在众多国内外大型水利水电工程成功建设后，我国水利水电工程施工人员创造出一大批新技术、新工法、新经验，对这些内容及时总结并公开出版，与全体水利水电工作者分享，这不仅能促进我国水利水电行业的快速发展，提高水利水电工程施工质量，保障施工安全，规范水利水电施工行业发展，而且有助于我国水利水电行业走进更多国际市场，展示我国水利水电行业的国际形象和实力，提高我国水利水电行业在国际上的影响力。

该全书的出版不仅能提高水利水电工程施工的技术水平，而且有助于提高我国水利水电行业在国内、国际上的影响力，我在此向广大水利水电工程建设者、工程技术人员、勘测设计人员和在校的水利水电专业师生推荐此书。

2015 年 4 月 8 日

序 二

《水利水电工程施工技术全书》作为我国水利水电工程技术综合性大型工具书之一，与广大读者见面了！

这是一套非常好的工具书，它也是在《水利水电工程施工手册》基础上的传承、修订和创新。集中介绍了进入21世纪以来我国在水利水电施工领域从地基与基础工程、土石方工程、混凝土工程、金属结构制作与机电安装工程、施工导（截）流与度汛工程等方面采用的各类创新技术，如信息化技术的运用：在施工过程模拟仿真技术、混凝土温控防裂技术与工艺智能化等关键技术中，应用了数字信息技术、施工仿真技术和云计算技术，实现工程施工全过程实时监控，使现代信息技术与传统筑坝施工技术相结合，提高了混凝土施工质量，简化了施工工艺，降低了施工成本，达到了混凝土坝快速施工的目的；再如碾压混凝土技术在国内大规模运用：节省了水泥，降低了能耗，简化了施工工艺，降低了工程造价和成本；还有，在科研、勘察设计和施工一体化方面，数字化设计研究面向设计施工一体化的三维施工总布置、水工结构、钢筋配置、金属结构设计技术，推广复杂结构三维技施设计技术和前期项目三维枢纽设计技术，形成建筑工程信息模型的协同设计能力，推进建筑工程三维数字化设计移交标准工程化应用，也有了长足的进步。因此，在当前形势下，编撰出一部新的水利水电施工技术大型工具书非常必要和及时。

随着水利水电工程施工技术的不断推进，必然会给水利水电施工带来新的发展机遇。同时，也会出现更多值得研究的新课题，相信这些都将对水利水电工程建设事业起到积极的促进作用。该全书是当今反映水利水电工程施工技术最全、最新的系列图书，体现了当前水利水电最先进的施工技术，其中多项工程实例都是曾经创造了水利水电工程的世界纪录。该全书总结的施工技术具有先进性、前瞻性，可读性强。该全书的编者们都是参加过我国大型水利水电工程的建设者，有着非常丰富的各专业施工经验。他们以高度的社会责任感和使命感、饱满的工作热情和扎实的工作作风，大力发展和创新水电科学技术，为推进我国水利水电事业又好又快地发展，做出了新的贡献！

近年来，我国水利水电工程建设快速发展，各类施工技术日臻成熟，相继建成了三峡、龙滩、水布垭等具有代表性的水电工程，又有拉西瓦、小湾、溪洛渡、锦屏、糯扎渡、向家坝等一批大型、特大型水电工程，在施工过程中总结和积累了大量新的施工技术，尤其是混凝土温控防裂的施工方法在三峡水利枢纽工程的成功应用，高寒地区高拱坝冬季施工综合技术在拉西瓦等多座水电站工程中的应用……，其中的多项施工技术获得过国家发明专利，达到了国际领先水平，为今后水利水电工程施工提供了参考与借鉴。

目前，我国水利水电工程施工技术已经走在了世界的前列，该全书的出版，是对我国水利水电工程建设领域的一大贡献，为后续在水利水电开发，例如金沙江上游、长江上游、通天河、黄河上游的水电开发、南水北调西线工程等建设提供借鉴。该全书可作为工具书，为广大工程建设者们提供一个完整的水利水电工程施工理论体系及工程实例，对今后水利水电工程建设具有指导、传承和促进发展的显著作用。

《水利水电工程施工技术全书》的编撰、出版是一项浩繁辛苦的工作，也是一个具有创造性的劳动过程，凝聚了几百位编、审人员近5年的辛勤劳动，克服了各种困难。值此该全书出版之际，谨向所有为该全书的编撰给予关心、支持以及为此付出了辛勤劳动的领导、专家和同志们表示衷心的感谢！

2015年4月18日

前 言

由全国水利水电施工技术信息网组织编写的《水利水电工程施工技术全书》第二卷《土石方工程》共分为十册，《疏浚与吹填工程施工技术》为第九册，中国电建市政建设集团有限公司为主编单位，中国电建集团港航建设有限公司为副主编单位。

疏浚工程是指通过机械设备的开挖作业，达到通航、行洪、引水、降水排涝、扩大蓄水容量、清污及改善生态环境等目的的一种施工作业。疏浚工程是维护和改善行洪或通航条件的重要措施之一。

吹填工程是指利用机械设备自水下开挖取土，通过泥泵与排泥管线输送到指定区域，以达到填埋坑塘、造地、护岸、加固和加高堤防等目的的一种施工作业。吹填工程由疏浚土的处理发展而来，是疏浚工程的延伸。

疏浚与吹填工程技术是一门古老而又新兴的学科。在我国，疏浚工程古已有之。早在四千多年前，大禹就开始采用以疏为主的治水思想。自祖先"刳木为舟，剡木为楫"开始了原始的航运后，历代先哲们在与大自然的搏击中积累总结了大量疏浚技术方面的经验，并将之用于航运和防洪。在国外，疏浚工程同样也有着悠久的历史，很多国家都有相关记录。古代人工运河发展史实际也是一部疏浚工程发展史。18世纪蒸汽机发明后，在为现代挖泥船的发展提供驱动能力的同时，也为现代挖泥船的制造提供了新的设计理念。离心泵发明后，一些新型疏浚设备更是层出不穷。疏浚料不再被简单的外运抛弃，而是被充分利用，进行填塘、造地、固堤、护岸等。这些都已开始成为疏浚行业的新追求，也由此产生了吹填工程这一概念。

随着世界经济的快速发展，城市建设和人民生活水平的提高，航运也得到蓬勃发展，不仅航运船舶的数量大幅增加，大型和超大型航运船舶的需求也日益增长。航运业的这些发展特点使得港口、航道的新建、改建和扩建也趋于紧迫，世界上一些大型港口和深水港在近些年得到了开发，还有一些港口也在紧锣密鼓建设之中，比如上海的洋山港。这些疏浚工程的普遍特点是挖深大，工程量也巨大。此外，随着城市建设和人民安居乐业的需要，近些年还有一些大型吹填项目也得到了大力推进，如迪拜的椰树岛项目、中国香港的赤鱲角机场项目。20世纪90年代末，我国水利系统提出了"百船工程计划"，通过实施，在短期内基本疏通了行洪水道，同时也通过吹填加固了堤防，实现了"疏洪导水、造福人民"的愿望。另外，随着城市的发展和人们对环境要求标准的日益提高，很多城市里的湖泊、河道底泥的污染也越来越多地被要求清理，以恢复生态环境，而这类工程要求疏浚船舶必须具有优良的环保性能和灵活的转移性能。

疏浚与吹填工程设备集中化程度高，许多新的施工技术是通过设备的新性能来实现的。第二次世界大战结束后，疏浚行业的新船型、新装备不断问世。同时，液压技术、计算机技术、仪表技术、高耐磨材料、高精度测量仪器、GPS测量定位技术等在疏浚行业也都得到了发展和使用。疏浚与吹填工程技术也随之得到了快速的发展，新技术、新工艺不断涌现。

我国是个多河流的国家，是航运大国，也是洪灾频发的国家。疏浚与吹填工程在我国经济建设和抗击自然灾害中扮演着越来越重要的角色。随着新设备的引进和自主研发能力的提升，我国疏浚与吹填行业的设备装备实力得到了加强，施工技术也得到了迅猛发展，施工水平日益提高。水电系统和交通系统的部分施工企业还走出国门承揽了其他国家和地区的疏浚与吹填工程施工任务，如原中国水利水电第十三工程局有限公司先后在巴基斯坦、马来西亚、泰国、菲律宾、乌兹别克斯坦等国家进行了多项疏浚或吹填工程，扩大了我国疏浚企业在世界范围内的知名度和影响力。经过数代人的努力，我国目前已成为世界疏浚与吹填工程施工大国，是世界疏浚与吹填工程领域一支不可忽视的力量。

本书共分为：综述、施工组织、疏浚工程施工技术、吹填工程施工技术、施工安全与环境保护、工程案例等6章。本书的编写以《疏浚与吹填工程技术规范》（SL 17—2014）和《水利水电工程施工手册》为基础，同时参考了《疏浚工程技术规范》（JTJ 319—99）以及行业相关的一些资料文献。编写时以实用、适用为原则，针对水利水电系统疏浚与吹填工程及设备的特点，内容基本涵盖了疏浚与吹填工程施工作业的相关重点工作，既包括疏浚与吹填工程的一些基本知识和技术措施，也收集了一些新技术、新工艺、新做法。同时，为增加全书的实用性、适用性和针对性，整理录入了一些特点鲜明的、具有代表性的疏浚与吹填工程实例。

本书在编写过程中得到了很多业内专家、学者的指导和帮助，也得到了很多同仁的大力支持，在此表示衷心感谢。

由于编者的水平和经验所限，书中难免有错误和不妥之处，敬请广大同行和读者批评指正。

作者

2018 年 10 月

目 录

序一
序二
前言

1 综述 ·· 1
　1.1 疏浚与吹填工程技术发展 ·· 1
　1.2 疏浚与吹填工程内容与分类 ·· 6
2 施工组织 ··· 9
　2.1 施工程序 ··· 9
　2.2 基本资料 ··· 13
　2.3 疏浚土分类与分级 ·· 21
　2.4 吹填土特性 ··· 28
　2.5 疏浚土处理 ··· 30
　2.6 施工设备 ··· 35
　2.7 设备调遣 ··· 74
　2.8 施工规划 ··· 81
3 疏浚工程施工技术 ·· 100
　3.1 绞吸式挖泥船施工技术 ··· 100
　3.2 抓斗式挖泥船施工技术 ··· 116
　3.3 链斗式挖泥船施工技术 ··· 123
　3.4 铲斗式挖泥船施工技术 ··· 127
　3.5 耙吸式挖泥船施工技术 ··· 130
　3.6 气动泵挖泥船施工技术 ··· 135
　3.7 索铲施工技术 ·· 138
　3.8 长臂反铲施工技术 ··· 139
　3.9 其他清淤施工技术 ··· 140
　3.10 专用环保疏浚施工技术 ··· 141
　3.11 疏浚工程质量控制 ··· 155

4 吹填工程施工技术 ... 166
4.1 吹填方法 ... 166
4.2 管线布设 ... 176
4.3 接力输送 ... 195
4.4 泥泵及管线工况 ... 197
4.5 质量控制 ... 204

5 施工安全与环境保护 ... 214
5.1 施工安全 ... 214
5.2 环境保护 ... 236

6 工程案例 ... 243
6.1 深圳河治理二期工程 ... 243
6.2 马来西亚古晋 DLIP 工业园区场地工程 ... 259
6.3 巴基斯坦卡拉奇港深水集装箱码头（PDWCP）工程 ... 265
6.4 黄河挖河固堤东营工程 ... 270
6.5 太仓市应急水源地围堤工程 ... 277

参考文献 ... 300

1 综　　述

1.1　疏浚与吹填工程技术发展

1.1.1　发展概况

（1）我国古代疏浚工程技术发展概况。疏浚工程古已有之。史载公元前 21 世纪，大禹就开始采用以疏为主的治水思想，《尚书》记载"予决九川距四海，浚畎浍距川"，即疏通主干河道，将从河槽里泛滥出去的洪水和渍水引导进入主干河道并流入大海。大禹采取的这种以疏为主的治水方法明显比先前以壅防为主的方法前进了一大步，从单纯的消极筑堤防洪到积极的疏导洪水，改变了河流的自然状况。经过人工疏浚和裁弯取直后的河道，行洪能力增加了，防洪效果显著提高了。

1）我国是个多河流的国家，自祖先"刳木为舟，剡木为楫"开始了原始的航运后，历代先哲们在与洪水的搏击中积累总结了大量堤防与疏浚工程等方面的经验，并将之用于航运事业。古代中国人工运河发展史实际也是一部疏浚工程发展史。春秋战国时期的"陈蔡运河"是史料记载的我国古代一条人工运河；秦代的灵渠则是为沟通珠江水系与长江水系的水运而在现在的广西兴安县的南岭山脉凿通的连接湘江和漓江的一条水道；公元605—610 年，隋朝在对白渠、汴渠、邗沟、江南运河等进行系统重修和扩建的基础上，相继组织完成了永济渠、通济渠、山阳渎等的开凿，沟通了长江、黄河、淮河、海河和钱塘江五大水系的交通，形成了以洛阳为中心、总长二千多千米的南北水上交通动脉，极大地促进了当时经济文化交流和发展，也为后来唐朝经济的空前发展奠定了基础。至元二十六年（1289 年）和至元二十九年（1292 年），会通河和通惠河分别开挖完成后，形成了全长近三千六百华里❶的南北水上人工运道——真正意义上的京杭大运河，自此内河船舶可以从南方的杭州直达北京。

众多的史料反映，我国古代很多商业城市的兴起与繁荣都源于运河的开凿，各朝代帝都的繁荣也都与运河有着密切关系，如唐代长安城在城的东、南、西三面开凿了运河，并与关中运河相连接，可直接将漕粮和赋贡之物运入城中；又如宋都汴京通过疏通后的汴河将各地货物直接运送进来，使得京都达到了前所未有的繁荣，《清明上河图》正是当时汴京城内汴河两岸繁华景象的生动写照。

2）从大禹治水时期的被动疏洪导水、防御自然灾害，到主动的开河通航，我国古代

---

❶　华里为我国古代长度单位，1 华里＝0.5 千米。

的疏浚工程走过了一条漫长的道路。我国地形复杂，各水系间既有平原、湖泊，又有高山、丘陵阻隔，这就迫使我国的人工运河在进行跨水系的开发中，要克服各种复杂的地形障碍以及水文条件等的干扰。史载"禹治洪水，决疏江河，望山川之形，定高下之势，除滔天之灾，释昏垫之厄，使东注于海而无浸逆，乃勾股之所由生也"，这已表明大禹以疏为主的治水方法是以数学和测量为基础的，已从简单的感性认知提升到了理性的研究，那时就已形成了疏浚工程技术的雏形；又如在灵渠的开凿过程中系统解决了引水、分水、减缓坡降等诸多技术难题，从工程总体布局设计到施工技术都显示出了较高技术水平；汉代在兴建渭水到黄河的漕渠时，水工徐伯负责对三百余里的漕渠进行了水准测量，表明水准测量在汉代就已达到了实用水平，水准测量的发展为全国性人工运河的选线提供重要的技术支持；又如北宋时期采取了汴河清淤、"狭河"工程、导洛通汴、汴口工程、汴河减水、汴河排冰等一系列设计、施工和管理技术，系统地处理了汴河和黄河的水沙关系，减少了汴河的泥沙淤积，维持了汴河的畅通。

3）北宋时期运河的清淤技术得到了大力发展。宋初曾规定汴河每年都要开展一次人工清淘工作，并于汴河底埋入石板或石人作为标记，每年清淘以看见石板石人为准。为了节省人力，北宋还进行过大规模的"狭河"工程，就是用木板作临时堤岸，束窄河身，以加大流速，利用水流动力进行冲淤，使运河里淤积的泥沙通过水流挟沙力的作用带向下游。北宋嘉祐六年（1061年）进行了一次大规模的"狭河"工程，并取得了不错的效果。据史料记载，汴河在这次清淤前的情况是"旧曲滩漫流、多稽留覆溺处"，疏浚后则是"悉为驶直平夷，操舟往来便之"。"狭河"工程是我国古代一次运用水力冲沙的重要实践，是古代疏浚技术的一项重大创造。

北宋神宗熙宁六年（1073年），李公义、黄怀信创制疏浚工具"浚川耙"，并将其运用到黄河和汴河的清淤工程中。这项技术的原理是利用机械运动搅动泥沙，使沉积于河底的泥沙浮起，同时借助水流冲力带向下游。"浚川耙"是史料记载的我国最早的疏浚机械，这项技术被后续各朝代沿用，特别是在清代更是被广泛使用。明朝的"铁爪龙"、清朝的"浚扒""铁扫帚""扬泥车""混江龙"等都是由"浚川耙"演变而来的。史料对几次大规模使用这些机械进行疏浚清淤的活动也做有文字记载，如清嘉庆十年（1806年），徐端"趁黄河落水一尺，清水出口有力，乃多累大船，用铁扫帚、扬泥车彻夜乘势疏导，使浅处渐深至二尺以上，江境邦船陆续通行"等。

北宋时期开河技术也有了很大程度提高。《河防通议》中对开河技术作了专门论述，主要内容用当代语言描述是：自古以来开挖新河，首先必须观察上游的地形和河势，并测量河床高程和变化情况。要选择在枯水季节施工，冬季备料，在洪水到来前要完成新河的开挖任务。新开河口应留一临时隔堰，使水流顺势而下，保证一定流速，以防止新河淤积。文中还论述到，开河的方法不止一种，应因势利导进行选择。如果河势成丁字形，水流正冲堤岸时，可采用剪滩截嘴、疏浅开挑的办法；如果地形适宜于取直开挑，则先要固定口门，分水势以减少水流对堤岸的冲击；如果要将主流引入新河，应在对岸抛树枝石块，减少水流对堤岸的冲击……这应该是我国古代对疏浚工程规划设计与施工技术比较系统的论述，同时也反映出我国疏浚技术在北宋时期已日趋成熟并达到了一定水平。

（2）我国现代疏浚与吹填工程技术发展概况。我国古代的疏浚技术虽然曾经一度取得过令世界瞩目的成就，但在近代、特别是清末，随着国力的衰弱和外国势力的入侵，疏浚工程一度停滞。中华人民共和国成立前，我国疏浚技术非常落后，当时只有极少数的沿海港口有挖泥船，但都被牢牢掌控在外国势力手中。

1）中华人民共和国成立初期，国内还没有专业化的挖泥船设计队伍和挖泥船制造厂家，只能以外国遗留下来的挖泥船进行测绘和仿造。1952年，长江中游的天星洲、下游的戴家洲水道开始进行疏浚，这是中华人民共和国成立后首次利用挖泥船对长江中下游进行疏浚。

2）20世纪50年代后期，一批专业设计院组建完成，挖泥船设计能力得到提升，一批$60\sim 200 m^3/h$的绞吸式挖泥船、链斗式挖泥船实现了自主设计和自主制造，并投入使用，使我国疏浚与吹填工程事业得到了很大发展。

3）20世纪70年代初期到80年代，挖泥船自主设计成为现实，一批专业化的工程船舶厂及设备配套厂初步形成，先后开发生产出了一大批具有一定技术水平的绞吸式挖泥船、链斗式挖泥船、抓斗式挖泥船、耙吸式挖泥船、泥驳等，极大地丰富和强大了我国疏浚与吹填工程队伍，但这期间疏浚与吹填设备无论是规模还是技术性能仍与世界先进国家存在很大差距。

4）20世纪70年代末和80年代初期（即改革开放后），我国水利和交通系统陆续从国外进口了一批具有国际领先水平的疏浚与吹填设备。如水利部从荷兰IHC公司进口了4条海狸4600型绞吸式挖泥船，分别配备给了湖北省水利厅和原中国水利水电第十三工程局有限公司，其中分配给原中国水利水电第十三工程局有限公司的海狸4604船配备有定位桩台车、产量计、剖面仪等先进装置，还可实现自动化操作，这些功能即使现在也仍未落后。另外，随船还引进了当时国内第一套自浮式潜管，使保证通航情况下实施航道疏浚和隔江取土吹填成为了可能。国内水利和交通系统后来普遍使用的潜管制作和施工技术，基本都是以这套海狸4600型绞吸式挖泥船的潜管原理为基础的。这些挖泥船引进后主要参与了长江沿线大堤的吹填加固工程，如荆江大堤吹填加固工程、铜陵无为大堤加固工程、湘资垸吹填固基工程等。这些工程不仅为该地区的防洪抗灾发挥了极其重要的作用，也为我国疏浚与吹填工程技术水平的提高和能力的建设提供了积极的促进作用。在这些先进设备进口的同时也为我国挖泥船设计水平的提高奠定了基础。

5）进入90年代后，我国疏浚与吹填设备进入了以高技术和高性能为目标的研制阶段。通过引进吸收，一大批具有较高科技含量的新设备、大中型设备陆续投入市场，对五六十年代生产的老旧船舶进行了更换淘汰和技术改造。更为可贵的是，还有部分船型出口到了其他国家或地区，表明我国挖泥船制造技术已跃上了新台阶，缩短了和世界先进技术水平的差距。在这一时期，我国的部分施工企业还走出国门，承揽了其他国家疏浚与吹填工程的施工任务，如原中国水利水电第十三工程局有限公司先后在巴基斯坦、马来西亚、泰国、菲律宾、乌兹别克斯坦等国家实施了疏浚或吹填工程，扩大了我国疏浚企业在世界范围内的知名度和影响力。

（3）国外疏浚与吹填工程发展概况。在国外，疏浚工程同样也有着悠久的历史，很多国家都有相关记录。有历史资料显示，公元前4000年左右古埃及就进行了运河的开挖，公元前1874年法老森乌赛特三世就组织大批民工开挖了第一条连通地中海和红海的运河通道，这条通道实际就是世界著名的苏伊士运河的前身。历史上这条运河由于战争等原因被废弃、被泥沙淤塞多次，然后又开挖疏通了若干次。现代的苏伊士运河是 1859—1869 年在原有河道基础上开挖完成的。约公元前 2700 年，腓尼基人在地中海东岸兴建了西顿港和提尔港（在今黎巴嫩）。公元前 600 年左右，巴比伦王国在幼发拉底河与底格里斯河之间进行了人工运河的开挖。公元前一世纪，古罗马帝国在莱茵河与伊塞尔河之间开挖了一条水道，用以缓解莱茵河的过剩水量，起到疏洪分流的作用。1832 年，瑞典凿通了连接北海和波罗的海的约塔运河。

1）1435 年，荷兰人发明了一种刮板清淤船，该船利用的是扰动原理，依靠人力翻动刮板，使刮板扰动河底沉积的泥沙并使之上浮，再利用退潮时的水流冲力将泥沙带到外海。16 世纪末，荷兰人又发明了一种旋转驱动的类似于水车的淤泥清挖船，这是现代链斗式挖泥船的雏形，在 1670 年时荷兰鹿特丹的此类挖泥船已达到了六匹马驱动的规模。荷兰和意大利在这一时期也都相继研制出了早期的抓斗式挖泥船。在 18 世纪初期，法国人研制出了一种风靡整个欧洲的捞泥船，是铲斗式和抓斗式挖泥船的前身。18 世纪中叶，瑞典人发明了一种利用风力驱动的斗式挖泥船，使挖泥船的技术含量进一步得到提高。

2）蒸汽机在 18 世纪发明后，在为现代挖泥船的发展提供驱动能力的同时，也为现代挖泥船的制造提供了新的设计理念，以蒸汽机为动力的机械式挖泥船随之问世。1802 年，世界上第一条利用蒸汽驱动的链斗式挖泥船在英国朴茨茅斯投入施工，挖沙的施工效率达到了 90t/h，开挖砾石可达到 70t/h，从此疏浚工程开始了从以人力为主变为以机械为主的新时代。特别是离心泵发明后，一些新型疏浚设备更是层出不穷，为大规模采沙造地提供了条件。吸扬式挖泥船、耙吸式挖泥船、绞吸式挖泥船也都被相继研制出并得到了使用，疏浚料不再是简单的外运抛弃。充分利用疏浚料进行填塘、造地、固堤、护岸等已开始成为疏浚行业的新追求。同时，从河道和海里采沙造地也成为可能，也由此产生了吹填工程这一概念。19 世纪末，柴油发动机逐步取代了蒸汽机的地位，为大吨位、大功率、高效率的自航耙吸船、绞吸船的制造提供了动力条件。

3）20 世纪中叶，第二次世界大战结束后，柴油发动机成为挖泥船的主要原动力。随着世界经济的复苏与发展，海运船舶迅速向大型化发展，航运公司开始制造吃水深的超级油轮、大吨位的集装箱船及散货船，这就要求必需开挖与之相适应的深水航道、建设深水港区。这大大促进了世界疏浚业的发展，疏浚与吹填工程与施工设备也得到了快速发展。一批适合在条件复杂的沿海施工、具备开挖深水航道、深水港区能力的大型挖泥船应运而生，新船型、新技术、新装备也不断问世。特别是荷兰，在 20 世纪 50 年代进行一系列庞大的海防工程时，对现代疏浚工程设备制造技术和工程技术都做了深入的研究。能适应在恶劣工况条件下深水作业的大型耙吸船、绞吸船的制造投产不仅使深水港区的建设及维护成为可能，改变了历来疏浚只能在内河、湖泊的局限，而且也使疏浚与造地更加紧密地结合起来，进一步推进了当代疏浚与吹填工程技术的发展。

4）当今世界上几乎半数的挖泥船集中在荷兰、比利时、美国、英国、法国、德国、日本等少数工业发达的国家，仅荷兰 IHC、德国 KRUPP、美国 ELLICOTT 这 3 家公司就占有了世界挖泥船市场 80% 的份额。

5）20 世纪 60 年代后期气力泵出现，大深度水库的清淤难题得到了解决；20 世纪 70

年代，特别适合于硬塑土开挖的斗轮式挖泥船得到开发，同时，液压技术、计算机技术、仪表技术、高耐磨材料、测量仪器等在疏浚行业也都得到了开发和使用；20 世纪 80 年代，液压定位台车逐步得到了使用，使得挖泥船的挖掘精度和生产效率都大大提高。

6) 20 世纪 80 年代后，随着世界各国环保意识和环保要求的提高，诸如环保型绞刀头、全封闭抓斗、潜水清淤机、环保挖泥船、高精度测量仪器、精密电子仪表等得到了研制开发和使用。

1.1.2 发展趋势

随着世界经济全球化的快速发展，航运也得到蓬勃发展，不仅航运船舶的数量极速增加，大型和超大型航运船舶的需求也日益增长。航运业的这些发展特点使得港口、航道的新建、改建和扩建也趋于紧迫，世界上一些大型港口和深水港在近些年得到了开发，还有一些大型港口也在紧锣密鼓筹建之中，比如上海的洋山港。这些疏浚工程的普遍特点是挖深大、工程量巨大。同时，近些年还有一些大型吹填项目也得到了大力推进，如迪拜的椰树岛项目、中国香港的赤鱲角机场项目。另外，随着城市的发展和人们对环境要求的日益提高，越来越多的城市里的湖泊、河道污染的底泥需要清理，以恢复生态环境。而这类工程要求疏浚船舶必须具有优良的环保性能和灵活的转移性能。疏浚与吹填工程设备集中化程度高，许多新的施工技术是通过设备的新性能来实现的。目前，疏浚与吹填工程设备具有以下几个方面的发展趋势。

(1) 大中小型挖泥船需求稳定，特大型和微小型挖泥船受到市场的欢迎并大力发展。仅 20 世纪 90 年代，荷兰 IHC 公司就为多个国家交付了 8 艘舱容为 10000m^3 以上的耙吸式挖泥船，其中最大的舱容达到了 23000m^3。德国 KRUPP 公司建造了一艘舱容为 33000m^3 的巨型耙吸船。在绞吸式挖泥船方面，荷兰 IHC 公司为埃及制造了一条总装机功率为 22666kW 的巨型绞吸船，美国 ELLICOTT 公司在这一时期也建造了 2 条 17000PS❶ 巨龙系列的绞吸船。同时，一些微小型挖泥船因其转移的灵活性而得到了大力开发。如芬兰公司的两栖式挖泥船，荷兰 IHC 公司的海狸 600 以下小型绞吸船等。在国内，1998 年洪水后，中国船舶工业集团公司第七〇八研究所研制出一种适合于农村田间沟渠疏浚的螺旋刀具清淤船，也受到了欢迎。这些微型挖泥船对城市湖泊河道污染底泥的疏浚，以及农村田间沟渠淤积物的清除发挥了强大作用。

(2) 智能化程度不断提高。疏浚与吹填工程的取土过程都是在水下进行，因此通过安装剖面仪、耙管位置仪、装舱监视仪、产量计、GPS 卫星接收定位仪等仪表，并配合计算机和其他先进的电子技术，将这些水下不可见的作业过程准确及时地显示出来，能够简化操作程序、保证操作精度、提高生产效率。随着质量和环保方面的要求日益提高，在挖泥船上实现这些配置已成为一种趋势。

(3) 功能要求多样化。不同种类挖泥船都具有其对工况条件的特殊适应性和局限性，因此经常被迫闲置，也因此要求新型挖泥船要具有其他附加功能，从而提高挖泥船的利用率。如部分大中型绞吸船和链斗船自航化，抓斗船加长扒杆兼做起重船，耙吸船加装自排

---

❶ PS 为功率单位，米制马力，1 米制马力＝735W。

吹填装置，绞吸式挖泥船实现常规绞刀、环保绞刀、斗轮式绞刀之间的互换等。

（4）系列化和标准化。随着挖泥船制造技术和研究的深化，挖泥船的船型和挖泥机具逐渐向系列化和标准化方向发展。

（5）环保性能不断增强。随着世界各地对环保要求的日益提高，挖泥船在环保性能的开发上也日趋增强。

目前，我国和国际先进国家在疏浚吹填工程设备的开发设计水平、制造工艺、仪表和液压系统的性能、挖泥机具和材质开发能力上都存在一定差距。

1.2 疏浚与吹填工程内容与分类

1.2.1 疏浚工程特点、内容与分类

广义的疏浚工程包括了通过各种方式进行的河道、水道、湖泊、航道等的开挖、浚深和拓宽，如水下挖泥、旱地开河、扫除航道内巨石、炸礁等。狭义的疏浚工程指通过机械设备的水下开挖作业，达到通航、行洪、引水、降水排涝、扩大蓄水容量、清污及改善生态环境等目的的一种施工作业。疏浚工程是维护和改善行洪或航行条件的重要措施之一。

（1）特点。现代疏浚工程的特点是主要依靠挖泥船等设备进行作业，机械化程度高，施工设备比较集中，施工机具、人员投入量少，施工相对简单，投资少，见效快。

（2）内容。现代疏浚工程主要涉及以下内容：①挖深、拓宽、水道清淤、裁弯取直、提高河道和沟渠的行洪、过水能力或改善河道和航区的通航条件；②新的水道、航道、港池、泊位、排灌沟渠的开挖；③码头、船闸、船坞、堤坝等水工建筑物基槽的水下开挖或地基软弱土层的清除；④清除湖泊、水库、排灌沟渠内淤积物或污染底泥；⑤河底、海底管道及电缆沟槽；⑥水底矿藏覆盖层的清除。

水利系统和交通航运系统疏浚工程的任务有所区别。水利系统以提高河道的行洪或过水能力，清除湖泊、水库、排灌沟渠内淤积物或污染底泥为主要任务；交通航运系统则以改善航道的通航条件，开挖新的航道、港池为主要任务。

（3）分类。疏浚工程按其性质不同可分为基建性、维护性、临时性、环保性等4类。基建性、维护性、临时性疏浚都可归类为普通疏浚或常规性疏浚。

1）基建性疏浚指为提高航道等级和安全、河道行洪能力和湖泊蓄洪能力或为新辟水道、港口、码头等而进行的具有新建、扩建、改建性质的疏浚。

2）维护性疏浚指为了保持或恢复某一水域原有的尺度而进行的经常性的或周期性的疏浚。

3）临时性疏浚指为了清除因突发性事件造成的某一水域的淤塞而进行的具有临时性质的疏浚，如：处理滑坡、崩岩等造成的水道或航道堵塞。

4）环保性疏浚是近些年从国外引进的新概念，指为了清除湖泊、河道、水库内沉积的污物以及受污染的底泥，清除污染水体的内源，减少底泥污染物向水体的释放，达到减轻水质污染、改善生态环境等目的而进行的具有环保性质的疏浚。环保疏浚在设备选择、施工方式、疏浚土处理等方面都有严格要求。目前，世界上一些国家和地区已制定了有关底泥污染的标准，但还没有统一。

环保性疏浚融入了许多环境工程技术内容,是一门新兴的边缘交叉学科,日益得到重视和运用。近些年我国陆续在北京六海(西海、后海、前海、北海、中海、南海)、杭州西湖、安徽巢湖、昆明滇池等城市湖泊进行了环保疏浚,并取得了明显效果。

疏浚工程按其工程规模又可划分为大、中、小共 3 类,其规模划分见表 1-1。

表 1-1　　　　　　　　　　疏浚工程规模划分表　　　　　　　　　单位:万 m^3

工　程　类　型		工　程　规　模		
		大	中	小
基建性及维护性疏浚工程	泥土、沙	≥200	50～200	≤50
	岩石	≥20	5～20	≤5
环保性疏浚工程		≥50	20～50	≤20

1.2.2　吹填工程特点、内容与分类

吹填工程是指利用机械设备自水下开挖取土,通过泥泵与排泥管线输送到指定区域,以达到填埋坑塘、造地、护岸或加固、加高堤防等目的的一种施工作业。吹填工程由疏浚土的处理发展而来,是疏浚工程的延伸。

(1) 特点。采用挖泥船进行吹填固基、加固堤防和建设造地等,与陆上设备施工相比较具有以下一些特点和优势。

1) 土源较易解决。挖泥船可以在河道边滩或洲滩取土,大型挖泥船也可在近海或深海区取沙,这些土料取之不尽、用之不竭,避免了征地难题。如中国香港赤鱲角机场的建设,如不从深海里取沙,吹填造地几乎是不可能的事。

2) 社会效益好、经济价值高。挖泥船进行吹填施工基本不需要占用农田耕地,也不会挖山毁林,对自然环境破坏少。另外,很多吹填工程是和疏浚工程结合起来的,在疏通河道、航道的同时进行吹填,综合社会效益好,经济价值高。

3) 效率高、施工快。绞吸式挖泥船是吹填工程主要设备,其生产能力是陆上施工设备所不能比拟的。同时,绞吸式挖泥船对施工场地条件和自然气候条件要求低,适应性强,不受雨雪影响,可昼夜施工,这也是陆上施工设备所无法替代的。如海狸 4600 型挖泥船,其平均小时产量达到了 $1500m^3$ 左右,日产能力在 3 万 m^3 左右,月生产能力最高可超过 100 万 m^3。海狸 4604 挖泥船在进行珠海连岛大堤吹填加固工程时,曾创造了 112 万 m^3 的月单产纪录,在台风季节来临前完成了艰巨的施工任务,保证了大堤的安全。湖北省水利厅挖泥船队在进行牌洲湾堵口复堤时,海狸 4602 挖泥船仅用 40 余天就完成了 110 多万 m^3 的吹填任务,效率之高、施工速度之快是陆上施工设备无法达到的。

4) 施工设备集中、管理方便。绞吸式挖泥船生产效率高、产量大,进行一项中等规模吹填工程施工只需一条中型挖泥船即可完成,所需的配套设备也主要只有锚艇、交通艇等,设备间干扰少,工序也相对简单。所需人力资源包括管理人员、挖泥船操作人员以及铺设排泥管线的民工,工种比较简单,且总人数需要也比较少,一般也就在 40～60 名之间。因此,采用挖泥船进行吹填施工,设备集中度高,管理比较简单。

5) 施工成本低。吹填施工基本都采用管道输送土料,施工连续性强,成本比较低。

在相同运距下施工成本约为陆上设备施工的70%，而且运距越远，相差也越大。

6）填筑质量有保证。吹填施工过程中，土料经过切削搅拌和管道输送，到达吹填区后，经过自然分筛、组合，在水中沉积、自行完成固结过程，一般情况下质量都可比陆上设备进行水下填筑高出很多。

（2）内容。在我国，水利系统吹填工程的任务主要以填塘固基、淤临淤背、堵口复堤、整治险工、加固堤防、农田改良、建设造地、备料、积肥等为主。交通航运系统吹填工程的任务主要有利用疏浚料或吹填料进行造地，以及以改善航道水流条件为目的的航道内水下深潭、槽的回填等。

（3）分类。吹填工程按其性质不同可分为基建性和弃土性吹填两大类。根据土料的来源不同，吹填工程又可分为取土吹填、疏浚土料吹填和疏浚弃料吹填3类。

1）基建性吹填指为加固或修复堤防、建设造地、岸滩修复、建筑物边侧回填等目的而进行的带有基建性质的吹填。这类工程对吹填土的质量、吹填区的高程与平整度一般都有明确和较高的要求。

2）弃土性吹填指为充分利用疏浚弃土、提高工程的综合效益，将疏浚土吹填到一些荒废的山涧、沼泽、洼地，从而使这些土地得到重新利用。弃土性吹填由于受到疏浚弃土质量与数量的限制，吹填质量一般要求较低。

3）取土吹填是指以造地、加固或修复堤防等为单一目的的吹填工程，这类工程取土的目的一般只是为了完成吹填，对取土区土质和吹填后质量有严格的要求。

4）疏浚土料吹填是指为提高工程的综合效益将疏浚和造地、加固或修复堤防、备料等相结合的吹填工程。这类工程可能以吹填为主要目的，也可能是以疏浚为主要目的。

5）疏浚弃料吹填则是指在疏浚料因受到场地、土质、资金等限制，不能进行基建性吹填时，将疏浚土料作为弃料吹填到一些荒芜的山涧、沼泽、洼地中去的工程。

吹填工程按规模又可划分为大、中、小共3类，工程量不小于200万m^3的为大型工程；工程量大于50万m^3、小于200万m^3的为中型工程；工程量不大于50万m^3的为小型工程。

2 施 工 组 织

2.1 施工程序

疏浚与吹填工程施工程序按其共性可划分为前期准备阶段、现场准备阶段、施工阶段和验收阶段等四个，其中前期准备和现场准备也可统一归纳为施工准备阶段，每个阶段工作内容和侧重点各不相同。疏浚与吹填工程施工基本程序见图2-1。

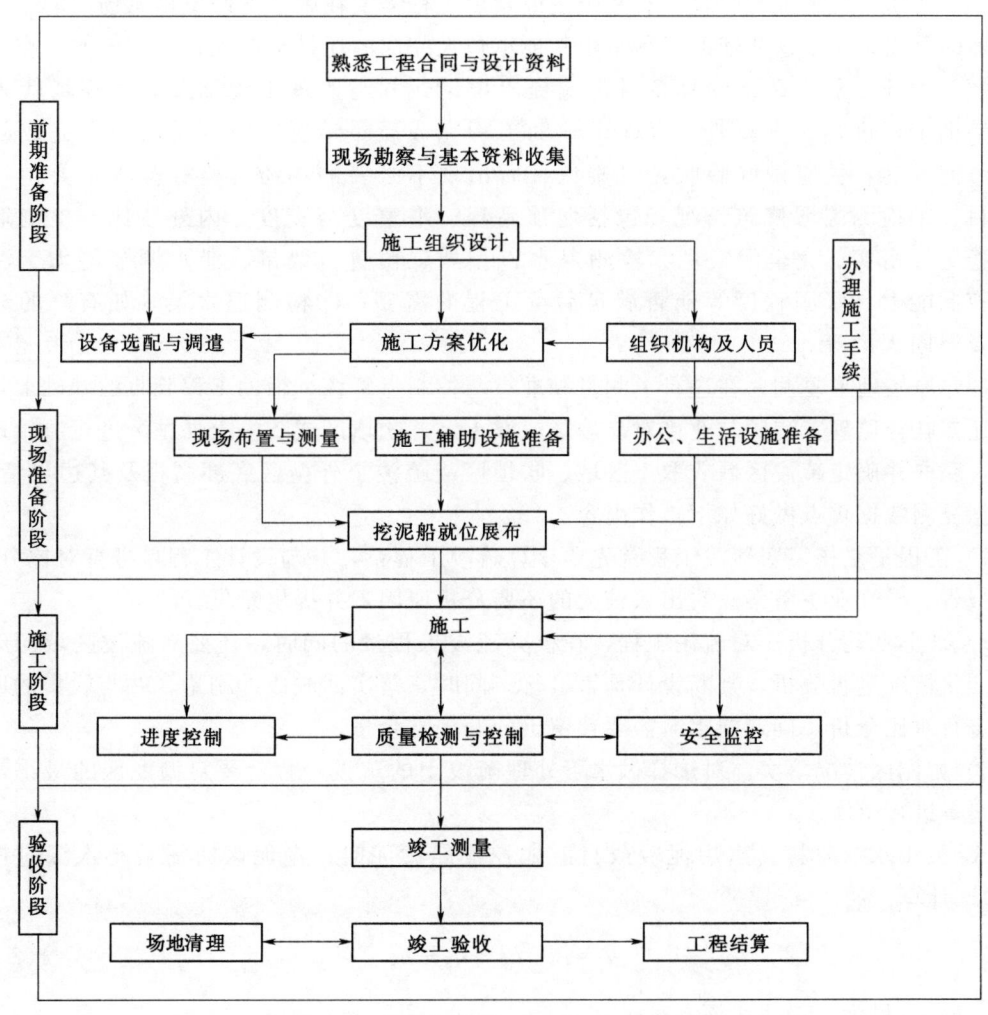

图2-1 疏浚与吹填工程施工基本程序图

2.1.1 前期准备阶段

前期准备阶段主要包括以下工作内容：①确定工程项目管理组织机构、人员及职责；②熟悉工程合同与设计资料，收集整理、分析有关工程基本资料；③组织现场勘察，补充、核实资料；④编写施工组织设计；⑤施工设备、人员、材料选配与调遣；⑥办理相关施工许可和开工审批手续；⑦优化施工方案等。

2.1.2 现场准备阶段

现场准备阶段主要包括现场技术准备、施工辅助设施准备、办公与生活设施准备、挖泥船就位展布等工作内容。其中，技术准备主要包括以下内容。

(1) 测量基准点与控制点复核。开工前将首先组织专业测量人员与设计、监理人员一道对业主所提供的各水准点、控制点、水尺等进行全面、仔细的复核，对其所布设的永久测量标志进行数量、位置、牢固性能检查，对不能满足施工要求的将进行补设或重新布设。

(2) 辅助工程施工与验收。有些疏浚或吹填工程需要在施工前修筑排泥场围堰、排水沟等辅助设施，无论这些辅助工程是由其他承包人完成的还是承包人自己完成的，在疏浚或吹填工程开工前，在条件具备时都应提出申请，并与监理工程师及业主现场代表一起对辅助工程进行检查验收，以确定辅助工程完成质量情况。特别是由业主完成的或第三方完成的，更应做好验收，以避免日后出现不必要的纠纷。检查验收主要包括以下项目：①检测围堰修筑情况，包括堰顶高程、平整度与宽度、内外坡比，检测堰体是否稳定、密实、完全闭气；②检测退水口型式、位置、数量、泄水调节能力、泥浆流失控制能力、坚固程度等能否满足后续工程的需要；③检测退水渠（如有）的泄水能力及坚固程度等。

(3) 原始地形复测。在进行了测量基准点与控制点复核、辅助工程验收的基础上，开工前还要联合监理工程师与业主对疏浚区或取土区、吹填区或疏浚土外抛区进行原始地形复测，获取并确定疏浚区域或取土区域、吹填区或疏浚土外抛区底部高程及其边界情况，并根据复测数据重点做好如下工作内容。

1) 工程量复核。对疏浚工程首先要核算疏浚工程量，并与设计工程量进行对比分析，形成报告后提交业主备案。对出入较大的还要分析原因，并提出意见。

2) 地形变化分析。对疏浚工程，在核算疏浚工程量的同时，还要对疏浚区域河床或海床变化情况进行分析，判断设计是否可行。同时，落实回淤或冲刷量，并与收集的回淤资料进行对比分析，确定施工时需要预留出的开挖富余量。

3) 抛泥区情况落实。对选择做水下处理疏浚土的疏浚工程，要对抛泥区的最小水深和容量等进行落实。

A. 最小水深复核。当用泥驳或自航式挖泥船抛泥时，抛泥区所需最小水深应按式 (2-1) 计算。

$$h = h_1 + h_2 + h_3 + h_k \tag{2-1}$$

式中 h——抛泥区最小水深，m；

h_1——挖泥船、拖轮、泥驳中最大吃水深度，m；

h_2——泥门最大开启时低于船底以下的深度，m，使用非自航泥驳运泥时，如拖轮的最大吃水深度大于泥驳的最大吃水深度与泥门最大开启时低于船底以下的深度之和时，则 h_2 可以不计；

h_3——抛泥区设计堆泥厚度，m；

h_k——航行富余水深，m，视疏浚土土质而定：淤泥及粉土 $h_k \geqslant 0.2m$，黏土及中粗沙 $h_k \geqslant 0.35m$，硬塑黏土、砾石及岩石 $h_k \geqslant 0.5m$。

B. 水下抛泥区容量复核。选择的抛泥区在满足最小水深要求的前提下，应具备与疏浚工程量相适应的容量，水下抛泥区容量可按式（2-2）确定。

$$V_P \geqslant K' K_S V_W \qquad (2-2)$$

式中 V_P——抛泥区容量，m^3；

K'——抛泥不均匀度系数，可根据排泥方式、设备性能、土质、水流速度等确定，取值范围：1.05～1.20；

K_S——土壤松散系数，一般通过试验确定；无试验资料时，可参照表 2-16 与表 2-17 取值；

V_W——设计疏浚工程量，m^3。

4）吹填区容量复核。对兼有陆地吹填任务的疏浚工程，除了要核算疏浚或设计取土区工程量外，还要对吹填区容量进行复核，可参考式（2-3）确定。

$$V_P \geqslant K_S V_W + (h_1 + h_2) A_p \qquad (2-3)$$

式中 V_P——吹填区容量，m^3；

K_S——土壤松散系数，可按表 2-16 与表 2-17 取值；

V_W——设计疏浚工程量，m^3；

h_1——吹填区沉淀富余水深，m，可按吹填土颗粒粗细选取，取值范围为 0.2～0.5m；

h_2——风浪及安全超高，m，可按吹填区位置和面积大小选取，内陆可采用 0.2～0.5m，沿海采用 0.5～1.0m；

A_p——吹填区水平投影面积，m^2。

5）取土区规划。建设性吹填工程除土料的质量与数量应能满足工程设计需要外，合格土料的开采深度应在挖泥船正常作业深度之内。取土区工程量计算的目的在于确定取土的经济范围和取土深度，在编制施工组织设计时必须对取土区进行规划，通过对取土工程量、排距、挖泥船经济挖深等要素综合考虑，来确定实际的开挖范围和开挖深度。取土区工程量除了包括吹填区实际填筑量、地基沉降量和流失土方量之外，还应考虑吹填土的松散系数和吹填土自身的固结沉降率等因素。

建设性吹填工程取土量可按式（2-4）计算。

$$V'_W = (h_p + h_J)A_P/(1-P_L) \qquad (2-4)$$

式中　V'_W——建设性吹填工程设计取土量，m^3；

　　　h_p——设计平均吹填厚度，m；

　　　h_J——吹填区地基沉降量，m，可参照相关规范或已建同类工程的经验数据计算确定；

　　　A_P——吹填区平均面积，m^2；

　　　P_L——预计施工中吹填土的流失率；流失率计算时应考虑吹填土粒径、吹填区形状和大小、泄水口位置与高度、吹填设备的性能与数量等因素，可参照同类相似工程确定，无相似工程时可参照表 2-19 选取。

（4）仪器仪表校核。开工前还需组织专业技术人员对各挖泥船所配备的 DGPS（Differential Global Positioning System）定位系统、挖深显示仪、电罗经仪、自动控制系统等做全面校对，对不能满足精度要求的及时进行调整。

（5）施工方案优化。要结合现场勘察与基本资料收集分析情况，对施工方案进行优化和细化，满足精益化管理需求。

2.1.3　施工阶段

施工阶段是项目实施阶段中最为关键的环节，通过施工方案的实施与调整优化，人力财物等的组织协调等手段保证工程或任务必须在规定的期限内，按照设计或合同要求的尺度与质量，安全、优质、高效、低耗地完成，从而获得最佳的经济效益。其任务是通过高效率的计划、组织、指挥、协调和控制，实施对疏浚或吹填施工全过程、全方位的精益化管理。计划、进度、生产、技术、船机、安全、质量、环保、物资供应、施工成本管理等是疏浚与吹填工程施工阶段管理和控制的主要内容。

疏浚与吹填工程施工阶段主要包括如下工作环节。

（1）开工展布。开工展布是疏浚与吹填工程施工前的准备工作，包括施工船舶就位、船舶抛锚定位、架接水上排泥管、水下潜管及岸上排泥管线等工作内容。

（2）试生产。通过试开挖或试吹填对编制的施工方案进行验证，确定主要技术参数，优化施工工艺和施工方法。

（3）施工生产。按照施工进度计划、施工方案及安全、质量、环保要求组织施工，完成工程项目。在施工过程中，根据工况条件的变化，对主要的技术参数、施工工艺和施工方法、管控措施等进行合理调整、部署、优化。

（4）沟通与协调。通过沟通与协调，为工程顺利进行提供保障。主要涉及内部人员、机械设备、材料等的调控，以及外部与工程进展有关的设计、监理、业主、周边居民、政府主管部门、供货商等的关系协调。

2.1.4　验收阶段

验收阶段是工程施工的最后一个环节，和项目的经济效益有直接关系，需要高度重视。本阶段主要组织竣工测量、竣工图绘制、场地清理、竣工验收、工程款结算、竣工报告编制、设备和排泥管道集结撤场等工作内容。工程经业主验收、竣工报告经业主签认后，施工船舶可安排调遣返回基地或撤往其他工地，工程即告结束。

2.2 基本资料

疏浚与吹填工程基本资料收集的目的是为了对工程标的物的设计、施工和完工后计划的运行情况进行全面、系统地分析，从而编制出切实可行、详尽的施工组织设计，以利于工程顺利实施，提高今后类似工程的施工与管理水平。

疏浚与吹填工程开工前，一般都要对工程区域内的施工环境和施工条件进行全面的调查，收集基本资料。疏浚与吹填工程的基本资料，主要是指对工程正常施工生产有着促进或阻碍作用的外在客观因素反映出来的本质特性或指标。基本资料收集应当结合现场勘测工作进行，收集的资料应全面、详细、准确和真实，尤其对影响工程施工成败的关键因素或指标，在调查时要做详细勘查，以便在编制施工组织设计时尽可能做到详尽、周到。

2.2.1 资料分类

疏浚与吹填工程的基本资料可分为自然条件、工程施工条件和社会环境条件。

（1）自然条件。自然条件包括：水文、气象、地形、地质、河流、潮汐等。

1) 水文要素主要包括：降雨量、蒸发量、地表径流、地下渗流、水位、水温、水质、含沙量、冰凌等。

2) 气象要素主要包括：气温、气压、湿度、风、降水、蒸发、辐射、日照以及各种天气现象等。

3) 地形要素主要包括：图例、比例尺、坐标、高程、山地、河流、地标建筑、架空线路、流域界限等。

4) 地质要素主要包括：岩土类型、地层结构、物理力学性能、表土性状、含水量、颗粒级配、有机质含量等。

5) 河流要素主要包括：流域面积、断面形状、纵横向坡比、流速、流量、流态、最枯水位历时、历年洪水过程线等。

6) 潮汐要素主要包括：潮汐类型、最大最小潮位、最大最小潮差、平均高潮位、低潮位、潮汐涨落延时等。

（2）工程施工条件。工程施工条件包括：施工环境、技术要求、人员结构、设备状况、物资供应、资金供应等。

1) 施工环境主要包括：施工水域、航道、避风港或锚地、陆路交通、沿途桥梁、高架线路、水下电缆、水面及水下障碍物等方面。

2) 技术要求主要包括：国家和行业制定并颁布的有关疏浚与吹填工程的施工技术规范、土工试验规程、安全技术规程、质量检验标准以及与工程临时设施建设有关的其他规范、标准等。

3) 人员结构主要是指：投入工程建设的管理、技术、技能人员配备的数量、素质，劳务人员配备数量、素质等。

4) 设备状况主要是指：施工设备机械性能、状况、生产效率、维修情况、材料消耗及辅助设施配套等。

5) 物资供应主要是指：施工用水、用电、用油供应情况、通用零配件供应情况以及专用配件加工、维修条件等。

6) 资金供应主要是指：投资方的资金来源、到位情况，正常条件下的资金供应条件以及当地银行资金借贷的可能性等。

(3) 社会环境条件。社会环境条件包括行政法规、民俗民风、占地赔偿、医疗条件、治安状况等。

1) 行政法规主要是指：国家和当地政府制定并颁布的有关施工期间人员设备进场，开工生产许可，利用当地资源、当地劳力，临时占用土地，环境保护以及公安、财税等方面的法律法规。

2) 民俗民风主要是指：当地（尤其是少数民族地区）居民的生产、生活习惯，婚丧嫁娶习俗等。

3) 占地赔偿主要是指：因施工需要临时占用的土地，道路，农、林作物，建筑物，水域和海上养殖等进行的赔偿。

4) 医疗条件主要是指：施工期间人员因病、因伤需要及时救治的条件。

5) 治安状况主要是指：施工区域内因公私纠纷引起的聚众闹事、打架斗殴及偷盗抢劫等事件发生的频率及程度。

2.2.2 收集途径

疏浚与吹填工程的基本资料可以通过招标文件、当地相关管理部门和现场踏勘等途径获取。在收集过程中，应重点详细调查对工程有直接影响的资料，同时兼顾收集对工程起到间接影响的有用资料，为编制切实可行的施工组织设计提供可靠的依据。

(1) 通过招标文件收集。招标文件中一般都会在"技术条件"或"施工组织设计"中包含自然条件、工程条件和社会环境3个方面的基本资料，例如：水文、气象条件；地质钻孔资料；工程标的物；施工红线范围；进场道路、航道；避风锚地；架空电缆；水下障碍物；水电供应条件以及施工质量、安全和环境保护要求等。通过招标文件，施工单位可以获得一大部分基本资料。但招标文件提供的资料往往是初步的、粗略的、不全面的，因此，施工单位还应通过其他途径获得更多的基本资料。

(2) 通过当地管理部门收集。通过当地相关管理部门收集资料，相关部门主要包括航道航政部门、海事管理部门、水文站、气象站、海洋研究所、工程设计部门、行政管理部门等。

1) 航道航政部门。主要了解航道、港口、码头、道路、避风、度汛锚地使用方面的规章制度，查明最新的要求、办理手续的具体程序与费用收取标准，使施工合法化，保证施工的顺利进行。

2) 海事管理部门。主要了解工程船舶进出港签证，发布禁航、通航通告以及相关费用、手续等情况。

3) 水文站。主要了解工程范围所在流域的水文要素，如多年洪汛起止日期，年逐月最高、最低水位，相应的流速、流量，典型年枯水位及历时，多年洪水过程线以及多年冰冻起始、终止时间等。

4) 气象站。主要了解工程范围所在地区的气象要素，如年逐月最高、最低气温，逐月最大、最小降雨量，雨雪天数，雨雪强度，最大、最小风力，风向等。

5）海洋研究所。主要了解海洋水文要素，如潮汐类型，历年平均高潮位、低潮位，年逐月最高、最低潮位，工程临近海域潮位预报表等。如需经海上调遣设备，则应收集相关海域的海图、进出航线水深图或锚地水深图等。

6）工程设计部门。主要了解工程设计意图，设计采用的规范、标准、技术参数以及设计中尚未确定的遗留问题等。

7）行政管理部门。主要了解施工期间人员临时户籍、税收、医疗、治安、环保及土地使用、劳力使用等方面的制度、法规等。

（3）通过现场踏勘收集。现场踏勘主要包括现场地形地貌、水域状况、岩土性状、进场道路、沿途航道及当地物资市场等。

1）现场地形地貌。主要针对工程施工期间主要施工设备停靠、补给，临时设施建设、场地使用、管线布置等进行实地考察，形成完整的施工平面图。

2）水域状况。主要考察工程施工水域存在的有利于工程施工的避风港湾、避风锚地和不利于工程施工的水生植物、水上养殖场、渔场以及过航船舶的大小、频率等，以便制定切合实际的施工安全技术措施。

3）岩土性状。主要考察施工现场疏挖区或取土区的地质情况，通过现场了解或补充勘探对设计提供的地质资料进行综合评估，以便确定较为准确的施工效率和施工进度计划。

4）进场道路。主要考察陆路运输所经线路的情况，如公路等级、桥涵、山洞的通过能力、路面宽度、坡度、拐弯半径、穿越村镇等情况。

5）沿途航道。主要考察水路运输所经航道情况，如航道宽度、水深，桥梁、船闸净宽、净高，架空线路的位置、高度，临时停靠码头位置以及当地可利用的水路运输和装卸能力等。

6）当地物资市场。主要考察当地燃油料、材料、配件、电力与淡水等供应方式、供应量、价格等情况。

2.2.3 重点资料

在编制疏浚或吹填工程的施工组织设计时，应重点收集水文、气象、地形、地质、施工组织条件等基本资料。

（1）水文资料。

1）对内河、湖泊的疏浚与吹填工程，应收集以下资料。

A. 工程所在河段或水域历年逐月及典型年月的水位、流量、流速、水面纵横向比降等特征值（最大、最小、平均）及流向；最枯水位及其历时；汛期洪水位过程线及相应水位时的流速、流量、流向资料。水面纵横向比降是影响测量精度和施工质量的一项重要因素，但在设计、施工和验收环节中又非常容易被忽视，往往会给工程各方造成不必要的纠纷和经济损失，收集时需要特别关注。

B. 水域受上下游闸、坝、支流影响时，必须了解闸、坝运行情况与不同蓄、泄水位或支流来水变化时的流速、流向、水位涨落幅等资料。

C. 水域水源不充足时，应调查其水源补给条件。

D. 水面较开阔的湖泊,应收集该水域不同风向、风速下的波高、波长有关资料。重点收集分析可能对施工造成不利影响的波浪的出现季节、出现频率与持续时间。

E. 工程区域内无水文观测站或水文观测站不能满足施工要求时,应设置临时观测站点,并观测不少于15d的水位变化资料,推算与相邻最近站点的水文关系,并注意水文站所用高程系与工程所用高程系间的关系。

一般应收集不少于5个水文年的系列水文资料,对跨年度的大中型工程,应收集不少于10个水文年的系列水文资料。

2) 对沿海及感潮河段的疏浚与吹填工程,应收集以下资料。

A. 工程区域内的潮汐类型、潮位特征值、潮汐预报表、涨落潮时流速、流向变化资料。当工程区域内无水文观测站时,应设置临时观测站点,并观测不少于15d的潮位变化资料。在大潮期间应进行1~3次的连续24h的同步测定,并推算与之距离最近的一个或两个水文或潮汐站点间的水文关系。

B. 工程区域内不同风向、风速下的波高、波长资料,尤其是0.6m以上波高出现的季节、频率和持续时间;重点分析可能对施工造成不利影响的波浪、涌浪出现季节、频率与持续时间。

波浪对疏浚与吹填工程的施工设备与操作人员人身安全有很大影响,对施工质量和生产效率也有一定影响,施工前需认真收集并分析,在沿海地区要特别关注。波浪等级划分见表2-1。

表 2-1　　　　　　　　　　波 浪 等 级 划 分 表

波浪等级	波浪名称	浪　高/m	波浪等级	波浪名称	浪　高/m
0	无浪	0	5	大浪	$2.5 \leqslant H_{1/3} < 4.0$
1	微浪	<0.1	6	巨浪	$4.0 \leqslant H_{1/3} < 6.0$
2	小浪	$0.1 \leqslant H_{1/3} < 0.5$	7	狂浪	$6.0 \leqslant H_{1/3} < 9.0$
3	轻浪	$0.5 \leqslant H_{1/3} < 1.25$	8	狂涛	$9.0 \leqslant H_{1/3} < 14.0$
4	中浪	$1.25 \leqslant H_{1/3} < 2.5$	9	怒涛	≥14.0

注　$H_{1/3}$为把测得的波高按大小依次排列,取其较大的1/3个数的波高平均值。

3) 对冲淤变化较大的工程区域,还应收集有关来水、来沙及河床演变资料等。

(2) 气象资料。

1) 风。收集工程所在地历年逐月不同风向组的风速、风力及其出现频率等资料,应重点收集历年5级以上(含5级)风的不同风向出现的季节、频率和持续时间。

风除直接作用于施工设备外,还作用于水面形成波浪。疏浚与吹填设备多为水上作业,不同的设备对风力都有不同的安全限制等级,超过规定安全等级,需要采取避风措施。风是影响设备安全和施工组织的主要因素之一,特别是在沿海地区和宽阔水域,更需认真研究分析,并制定防风措施和应急预案。风力等级划分见表2-2。

2) 雨。收集工程所在地历年逐月平均降雨量、降雨天数以及暴雨出现月份、持续时间,最大降雨量出现的月份等有关资料。

表 2-2 风力等级划分表

风力等级	名称	水面浪高/m	水面征象	地面征象	风速/(m/s)	风压/Pa
0	无风	—	平静，水面如镜	静，烟直上	0.0~0.2	0~0.13
1	软风	0.1	起涟漪，无浪花	烟斜向上，风向标不转动	0.3~1.5	0.19~0.94
2	轻风	0.2	起小波，波长较短，波峰不破碎	人面感觉有风，树叶微响，风向标能动	1.6~3.3	1.00~2.06
3	微风	0.6	起较大的小波，波峰开始破碎，出现白色浪花	树叶及微枝摇动不息，旌旗展开	3.4~5.4	2.13~3.38
4	和风	1.0	起小浪，波长变长，白色浪花成群出现	能吹起地面灰尘和纸张，小树枝摇动	5.5~7.9	3.44~4.94
5	劲风	2.0	起中浪，波长较长，白浪大量出现（偶有飞沫）	小树摇动，内陆水面起小浪	8.0~10.7	5.00~6.69
6	强风	3.0	大浪开始出现，浪花遍布	大树枝摇动，电线呼呼有声，举伞困难	10.8~13.8	6.75~8.63
7	疾风	4.0	大浪，破碎的浪花随风吹起，呈条带状	大树摇动，粗树枝下弯，迎风步行感觉困难	13.9~17.1	8.69~10.69
8	大风	5.5	大浪，波峰边缘破碎成浪花，并形成明显的条纹状	可折断树枝，逆风行走阻力很大	17.2~20.7	10.75~12.94
9	烈风	7.0	起狂浪，波峰摇动翻滚，白浪花条纹密集，飞沫影响到能见度	一般烟囱和平屋顶有小损坏，屋顶瓦片移动，小屋遭到破坏	20.8~24.4	13.00~15.25
10	狂风	9.0	起狂涛，海面翻滚，浪花被削成大片，随风飞起	可拔起树木或将建筑物摧毁	24.5~28.4	15.31~17.75
11	暴风	11.5	非常狂涛，波峰边缘被吹到空中	陆上少见，有严重破坏力	28.5~32.6	17.81~20.38
12	飓风	14.0	海浪滔天，海面完全变成白色	陆上绝少，摧毁力极大	>32.7	>20.44

注　1. 本表所列风速是指平地上离地 10m 处的风速值。
　　2. 风压计算公式为：$P=0.5rv^2/g=v^2/1600$。式中 P 为风压，Pa；r 为空气重度，取 $0.01225kN/m^3$；v 为风速，m/s；g 为重力加速度，取 $9.8m/s^2$。

降雨直接影响通航视线和施工组织，直接关系到疏浚与吹填工程设备与附属设施安全，也关系到施工进度，施工前需认真收集并分析，在南方地区河道、湖泊内施工时要特别注意。降雨等级划分见表 2-3。

表 2-3 降雨等级划分表

降雨等级	降雨量/mm 24h	降雨量/mm 12h	降雨等级	降雨量/mm 24h	降雨量/mm 12h
小雨、阵雨	0.1~9.9	≤4.9	暴雨	50.0~99.9	30.0~69.9
中雨	10.0~24.9	5.0~14.9	大暴雨	100.0~249.9	70.0~139.9
大雨	25.0~49.9	15.0~29.9	特大暴雨	≥250.0	≥140.0

注　本表为国家气象局颁布的降水强度等级划分标准（内陆部分）。

3）雾。雾直接影响通航、施工视线，关系到疏浚与吹填工程设备和人员安全。施工前需认真收集并分析工程所在地历年逐月大雾、厚雾、浓雾出现的季节、天数、频率、持续时间等。

4）雪。根据需要收集工程所在地历年大雪出现的月份、频率、最大降雪量及持续时间等。

降雪直接影响通航和施工视线，关系到疏浚与吹填工程设备和人员安全。施工前需认真收集并分析，特别是在寒冷地区或季节施工时。降雪对疏浚与吹填工程影响相对较小。降雪等级划分见表2-4。

表2-4　　　　　　　　　　降雪等级划分表

预报用语	降雪量/mm		预报用语	降雪量/mm	
	12h	24h		12h	24h
小雪	0.1~0.9	0.1~2.4	大雪	3.0~5.9	5.0~9.9
中雪	1.0~2.9	2.5~4.9	暴雪	>6.0	>10.0

5）能见度。根据需要收集历年能见度恶劣情况出现季节、持续时间等有关资料。

能见度低时设备安全存在一定隐患，特别是在通航区域施工时，此问题尤为突出。影响能见度的因素主要有雾、霾、雨、雪等。能见度分级见表2-5。

表2-5　　　　　　　　　　能见度分级表

等级/级	名称	能见距离/m	等级/级	名称	能见距离/m
0	强浓雾	<50	4	轻雾、暴雨	1000~2000
1	浓雾	50~200	5	轻雾	2000~4000
2	大雾	200~500	6	中雨	4000~10000
3	雾	500~1000	7	小雨	10000~20000

6）气温。根据需要收集工程所在地历年各月气温特征值以及最高、最低气温出现的月份、持续时间等有关资料。

7）冰冻。冬季封冻水域根据需要收集历年封冻日期、冰冻厚度、封冻持续时间及历年冰凌出现的季节、频率等有关资料。

8）其他。热带气旋、飓风、海啸等恶劣气象情况资料。

热带气旋的强度一般根据平均风速评定，世界气象组织建议使用10min平均风速，但美国的国家飓风中心和联合台风警报中心，以及中国气象局分别采用1min和2min平均风速计算热带气旋中心持续风力。根据美国和中国的定义所测量到的平均风速，会比联合国定义的稍高。其中1min与10min平均风速的近似换算公式为：10min平均风速等于1min平均风速乘以0.88。不同的地区对热带气旋也有不同的分级方法，在美国，飓风会根据萨菲尔-辛普森飓风等级按强度分为1~5级，澳大利亚也有类似的方法。

热带气旋破坏力极强，对疏浚与吹填工程设备、设施及操作人员人身安全等有巨大影响，在沿海地区作业时要格外关注。中国热带气旋等级划分见表2-6，使用时可以参考。

表 2-6　　　　　　　　　　　　　中国热带气旋等级划分表

热带气旋等级	简称	底层中心附近最大风力等级/级	底层中心附近最大风速/(m/s)	最大风速/(nmile/h)
热带低压	TD	6～7	10.8～17.1	21～33.2
热带风暴	TS	8～9	17.2～24.4	33.4～47.4
强热带风暴	STS	10～11	24.5～32.6	47.6～63.4
台风	TY	12～13	32.7～41.4	63.6～80.5
强台风	STY	14～15	41.5～50.9	80.7～98.9
超强台风	SUPERTY	≥16	≥51.0	≥99.1

注　《热带气旋等级》(GB/T 19201—2006)经国家标准化管理委员会批准于2006年5月9日发布，2006年6月15日起正式实施。

(3) 地形资料。

1) 施工总平面布置图。根据工程规模，图纸比例宜采用1/2000、1/5000或1/10000，图例、图幅应按国家标准绘制。图中除应绘制坐标及磁北方向外，还应标明控制点、水准点、助航标志、过江架空电力、通信线路、水底电缆、光缆、管路、水上建筑物及水下障碍物等。

2) 地形图及设计纵、横断面图。地形图宜采用高程图，水下地形图也可采用水深图，但应明确与工程所用高程系间的关系。横断面测量间距宜采用25m、50m、100m，横断面图的横向比例宜采用1/200、1/500、1/1000，高程比例宜采用1/100或1/200。

3) 地形测量数据。测量精度应满足设计、施工阶段工程量计算的要求。小型河道地形横断面测量应测至堤脚外3～5m；宽阔河道、湖泊、河口和沿海等宽阔水域的地形横断面应测至设计上开口线以外30～50m；水下收方的取土吹填工程地形横断面图应测至取土边线外30～50m；吹填区地形横断面测量应测至围堤外坡脚以外5～15m。

4) 地形控制网。测量前，应向测绘部门收集控制点、水准点等资料。当施工地区无控制坐标和水准点时，可就近引设，精度应达到四等三角网和四等水准技术标准。

(4) 地质资料。疏浚与吹填工程必须充分调查现场的地质情况，地质资料是疏浚与吹填工程设备选型配备、施工技术确定的基础性资料，在工期控制、成本控制、工程量控制、质量控制等方面起着决定性影响。必须全面收集勘探点布置情况、地质勘探成果资料，分析疏浚区、取土区以及吹填区的土壤类型、工程特性、储量及分布规律等，为工程组织和技术方案的确定等提供决策依据。

1) 地质勘探剖面图。包括钻孔平面布置图、钻孔柱状图、地质剖面图等，用于查明疏浚区、取土区土质类型、物理力学特性、储量及分布情况。对吹填工程还可用于分析吹填区的地基承载力情况，判断地基下沉量等。当上述资料不能满足工程设计与施工需要时，应及时与建设单位协商进行补充勘探。补充勘探断面间距宜为100～400m，钻孔位置间距宜为25～300m。地质勘探断面的布置宜与地形测量横断面一致，勘探点的布置应根据地形、地貌和地质复杂程度选择（见表2-7）。

表 2-7　　　　　　　　　　　勘探点间距布置表　　　　　　　　　　单位：m

地质条件 \ 地形、地貌	地形起伏大 地貌单元多	地形有起伏 地貌单元少	地形平坦 地貌单一
复杂	25	25～50	50～100
一般	25～50	50～100	100～200
简单	50～100	100～200	200～300

2）地质勘探取样。疏浚区或吹填工程取土区钻孔深度应达到设计挖深以下 2～3m。当开挖土为淤泥，疏浚设备又拟为绞吸式挖泥船时，存在漏桩的安全隐患，钻孔深度应达到设计挖深以下 10～20m，通过地质分析确定落桩的方式；吹填工程取土区钻孔深度应根据设计选用吹填土料要求、吹填量大小和地质复杂程度确定；吹填区钻孔深度应根据工程建设目的、重要性以及对地层承载力的要求等情况确定；围堰填筑区钻孔深度应根据围堰的填筑高度、工程建设目的和重要性以及地质复杂程度综合确定；当现场地质条件极为复杂、土质坚硬，常规的勘察方法不能真实反映实际地质情况时，可进行试挖，并对试挖条件和参数进行详细记录，以便对试挖设备性能和试挖的效能等做出评价。

3）土工试验成果资料。疏浚与吹填工程施工前应根据实际需要在下列项目中选定收集：①天然密度；②天然含水量；③颗粒级配分析；④孔隙比；⑤相对密度；⑥比贯入阻力值（或标贯击数）；⑦塑（液）性指数；⑧黏聚力；⑨剪切应力；⑩内摩擦角。

4）污染底泥检测。环保性疏浚工程还应收集有关污染底泥来源与形成原因等方面的资料，并对疏浚土质和水质进行取样分析。土质检测分析包括污染土的有机物含量、颗粒分析、TN、TP、重金属含量等；水质分析应包括 pH 值、COD、BOD、SS 值、TN、TP 等。

（5）施工组织条件资料。

1）了解工程所在地有关工程建设、土地使用、环保、城管等方面的法律、法规；当地航道、港口、码头、道路使用方面的管理规定和制度。

2）了解工程所在地及附近地区现有航道等级，船舶进出调遣航线及其航道水深情况；沿途桥梁、船闸位置及其通过能力，临时停靠码头、沿途可利用的水上运输、装卸能力等；并取得船舶调遣航线图（如分省内河航道图、水深图、沿海航道图或海图等）。

3）了解工程区域内外现有公路等级，桥涵、隧道的通过能力，路面宽度、坡度、拐弯半径、穿越村镇情况以及沿途可利用的陆上运输与装卸能力等。需要时还应调查工程所在地现有铁路停靠站位置、货场规模与装卸能力、沿线通过能力与申请车皮的要求等。

4）了解工程所在地有关水利矛盾的历史和现状，征占土地、移民迁安的条件和标准。

5）调查了解施工区过往船舶的类型、数量、频率以及对施工的干扰情况。

6）调查当地燃料、材料、电力与淡水的供应方式与条件。

7）调查施工现场管线运输、敷设条件，以及当地机械设备、劳动力使用条件和价格标准等。

8）调查施工现场临时用地情况。疏浚工程，特别是采用吹填工艺施工的疏浚工程，需要大量的排泥管线及陆地设备，这就要求了解施工区域内临时施工场地的情况，包括有无临时场地、临时场地的大小、可使用期限、安全保卫问题、需交纳的费用等。

9）调查工程所在地的船舶修理能力，包括有无修船厂家、厂家的技术实力、当地船机备配件的供应和制造能力情况等。

10）调查当地生活物资的采购途径、价格和便利情况等。

11）调查当地通信等设施条件，有线电话、无线电话、高频无线电话的使用情况和使用要求等。

12）调查当地政府管理部门的工作效率和效果，当地的民风和民俗，业主的专业程度和管控能力、监理工程师的专业程度和协调能力、当地政府和业主对疏浚工程的重视程度等。

13）安全方面应重点了解工程所在地的避风情况，挖泥船避风形式，避风锚地位置，同区域避风船舶的多少，避风锚地的大小，避风锚地的掩护条件，避风拖轮的大小、数量及其情况等；了解工程作业区内有无地下或过江电力及通信线路、水下障碍物、爆炸物等，查明其具体位置、分布范围和所属管理单位；调查当地医疗卫生状况、当地的医疗水平和急救能力、服务态度等。

14）环保方面应重点了解工程所在地及附近水产养殖场或水生植物、污染物、取水口、景点、自然保护区的存在情况，查明其具体位置、分布范围和所属管理单位；调查研究挖泥船施工及疏浚土运输和处理过程中可能产生的水体浑浊程度、开挖和运输过程中土体扰动产生的以及从排泥场退水口流出的细颗粒悬浮物对附近水产养殖场或水生植物、取水口、景点、自然保护区的影响程度、影响范围、影响类型和方式等；调查施工区域附近居民、学校、办公、医院、养殖场等的存在情况，查明其具体位置、分布范围，对施工设备产生的噪声等级进行评估，尤其对夜间施工时产生的噪声对周边区域的影响程度进行评判；对环保性疏浚工程还要收集施工中底泥被扰动后所产生的臭气对周边的影响程度。

2.3 疏浚土分类与分级

2.3.1 分类

从广义上说，土可分为岩石、黏性土和非黏性土3大类，同时还存在由这3大类土组成的混合土。在现实工程领域形成了多行业、多标准、多用途的土的分类、分级方法，疏浚土的分类、分级就是其中的一种方法。

水利水电行业疏浚工程土的分类是由水利水电工程土的分类演变而来的，经过多年的使用、修订，现在已经形成较科学的分类方法。随着大型、高自动化挖泥船的建造和应用，各个国家都对自己的疏浚土的分类标准进行了修订，我国相关行业根据工程特点也都有各自疏浚土的分类标准，但目前尚未形成全国统一的分类标准。

疏浚土是疏浚与吹填工程的直接作用对象，疏浚土包括开挖后的弃土和开挖后专门用于地基填筑土两大类。了解和掌握疏浚土的特性是疏浚与吹填工程成败的关键，它牵涉施工设备的选择和施工方法的选择两大过程。

疏浚土分类的主要依据是土的颗粒组成、塑性指数、有机质含量等。一方面它反映了土的自然属性，如矿物成分、颗粒组成、形成状态、有机质含量等；另一方面也反映了土的工程特性，如土的可挖性和可输送性，包括流动性（淤泥）土、软（可）塑性土、硬塑性土、坚硬土、松散沙、密实沙、砾（卵）石、胶结石和风化岩等。

（1）水利水电系统疏浚土分类。水利水电系统根据土料的颗粒组成、塑性指数和液性指数等指标的不同，将疏浚土分为淤泥土类、黏性土类、粉土类、沙土类和碎石土类等5大类（见表2-8）。

表2-8 疏浚工程土分类表

疏浚土类别	土类名称	颗粒组成	有机质含量 O_u	塑性指数 I_p	液性指数 I_L
淤泥土类	有机质土	$d \leq 0.075$mm，颗粒大于总质量的50%	$O_u \geq 5\%$		
	流动性淤泥		$O_u < 5\%$		$I_L > 1$
	淤泥				$0 < I_L \leq 1$
	淤泥质土			$I_p > 10$	$I_L \leq 0$
黏性土类	黏土	$d \leq 0.005$mm，颗粒大于总质量的15%		$I_p > 17$	
	粉质黏土			$10 < I_p \leq 17$	
	沙质黏土				
粉土类	黏质粉土	$d \leq 0.075$mm，颗粒大于总质量的50% $d \leq 0.005$mm，颗粒占10%～15%		$I_p \leq 10$	
	沙质粉土	$d \leq 0.075$mm，颗粒大于总质量的50% $d \leq 0.005$mm，颗粒占3%～10%			
沙土类	细沙	$d > 0.075$mm，颗粒大于总质量的50%			
	中沙	$d > 0.25$mm，颗粒大于总质量的50%			
	粗沙	$d > 0.50$mm，颗粒大于总质量的50%			
	砾沙	$d > 2.0$mm，颗粒大于总质量的50%			
碎石土类	角砾、圆砾	$d > 20.0$mm，颗粒大于总质量的50%			
	碎石、卵石	$d > 60.0$mm，颗粒大于总质量的50%			
	爆破后石渣	$d > 100.0$mm，颗粒大于总质量的50%			
	块石、漂石	$d > 200.0$mm，颗粒大于总质量的50%			

（2）交通系统疏浚土分类。交通系统根据土料的有机质含量、塑性指数、粒径、天然含水量、孔隙比、单轴饱和抗压强度、黏粒含量等指标的不同，将疏浚土分为有机质土及泥炭淤泥土类、黏性土类、粉土类、沙土类、碎石土类和岩石类等几大类（见表2-9）。

表 2-9 疏浚岩土分类表

岩土类别	岩土名	分类标准
有机质土及泥炭淤泥土类	有机质土及泥炭	$Q \geqslant 5\%$
	浮泥	$W > 150\%$
	流泥	$85 < W \leqslant 150\%$
	淤泥	$55\% < W \leqslant 85\%$，$1.5 < e \leqslant 2.4$
	淤泥质土	$36\% < W \leqslant 55\%$，$1.0 < e \leqslant 1.5$
黏性土类	黏土	$I_p > 17$
	粉质黏土	$10 < I_p \leqslant 17$
粉土类	黏质粉土	$d > 0.075$mm，颗粒大于总质量的 50%；$I_p \leqslant 10$，$10\% \leqslant M_c < 15\%$
	沙质粉土	$d > 0.075$mm，颗粒大于总质量的 50%；$I_p \leqslant 10$，$3\% \leqslant M_c < 10\%$
沙土类	粉沙	$d > 0.075$mm，颗粒大于总质量的 50%
	细沙	$d > 0.075$mm，颗粒大于总质量的 85%
	中沙	$d > 0.25$mm，颗粒大于总质量的 50%
	粗沙	$d > 0.5$mm 颗粒大于总质量的 50%
	砾石	$d > 2.0$mm，颗粒大于总质量的 25%~50%
碎石土类	角砾、圆砾	$d > 2.0$mm，颗粒大于总质量的 50%
	碎石、卵石	$d > 20$mm，颗粒大于总质量的 50%
	块石、漂石	$d > 200$mm，颗粒大于总质量的 50%
岩石类	软质岩石	$R_c < 30$MPa
	硬质岩石	$R_c \geqslant 30$MPa

注　Q 为有机质含量，%；W 为天然含水量，%；e 为孔隙比；I_p 为塑性指数；d 为粒径，mm；M_c 为黏粒含量（$d < 0.005$mm）；R_c 为单轴饱和抗压强度，MPa。

2.3.2 分级

疏浚土的开挖和输送的难易程度直接影响生产效率，是设备选型和制定施工技术方案的重要因素。疏浚土的分级主要根据土的可挖性和可输送性确定，可挖性和可输送性难度越大，疏浚土的级别越高，施工难度也就越大。

（1）水利水电系统疏浚土类分级。水利水电系统疏浚土类分级主要依据绞吸式挖泥船对天然状态土的挖吸难易程度进行划分，其分级判别指标主要依据液性指数、标准贯入击数、孔隙比、塑性指数；沙类分级判别指标依次为：标准贯入击数、孔隙比、相对密度、天然容重。疏浚土分级见表 2-10。

表 2-10　　　　　　　　　　疏浚土分级表

分级	符号	土的分类定名	自然状态及鉴别特征	液性指数 I_L	锥体沉入土中深度 λ	标准贯入击数 $N_{63.5}$	相对密度 D_r	饱和密度 P_f /(g/cm³)
1	CHO	有机质高液限黏土	流塑无强度	≥1.50	>1	0	—	≤1.55
1	MHO	有机质高液限粉土	流塑无强度	1.5~1.0	>1	≤2	—	1.55~1.70
2	CLO	有机质低液限黏土	软塑、手指捏易成型	1.00~0.75	7~10	≤4	—	1.8
2	MLO	有机质低液限粉土	软塑、手指捏易成型	1.00~0.75	7~10	≤4	—	1.8
3	CH	高液限黏土	可塑、手捏稍用力能成型	0.75~0.25	3~7	5~8	—	>1.80
3	CL	低液限黏土	可塑、手捏稍用力能成型	0.75~0.25	3~7	5~8	—	>1.80
3	MH	高液限粉土	可塑、手捏稍用力能成型	0.75~0.25	3~7	5~8	—	>1.80
3	ML	低液限粉土	可塑、手捏稍用力能成型	0.75~0.25	3~7	5~8	—	>1.80
3	SM	粉土质沙	极容易将Φ12钢筋插入土中	—	—	≤4	0<D_r≤0.33	1.90
3	SC	黏土质沙	极容易将Φ12钢筋插入土中	—	—	≤4	0<D_r≤0.33	1.90
4	CH	高液限黏土	硬塑、手用力握能成型	0.25~0	2~3	9~14	—	1.85~1.90
4	CL	低液限黏土	硬塑、手用力握能成型	0.25~0	2~3	9~14	—	1.85~1.90
4	MH	高液限粉土	硬塑、手用力握能成型	0.25~0	2~3	9~14	—	1.85~1.90
4	ML	低液限粉土	硬塑、手用力握能成型	0.25~0	2~3	9~14	—	1.85~1.90
4	SM	粉土质沙	较容易将Φ12钢筋插入土中	—	—	5~10	0.33<D_r≤0.67	1.90
4	SC	黏土质沙	较容易将Φ12钢筋插入土中	—	—	5~10	0.33<D_r≤0.67	1.90
4	SW	级配良好沙	较容易将Φ12钢筋插入土中	—	—	5~10	0.33<D_r≤0.67	1.90
5	CH	高液限黏土	硬塑、手用力握能成型	0.25~0	2~3	9~14	—	1.85~1.90
5	SM	粉土质沙	用2~3kg重锤很容易将Φ12钢筋打入土中	—	—	10~30	0.67<D_r≤1	2.00
5	SC	黏土质沙	用2~3kg重锤很容易将Φ12钢筋打入土中	—	—	10~30	0.67<D_r≤1	2.00
5	SF	含细粒土沙	用2~3kg重锤很容易将Φ12钢筋打入土中	—	—	10~30	0.67<D_r≤1	2.00
5	SW	级配良好沙	用2~3kg重锤很容易将Φ12钢筋打入土中	—	—	10~30	0.67<D_r≤1	2.00
6	CL	低液限黏土	坚硬、手指很难掰动	<0	<2	15~30	—	1.90~2.00
6	SF	含细粒土沙	用2~3kg重锤较容易将Φ12钢筋打入土中	—	—	15~30	0.67<D_r≤1	2.00
6	SP	级配不良沙	用2~3kg重锤较容易将Φ12钢筋打入土中	—	—	15~30	0.67<D_r≤1	2.00

续表

分级	符号	土的分类定名	自然状态及鉴别特征	液性指数 I_L	锥体沉入土中深度 λ	标准贯入击数 $N_{63.5}$	相对密度 D_r	饱和密度 P_f /(g/cm³)
7	CH	高液限黏土	坚硬、手指很难掰动	<0	<2	15~30	—	1.90~2.00
	SM	粉土质沙	用2~3kg重锤较容易将Φ12钢筋打入土中	—	—	15~30	0.67<D_r≤1	2.05
	SC	黏土质沙						
	SP	级配不良沙						
8	SM	粉土质沙	用2~3kg重锤可将Φ12钢筋打入土中30mm	—	—	30~50	0.67<D_r≤1	2.05
	SC	黏土质沙						
	SP	级配不良沙						
	GM	粉土质砾						
	GC	黏土质砾						
9	GF	含细粒土砾	用2~3kg重锤较容易将Φ12钢筋打入土中	—	—	15~30	—	≥2.05
	GP	级配不良砾						
10	GW	级配良好砾	用2~3kg重锤可将Φ12钢筋打入土中30mm	—	—	30~50	—	≥2.05
11	GICb	卵石混合土	用2~3kg重锤难将Φ12钢筋打入土中	—	—	30~50	—	≥2.05
	SIB	漂石混合土						
	CbSI	混合土卵石						
	BSI	混合土漂石						
	Cb	卵石（碎石）						
	B	漂石（块石）						

注 本表引自《疏浚与吹填工程技术规范》（SL 17—2014）。

（2）交通航道系统疏浚土类分级。交通航道系统是我国从事疏浚工程最早的行业，主要针对大型港口码头、航道及港池进行拓宽、浚深和维护，对疏浚土的分级方法和水电行业的基本一致，但分级范围较广。交通系统对疏浚土的开挖难易程度是从松开土体或破坏其内聚力的角度进行分析的。一般情况下，沙性土以标准贯入击数为主要判别指标；黏性土以抗剪强度为主要判别指标；岩石以抗压强度为主要判别指标。疏浚岩土工程特性及分级见表2-11。

2.3.3 野外鉴别

土的野外鉴别法是土工实验法的补充，世界各国都有土的简易野外鉴别方法。疏浚土的野外鉴别主要借助一些简易工具，通过眼睛观察和手的触摸、捏搓来进行。疏浚土的野外鉴别法是一种比较粗略的分类方法，适用于尚未取得详细地质勘探资料时，对疏浚土类进行的现场定性分类。在水电水利工程中，疏浚土的野外鉴别方法见表2-12。

在实际工程施工中，也可用更简单的方法进行土类的野外鉴别。粗粒土和细粒土的野外简易鉴别方法分别见表2-13和表2-14。

表 2-11 疏浚岩土工程特性及分级表

岩土类别	级别	状态	强度及结构特征	判别指标 标贯击数 N	判别指标 天然重度 $r/(kN/m^3)$	辅助指标 抗压强度 R_c/MPa	辅助指标 天然含水量 $W/\%$	辅助指标 液性指数 I_L	辅助指标 孔隙比 e	辅助指标 抗剪强度 γ/kPa	辅助指标 附着力 $F/(g/cm^2)$	辅助指标 相对密度 D_r	辅助指标 烧灼减量 $Q_1/\%$
有机质土及泥炭	0	极软	可能是密实的或松软的,强度和结构在水平或垂直方向上,可能相差很大,并存在气体		<12.8								≥5
淤泥土类	1	流态	极易在手指间垂直流动	<2	<14.9		>85		>2.4	<13	无		
	2	很软	极易用手指挤压	≤4	≤16.6		55~85	>1.0	>1.5	<25	<50		
黏性土类	3	软	极易用手指捏成型	≤8	≤17.6			≤1.0		≤50	弱		
	4	中等	稍用力才能捏成型	≤15	≤18.7			≤0.75		≤100	中等 50~150		
	5	硬	不能用手捏捏成型才成型，手指压出凹痕	>15	≤19.5			≤0.50		>100	强 >250		
	6	坚硬	不能用手捏成型，可用大拇指压出凹痕		>19.5			≤0.25					
砂土类	7	极松	较易将 Φ12 钢筋插入土中	≤4	≤18.3							<0.15	
	8	松散	较易将 Φ12 钢筋插入土中	≤10	≤18.6							≤0.33	
	9	中密	用 2~3kg 重锤很容易将 Φ12 钢筋打入土中	≤30	≤19.6							≤0.67	
	10	密实	用 2~3kg 重锤可将 Φ12 钢筋打入土中 30mm	>30	>19.6							>0.67	
碎石土类	11	松散	骨架颗粒含量小于总质量的 60%~70%，排列混乱，大部分排列不接触，充填物包裹大部分骨架颗粒，呈松散状态或可塑状态	<7 $N_{63.5}$	DG <65								
	12	中密	骨架颗粒含量小于总质量的 60%~70%，呈交错排列，大部分连续接触，呈中密状态	7~18 $N_{63.5}$	DG 65~70								
	13	密实	骨架颗粒含量大于 70%，呈交错排列，连续接触，但骨架颗粒间紧密状态或呈硬塑状态	>18 $N_{63.5}$	DG>70								
岩石类	14	弱	锹镐可挖掘	N<50		≤10							
	15	稍强	锹镐难挖用锤击击碎			<30							

满足 C_u≥5, C_c=1~3 的为良好级配砾石 (GW)，不能满足以上条件的为不良级配砾石 (GP)

C_u 为不均匀系数，$C_u=d_{60}/d_{10}$；C_c 为曲率系数，$C_c=d_{30}^2/(d_{10}×d_{60})$

注：1. 淤泥质土可在黏性土类中衡量级别，黏质粉土可在砂土类中衡量级别，砂质粉土可在黏性土类中衡量级别。
2. 表中 $N_{63.5}$ 为重型动力触探锤击数；DG 为密实判数。
3. d_{10}、d_{30}、d_{60} 为级配曲线上颗粒含量 10%、30%、60% 的粒径。

表 2-12　　　　　　　　　　　　疏浚土的野外鉴别方法表

疏浚土类别	土类名称		观察项目				土类符号
			可塑～硬塑时的状态与特性			流塑～软塑时的摇振反应	
			目测感观	手感	搓成土条的最小直径/mm		
细粒土	淤泥	有机质土	深黑色或黑色，有臭味	有弹性和海绵感	>3	快至中	CLO MLO
		淤泥	粉粒为主，无光泽	有黏性，手指捏易成型，捻面较粗糙	2～3 或>3	中	CLM
		淤泥质土	粉粒为主，稍有光泽	有黏性，手指捏易成型，捻面较光滑	2～3	中至慢	CMI CSI
	黏性土	黏土	土表面均匀细腻，有光泽	黏手，手感滑腻，硬塑时拇指压可出凹痕	≤1	无	CH
		粉质黏土	土表面稍粗糙，略有光泽	有黏性，稍有滑腻感，硬塑时拇指压可出凹痕	1～2	无	CMH
		沙质黏土	土表面稍粗糙，可见少量沙粒，略有光泽	有黏性，有沙粒感，硬塑时拇指压可出凹痕	1～3	慢至无	CSH
	粉土	黏质粉土	土表面稍粗糙，略有光泽	稍有黏性，硬塑时手用力握能成型	2～3 或>3	中至慢	MCI
		沙质粉土	土表面粗糙，可见沙粒，无光泽	无黏性，硬塑时手用力握能成型	>3	中至快	MSI
粗粒土	砾沙		颗粒粒径大于高粱米粒，呈完全分散状态	目测感观		表面无变化	GS
	粗沙		颗粒粒径大于小米粒，呈基本分散状态		湿土拍打	表面无变化	S
	中沙		颗粒粒径大于白砂糖粒，存在少量结块，稍碰动即散			表面略有水印	
	细沙		颗粒粒径大于精盐颗粒，存在部分结块，稍压即散			表面水印明显	
	粉沙		颗粒粒径与面粉相似，存在较大结块，稍揉搓即散			表面出水变形	

表 2-13　　　　　　　　　　　　粗粒土的野外简易鉴别方法表

土类名称	鉴别方法	眼睛观察颗粒粗细	干土状态	湿土状态	湿润时用手拍击
碎石土	卵石（碎石）	一半以上（重量）颗粒接近或超过干枣大小（$d≈20mm$）	完全分散	无黏着感	表面无变化
	圆砾（角砾）	一半以上（重量）颗粒接近或超过绿豆大小（$d≈2mm$）	完全分散	无黏着感	表面无变化
沙土	砾沙	四分之一以上颗粒接近或超过绿豆大小	完全分散	无黏着感	表面无变化
	粗沙	一半以上颗粒接近或超过小米粒大小（$d≈1mm$）	完全分散	无黏着感	表面无变化

续表

土类名称	鉴别方法	眼睛观察颗粒粗细	干土状态	湿土状态	湿润时用手拍击
沙土	中沙	一半以上颗粒接近或超过白砂糖粒大小（$d \approx 0.5mm$）	基本分散	无黏着感	表面偶有水印
	细沙	颗粒粗细似粗玉米面	基本分散	有轻微黏着感	接近饱和时表面有水印
	粉沙	颗粒粗细似细白糖面	部分分散 轻微胶结		接近饱和时表面翻浆

表 2-14　　　　　　　　　　细粒土的野外简易鉴别方法表

土类名称 鉴别方法	干土状态	干土手搓时感觉	湿土状态	湿土手搓感觉	小刀切削湿土
黏土	坚硬，用锤打能打碎块	极细的均质土	可塑，滑腻，黏着性大	易搓成0.5mm的细土条，易滚成小土球	切面光滑，无沙粒
粉质土	手压土块可成碎块	无均质感，有颗粒感	可塑，略滑腻，有黏性	易搓成1mm的土条，可滚成小土球	切面平整，有沙粒感
粉土	手压土块可碎成粉末	土质不均，可见沙粒	稍可塑，粗糙，稍有黏性	难搓成小于2mm的土条，滚成小土球后容易碎	切面粗糙，沙粒多

2.4　吹填土特性

2.4.1　基本特性

土质是决定吹填工程质量与生产效率的最关键性因素之一，施工前应对取土区地质资料进行仔细研究与分析，了解土类别、结构及其物理力学指标，并通过试生产了解其吹填特性、固结特性与渗透特性等，以此作为设备选型、优化施工方案和编排施工进度的依据。对有防渗要求的吹填工程，一般应选用颗粒较细的非沙性土和粉质黏土；对有承载力或排渗要求的吹填工程，宜采用颗粒较粗的沙性土。不同土的吹填特性、淤积坡降、固结特性、透水特性和承载能力均不同，其基本吹填技术特性见表2-15。

表 2-15　　　　　　　　　　不同土质基本吹填技术特性表

土壤类型		吹填特性	淤积坡降	固结特性	透水特性	承载能力
淤泥质土		易挖送，沉淀慢，流失大	1/300～1/1000	速度慢，过程长，效果差	透水性差，排水缓慢	极差
黏土	软	便于挖送，吹填效果差	1/25～1/50	固结时间长	透水性差	较差
	硬	挖送难，吹填土呈团块状	1/10～1/25	管口易堆积，块状物易固结	防渗能力强	有一定承载能力

续表

土壤类型	吹填特性	淤积坡降	固结特性	透水特性	承载能力
粉细沙	易挖送，效率高，效果好	1/50～1/150	较易固结，速度较快，效果较好	透水性好	较好
中沙	落淤快，效果好	1/25～1/50	速度快，较密实	透水性强	较强
粗沙	落淤快，易堆积	1/10～1/25	速度快，较密实	透水性强	强

2.4.2 特性系数

（1）松散系数。在疏浚与吹填工程中，水下原状土被机械开挖后，再通过泥泵和管道输送到吹填区或弃土区。在这一过程中，原状土发生松散，体积会增大。土壤松散系数是确定吹填区面积、容积和吹填高程时必须考虑的一项技术参数，细粒土和粗粒土松散系数分别见表2-16和表2-17。

表2-16　　　　　　　　细粒土松散系数 K_S 表

土类	高塑黏土膨胀土、高塑有机土、粉质黏土	高塑黏土、中高塑有机土、粉质黏土	中塑黏土、粉质黏土	沙质粉土、粉土、可塑粉土	有机粉土、泥炭
天然状态	硬塑至硬	硬塑	可塑	软塑	流动
K_S	1.25	1.20	1.15	1.10	1.05

表2-17　　　　　　　　粗粒土松散系数 K_S 表

密实程度	很紧密	紧密	中实	松散	极松
标准贯入击数 N	>50	30～50	10～30	4～10	<4
K_S	1.25	1.20	1.15	1.10	1.05

（2）吹填土固结沉降率。在吹填工程中，土料进入吹填区后会沉淀淤积，并逐渐脱水固结，吹填土会因固结产生沉降。固结沉降率为吹填土的固结下沉量和吹填土最初厚度之比，固结沉降率的大小及固结时间的长短与吹填土土质和吹填区的排水条件等密切相关，是控制吹填质量和工程量的一项重要参数，吹填施工时一般都要根据土质情况预留出一定固结沉降量。

吹填土固结沉降的基本特性是粒径越大，其固结沉降率越小。吹填土粒径越小，其固结沉降率越大。常见吹填土实测固结沉降率取值见表2-18。

表2-18　　　　　常见吹填土实测固结沉降率取值表　　　　　　　　　　%

吹填土土质	沙	沙壤土	混沙黏土	黏性土
固结沉降率（为吹填土厚度百分比）	2～5	8～12	5～15	10～20

（3）吹填土流失率。流失量是关系到工程效益、施工质量与环境保护的一项重要参

数,是吹填区布设、设备配置、排泥管线布置时需要重点考虑的因素之一。一般而言,吹填土粒径越小,流失率也就越高;吹填区面积越小、越狭窄、越浅、泄水口越低、吹填设备泥泵功率越大,流失率相应也就越高,故需综合考虑。近些年随着对环保要求的提高,很多吹填工程都对余水中的含泥量给出了具体控制标准。

吹填土流失率已成为一项有关环保和经济效益的重要的控制指标,施工前需要有针对性编制控制措施。一般情况下,设计允许的吹填土流失率取值见表 2-19,编制施工方案时可参考表中数据。流失率的确定比较复杂,实际生产过程中流失率可采用从泄水口取样的方法进行测定,并及时调整流失量控制措施。

表 2-19 设计允许的吹填土流失率取值表

吹填土类别	淤泥质土	黏土、粉土	粉细沙	中沙	粗沙
流失率(为设计吹填量的百分比)/%	≤3	1.6~2.5	1~1.8	0.5~1.2	0.3~0.7

(4) 吹填区地基沉降率。由于压载的原因,吹填工程施工过程中和施工完成后,吹填区原地面一般都会或多或少产生沉降。地基沉降量是由吹填区地质条件和吹填土厚度、密实度等因素所决定的,从工程实践中得来的数据(见表 2-20),可供在核算取土区储量、制定施工方案、吹填高程控制和工程量结算时参考。吹填区地基沉降量一般都通过埋设沉降杆的方法进行实测,具体方法见相关章节。

表 2-20 吹填区地基沉降率取值表

地 基 土 质	淤泥夹沙	黏土	粗沙	沙质粉土	粉质沙土	黏土夹沙	粉土
沉降率(为吹填厚度的百分比)/%	1~15	2~10	3~8	5~10	2~15	5~10	5~10

2.5 疏浚土处理

疏浚出来的土料需要得到妥善处理,根据土质和施工环境等因素,处理方式包括弃土、利用和隔离等 3 大类。

2.5.1 弃土

受自然环境或施工条件限制,疏浚土无法利用或可利用但不经济时,可选择就近丢弃的处理方式。弃土根据不同的工程目的、地形地貌、环境条件和挖泥船类型可分为水下弃土、陆地弃土等处理方式。疏浚土做弃土处理的前提是疏浚土必须是无污染的。

(1) 水下弃土方式及技术要求。

1) 深海弃土。这种方式适用于沿海港池、航道和大中型河道入海口的疏浚整治工程,疏浚土多通过自航式耙吸式挖泥船直接运达弃土(抛泥)区,通过泥仓底门或排泥管道将弃土卸排到指定深海区域。弃土时,需采用 GPS 海上定位系统准确定位,确保弃土排入指定海域。

2) 河道深槽弃土。这种方式适用于内河航道拓宽、浚深及沿岸港口码头建设,疏浚区离河道深槽较近,而离陆地较远或陆域无可利用的弃土场的情况。疏浚土多采用绞吸式挖泥船通过管道直接运达弃土水域；也可以通过链斗或抓斗式挖泥船配套的开底驳直接运达弃土水域。弃土时，需采用 GPS 定位系统或岸边标识准确定位，有序排放，以免造成水下弃土堆积，影响通航。

当弃土区及其周围有水质要求，弃土会影响水生动物、植物生长繁衍时，不应选择河道深槽排泥方式。

3）河道浅滩弃土。这种方式适合于疏浚河段岸滩宽阔、地势平坦，疏浚区离拟定的弃土区大于 500m，且弃土余水不会造成弃土区周围环境污染的情况。疏浚弃土一般采用绞吸（斗轮）式挖泥船或水力冲挖机组通过管道直接弃土。当弃土量较大时，为防止弃土大量流失，应当在拟定弃土区四周修筑围堰和退水口。

4）航道外弃土。这种方式适合于维护性疏浚工程，利用挖泥船自带的泥泵将疏浚出的土料抛投到航道之外。

5）水下弃土一般需满足如下技术要求：①弃土区的容积应大于设计弃土总体积，且卸泥后不能影响河槽的行洪断面和通航要求；②当用泥驳或自航式挖泥船抛泥时，弃土区所需最小水深应满足抛泥时的最小水深；③采用排泥管道水下直接排泥时，水面浮管及作业船舶不得影响正常通航，并要防止水下锚缆或排泥管口被淤埋；④弃土区周围水面须设置明显标志，标示出弃土范围与弃土顺序，以利于作业时控制；⑤对有通航要求的河道弃土区，应联系航政管理部门发布禁航或避让通告，施工船只应随时准备采取必要的避让措施。

（2）陆地弃土方式及技术要求。

1）低洼地、废河汊与坑塘填埋。这种填埋方式适合疏浚区附近有足够的废弃低洼地、废河汊或坑塘的情况。输泥完成后，经一段时间的固结，排除余水，上部再覆盖一层（厚 0.5～1.0m）种植土即可成为新耕地。

2）堤防内外取土坑填埋。这种填埋方式适合于疏浚区附近存在筑堤时留下大片取土坑，且需要回填加固堤防的情况；对充填后的余水排放有要求时，应在充填区四周筑围堰，经沉淀或处理后按要求排放。

3）山涧筑塘填埋。这种填埋方式适合于在水库、湖泊疏浚，附近无可用排泥场，利用山涧沟壑筑坝修塘用于存放弃土的情况；山涧泥塘一般纵深较小，流程较短，为防止弃土细颗粒随退水流失，可采用分级筑塘交叉设置退水口方式增加退水流程。

4）筑围堤填埋。这种填埋方式适合于无可用坑塘或弃土区的情况，围堤修筑均为就地取土，做成长方形排泥场，一般长边应大于短边 2 倍以上。排泥口与退水口的设置距离尽可能最大，以增加弃土细颗粒在排泥场内的流程及沉淀时间。

5）陆地填埋一般需满足如下技术要求：①疏浚设备多采用绞吸（斗轮）式挖泥船、吹泥船或水力冲挖机组，采用管道输送方式直接进行充填；②弃土坑塘四周应按需要修筑挡水围堰、泄水口或退水渠等设施；③挡水围堰应有一定（0.3～0.5m）安全超高，筑堰土以壤土（亚黏土）为宜，当采用渗透性较大的沙性土筑堰时，应采用薄膜防渗和挖截渗沟等措施；④施工期间，对围堰、塘坝要设专人巡视、看护，防止人畜意外掉入以及堰体决口造成对周围环境的破坏；⑤对余水排放有要求时，应采取相应控制和净化措施，使余水排放满足规定的要求。

2.5.2 利用

疏浚土的利用源于20世纪70年代，经过几十年的努力，"疏浚土是一种资源而不是废弃物"这一主题慢慢为社会所接受。随着工业、城市建设的发展和环保性疏浚业的兴起，对疏浚土的处理问题得到广泛的重视，许多研究机构对疏浚土的处理和资源再生技术进行了长期深入的研究。目前，除了传统的自然固结法、地基排水固结法、真空预压法、覆盖法和隔离法外，又进一步研究开发了物理固化、化学固化、机械脱水、热处理固化等疏浚土处理新技术，进一步实现了资源的再利用。

物理固化国内外常见的是采用离心脱水机或压滤机等设备对疏浚土进行脱水固化，此技术目前在国内一些环保性疏浚工程中已得到应用，并取得了显著成效；热处理固化则是采用烧结或熔融的方法，在高温下对疏浚土直接固化成砖、陶瓷等建筑材料进行再利用；化学固化采用水泥类、石灰类等固化剂对疏浚土进行原地混合固化或管道输送混合固化。化学固化处理方法是一种经济、实用、技术可行的方法，在我国有较大的推广前景，特别是在缺乏粗粒土的地区，这一方法被广泛使用。

疏浚土的利用根据不同的土质、环境要求以及使用需求可分为疏浚土的直接利用和疏浚土改良后利用两种方式。

（1）直接利用。疏浚土大致可分为原状土、淤积土和有机质土，而原状土根据不同的颗粒组成又可分为巨粒土、粗粒土和细粒土。因此，疏浚土的直接利用主要指根据不同的土类特点对疏浚土进行合理和充分利用，如填塘造地、筑围堰造地、平地筑坝造山、加固堤防、改善航行条件等。

1）填塘造地。填埋低洼地、取土坑和废弃的河汊、水塘是疏浚工程最常用的疏浚土利用方法。在施工中要尽可能保留几乎所有的疏浚土，包括让粗颗粒均匀分布，细颗粒充分沉淀以及保留有机质土。这些新造的土地经改良后可作农用地，种植农作物或经济作物，也可种植树木、花草等。

2）筑围堰造地。疏浚工程临近城市地区，为节省土地常在荒废地、河滩地修筑围堰，利用疏浚土吹填工业生产用地、生活用地和交通、旅游、环保用地。对于地基有承载力要求的新地，施工中有时只保留粗颗粒和部分细颗粒，同时将极细颗粒土、有机质土及悬浮颗粒随退水排出。通过这种方式可以加速地基的固结沉降速度。

3）平地筑坝造山。有时疏浚弃土根据需要还可以用来堆造景观假山，条件是弃土中须含有一定量的黏性团状结构，吹填时可堆成人工假山或台地。施工中，应根据设计形状分层修筑围堰，将疏浚弃土均匀充填到围堰内。充满一层，再利用充填土做上一层围堰，以此类推，层层堆造，直至完成。需要注意的是，造山后的退水中的细颗粒含量较多，需要汇入沉淀池沉淀后，余水才能排放；退水渠的淤泥也需要在完工后加以清理，以恢复原状。

4）加固堤防。在河道堤防的背水侧修筑围堰后，将疏浚土利用排泥管线输送到吹填区内，增加堤防的盖重，以达到消除管涌、加固堤防的作用。此处理方式在水利系统里经常使用到，20世纪80年代和90年代曾利用此方法对荆江大堤、资水大堤等进行加固处理，取得了非常好的效果。

5）改善航行条件。即将疏浚出的土料通过排泥管线或泥驳等输送到附近影响通航安全的航道深槽或深潭处，通过填埋达到改善航行条件的目的。

6) 充当肥料。当疏浚弃土中的有机质含量大于10%时，可采用分层疏浚方法，先将有机质土挖除存入专门的弃土场，再用沉淀、脱水固化等方法，将有机质土制作成固体肥料使用。

7) 疏浚土直接利用时应注意以下问题：①要综合考虑疏浚的总成本，使总处理费用最低；②尽量减少对周围水质和环境的污染；③当疏浚土中含有重金属或化学物质等有毒有害成分时，应分析情况，酌情利用，或改良后利用，或放弃不用。

(2) 改良后利用。当疏浚土无法直接利用时，可通过改良的方法使疏浚土尽快得到利用。

1) 加速密实。密实方法主要根据疏浚土的性质而定。

A. 对于沙性土而言，经搬运搅动和水力冲填后土颗粒会很快沉淀，在一定的水力作用下比较容易密实。这类土通常采用直接排水法、振动密实法、塑料排水板加堆载预压法或水泥灌浆法等加快弃土的密实。

B. 对于颗粒较细的淤泥和黏性土，则应根据不同的使用要求，采用不同的密实固结方法。如塑料排水板加堆载预压固结法、真空预压法、附加荷载法、电渗法和化学（水泥、石灰）稳定法等来加速弃土的密实与再利用。

2) 制作土砖。当弃土中的黏粒含量大于30%时，可利用弃土料烧制土砖或用作防渗填料。施工中，应在拟定的制砖场所附近修筑专门的存土场，并尽可能将有机质土随退水排出存土场外。

3) 河道湖泊疏浚底泥资源化利用。目前，环保性疏浚在清理湖泊内源污染中得到了广泛使用，也被证明为一种行之有效的处理方式。河湖底泥有其特殊性和复杂性，多以有机质为主体，底泥中富含氮、磷等有机元素及一定量的金属元素，是一种可以利用的资源。同时，底泥中还含有重金属以及病原菌、病毒、寄生虫（卵）等有害生物和微生物，因此必须得到有效处置，避免疏浚出的底泥对环境造成二次污染。近年来，随着环保意识和需要的增强，环保性疏浚已成为改善水环境的一种既有效又高效的手段，这类环保性疏浚项目的不断启动使得湖泊与河道底泥资源化处置成为必然。根据不同的污染底泥采取相应措施进行资源化利用，不仅可以实现良好经济效益，而且还可实现社会效益和环境效益。目前，河道湖泊疏浚底泥主要用于制备建筑材料、改良土壤、生态建设和能源回收等。

A. 制备建筑材料。河湖污染底泥可用来制造建筑材料，如可被用作生产陶粒、砖、生态水泥等的原料，经过固化的疏浚底泥可以代替砂石和土料用作填土造地、堤防工程、道路工程等。

长期以来，我国陶瓷生产主要以黏土陶粒为主，黏土原料绝大部分取自于耕地，不仅破坏了生态，而且减少了农田面积，已不符合国家科学发展和可持续发展战略。而以河湖底泥为主要原料，加以一定量的辅料、添加剂可制成具有一定强度的轻质陶粒，不仅成本低而且避免了焚烧法对大气造成的污染。河湖底泥还可以被用来制造建筑用砖、生态水泥以及其他建工材料。用污染底泥制砖，工艺简单，能有效减少土地资源的消耗，使自然泥土资源的使用期得到延长，也避免了征地、征地补偿等手续办理的资金和时间消耗。将河湖底泥和城市垃圾等结合起来可生产生态水泥，使原材料来源进一步拓宽的同时，还降低了水泥生产成本，保护了自然环境，是一条有利于水泥工业可持续发展的新途径。

B. 改良土壤。城市河道湖泊底泥中积累了大量植物生长所必需的氮、磷、氨等肥料成分、微量元素及土壤改良剂，可将河道湖泊污染底泥作为农田肥料加以利用，可以使底泥含有的有机物重新进入自然环境，从而改良土壤结构、促进作物的生长。如杭州西湖清淤过程中疏挖出的底泥，经压滤脱水后制成的肥料饼和肥料粒，大受种植户欢迎；云南滇池治理工程中，滇池疏浚底泥被用做"垫田"，即采用环保绞吸挖泥船将污染底泥吹填至低矮农田与低洼地，并采取措施进行底泥干化，最终进行堆场复耕，改良了当地贫瘠的土地，取得显著的经济效益与社会效益。

C. 生态建设。湖滨带在湖泊流域生态系统中发挥着重要作用，对湖滨带实施生态恢复工程有助于降低入湖污染负荷，改善湖滨带的生态环境及维护栖息其间的动植物群落多样性，建立生态体系自然结构。国内外一些机构已开始将河湖底泥用于湖滨带生态建设的基底重建与修复。

因底泥中含有大量的还原性物质和速效性氮、磷、重金属、有机氯农药含量一般均低于二级土壤环境质量标准，通过在底泥中加入沙性土壤和作物秸秆等材料，处理后的底泥可以成为良好的植物生长介质。将污泥施用于湖滨带的树木、花卉、草坪等，可就近消化污泥，还可使污泥远离食物链，同时减少化学肥料的用量。近些年，河湖底泥在湖滨带生态建设的基底重建与修复工程中已开始扮演重要角色。如在巢湖污染底泥疏挖及处置一期工程中，将污染底泥吹填至巢湖大堤外侧，在加固大堤的同时进行湖滨带的生态建设，加宽湖滨大道的同时在沿湖滨大道吹填区建成了生态林带。在巢湖污染底泥疏挖及处置二期工程中，将底泥用于巢湖大堤临湖侧的湖滨带物理基底修复，减少直立堤岸对生态的破坏，实现了湖滨带生态修复的功能。

底泥中也含有大量对植物、土壤及水体有危害作用的重金属、残留农药成分以及病菌、寄生虫（卵）等有害生物和微生物等，在底泥改良使用过程中需要严格控制底泥的有毒有害物质及病原微生物，使其达到国家标准，保障底泥使用得安全、环保、健康。

D. 能源回收。用城市河道湖泊污染底泥提制氢气是能源回收领域的前沿技术。目前，用河湖疏浚底泥制氢技术主要分为高温气化制氢和生物制氢两类，高温超临界水气化制氢是一种已被广泛应用的高温气化制氢技术，该技术对生物质的气化率可达100%，所产生的气体产物中氢的体积分数甚至可以超过50%，并且反应不生成焦油、木炭等副产品，避免了二次污染问题，发展前景良好。生物制氢技术受多种因素影响，整体研究水平仍处于基础阶段，距离实现工业化生产还有较大差距。

2.5.3 隔离

当疏浚出的土料中含有有毒有害物质时，应采用陆地弃土方式，通过排泥管道将弃土排入指定弃土区域，并对含有有毒有害物质的弃土进行隔离存放，以便对有害物进行有效控制，防止扩散污染环境。对于含毒有害物质的弃土隔离存放可分为临时隔离存放和长期隔离存放两种。所有的存放场地首先应保证四周围堰的牢固、安全，防止渗漏、溃坝或泥浆溢流造成污染物扩散。对临时存放的弃土可以通过净化分离污染土，将污染物从疏浚弃土中分离出来，对污染物进行针对性处理。

（1）污染土临时存放主要是考虑到污染土的处理时间不足或当时处理费用较贵，存放时间一般不超过 10 年，待时机成熟或较经济的处理技术出现后再进行处理。因此，临时存放场地围堰可采用各类土质修筑，对污染水有隔离要求时，也可采用塑料薄膜等进行防渗。但为减少后期处理的难度，不应把不同性质的污染土存放在同一个存放场内。

（2）污染土长期存放的原因主要是由于弃土的污染程度特别严重，处理费用特别高或当时无处理方法。因此，对需要长期存放的存土场的围堰需要用防渗效果较好的黏性土类修筑，严格防止污染土外溢和污染水渗出。

（3）施工中，当条件允许可以直接对污染土进行分离净化处理时，应尽可能采用净化分离措施。可根据不同的污染物和弃土土质情况选择不同的分离净化方法，如：分层疏浚法、筛网过滤法、生物（细菌）净化法、水力旋转分离法、磁性分离法、热力净化法、酸碱溶液提取法和充气净化法等。

由于细颗粒或极细颗粒土极易吸附各类重金属和化学物质，因此污染土几乎绝大部分为细颗粒或极细颗粒土，经开挖搅动后极易悬浮在水中。施工中，应让污染泥浆在弃土场内充分沉淀，包括适当添加絮凝剂、混凝剂。而处理方式往往会受污染物类型和净化程度的影响，有时可能需要两种以上的方法进行处理，才能达到净化的目的。

2.6 施工设备

2.6.1 设备分类

（1）施工设备分类。疏浚与吹填工程设备种类较多，按其承担的工作任务的不同可分为生产设备和辅助设备两大类。生产设备又划分为水上施工生产设备、陆上施工生产设备和水陆两用施工生产设备。常用水上施工生产设备主要包括各类挖泥船、吹泥船和清淤机等；常用陆上施工生产设备包括索铲、长臂反铲等；水陆两用施工生产设备是近些年推出的一类既可在水上施工，又可爬行上岸施工的新型多功能复合型疏浚吹填生产设备。辅助设备主要是协助生产设备完成疏浚与吹填作业的设备，主要包括泥驳、拖轮、锚艇、交通艇、油驳、水驳等。

（2）挖泥船分类。疏浚与吹填工程生产设备中，挖泥船被广泛使用，其分类方式较多，按航行方式有自航、非自航和半自航之分；按设备生产能力可分为特大型、大型、中型、小型和微型等；按设备运行特点和工作原理又可分为机械式、水力式、气动式和多功能式等四大类，其中单斗式和链斗式挖泥船是机械式疏浚设备里的典型代表，绞吸式和耙吸式挖泥船则是水利式挖泥船的主要类型。根据设备工作原理，将常用挖泥船进行分类（见图 2-2）。

2.6.2 常用设备

绞吸式挖泥船、耙吸式挖泥船、抓斗式挖泥船是疏浚与吹填工程中使用最多的几类船型，其他类型挖泥船一般只限于特殊施工环境下的水下开挖作业。

2.6.2.1 绞吸式挖泥船

绞吸式挖泥船通过绞刀先将水底泥土切削绞碎，形成泥水混合物（泥浆）后，再通过

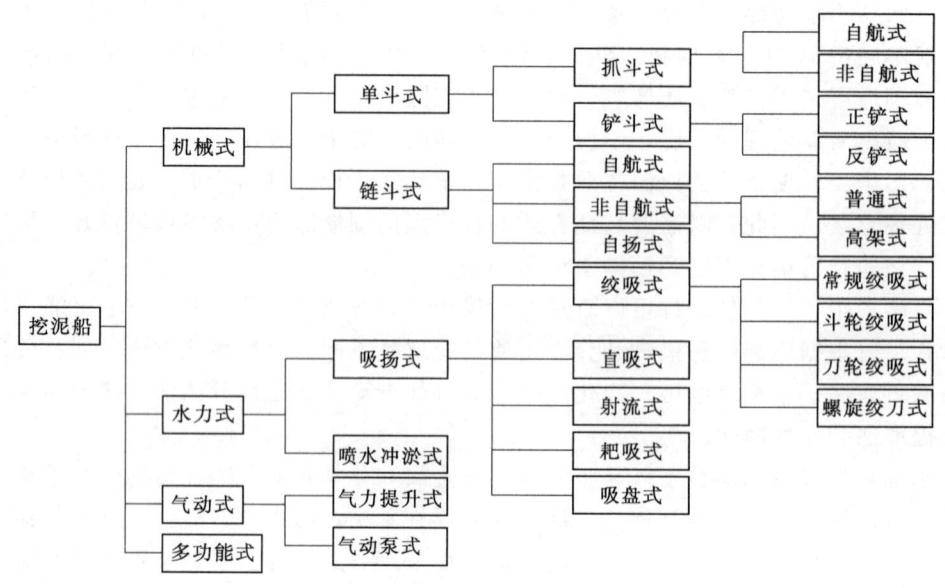

图 2-2 常用挖泥船分类图

离心式泥泵将泥浆从绞刀头部吸入，通过船内吸管、泥泵、排泥管（船内部分和船外部分）将土料输送到吹填区或储料场完成挖泥作业，也可通过船上专用的装驳系统排入泥驳运走。绞吸式挖泥船开挖与输送一气呵成，配套设备少、工序简单、生产效率高、成本低，是水利水电行业疏浚与吹填工程中最主流、运用最广泛的船型。

(1) 性能特点。

1) 绞吸式挖泥船对土质适宜性较强，最适合挖掘淤泥质土、粉土、沙质粉土等松软土体。斗轮式挖泥船对黏土有较好适应性，较大功率绞吸挖泥船采用有齿铰刀后也可挖较硬的砾石黏土。在特殊情况下，绞吸式挖泥船上安装的大功率绞刀设备，不需爆破即可挖掘石灰岩、风化岩石等，可挖掘单轴抗压强度为 150MPa 玄武岩的新型绞刀头已得到应用。

2) 绞吸式挖泥船对施工环境适应范围广，既可在内河与湖泊内施工，也可在水库内作业，大型挖泥船在近海区域施工得到广泛应用。

3) 绞吸式挖泥船船型较多、选择范围广、综合性能好、用途广泛，既能用于河道、湖泊清淤，航道、港池开挖，也可用于吹填造地，在沿海滩涂造地中大量应用。

4) 绞吸式挖泥船生产连续性好、生产效率高、小时产量高、泵送距离远。大型的绞吸式挖泥船小时产量可达 2000～5000m³，泵送距离可达到 6km 左右，加装接力装置后可以输送更远距离。

5) 绞吸式挖泥船经济性好。疏浚物料的挖掘和输送能一次性连续完成，不需要泥驳、吹泥船等配合，施工成本相对其他船型较低。

6) 绞吸式挖泥船操作简单，易于控制。通过横移挖泥、边线换向、换桩、移锚四个工序往复循环，实现连续挖泥作业。

7) 绞吸式挖泥船转移运输方便。绞吸式挖泥船大多为非自航整体式，转移要依靠拖轮等运输船舶。但新型的中小型挖泥船船体目前已基本实现了箱体拼装，解体后可通过陆路运输到现场，重新组装后即可投入使用。新型大型绞吸式挖泥船已逐步开始配备自航系统、调遣时可以自航到位，在具备了良好机动性能的同时，使调遣、调离的时间和费用得到显著降低。IHC海狸4600、3800绞吸式挖泥船分别见图2-3和图2-4。

图2-3 IHC海狸4600绞吸式挖泥船

图2-4 IHC海狸3800绞吸式挖泥船

（2）基本工作原理。绞刀和泥泵是绞吸式挖泥船最主要的两个部件。绞刀安装在绞刀架前端吸泥口处，是用来切削泥土或搅松泥土形成泥浆，以便于用水力方式进行输送的。泥泵一般多安装在船舱中，泥泵通过叶轮的旋转在吸泥管中产生真空，将经绞刀切削下的泥土或搅松的泥土从吸泥口吸入，泥泵再通过排泥管道输送到吹填区或弃土场。大中型挖泥船为提高挖泥效率和增加输泥距离，广泛采用了两到三级泥泵进行串联输泥，实际生产中可根据输泥距离和疏浚土土质和比重灵活选用一到多个泥泵工作，配置相对较灵活。大多绞吸式挖泥船均在绞刀架上安装水下泥泵，以缩短吸程、减小效率损失和泥泵气蚀，同时还可增加经济挖深和扬程。

（3）航行能力。绞吸式挖泥船大多数没有自航能力，远距离转移时要靠拖轮拖行。国内南方地区部分小型船安装了自航装置，在沟汊内转移极为灵活方便。20世纪70年代中期，随着全球经济的发展，国际上对在较恶劣海况下疏浚岩石和硬质土有了较大的市场需求，大型非自航绞吸式挖泥船因受限于辅助船舶而降低了其作业效率，具有自航能力的大型绞吸式挖泥船开始兴起。近些年，国外一些新型大型绞吸式挖泥船已逐步开始配备自航系统，调遣时可以自航到位。

（4）定位装置。定位系统是绞吸式挖泥船的主要装置之一，不同型号的绞吸式挖泥船定位装置会有所不同。有的只配有钢桩定位系统，有的只配锚缆定位系统，也有的同时配有钢桩与锚缆定位系统。目前，大多数绞吸式挖泥船采用的是钢桩定位系统，这类挖泥船装有两根定位钢桩和左右两侧摆动锚缆，是靠定位桩和锚缆固定船位并完成前移和横向摆动的。施工时，将一根定位桩插入河底，控制船位并作为挖泥船的摆动中心，同时通过两侧锚缆的收和放进行左右横向摆动开挖，通过换桩的方式实现前后移动。绞吸式挖泥船结构见图2-5。

新型绞吸式挖泥船中一般都采用了定位桩台车系统和抛锚扒杆系统，使生产效率得到进一步提升。这类挖泥船台车系统一般均设在船尾正中部位，定位桩有明确的主副之分，

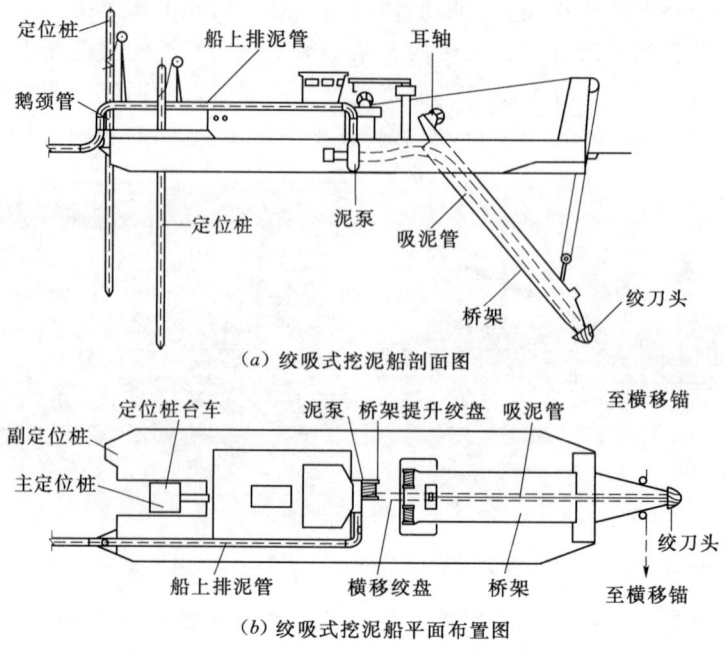

(a) 绞吸式挖泥船剖面图

(b) 绞吸式挖泥船平面布置图

图 2-5 绞吸式挖泥船结构示意图

主定位桩位于台车系统后端中心处。施工时将主桩落下，副桩提起，需要前移或后退时则通过台车系统内的液压油缸的顶出或收回进行船位控制。当台车系统完成一个行程时，则在船体中心线摆动至开挖中心线时，落下副桩并同时收紧两侧锚缆临时固定船位，随后提起主桩，并使之脱离河底后收回台车油缸带动主桩前移，完成一个行程或控制距离之后再落下主桩，提起副桩进入下一个开挖过程。

配有定位桩台车系统的挖泥船进退控制较为灵活，方便作业，开挖质量易控制，同时也减少了换桩所占用的辅助生产时间，生产效率一般要比没有定位桩台车系统的挖泥船高出 15% 左右。定位桩台车结构见图 2-6。

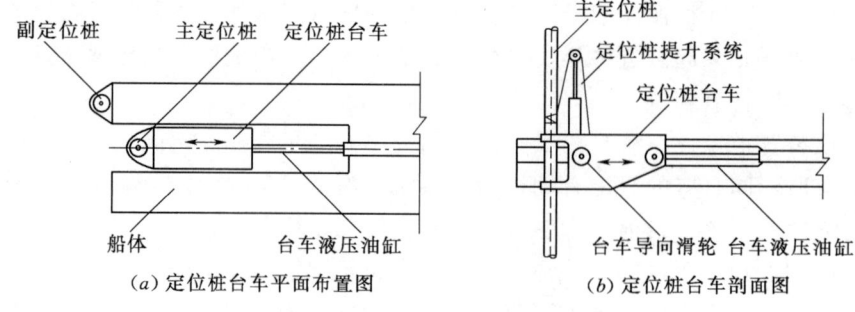

(a) 定位桩台车平面布置图　　(b) 定位桩台车剖面图

图 2-6 定位桩台车结构示意图

（5）横移系统。绞吸式挖泥船是通过左右横向摆动实现开挖作业的，但在移动左右横移锚时是不能进行挖泥作业的，因此移锚所用时间对挖泥船的生产效率有着很大影响。老式绞吸式挖泥船左右锚缆系统是需要锚艇等辅助船舶进行协助抛设的，比较费时，同时还受到锚艇等辅助设备的状态及工作水域的水深、流速、波浪等工况条件限制。抛锚扒杆系统则是对老式抛锚系统的一个革新，它在挖泥船船首两侧各设置了一个抛锚扒杆。挖泥船操作人员通过盖绳绞车控制扒杆位置，利用起锚绞车将横移锚提起，控制扒杆摆动到适当位置重新抛锚，这一过程无需辅助船舶即可在较短的时间内实现，简化了施工过程，提高了施工工效，降低了施工成本。抛锚扒杆结构见图2-7。

抛锚扒杆具有如下优点：①可协助挖泥船快速展布并固定船位；②移锚方便迅速、定位比较准确；③不受水深、流速、风浪等限制，甚至在抛锚处地面高出水平面时也可以使用；④横移锚缆比较短，在横移绞盘上缠绕圈数少，减少了钢缆间的相互挤压，延长了锚缆寿命，节省了费用。

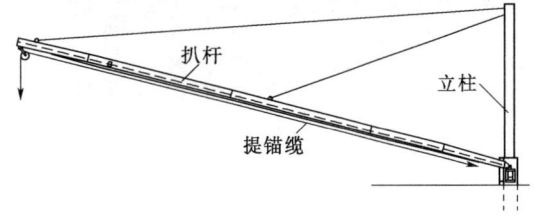

图2-7 抛锚扒杆结构示意图

锚缆定位式挖泥船沿开挖中心线在前后方向设有主锚和尾锚各一只，同时在船首两侧各配有边锚。施工时，通过主锚和尾锚控制船位，通过左右边锚缆的收放进行横挖。前移时，收进一段主锚缆，同时放出相应长度的尾锚缆。此类挖泥船对风浪适应性较好，但开挖质量不如钢桩定位挖泥船。

同时配有钢桩与锚缆定位系统的挖泥船既可用钢桩定位挖泥，也可采用锚缆定位施工，可适应不同工况条件，有较好的可选择性。

(6) 类型。绞吸式挖泥船按照切泥刀具的不同可划分为常规绞吸式、斗轮式、刀轮式和螺旋绞刀式等。其中普通绞吸式挖泥船是使用最为广泛的一种船型。斗轮式和螺旋绞刀式挖泥船都是近些年才推出的。

1) 斗轮式挖泥船。斗轮式挖泥船是从常规绞吸式挖泥船演变而来的，是绞吸式挖泥船家族中一个非常重要的成员。其工作原理和其他绞吸船是一样的，都是通过安装在吸泥口前方的刀具的旋转将泥土切削成碎块或变得松散，再由泥泵将泥浆吸起并通过管道输送出去。斗轮式挖泥船和普通绞吸式挖泥船的最大区别是绞刀的旋转方向不一样。普通绞吸式挖泥船是围绕与船体中心线同一方向的纵轴进行旋转的，而斗轮式挖泥船绞刀是围绕与船体中心线垂直方向的横轴进行旋转的。

A. 性能特点。斗轮式挖泥船既保持了普通绞吸式挖泥船采用水力方式通过管道输送开挖料，开挖、运送、卸料三个主要工序连续性强、生产成本低的优点，又具有开挖能力强、泥土泄漏少、开挖平整度好的特点。与普通绞吸式挖泥船相比，斗轮式挖泥船更适合开挖黏土和硬塑性土等。由于绞刀的结构和旋转方向发生了变化，横移过程中可以将黏土切削成碎片，从而避免了对绞刀和吸泥口的堵塞。另外，斗轮封闭性比普通绞刀要好，减少了水的吸入，提高了泥浆浓度。

B. 类型。斗轮式挖泥船有单斗式和双斗式之分。早期老式船多为单斗式，新型船则一般都采用双斗。单斗轮和双斗轮挖泥船分别见图2-8和图2-9，几种结构型式的斗轮样式见图2-10～图2-12。

图2-8 单斗轮挖泥船　　　　　　　图2-9 双斗轮挖泥船

图2-10 双斗轮　　　图2-11 带齿单斗轮　　　图2-12 无齿单斗轮

2) 刀轮式挖泥船。刀轮式挖泥船是绞吸式挖泥船的一种,是专门为坚硬土质开挖而设计的船型,其结构、工作原理与斗轮式挖泥船非常相似,切泥绞刀也是围绕与船体中心线垂直方向的横轴进行旋转的。刀轮由左右两片上下旋转带齿的绞刀组成,刀轮上配备的刀齿,可根据不同土质进行选择与更换。刀轮通过高扭矩/低转速液压马达传动,这样就使得水下刀轮可以向两个工作面端提供非常强大的切削力,并且可以通过调整旋刀轮转速实现控制。刀轮内部装有切换挡板以便保证水下刀轮的切削端具有较大的吸力。刀轮式挖泥船见图2-13。

图2-13 刀轮式挖泥船

刀轮式挖泥船特别适合非常坚硬土的开挖，对于密度在 1.9t/m³ 以上，标贯击数大于 15 的特硬黏土和其他坚硬土质仍然可以发挥出较高的生产效率，弥补了斗轮式挖泥船的不足。

（7）主要性能参数。功率、吃水、挖深、船体尺度、产量等是绞吸式挖泥船主要性能参数，设备选择时需重点考虑。常见普通绞吸式、斗轮式和刀轮式挖泥船主要性能参数分别见表 2-21～表 2-23。

表 2-21　　　　　　　　常见普通绞吸式挖泥船主要性能参数表

类型	总功率/kW	重载吃水/m	最大挖深/m	主要尺度			名义产量/(m³/h)	备注
				总长/m	型宽/m	型深/m		
40m³/h	165	0.90	5.0	24.00	4.70	1.40	40	组合式，国产
60m³/h	200	0.90	4.0	15.50	5.46	1.40	60	组合式，国产
80m³/h	246	1.20	5.2	20.00	7.00	2.00	80	组合式，国产
80m³/h	165	0.90	6.0	21.06	5.35	1.30	80	组合式，国产
120m³/h	463	1.00	5.5	21.00	8.00	1.60	120	组合式，国产
200m³/h	860	1.40	10.0	39.50	7.20	2.10	200	组合式，国产
200m³/h		1.40	10.0	27.50	7.50	2.10	200	整体式，国产
250m³/h		1.40	11.0	30.00	9.60	2.00	250	组合式，国产
350m³/h	993	2.00		38.62	9.10	3.00	350	整体式，国产
400m³/h		1.90		36.58	10.36	2.59	400	整体式，国产
450m³/h		2.10		33.00	10.64	2.64	450	整体式，国产
500m³/h	2383			40.70	9.50	3.20	500	整体式，国产
500m³/h	1320	1.60	12.8	45.70	8.60	2.40	500	国产
600m³/h	1908	1.97	16.0	47.00	10.50	2.90	600	国产
1750m³/h	6697	2.60	18.0	85.50	16.00	4.60	1750	最大排距 4500m
2000m³/h	3860	2.00	16.0	55.40	13.30	3.50	2000	国产
2500m³/h	6033	2.70	25.0	93.78	16.00	4.60	2500	国产
2500m³/h	5703	3.00	18.0	84.20	18.20	4.90	2500	国产，三缆定位
2500m³/h	8400		22.0	90.70	16.00	5.20	2500	国产，排距 4700m
2700m³/h	11041		25.0	63.60	13.00	4.10	2700	国产，最大排距 6500m
3500m³/h	9514		27.0	104.80	18.20	5.20	3500	国产，排距 6000m
3500m³/h	14576		25.0	97.80	17.20	5.00	3500	国产，排距 6000m
3500m³/h	13926		27.0	111.40	20.40	5.50	3500	国产，排距 7000m
3500m³/h	11952		27.0	97.80	17.00	4.75	3500	国产，排距 7000m
3580m³/h		3.60	27.0	103.00	19.00	5.20	3580	国产，最大排距 8000m

续表

类型	总功率/kW	重载吃水/m	最大挖深/m	主要尺度 总长/m	主要尺度 型宽/m	主要尺度 型深/m	名义产量/(m³/h)	备注
B300	240	0.88	6.0	15.75	4.05	1.30		
B425	313	0.88	6.0	15.75	4.05	1.30		
B600	440	1.10	8.0	20.10	5.72	1.51	300	
B1200	821	1.25	10.0	26.30	6.69	1.87	500	
B1600	1175	1.50	14.0	33.30	7.95	2.46	600	
B2400	1765	1.70	14.0	37.50	8.60	2.75	800	
B3800	2810	2.05	16.0/18.0	44.50/48.20	10.32	2.97	1450	
B4600A	3400	1.85	16.0	61.00	15.22	2.85	1720	荷兰 IHC 公司
B4600B	3400	1.85	16.0	48.50	15.22	2.85	1450	
3800NG	2557	1.65	16.0	48.00	13.00	2.97	1450	
B4510C	745	1.50	10.0	28.50	8.23	2.44	500	
B5014C	1115	1.55	14.0	35.10	9.50	2.46	600	
B5514C	1491	1.8	14.0	36.80	10.64	2.75	600	
B6016C	1796	1.90	16.0	40.00	10.64	2.75	800	
B7018C	3148	2.10	16.0	46.30	13.00	2.97	1500	
B7518C		2.25	18.0	48.30	13.00	3.25		
7025	6155	2.50	25.0	99.95	15.40	4.00	2500	
8527	1287	3.35	27.0	114.00	18.20	4.90	4500	
9029	13000	3.35	29.0	103.90	18.60	5.00	4000	
CZ150	104	1.25	5.0	14.00	3.30	2.20	100	
CZ200	186	1.25	7.0	14.50	5.90	2.20	150	
CZ300	344	1.50	9.0	23.30	6.40	2.45	300	荷兰达门公司
CZ400	1180	1.50	40.0	52.80	8.40	2.45	440	
CZ450	880	1.25	14.0		7.00	1.85	700	
CZ500	1335	1.20	14.0	34.00	7.55	2.45	1000	
CZ650	2584	1.80	22.0	42.00	12.80	3.00	1200	

表 2-22　　常见普通斗轮式挖泥船主要性能参数表

类型	总功率/kW	重载吃水/m	最大挖深/m	主要尺度 总长/m	主要尺度 型宽/m	主要尺度 型深/m	名义产量/(m³/h)	备注
LB300BW		0.92	8	29.60	6.00	1.50	100	
LB500BW		1.04	10	32.40	6.00	1.65	140	镇江船厂
LB900BW		1.30	12	38.40	7.40	2.10	200	
LB1200BW		1.60	15	39.80	8.00	2.60	300	

续表

类型	总功率/kW	重载吃水/m	最大挖深/m	主要尺度			名义产量/(m³/h)	备注
				总长/m	型宽/m	型深/m		
B750W	648	1.25	10	32.40	7.47	1.80		
B4010W	745	1.55	10	35.40	8.23	2.44		
B4514W	1115	1.50	14	42.70	9.50	2.46	500	
B5014W	1437	1.80	14	44.50	10.64	2.75		
B5516W	1796	1.90	16	50.40	10.64	2.75		
B6016W	2602	2.10	16	53.10	12.44	2.97		
B6518W	3148	2.10	18	59.00	13.00	2.97		
B7018W		2.25	18	61.00	13.00	3.25		荷兰 IHC 公司
220	166	1.10	6	19.66	4.00	1.70		
600	465	1.10	10	30.00	6.97	1.50		
750	536	1.20	10	33.00	6.44	1.80		
1000CD	760	1.45	14	37.60	7.32	2.30		
1200	876	1.20	12	37.07	8.39	1.80		
1400		1.25	30	50.00	8.10	1.65		
1600	1156	1.90	14	41.00	8.60	2.46		
800m³/h	1676	1.80	16	51.00	10.60	2.75	800	双斗轮
850m³/h	2800		18	55.00	9.80	2.70	850	
3000m³/h		2.50	25	99.95	15.40	4.00	3000	
3500m³/h	15956	3.50	30	102.30	19.20	5.20	3500	最大排距 6000m
DLC1200/500	1131	1.70	12	43.50	7.80	2.45	500	最大排距 2000m

表 2-23 常见普通刀轮式挖泥船主要性能参数表

类型	总功率/kW	重载吃水/m	最大挖深/m	主要尺度			名义产量/(m³/h)	备注
				总长/m	型宽/m	型深/m		
WSD400	1082	1.5	12	41	7.8	2.4		最大排距 2500m，常德达门船舶有限公司

2.6.2.2 耙吸式挖泥船

耙吸式挖泥船是吸扬式挖泥船的一种，多为自航式，是一种自带吸扬装置和泥仓，能边挖泥边装仓，装满仓后再航行运输到指定卸泥区并卸泥的挖泥船。耙吸式挖泥船的主要设备有泥耙、泥泵、闸阀、管道系统和泥舱等，其技术性能与主要技术参数有舱容、挖深、航速、装机功率等。

（1）性能特点。耙吸式挖泥船一般船体大、可自航、带泥舱，具有如下性能特点。

1）船体一般都较大，吃水深，因此具有良好的抗风浪能力，能在恶劣的风浪气候条件下工作,特别适合在沿海水域和宽阔水域施工。

2) 有良好的航行能力,调遣方便,能迅速转移工作场地。

3) 多自带泥舱,具有自挖、自载和自卸的能力,独立施工能力强,一般不需要拖船和泥驳等辅助船舶。适合于较长距离的航道施工以及离岸距离较远的取沙作业。

4) 可以边航行边挖泥作业。挖泥时不用锚缆及辅助机具,不占用大量水域或封锁航道,不影响其他船舶航行,航道随开挖随开放使用,特别适合在繁忙的营运航道施工。现代的耙吸式挖泥船在船首水线下安装有横向推进器,掉头灵活方便,所以也非常适合在狭长的航道和一定面积的港池中疏浚作业。

5) 挖深大。大部分耙吸式挖泥船挖深在 25m 左右,部分大型船挖深已超 50m,国际上有些挖泥船最大挖深已超过百米。

6) 综合性能强。部分耙吸式挖泥船还装有泵送排泥系统,将泥舱内的泥浆用高压水稀释后,通过泥泵从舱底吸口吸入,将泥浆抛射到指定吹填水域或通过快速接头与岸上管线接通后,进行吹填造陆作业。

7) 自动化程度高,控制设备较齐全。现代的耙吸式挖泥船普遍装备有 DGPS 高精度定位系统、吃水装载监视仪、纵横倾指示仪、耙臂位置指示仪、耙头深度位置指示仪、压力表(含真空表)、浓度计、流量计和产量仪等仪器仪表、无线电定位仪、电子图显示系统,有的还配有自动定深挖泥、自动化动态跟踪等装置。大部分耙吸式挖泥船耙头的吊缆附设有波浪补偿装置,可以及时调整挖深。新型船自动控制集成化程度提高,在控制室里只需要配备一名操作员,轻点鼠标,即可完成有关的操作程序,不必再花费较多的人力。

A. 压力表(含真空表)。疏浚挖泥中,广泛使用弹性压力仪表。根据传感器的类型不同,可分为波登管压力表、波纹管压力表及膜片压力表等。

B. 装载指示仪。耙吸挖泥船上通常装有装载指示仪,可自动记录疏浚土方的装载量。该装置利用安装于船底的多个压力传感器测量船舶吃水,通过转换器把压力信号转换成电流信号,由计算机经过处理,计算并记录挖泥船排水量和载泥量,实时显示装载过程。

C. 差分全球卫星定位系统。差分全球卫星定位系统由差分台和移动台(船台)组成,差分台和移动台均包括 GPS 接收机和数传电台,移动台还包括用来进行导航的电子计算机和显示器。差分台和移动台的 GPS 接收机同步观测同一组(不得少于 4 颗)卫星,由差分台求出观测值进行实时修正,以确定移动台相对于差分台的位置,进而求得移动台船位坐标。同时,通过计算机进行航迹自动绘图,显示计划挖泥区段、计划航线、实时导航数据(航速、航向、偏航数据及坐标等);若与测深仪、水位、送报仪、挖深自动控制系统相连接,还可显示挖深、水位、横断面图或水下三维立体图。

8) 部分耙吸式挖泥船还采用了复合驱动方式,既有效地保证了施工进度,又使装机功率得到了充分利用。

9) 耙吸式挖泥船对淤泥、松散的沙土和粉土以及沙等比较适合,在航道、港池等的基建性疏浚和维护性疏浚方面发挥着积极作用,适用于海港、河口航道及大河干流的中下游较宽的河段施工。特别是在维护性疏浚方面,其作用是其他类型挖泥船所无法取代的。

耙吸式挖泥船普遍具有可自航、自带泥驳、抗风浪性能好的特点，使其在深海取沙、近岸吹填造地工程中也同样发挥着巨大作用。

10）耙吸式挖泥船一般体积都比较大，吃水深度大，调头需要水域面积也较大，对施工水域情况要求比较高。开挖平整度不够高、土质适应范围小是其主要缺点。另外，耙吸式挖泥船施工时先要挖泥装舱，再外运弃土。往往挖泥装舱完成得很快，但泥土外运时需要花费的时间是装仓时间的几倍，生产不是像绞吸式挖泥船那样是连续的，生产效率低，单方成本也比较高。

耙吸式挖泥船见图 2-14。

(a) 航行中　　　　　　　　　　　(b) 作业中

图 2-14　耙吸式挖泥船

（2）类型。耙吸式挖泥船可按泥舱容量或耙吸管位置进行分类。

1）耙吸式挖泥船按泥舱容量大小可分为小型、中型、大型和超大型 4 类（见表 2-24），各类耙吸式挖泥船基本性能数据见表 2-25。

表 2-24　　　　　　　　耙吸式挖泥船分类（按舱容分）表

分 类	舱容/m³	分 类	舱容/m³
小型	<4500	大型	8000~17000
中型	4500~8000	超大型	>17000

表 2-25　　　　　　　　各类耙吸式挖泥船基本性能数据表

分类	舱容/m³	船长 L/m	船宽 B/m	型深 D/m	满载吃水 T/m	载重吨 DWT/t	总装机功率 P/kW	正常挖深/m	耙臂加长后的挖深/m	各类船最大挖深/m
小型	1500	75	13	5.5	4.5	1700	4500	20	25	45
中型	6000	100	19	9.5	8.0	9000	14700	25	35	50
大型	10000	135	23	10.5	9.0	16500	17200	35	50	78
超大型	20000	160	30	13.0	11.0	30000	35000	60	100	131

2）耙吸式挖泥船按耙吸管位置，可分为边耙、中耙、尾耙和混合耙等 4 种类型。

A. 边耙型耙吸船的耙头和耙吸管装在船体侧边，只在一舷安装的为单边耙型，在两舷都安装的是双边耙型。这类耙吸船的耙吸管一般是柔性的，耙头、耙吸管可以用吊架控制升降，并可以提升放置到甲板上。单耙船与双耙船相比，单耙船存在无冗余度、挖泥航速下偏航角较大、起耙时略有倾斜等缺陷，但其投资省、空船重量轻、装载量大、维修费用低以及溢流损失相对较小。从运营经济性上看，单耙船更有竞争力。

B. 中耙型耙吸船的耙吸管多为刚性的，耙架和耙吸管安装在船体中部的开槽内，并通过安装在开槽上的吊架控制升降。耙吸施工时，由于耙架和耙吸管在船体中后部，对船的操作控制比较好。

C. 尾耙型耙吸船的耙吸管也多为刚性的，耙架和耙吸管安装在船体尾部的开槽内并伸出船尾，耙架和耙吸管通过安装在开槽上的吊架控制升降。为了适应不同土质，有的尾耙型耙吸船的耙吸管为柔性的，有的安装有绞刀和绞刀驱动装置，有的安装有高压喷水装置，使之可以做耙吸、绞吸和定吸之用。这类耙吸船由于耙头与河底的接触点距离船体的回转中心比较远，转向控制比较困难，特别是在有横流的水域，操作更为困难。

D. 混合耙型耙吸船是把边耙型和中耙型结合起来的一种船型，有一中二边型和二中二边型。耙吸船结构见图 2-15。

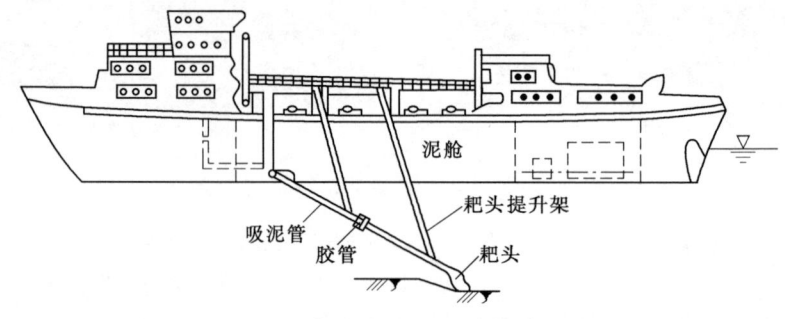

图 2-15　耙吸船结构示意图

（3）疏浚物料的运输与排放。耙吸式挖泥船对疏浚物料的外抛方式有多种。在直接将疏浚料运输到深水区抛弃时，一般多采用直接开启泥舱底门的方式卸料。对有吹填造地要求的工程，如水深满足要求，耙吸式挖泥船航行到指定吹填区域后，一般采用边抛的方式将泥舱中物料用高压水枪稀释后通过边抛管抛射到吹填区。

很多新型耙吸船在保持了装舱和运输性能的同时，还增加配置了泵送排泥系统，实现了绞吸式挖泥船的远距离吹填功能。当耙吸船航行到排泥区附近停靠后，将耙吸船上装配的排泥管和岸上排泥管道对接起来，再通过增加的泥泵将泥舱中收集的疏浚料输送到吹填区。

另外还有一些耙吸船本身没有配置泥舱，施工时需要另配泥驳船。耙吸船吸起的疏浚料直接排到泥驳船的泥舱里，满舱后泥驳自航或由拖轮拖带到卸泥区卸料。这样一种配置方式取消了耙吸船疏浚料的运输环节，增强了耙吸船疏浚施工的连续性，生产效率得到极大提高。

（4）主要性能参数表。舱容是耙吸船的一个标志指标，通常用以区分不同类型的耙吸船。此外，功率、吃水、挖深、船体尺度、航速等是耙吸式挖泥船主要性能参数，设备选择时需重点考虑。国内常见耙吸式挖泥船主要性能参数见表 2-26。

表 2-26　　　　　　　　　国内常见耙吸式挖泥船主要性能参数表

类型	总功率/kW	重载吃水/m	最大挖深/m	主要尺度 总长/m	主要尺度 型宽/m	主要尺度 型深/m	备注
舱容 16888m^3	23200.00		45.0	160.20	27.00	11.80	航速 16.8kn
舱容 14000m^3		11.20	43.8/52.0	147.80	30.00		航速 15.7kn
舱容 13500m^3	19977.00		42.0	150.70	27.00	11.00	航速 16.3kn
舱容 13000m^3	23428.00		70.0		26.60	13.50	航速 12kn
舱容 12888m^3	19600.00		45.0	152.71	27.00	10.40	航速 16.8kn
舱容 12871m^3	19450.00		24.0	173.16	26.60	13.50	航速 11kn
舱容 12871m^3	20364.00		24.0	173.16	26.60	13.50	航速 12kn
舱容 12000m^3		8.37	25.0	132.00	27.30	10.00	启东道达海洋重工
舱容 10000m^3	18800.00		32.0	134.63	25.32	10.00	航速 15kn
舱容 10000m^3	13960.00	8.50	30.0	131.40	24.60	10.00	南通港闸船舶制造公司
舱容 9000m^3	20175.40		24.0	161.20	29.00	12.00	航速 14kn
舱容 8100m^3	13693.00	5.90	26.0	126.19	22.00	8.00	
舱容 8000m^3		7.10		125.36	21.50	9.60	航速 12kn
舱容 7000m^3		7.00		114.50	19.80	9.60	航速 13.5kn
舱容 6500m^3		6.60		108.00	20.80	8.50	航速 13.5kn
舱容 5500m^3			30.0	105.00	19.00	8.00	航速 11.5kn
舱容 5018m^3	12515.00		30.0	112.70	17.95	8.20	航速 13.7kn
舱容 4850m^3	7400.00		26.0	103.11	18.00	8.65	航速 12kn
舱容 4550m^3	12553.70		27.0	129.16	18.40	9.20	航速 13.4kn
舱容 4500m^3	10593.50		27.0	103.11	18.80	7.80	航速 12kn
舱容 4500m^3	11818.70		24.0	129.17	18.40	9.20	航速 13kn
舱容 4500m^3	6725.26		26.0	100.50	17.24	8.70	航速 12kn
舱容 4500m^3	6537.68		26.0	100.50	17.20	8.90	航速 12kn
舱容 4500m^3	7907.50		25.0	111.50	18.40	9.00	航速 12kn
舱容 4200m^3	10555.20		24.0	103.11	18.80	7.80	航速 12kn
舱容 3200m^3		5.45		88.50	15.00	6.80	航速 11kn
舱容 2500m^3		5.00		85.80	14.00	6.10	航速 11kn
舱容 2400m^3	4631.00		22.0	94.14	18.00	7.00	航速 12kn
舱容 2000m^3	4733.00	4.50	18.0	84.75	15.00	5.50	南京航道局
舱容 2000m^3	3854.00	4.50	18.0	83.80	13.00	5.00	南京航道局
舱容 1700m^3	3088.00		18.0	80.00	15.10	5.60	航速 10.5kn
舱容 1500m^3	4033.40		17.0	84.18	14.50	6.30	航速 11.65kn
舱容 1500m^3	3822.00		18.0	83.85	13.04	4.79	航速 11.76kn
舱容 1300m^3	3921.60		20.0	66.00	11.80	4.30	航速 8.5kn
舱容 1000m^3	4150.00	3.80	12.0	74.00	14.00	5.20	
舱容 1000m^3	3976.00	4.00	14.5	74.00	14.00	5.20	
舱容 900m^3	2510.00	3.50		72.80	14.00	5.20	航速 11kn

注　表中 kn 为节，1 节（kn）=1 海里/时（nmile/h）=（1852/3600）m/s。

2.6.2.3 抓斗式挖泥船

抓斗式挖泥船（简称"抓斗船"）又被称为抓扬式挖泥船，利用旋转式挖泥机的吊杆及钢索来悬挂泥斗，在抓斗本身重量的作用下，放入水底抓取泥土。挖掘机由动力系统、操纵系统、回转机构、变幅机构、提升机构和挖掘系统组成。工作时，各机构工作由电动机提供动力，挖掘主要靠打开的抓斗在下落过程中，由自重产生的势能和动能对被挖掘物产生冲击，在冲击力与切削力的作用下，抓斗切入被挖掘物内，闭合抓斗将被挖掘物装入斗内。抓斗式挖泥船结构简单，造价较其他类型挖泥船要低不少，是机械类挖泥船中使用最多的一种。普通小型抓斗式挖泥船见图 2-16，大型带定位桩抓斗式挖泥船见图 2-17。

图 2-16　普通小型抓斗式挖泥船　　　　　图 2-17　大型带定位桩抓斗式挖泥船

（1）主要装置。抓取系统和回旋系统是抓斗船的关键配置。抓斗船施工时，通过一个可旋转的吊机系统将抓斗提起到某一高度后再松开控制机关，使其以自由落体状态落入水下。通过抓斗自重产生的动能使抓斗切入泥土，然后开动斗索绞车，吊斗索即通过吊杆顶端的滑轮，将抓斗关闭、提升、旋转至船体自身泥舱或另外配置的泥驳卸泥位置后再打开抓斗，让斗中抓取的泥土下落卸掉。然后再通过旋转吊机回转到开挖点进行挖泥，如此循环作业。

（2）性能特点。抓斗式挖泥船挖深可通过抓斗的缆索长度进行调节，抓斗的斗齿、抓斗的型式可根据土质的不同进行选择更换，对土质的适用范围要比其他类型挖泥船广，既可开挖沙类土、黏土、淤泥等，也可用来抓取水下砾石、卵石、炸礁后较大块石以及其他障碍物。因此，抓斗式挖泥船不仅在疏浚工程中得到了广泛使用，在沿海吹填造地工程中也被用来开采吹填料。抓斗挖泥船一般多用于内河码头、沿海港口和船坞区域的疏浚，施工区域内的水下障碍物清除、建筑物水下基础工程基槽开挖、埋设浮筒、护岸、打捞工程中的挖泥、开河筑坝、内河浅水航道疏浚等。抓斗船在水深变化较大的区域以及狭小的水域内施工很方便，在港池、航道弯曲处，耙吸挖泥船挖不到的部位，可利用抓斗挖泥船抓除。

抓斗船的缺点是开挖连续性不高，下斗和提斗占用时间较长，特别是在挖深较大的情况下，生产效率下降得更为明显。在有水流流速区域施工易产生漂斗情况，影响开挖的精准度。普通抓斗船的开挖平整度不高，容易留埂，施工质量较难控制，也不适合开挖流质淤泥、细沙、粉沙等。

(3)类型。抓斗式挖泥船可按航行能力和定位方式进行船型划分。

1)抓斗船按航行能力(有无推进器)可分为非自航与自航两类。近年来,为适应沿海港口及内陆小河道使用的需要,自航式抓斗船建造的也较多,使抓斗船的机动性和抗风耐波性得以增强。但目前,抓斗船仍以非自航的居多。自航式抓斗船又有单抓斗、双抓斗、四抓斗和八抓斗等多种类型,而且又有带泥舱的自载自航式和不带泥舱自航式之分。当疏浚土方量不大,挖泥作业时间有间隙性时,可以考虑选用自载自航式抓斗挖泥船,施工的同时还可兼作其他工程船舶使用,如作起重船、运输船、航标船等,发挥一船多用的效能。

2)抓斗船按定位方式有锚缆定位式抓斗船和定位桩定位式(简称"定位桩式")抓斗船之分。锚缆定位式抓斗船采用4~5个锚缆进行定位和移动,是传统的也是被广泛使用的抓斗船;定位桩式抓斗挖泥船则弃用锚缆定位,吸取并结合了绞吸式挖泥船的优点,采用了定位桩定位。定位桩式抓斗挖泥船在挖泥船的尾部或中部两侧安装有两根钢质定位桩,施工时依靠两根定位桩的起降,对挖泥船进行定位和移动,其施工挖泥方式则和传统抓斗挖泥船完全一致。也有部分抓斗船在尾部安装有两根定位桩,在船体中部安装一根定位桩,这类船型定位更加准确,移动也更加方便灵活。定位桩式抓斗船既有锚缆式抓斗挖泥船施工适应面广的优点,又省略了抓斗式挖泥船施工前必须抛锚这一复杂环节,移动迅速灵活,定位快捷,省工省时,施工效率也比一般锚缆式抓斗挖泥船高出不少。定位桩式抓斗船有非自航与自航两类,在内河此类挖泥船主尺度较小者以自航居多,主尺度较大者以非自航居多。

(4)主要性能参数。吃水、挖深、船体尺度、产量等是抓斗式挖泥船主要性能参数,设备选择时需重点考虑。国内常用抓斗式挖泥船主要性能参数见表2-27。

表2-27　　　　　　　国内常用抓斗式挖泥船主要性能参数表

斗容/m³	总功率/kW	重载吃水/m	最大挖深/m	主要尺度			名义产量/(m³/h)	备注
				总长/m	型宽/m	型深/m		
0.75		1.00	5.5	22.00	6.8			
1.00	114.0	1.15	7.0~9.0	29.40	8.5			
1.50	299.0	1.30	8.0	34.00	10.0			
2.00		1.50	20.0	33.40	10.8			
4.00		1.80	30.0	36.00~37.00	14.0			
6.00	906.0			54.50	18.0	3.5		舱容800m³,自航
8.00		1.50~2.20	40.0~50.0	35.00~40.00	16.0			
13.00		2.60	50.0	45.40	19.2			
13.00	1330.0		50.0	45.36	19.0	3.5		
18.00			50.0	49.80	21.5	4.0	750	
18.00	1963.7		50.0	48.70	20.0	4.0	500	

续表

斗容 /m³	总功率 /kW	重载吃水 /m	最大挖深 /m	主要尺度			名义产量 /(m³/h)	备 注
				总长 /m	型宽 /m	型深 /m		
25	2900.0		60.0	60.00	24.0	4.2	600	
27	2687.0	2.70	56.0	65.80	24.0	4.8	747	
30				68.00	25.0	4.8	1000	
50		2.70		70.00	27.0	5.0	1500	

2.6.2.4 链斗式挖泥船

链斗式挖泥船是利用安装在挖泥船上的带有挖斗的系列斗链的连续运转实现开挖作业的，其前后左右的移动是通过收放相应锚缆来进行控制的。

（1）主要装置。斗链是链斗船的关键装置，通过一条环形的链节将泥斗连接在一起。斗链可通过钢缆的绞动进行升降，调节开挖深度。挖取的泥土，提升至斗塔顶部，倒入泥阱，经溜泥槽卸入泥舱中或停靠在挖泥船旁的泥驳，满舱后自航或用拖轮将泥驳拖至卸泥地区卸掉。链斗船结构见图2-18，其链斗部分见图2-19。

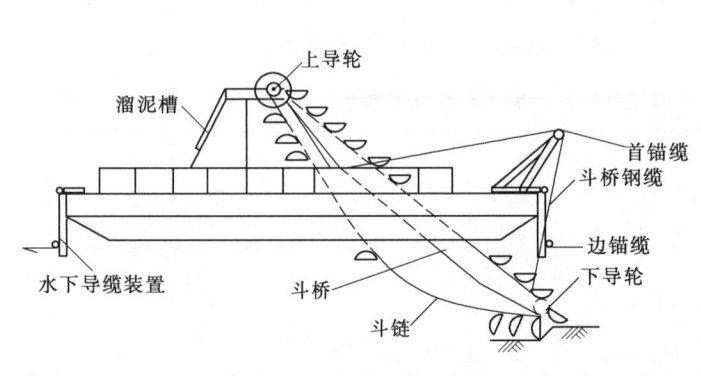

图2-18 链斗船结构示意图

图2-19 链斗部分

（2）性能特点。链斗式挖泥船对土质的适用范围较广，且挖掘能力甚强，能挖掘除坚硬岩石之外的各类土，有时也用来挖掘爆破后的碎岩石。链斗式挖泥船挖槽截面较规则，平整度较好，误差极小，一般可控制在0.1~0.2m之间，因此有着一定的应用范围。链斗式挖泥船最适用于港口码头泊位、水工建筑物等要求较高的工程施工，以及山区河流的维护性疏浚，另外也被用来开采吹填料和建筑用砂石料。

链斗式挖泥船的缺点也非常明显。施工作业时，需抛艏锚、艉锚及横移边锚，所占水域面积较大，会影响其他船舶航行。施工过程中需要拖船、泥驳等辅助船舶较多，而且作业时噪声很大。链斗式挖泥船是一种使用较早的老式挖泥船，近年在船体的总布置上有所改进，全液压驱动在大中型船上已得到普遍使用；采用低位连续斗布置降低了船舶重心，提高了生产效率；边缆改由船底出索，方便了拖轮与泥驳等辅助船舶的停靠，并能松缆为过往船舶避让；采用了可沿纵向轨道移动的活动泥阱，减少了倒斗时漏泥；施工操作向集中控制和自动化方向发展，一般设有深度指示仪、前移距指示仪、溜泥槽位置指示器等；内河小型链斗挖泥船出现组装式，以便于调遣运输。

（3）类型。链斗式挖泥船可分为自扬链斗挖泥船、自航链斗挖泥船、非自航链斗挖泥船等3种类型，其中非自航链斗挖泥船最为普遍，根据其结构特点又可分为普通链斗船和高架链斗船。

1）自扬链斗挖泥船又称为链吹式挖泥船，施工时由链斗挖取的泥沙卸入船体泥舱后，经充水并借助本船专用机械搅成泥浆，再通过船带泥泵抽吸经过排泥管道输送出去。

2）高架链斗挖泥船的斗塔较高，施工时由链斗挖取的泥沙卸入泥井后，通过船舷上的长溜泥槽或皮带输送机输送到排泥区。

3）自航链斗挖泥船多自带泥仓，施工时由链斗挖取的泥沙，可通过溜泥槽装入本船泥舱，舱满后自航至深水区自动卸泥。

（4）主要性能参数。吃水、挖深、船体尺度、产量等是链斗式挖泥船主要性能参数，设备选择时需重点考虑。常见链斗式挖泥船主要性能参数见表2-28。

表2-28 常见链斗式挖泥船主要性能参数表

船型 /m³	重载吃水 /m	最大挖深 /m	主要尺度			名义产量 /(m³/h)	备注
			总长 /m	型宽 /m	型深 /m		
25	0.7	4.0	12	4.0		25	
40	0.8	3.0	17	4.0		40	
60	1.1	4.5	17	5.0		60	
150	1.0~1.4	7.0	21~28	6.5~8.5		150	
180	1.2	9.0	28	8.0		180	
350	1.3	16.0	56	11.4		350	
500	2.4~2.8	16.0	50~60	12.0		500	
750	3.1~3.4	20.0	74~80	14.0		750	

2.6.2.5 铲斗式挖泥船

铲斗式挖泥船是机械式单斗挖泥船的一种，是利用安装在挖泥船上斗柄带动铲斗实现开挖作业的。作业时，吊杆及斗柄将铲斗伸入水中，插入河底、海底进行挖掘，然后由绞车牵引将铲斗连同斗柄，吊杆一起提升，吊出水面至适当高度，由旋回装置转至卸泥区或泥驳上，拉开斗底将泥卸掉，再反转至挖泥地点，如此循环作业。其前后左右的移动通过定位桩进行控制。铲斗式挖泥船一般都不具有自航能力。

（1）性能特点。铲斗式挖泥船的优点是可将全部功率集中使用在一个铲斗上，可以进行特硬疏浚土料的挖掘。作业时，利用3根钢桩固定船位，先将两前桩压入水底，适当抬高船身以固定船位，并抵抗挖掘时产生的反作用力。铲斗式挖泥船利用自身的铲斗、后桩和前桩移动船位。一般不需抛锚，在港池和航道施工时对其他船只影响较小。抗风浪能力也比抓斗式、链斗式挖泥船强。

铲斗挖泥船的斗容量多在 $2\sim4m^3$ 之间，大型的可达 $12m^3$ 以上。铲斗挖泥船挖掘能力强劲，可开挖多种土质。一般主要用于挖掘各种大小块石，如珊瑚礁、孵石、砾石、硬塑黏土、胶结密实沙层和土壤，也适用于其他挖泥船不能承担的特殊挖掘任务，如拆除水下围堰、废旧堤防、废弃水下建筑物，排除水下障碍物，打捞水下大型沉物等。铲斗式挖泥船还可安装重锤进行碎石施工，有些船还兼有抓斗船和起重船的功能。

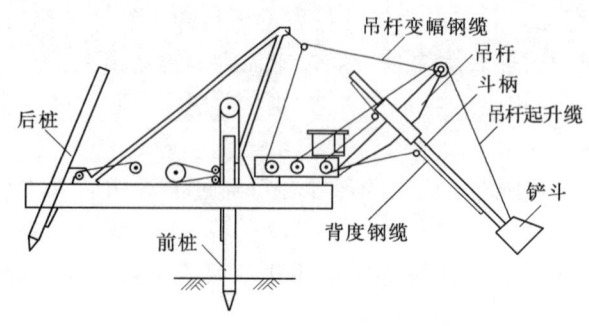

图 2-20 正铲式挖泥船结构示意图

(2) 类型。铲斗式挖泥船一般按铲斗开挖方向或铲斗旋转机构的特征划分船型。

1) 铲斗式挖泥船按铲斗的开挖方向有正铲式和反铲式之分。早期生产的铲斗船多为正铲式，它利用吊杆及斗柄将铲斗伸入水中，插入水底，借助斗柄上的推压装置和钢缆拉力进行挖掘，然后由绞车牵引将铲斗连同斗柄，吊杆一起提升，吊出水面，至适当高度，由旋回装置转至泥驳处，拉开斗底将泥卸掉，再反转至挖泥地点，如此循环作业。正铲式挖泥船结构见图 2-20。

20 世纪 90 年代，随着陆用大型液压反铲的迅速发展和技术的日益成熟，大中型反铲挖泥船得到了大力开发和使用。由于其结构和操作相比于正铲式要简单许多，目前在一些国家反铲挖泥船数量已超过正铲挖泥船，部分反铲挖泥船配置有泥舱。反铲式挖泥船见图 2-21。

图 2-21 反铲式挖泥船

2) 正铲挖泥船按铲斗机构的旋转特征可划分为全旋转式、半旋转式和转盘式 3 类。目前，新型大中型正铲挖泥船以全旋转式居多，吊杆、斗柄、人字架及有关控制升降、变幅、推压、旋转等功能的绞车电动机及操纵室都设置在转台上，构成可旋转 360° 的旋回室，优点显著。吊杆可以俯仰变幅以增加铲斗的切削力。吊杆和斗柄可以转向船纵中部放倒，便于维修和改善拖航的稳定性和安全性。操纵室配有各种作业仪表实行集中控制，如挖深指示器、吊臂回转弧度指示器、后桩倾角指示器、斗柄背度指示器以及回声测深仪表。

（3）主要性能参数。吃水、挖深、船体尺度、产量等是铲斗式挖泥船主要性能参数，设备选择时需重点考虑。常见铲斗式挖泥船主要性能参数见表 2-29。

表 2-29　　　　　　　　常见铲斗式挖泥船主要性能参数表

船型	总功率/kW	重载吃水/m	最大挖深/m	主要尺度			名义产量/(m³/h)	备注
				总长/m	型宽/m	型深/m		
0.25m³		0.60	3.0	11.0	4.3			
0.75m³		1.40	4.5	23.0	4.5			
4m³		2.60	15.0	44.0	15.0			
4m³	1088	2.62	15.0	43.8	15.0	3.60	166	三桩定位，机械正铲
4.6m³		1.50	20.0	60.0	15.0	3.05		三桩定位，液压反铲式
5.2m³		1.50	10.0	30.0	12.0	2.60	285	三桩定位，液压反铲式
5.0m³	518		16.0	32.0	9.6	2.50	254	反铲式
6.5m³/3.5m³	1247	2.31	20.0/25.3	43.0	17.5	3.50	312（软土）/114（软土）	三桩定位，液压反铲式
7m³			10.0	46.0	14.0	3.00	1.5	三桩定位，液压反铲式
11.5m³	5162	3.30	18.3	71.0	21.6	4.80		三桩定位，机械正铲
14m³	2044			58.0	18.5	3.50		三桩定位，液压反铲式
WBC-150	763	1.00	7.0	29.0	8.0	2.00		铲扬式，斗容 1.7m³，泵量 166.6m³/h，排距 2000m

2.6.3　专用设备

（1）吸盘式挖泥船。吸盘式挖泥船是吸扬式挖泥船的一种，不带绞刀，依靠在吸盘处安装的高压水嘴向外喷水，将高压水射入泥土并使之成为悬浮状泥浆，再通过泥泵吸入排泥管道输送到指定位置或直接排射到疏浚区外。吸盘式挖泥船有自航和非自航两类，非自航式船移动靠锚缆的收放进行控制。因在吸口前没有泥土切削装置，吸盘式挖泥船一般只适合于松散土质，在航道、船闸等处的维护性疏浚中有一定的特殊用途，但应用较少。施工中的吸盘式挖泥船见图 2-22。

（2）吹泥船。吹泥船是一种专门配合泥驳或链斗式、抓斗式、铲斗式等机械式非自航

图 2-22 施工中的吸盘式挖泥船

挖泥船进行疏浚土输送作业或吹填作业的工程船舶。吹泥船不具备对水下土层挖掘的能力，只有对疏浚泥浆进行吸入和吹出的功能，是一种简单的吹扬式船舶，故属于吸扬挖泥船的类型。吹泥船基本上具有吸扬挖泥船的一些设备，如吸泥头、吸泥管、泥泵和排泥管等。它依靠泥泵的吸、排能力，将泥驳载运来的疏浚泥沙，经稀释后以泥浆的形式输送到其他区域，或用以进行其他的吹填工程。

吹泥船的构造与吸扬船基本相似，由船体、动力系统、泥泵系统、定位和系泊装置等组成。

吹泥船多采用锚缆固定船位，也有少量吹泥船由定位钢桩固定船位。吹泥时，泥驳绑靠在吹泥船的一侧，吹泥船将装有喷水装置的吸泥管，放入到泥驳的泥舱内，用喷水装置高压喷水，稀释泥浆，同时用泥泵吸入泥浆。吹泥船一般仅配置一台泥泵，对排距较远的工程通常配置两台泥泵并进行串联使用。吹泥船见图 2-23。常见国产吹泥船主要尺度及技术性能参数见表 2-30。

图 2-23 吹泥船

表 2-30 常见国产吹泥船主要尺度及技术性能参数表

总功率/kW	排泥管径/mm	扬程/m	重载吃水/m	主要尺度			泥泵排量/(m³/h)	名义产量/(m³/h)	备注
				总长/m	型宽/m	型深/m			
940.0	700	18	1.60	41.5	9.0	3.0	4500	1250	最大排距1500m
2610.6	700	35/70	2.28	42.4	11.5	3.7	4200	1000	最大排距4000m（淤泥）
706.0	350	45	1.10	28.9	7.4	2.2	1500	300	最大排距1000m
120.0	250	25	0.60	17.0	3.6	1.0	400	60	最大排距500m

（3）射流冲淤船。这种挖泥船均为自航式，是将安装在船头或船尾的高压水枪伸入水下喷水扰土，并借助推进器高速旋转所形成的水流推力和河道水流流速，将冲起的泥沙形成异重流流到下游的，也有部分此类挖泥船在高压水枪喷口处安装有吸泥口，可将泥沙从船首吸入并从船尾喷出。这种疏浚方式不需要排泥管和排泥场，是一种成本低、见效快的疏浚方式。射流冲淤船普遍体积小、吃水浅、结构简单、机动灵活，适合于粒径较细的土质且水流流速较大的河道，对航道浅滩的疏浚也有较好效果。我国自行开发研制的射流冲淤船在黄河疏浚工程中发挥了一定积极作用。

（4）射流泵挖泥船。射流泵挖泥船也称冲吸式挖泥船，是吸扬式挖泥船的一种，喷水冲吸系统是其主要生产装备，由离心式水泵、离心式泥浆泵、射流式泥浆泵、高压水管及射水喷头等组成。其工作原理介于吸盘式挖泥船和射流冲淤船之间。射流泵挖泥船不带绞刀，依靠离心式水泵从船外吸入清水并加压，通过高压水管输送到射水喷头射出破土，并在射流泵吸口处形成高浓度泥浆，射流式泥浆泵将泥浆吸入，并通过吸泥管输送到船上的离心式泥泵中，增压后通过排泥管输送到排泥场。该类型挖泥船也可只使用其中一些性能，比如只直接利用高压水将疏浚土冲起，利用水流带送到下游或驱赶到预定位置；也可不通过泥泵，直接将通过射流泵吸起的泥沙排到泥驳中。

射流泵挖泥船吃水浅，水下挖深可达到30m左右，水下没有机械运动部件，结构简单，操作方便，功能多样。射流泵挖泥船有自航和非自航两类。自航式多用来进行码头、船闸、航道浅滩等处的疏浚清淤，由吸口吸入的泥沙通过船上排泥管从船体尾部排出，同时借用推进器的推力和水流流速把泥沙冲到下游深水区。非自航式多用于采沙作业，由吸口吸入的泥沙通过船上排泥管排入泥驳。

（5）气动泵（气力泵）挖泥船。它是通过气动泵进行吸泥和输泥的新型疏浚设备。

1）主要装置。气动泵（气力泵）挖泥船的主要作业装置是气动泵。气动泵也叫呼吸泵，是由意大利在20世纪60年代研制开发出来的，气动泵相当于一个活塞泵，整个过程以水的静压力和空压机产生的压缩空气为动力进行吸泥排泥。气动泵有3个泵缸，在每个泵缸的底部有一进泥口，进泥口前装有吸泥头或接管（根据不同工况条件而配置），泵缸上部装有排泥管和空气管。气动泵（气力泵）挖泥船见图2-24，气动泵泵体见图2-25。

2）作业过程。气动泵施工时可划分为泵的充满阶段、压缩排放阶段、排气及再循环阶段。

A. 泵的充满阶段。气动泵下放至水底后，进泥管口在重力作用下沉陷入淤泥时，淤

图 2-24　气动泵（气力泵）挖泥船　　　　　图 2-25　气动泵泵体

泥在水的静压和泵缸的真空负压下，被压（吸）入泵缸（在浅水区水头压力不够时可配抽真空设备），泵缸充满泥浆之后，进泥口阀门利用本身自重，自动关闭。

B. 压缩排放阶段。压缩空气通过分配器由进气管泵筒顶部的进排气阀门进入泵缸，压缩气像活塞一样，将泥浆推出出泥管阀门，压入排泥管道。

C. 排气及再循环阶段。当泵缸内泥浆排放完时，此时进泥口处的进泥排气阀的管口通过空气分配器是与大气相通的，或与抽真空装置相通，分配器将泥缸内的压缩气排入大气层流体，筒内压力降低，进泥口外的淤泥又可在水压力及泵筒吸力的作用下进入泵筒，再次完成第一阶段工作。

气动泵结构与工作过程见图 2-26。

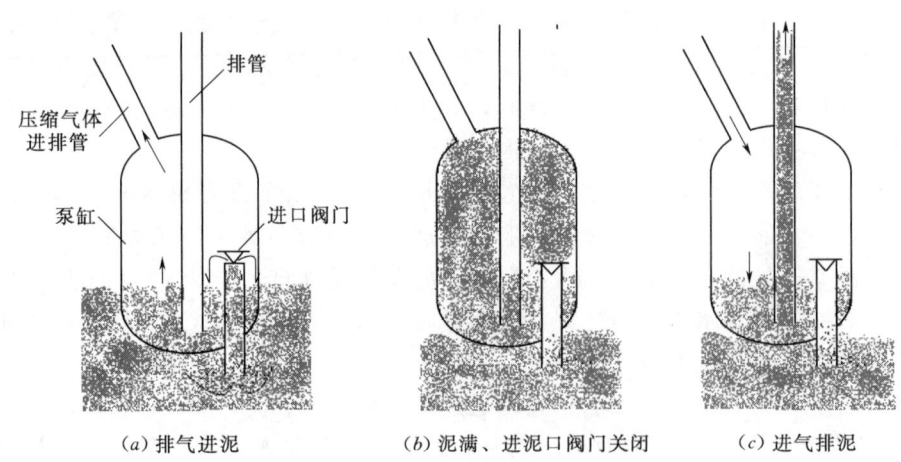

图 2-26　气动泵结构与工作过程示意图

D. 第 2 个、第 3 个泵缸亦是如此，相位角分别滞后 120°和 240°，交替工作、往复循环。为了保持泥浆的连续稳定，压缩空气的压力和气量由空气分配器调节，以平均每分钟 1～3 个循环的频率对 3 个泥缸轮流供气。每 1 周期 3 个泵缸轮流进泥并排出淤泥，先后将泥浆压入同一排泥管道，并经由与船上排泥管连接的输泥管道连续不断地输送到排泥场。压缩空气产生的压力越大，气动泵（气力泵）的扬程和排距就越高。

3）性能特点。气动泵（气力泵）具有操作简单、无转动磨损部件、产出效率高、挖深范围大、作业无污染、排料浓度高等特点，气动泵挖泥船清淤深度最大可达200m，目前已被广泛运用于航道、港口、水库等的疏浚以及水下采沙采矿中。气动泵（气力泵）还是一种比较先进的环保型水下清淤机械，由于它在清淤过程中具有对土体扰动小、浓度高、不易产生二次污染等特点，是环保要求比较高的水源地、自来水厂、水库、公园湖泊等理想的清淤机械，也是大海、江河、水库、湖泊等深水疏浚的理想设备。

气动泵（气力泵）挖泥船适合开挖淤泥与粉细沙等细颗粒松散土质。其中，对流塑状淤泥最为适合，因淤泥的流动性好，疏浚淤泥时浓度容易控制，输排管道内的泥浆流态比较连续稳定，能充分发挥气动泵清淤浓度高的优势。气动泵正常工作时的最高浓度可达70％，甚至能达到80％以上。

粉细沙土质的流动性稍差，浓度不易稳定控制，清淤操作时平均浓度只能达到30％~50％，特别是在浅水区域时效率下降更为明显。另外，由于介质颗粒加大，对气动泵缸内壁、排气阀、进泥阀等的磨损明显加快，维修工作量增加。

气动泵（气力泵）挖泥船配置铲刀系统后也可用来开挖硬质土，但硬土介质容易将进料口堵塞或部分堵塞，工作时泥浆浓度不太高。为克服气动泵进料口堵塞的问题，有些气动泵在泵头上配置了可高速旋转的刀齿，可以对硬土进行切削，也可对缠绕在泵头上的垃圾进行切碎，这样就进一步扩大了气动泵（气力泵）挖泥船在江河、湖泊、水库的清淤工作中的应用范围。

国内气动泵（气力泵）的研究制造技术最近一些年已取得了长足进步。目前，国内研制的产品主要有两个类型，其中一个类型泵吸入口直径较小，只适合疏浚粒径较小的淤积物，粒径一般要小于吸入口直径的25％~30％。吸入的疏浚物料可通过水上排泥管进行输送，排距一般在500m左右，但通过配置中高压空压机组、水面配置增压装置等方式可使疏浚深度达到160m以上、排距达到2500m左右。另外一类型泵吸口直径较大，因此可吸入的物料粒径也较大，最大可达到吸口直径的80％左右，对于水下淤积物粒径不明的工况具有较好的适应性。此类泵具有作业深度大、疏浚物料广、不易堵塞、能耗低等特点，其作业深度一般可达到120m，通过调整空压机组配置，可将作业深度提高到160m以上。该系统的不足在于扬程较小，水平输送距离短，作业时需另外配置泥驳或利用工作船自带泥舱用于泥浆收集中转，再通过泥驳将疏浚料运输到指定地点，或另外配置泥泵和充水系统将疏浚物料稀释后再输送到排放地点。气动泵的主要尺度及技术性能参数见表2-31。

表2-31　　　　　　气动泵的主要尺度及技术性能参数表

参数 排距/扬程	重量 /kg	泵流量 /(m³/h)	高度A /mm	宽度B /mm	备注
30/5	600	40	2200	1600	
60/10	900	80	2400	1900	
100/20	2400	120	2600	2300	
150/30	3000	180	3660	2630	
300/60	4200	360	4100	3100	

续表

参数 排距/扬程	重量/kg	泵流量/(m³/h)	高度A/mm	宽度B/mm	备注
450/80	5700	600	4400	3720	
600/100	6700	1000	4400	3720	
1200/150	11300	1500	5700	4600	
1200/150M	12800	1800	6200	4600	

(6) 螺旋绞刀挖泥船。螺旋绞刀挖泥船是绞吸式挖泥船的一种，工作原理与其他类型绞吸船基本一致，区别在于对泥土的开挖采用的是一种螺旋式绞刀，这种螺旋式绞刀与船体纵轴线垂直，与船体宽度基本相当或略宽于船体。绞刀下放到水底后，通过旋转切割水底泥土，螺旋绞刀将疏浚料从两侧挤向中间吸泥口处，然后通过泥泵将疏浚料吸入并通过排泥管输送到目的地。螺旋绞刀顶部还可加装挡泥板，通过这种方式能有效减少泥浆上浮。螺旋绞刀挖泥船一般采用前后抛锚进行定位和纵向直进式施工，占用航道少，操作简单方便，定位精确。螺旋绞刀挖泥船施工时对开挖土体的扰动小，浓度高，极大地降低了疏浚作业对水质造成的二次污染，是环保疏浚工程中的主要设备之一，对农村渠道、沟汊的清淤也发挥着重要作用。螺旋绞刀挖泥船见图2-27。

图2-27 螺旋绞刀挖泥船

(7) 水陆两用挖泥船。水陆两用挖泥船综合了陆上开挖设备和水上疏浚船舶的性能特点，是专为沼泽地和泥塘等疏浚而制造的专用设备，可以在承压力极低的地区或水陆交界地区进行疏浚工程施工。船体上装有反铲、抓斗或绞吸系统，船体四角各有一带轮子的支腿。施工时，可采用支腿固定船位，通过液压油缸的收缩和伸出进行爬行或调整船体高度。国产水陆两用挖泥船见图2-28。常见两栖式挖泥船主要尺度及技术性能参数见表2-32。

(8) 水力挖塘机组。水力挖塘机组，俗称泥浆泵，是一种简易的依靠高压水力进行冲挖的小型疏浚吹填设备。水力挖塘机组的施工原理是借助水力的作用来进行挖土、输土、填土，即：水流经高压泵产生压力，通过水枪喷出一股密实的高速水柱，切割、粉碎土体，

(a) 陆地作业　　　　　　　　　(b) 水上作业

图 2-28　国产水陆两用挖泥船

表 2-32　　　　　　常见两栖式挖泥船主要尺度及技术性能参数表

类型	总功率/kW	重载吃水/m	最大挖深/m	总长/m	型宽/m	型深/m	名义产量/(m³/h)	备注
2105	15.0	0.60	2.8	5.5	2.2	1.1		斗容 0.15m³，航速 2.16kn
2135	29.5	0.60	3.5	7.0	4.7	1.1		斗容 0.25m³，航速 2.7kn
2135G	29.5	0.60	3.5	7.0	3.0	1.1		斗容 0.25m³，航速 3.24kn
4135	59.0	0.70	4.0	9.9	3.5	1.2		斗容 0.5m³，航速 3kn
6135CaB	88.0	0.76	4.5	14.0	5.6	1.4		斗容 0.85m³，航速 3.13kn
WY-160A	118.0	1.15	10.0	29.4	8.5	2.0		斗容 1.0m³，非自航
LYWC-300	58.8		3.5				40	斗容 0.4m³，排距 400m
LYWC-400	58.8		3.5				40	斗容 0.4m³，排距 500m

使之湿化、崩解，形成泥浆和泥块的混合液，再由泥浆泵及其输泥管线吸送到堆土场。水力挖塘机组由立式泥浆泵输泥系统、高压泵冲泥系统、配电系统 3 部分组成。在一般情况下，输距在 200m 以内，扬程 10m 以下，每台班可开挖清淤 150～250m³。泥浆泵单机造价低廉，操作维护简便，施工成本较低，设备转移方便快捷，目前在国内吹填工程围堰施工、短距离挖泥与吹填、河渠沟汊清淤工程中被大量采用。

水力挖塘机组是挖泥船的补充，在以下几个方面发挥着积极作用：①工程量较小、使用挖泥船不经济的疏浚或吹填工程项目；②施工条件不适合挖泥船作业的水域，如坑塘、沟渠、岸滩等处；③挖泥船无法施工到的边角等部位；④围堤筑坝，特别是土工膜袋充填沙筑堤。

（9）索铲。索铲又称拉铲挖掘机，是一种装有履带，可在陆地行走的，通过钢索提拉铲斗的土方挖掘机械，疏浚工程中主要适用于小型河道、水渠、基槽等的开挖或疏浚，也可用于开采水下砂石料。

索铲主体结构类似于履带吊，挖掘机构主要由铲斗、牵拉绳、起吊绳、卸料绳等组成。

索铲施工时先通过吊臂的旋转和起吊绳的下落使铲斗落入开挖面，再通过铲斗自重和牵拉绳的作用切挖泥土，铲斗装满泥土后再旋转吊臂至弃土位置后放松牵拉绳、起吊绳，收拉卸料绳使铲斗后端部抬起卸料。土料卸完后再向开挖面旋转吊臂，进行下个工作循环，其具体操作方式见图2-29。

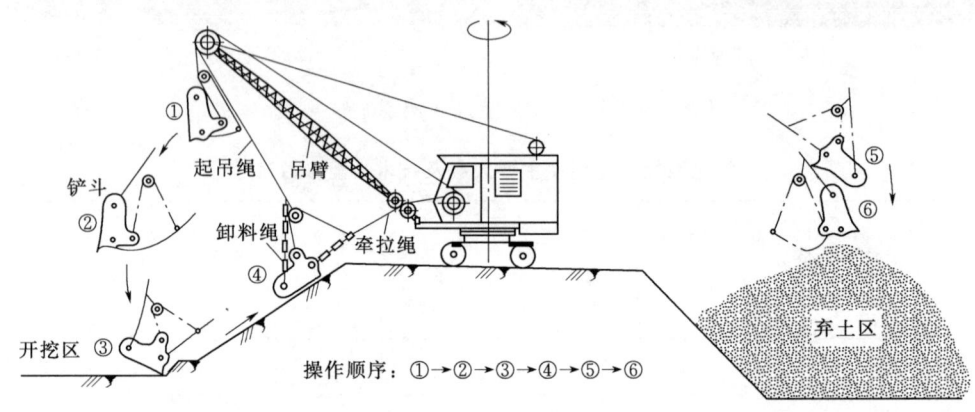

图2-29 索铲操作方式示意图

由于索铲的卸土是在旋转过程中完成的，铲斗内土料在离心力和自重的作用下可使较湿的黏土也卸得比较干净彻底，所以最适合开挖水下土方或含水量较高的土方。

索铲铲斗斗容一般有 $0.5m^3$、$1.0m^3$、$2.0m^3$、$4.0m^3$ 等多种，大型铲斗也有超过 $10m^3$ 的，国内水利工程曾用到 $20m^3$ 铲斗，工作半径100m的特大型索铲。

索铲主要依靠铲斗自重开挖泥土，切力较小，一般只适合于开挖松软土质。工程实际中，为扩大索铲适用范围，提高生产效率，多采用将铲斗重量加大的方式提高铲斗切削力和入土深度。因此，使铲斗形成了轻型、中型和重型系列。其中，轻型铲斗主要用于开挖松软土质；中型的主要用于开挖相对密实的土质或松散的沙、砾石等；重型的铲斗主要用于开挖密实的土质、密实的沙、砾石和风化的岩石等。

（10）长臂反铲。长臂反铲是反铲挖掘机的一种，通过臂的加长来提高开挖距离和开挖深度。长臂反铲臂长一般在13～30m间，可在陆地施工，也可置于趸船上施工，多用于大型河道清淤和开挖，港口、码头、航道、水库、池塘等开挖或边坡、角落施工。长臂反铲可独立完成数据作业，也可配合挖泥船施工。施工中的长臂反铲见图2-30。

图2-30 施工中的长臂反铲

反铲挖掘机厂家一般都有长臂反铲定型产品,工程实践中为节省费用和时间,也可在标准型反铲工作装置的基础上改装为长臂反铲。一般分为加长动臂型和加长斗杆型两类。加长动臂主要是考虑到短斗杆的作业性能较好,但缺点是停机纵向尺寸太大,行走转向不便,动臂结构更换成本高,在超长型上采用较少;加长斗杆型改型较简单,由于斗容量要减小,挖掘力也要作相应改变,在设计斗杆时可一并解决转斗机构的铰点布置问题,因此得到普遍采用。

长臂反铲因臂加长,相应会减小斗容来保证设备安全。常见长臂反铲主要技术性能参数见表 2-33。

表 2-33　　　　常见长臂反铲主要技术性能参数表

大小臂总长度/mm	斗容/m³	最大挖掘高度/mm	最大挖掘半径/mm	最大挖掘深度/mm	运输高度/mm
13000	0.30	11300	12500	9000	2900
13500	0.30	11000	12000	9000	3000
15380	0.40	12510	15100	11340	2980
18000	0.40	13500	17300	13000	3160
18000	0.40	15000	17000	14000	3000
18000	0.50	13720	17600	13200	3210
18500	0.45	13000	17000	—	3500
20000	0.45	17000	19000	16000	3200
20000	0.60	14920	19600	15000	3210
20500	0.55	14000	19000	15000	3500
22000	0.50	19000	21000	18000	3200
22000	0.60	16100	21600	16500	3400
22500	0.65	16000	21000	16500	3500
24000	0.60	21000	23000	20000	3200
24000	0.70	17300	23600	18000	3400
24500	0.65	17000	23000	18000	3500
26000	0.70	23000	25000	22000	3400
26500	0.55	18000	25000	20450	3500
28000	0.80	25000	27000	24000	3400

2.6.4 辅助设备

疏浚与吹填工程需要用到一些辅助设备来配合挖泥船施工,辅助设备按其用途可分为辅助作业设备、辅助生产设备、保障设备等。辅助作业设备主要有测量船、拖轮、锚艇等;辅助生产设备主要包括钻爆船、碎石船、钢耙、泥驳、接力泵站;保障设备主要包括油驳、淡水驳、趸船、生活船、交通艇等。不同类型的挖泥船对辅助设备的需求是不同的，选择疏浚设备时，首先选定主体施工用挖泥船，然后根据挖泥船的性能特点配备其他辅助设备，配套组成挖泥船队。

（1）拖轮。拖轮是疏浚与吹填工程常用的辅助船舶，主要在船队调遣转移、开工展布、拖带泥驳、油驳、水驳、趸船等非自航驳船运送物料时用到。

（2）锚艇。锚艇用途广泛，主要用于抛锚、起锚、水上管线的组装与拆除、开工展布、运输配件物资等，同时也可用来协助进行船队转移、设备维修等，有时也被用来当作交通运输船（见图2-31）。

图2-31 锚艇

（3）钻爆船与碎石船。有些疏浚工程会遇到挖泥船无法直接开挖的坚硬岩石，这时需要借助于爆破或机械碎石船先把岩石破碎，再利用挖泥船进行开挖作业。钻爆船利用钻机在岩石上钻孔，再由潜水员安装炸药。碎石船通过凿岩锤进行水下碎石作业，凿岩锤有机械式、气动式和液压式。

（4）接力泵站。接力泵站多用于吹填工程中。吹填施工中吹填料是在泥泵产生的水流压力下在排泥管内进行远距离输送的。而泥泵的扬程是固定的，由于沿程阻力损失和局部阻力损失，排泥管内压力会逐渐减小，这也就决定了泥泵所能输送泥浆的距离有一定的限度。而实际上有不少工程设计的排泥距离要远大于挖泥船的额定扬程和排距，因此需要在排泥管线中加装一台或多台接力泵站来增加输泥的距离，以满足设计要求。接力泵站主要由泥泵、泥泵驱动设备及相应其他辅助设备组合而成，可以安装在平底船上或陆地上。

（5）疏浚耙扫浅船。自航耙吸船尽管在疏浚施工过程中采取均匀布耙、之字形开挖、定耙等多种方法、措施来控制开挖质量，但由于受到施工工艺、水流流向、潮流、风浪、土质、操作水平等影响，以及耙头的数量、宽度、重量等自身性能限制，所疏浚的水下地面会高低不平并出现一些沟、埂、垄；土质松软区域这些埂、垄会坍塌下滑，土质密实较硬时这些埂、垄会长时间或一直存在，直接影响到耙吸船的施工效率；施工后期，水下会出现大量的埂、垄、沟，这时耙吸船的耙头对垄峰消除的效果低下，相反却会对沟继续加深。其他类型挖泥船施工时也会产生类似的情况。为了达到工程的设计要求，这些浅区、浅点必须扫除。如果采用原施工船舶进行清除，由于工程量极小,且分布零散,生产效率会非常低下,往往会花费大量的时间、设备、财力,造成很大的浪费。

疏浚耙扫浅船是通过拖轮水下拖带一个具有一定重量和规格尺寸的钢质桁架结构疏浚耙在河底运动,借助拖轮的航行拖力和疏浚耙自重进行破土、松土、铲削、刮运泥土的一种疏浚装置,其作用是把疏浚区土料耙松或整平,扫除欠挖浅点,达到设计质量标准的目的。疏浚耙可通过拖轮绞缆设备实现升降,以调整和控制疏浚耙底面标高和角度。疏浚耙扫浅船主要用于以下一些方面:①清除航道、港池内局部自然淤积形成碍航浅点;②其他挖泥船施工后疏浚区域开挖深度基本达到要求,但还有少数遗留的浅埂、浅点等需要清除;③疏浚工程中后期对疏浚区域内的高埂、垄峰等进行削平,提高疏浚区平整度,辅助耙吸船施工,提高耙吸船的疏浚效果;④在耙吸挖泥船无法到达的浅水区的疏浚开挖;⑤在通航繁忙的水域,使用非自航的疏浚设备,如抓斗挖泥船等,会影响通航时。

疏浚耙扫浅船弥补了耙吸船耙头的一些不足,具有耙宽、扫除面积大、耙重、破土能力强的特点,并可沿纵向或横向对埂、垄、浅点施行拖挖,刮削欠挖区域,填补超挖区域。此设备不增加废方,经济合理。另外,利用辅助船舶替代挖泥船进行扫浅整平施工,既节省了挖泥船扫浅时间,提高了设备有效利用率,又节省了工程成本;而且扫浅泥土不装舱、不溢流,经济环保。

(6)泥驳。泥驳主要是用来将挖泥船开挖出来的疏浚料或开采出来的吹填料运输到指定位置。大多数的抓斗式挖泥船、链斗式挖泥船、铲斗式挖泥船都需要配备泥驳来完成疏浚料的装运任务,有些本身没有配置泥舱的耙吸式挖泥船和带有装驳系统的绞吸式挖泥船,在不能使用排泥管时也需要配备泥驳。按结构型式泥驳有普通泥驳、开底泥驳和开体泥驳之分。泥驳按航行方式可以分为自航式和非自航式两类,非自航式泥驳需要用拖轮进行拖带。

1)普通泥驳的泥舱壁和舱底为一体式的,是市场上较为常见的类型,卸舱中疏浚料时需要通过其他抓斗、铲斗或水利冲挖机组等设备配合完成。

2)开底泥驳舱底上有可打开的活动泥门,装运过程保持密闭,到卸料区后可将船底的泥门打开再将物料倾入海中。

3)开体泥驳又称为对开泥驳,是一种现代较为先进的运载、抛卸驳船。它在装舱和运输过程中船体是闭合的,到达目的地后船体通过机型结构可以分开使泥土从泥舱中卸出。驳船由纵向对称的两半船体组成,两半船体分别绕两个铰链轴进行转动。当它承载疏浚物料后,其总重量则为两个半边空船体的重量再加上泥舱所装载泥沙的重量之和。其半侧泥沙重心的位置,此时处于半侧船体浮心的内侧,比浮心更靠近驳船的纵舯剖面,从而对船体产生具有张开的力矩,在船体启闭液压油缸和张开力矩的作用下,驳船的船体便张开抛泥。抛泥完毕后,驳船失去所载泥沙的重量,两半船体的重心也成为它的总重心。该重心的位置在浮心的外侧,使它又比浮心要远离驳船的纵舯剖面,并由此产生闭合船体的力矩,从而在船体启闭液压缸和该闭合力矩的作用下自动进行船体闭合。

开体泥驳见图2-32,常见泥驳主要尺度及技术性能参数见表2-34。

图 2-32 开体泥驳

表 2-34 常见泥驳主要尺度及技术性能参数表

舱容 /m³	总功率 /kW	重载吃水 /m	主要尺度			类型	备 注
			总长 /m	型宽 /m	型深 /m		
350	336.0		47.20	8.00	3.30		航速8.5kn
350	324.0		46.89	7.60	2.90		航速6kn
500	665.5		53.00	11.00	3.90		航速7.61kn
500	180.0	2.30	49.00	9.10	3.00	开体	自航
600			56.20	11.50	3.90	开体	自航
600	794.0	3.35	57.80	11.94	3.98	开体	自航
700	202.0		51.00	10.80	3.35	开底	自航
800	494.8		64.70	11.10	5.00	开体	航速5.5kn
1000	685.1		55.92	12.40	4.70		航速6kn
1000	639.0		55.00	12.80	4.30		航速6kn
1000	600.0	3.20	55.40	12.00	4.00	开底	航速8.87kn
1200	847.2		59.80	14.00	4.60		航速6kn
1200	2116.0		65.90	12.40	5.32		航速8.5kn
1300	706.0	3.40	64.85	13.20	4.60	开体	航速8.9kn
1600	1202.0		67.00	14.00	4.80	开体	自航
1600	700.0	4.00	63.00	13.00	4.60	开底	自航
1500			67.00	14.20	4.80		自航
2000	1526.3		72.40	16.00	6.00	开体	航速9.5kn
2000	1352.6		65.20	16.00	5.60		航速10kn
2000	1200.0	4.20	73.00	14.80	5.30	开体	自航
7100			101.00	22.00	9.00	开体	自航
100			26.00	6.40	2.00	普通	非自航
350			46.50	7.60	2.90	普通	非自航
900			49.00	12.40		普通	非自航

2.6.5 设备选型
2.6.5.1 基本原则

疏浚与吹填工程主要依靠挖泥船来完成。随着国内外疏浚与吹填行业的不断发展，为适应不同工程的施工需要，挖泥船的种类日益增多，功能也日益增多。根据施工条件、合同条件、企业自身条件等恰当地选择挖泥船，是组织好和顺利完成疏浚与吹填任务的重要前提条件。如果挖泥船选择不当，不仅会增加挖泥成本，而且还可能会损坏挖泥机具甚至导致挖掘任务无法完成。选择挖泥船的核心要求有两点：一是技术上能很好地满足疏浚任务的要求；二是经济上能最大限度地降低挖泥成本。基本原则有以下几条：①适应现场条件，满足工程实施需要，配备方案合理；②满足合同约定的进度、质量、安全和环保要求；③能充分发挥设备性能和特点，高效、实用、经济；④设备配备和调遣应可行、方便、经济；⑤能综合利用泥土资源，有利于生态保护和自然环境保护；⑥疏浚和泥土的处理衔接应紧密，效率应匹配。

合理选择配备疏浚吹填施工设备，首先要熟悉了解各种挖泥船的性能，再根据工程的施工条件、施工合同要求等具体情况，结合技术、工效、经济等多方面因素综合比较分析，最终选择最优疏浚设备。各种类型的挖泥船都有自己的特点，没有一种类型可以全面优于其他挖泥船，对不同的工况，要采用不同的挖泥船型。

2.6.5.2 选型考虑因素

选择挖泥船时要考虑工程土方量、土质、挖泥船性能、施工地区自然条件、挖泥船工况和自然条件适应性、开挖土质、挖泥船作业时间利用率、生产效率和经济性等因素。主要有以下几个方面。

（1）自然条件。根据施工准备阶段收集到工程概况中的相关内容，包括：施工区的地理位置、地形、地貌、水文及气象、所属航区、风浪、水流流速、流向及变化规律、工程地质等。以上因素对于选择设备，评价设备对工况适应情况应起决定性作用，同时也是评价生产效率、时间利用率的主要因素。

（2）设计要求。疏浚或吹填工程的类型、规模，以及开挖深度、宽度、边坡、开挖精度、输送距离（包括陆上及水上排距）及其变化情况、排高及其变化情况、吹填区（或泄泥区）的容量与形状、泥土的处理要求等。设计要求是确定考虑挖泥船类型时重要的因素，选择设备首先要考虑设备类型满足工程需求。

（3）挖泥船性能、适用性和利用率。拟选疏浚设备的性能、适用性（包括适航水域）及该工况条件下的设备利用率、生产效率等。挖泥船性能技术参数是在选定挖泥船类型和生产能力的另一个重要因素，同时也是保证选定的挖泥船投入施工后设备安全和正常运行的一个重要因素。环保性疏浚工程应选用配备具有环保挖掘装置的挖泥船或气力泵、气动式深水清淤机等环保机具进行施工。

（4）交通条件。疏浚及其辅助设备调遣方式、方案及其可行性。交通条件是投入工程施工挖泥船及其辅助设备开工进场和完工退场必须考虑的因素，所以在施工准备阶段，一是尽可能详细地收集调遣线路的交通条件资料；二是必须进行详细的全程实地勘察。

（5）合同条款。合同中对工程量、工期、质量标准等的要求。应该说设备选择时，首先考虑以保证合同目标实现为前提，所以无论选择何种类型、多大生产能力的挖泥船，中心目的就是确保合同目标的完成。目前，在很多工程项目的合同条款中就已经明确指出工程必须投入的挖泥船类型、生产能力和设备数量，可见这一因素对一个工程选择设备时的重要影响。

（6）经济指标。工程各项费用、成本、价格等因素。对于施工单位而言，实施工程项目的根本目的就是在完成合同任务的前提下，最大可能的获取经济效益，所以控制费用和成本的发生是工程项目管理中的一项主要内容。而选择不同的挖泥船，因其性能、消耗等方面均有差别，所以经济性也是设备选择时应该考虑的一个重要因素。

2.6.5.3 基本方法

选择疏浚与吹填工程施工设备的基本方法包括：按挖泥船的性能及其适用性进行选择、按对土质的适应性进行选择、按挖泥船对施工地区自然条件的适应性进行选择、按挖泥船时间利用率进行选择和按挖泥船的生产效率进行选择等。

（1）按挖泥船的性能及其适用性进行选择。考虑船长、船宽、吃水、装机功率、挖深、生产能力、航速、排泥方法、泥泵性能、运输方式等，是否与所承担的任务和施工工况相适应。

一般来说，绞吸船施工需要在有效排距内存在适合的泥土排放区，而抓斗船、耙吸船、链斗船、铲斗船则需要在有效弃土范围内存在适合的抛泥区。

耙吸船由于其独特的一边航行一边挖泥的特性，不需要在工作时下锚，也不需要锚艇、拖轮等辅助船舶，故比其他类型挖泥船更适合在通航的航道疏浚施工。

按照此方法选择挖泥船，可参考第 2.6.2 节和第 2.6.3 节中各类设备技术性能参数表。

（2）按对土质的适应性进行选择。土质对挖泥船的生产效率影响很大，对不同性质的土壤，应选择与之相适应的挖泥船类型。如绞吸船和耙吸船适合开挖淤泥、沙土，功率足够大的配备专门的绞刀头和牙齿的绞吸船也可开挖岩石；链斗船适宜开挖松软沙壤土，除细沙、石质外，其他土质一般也能使用；抓斗式挖泥船适宜开挖松软沙壤土、卵石、强度不高的石质等；铲斗式挖泥船适宜开挖硬土、礁石或砾石河床。挖泥船对不同土质的适应性见表 2-35。

表 2-35　　　　　　　　挖泥船对不同土质的适应性表

疏浚土			绞吸式/马力					链斗式 /(m³/h)		抓斗船 /m³		铲斗船 /m³		耙吸船 /m³	
			普通			斗轮									
分级	符号	土名及状态	≥4600	1200～4600	≤1200	>1200	≤1200	≥750	<750	≥4	<4	≥4	<4	≥3000	<3000
1	CHO	有机质高液限黏土	√	√	√	√	√	*	*	×	×	×	×	√	√
	MHO	有机质高液限粉土	√	√	√	√	√	▽	▽	×	×	×	×	√	√
2	CLO	有机质低液限黏土	√	√	√	√	√	√	√	√	√	√	√	√	√
	MLO	有机质低液限粉土														
3	ML	低液限粉土	√	√	√	√	√	√	√	√	√	√	√	√	√
	MH	高液限粉土														
	CL	低液限黏土	+	+	△	√	√	√	√	√	√	+	+	√	△
	CH	高液限黏土														

续表

疏浚土			绞吸式/马力				链斗式/(m³/h)		抓斗船/m³		铲斗船/m³		耙吸船/m³	
			普通			斗轮								
分级	符号	土名及状态	≥4600	1200～4600	≤1200	>1200	≤1200	≥750	<750	≥4	<4	≥4	<4	≥3000	<3000
3	SM	粉土质沙	√	√	√	√	√	√	√	√	√	√	√	√	√
	SC	黏土质沙	√	√	√	√	√	√	√	√	√	√	√	√	+
4	CH	高液限黏土	+	△	▽	+	△	+	△	+	△	+	△	▽	*
	MH	高液限粉土														
	CL	低液限黏土	△	▽	*	▽	*	△	▽	△	▽	△	▽	*	×
	ML	低液限粉土														
	SM	粉土质沙	√	△	△	√	△	√	△	√	△	√	△	+	△
	SC	黏土质沙	+	△	△	+	△	√	△	+	△	+	△	▽	*
	SW	级配良好沙	+	△	△	+	△	+	△	+	△	+	△	△	▽
5	CH	高液限黏土	+	△	△	+	△	△	▽	△	▽	△	▽	▽	*
	SM	粉土质沙	+	△	△	+	△	△	▽	△	▽	△	▽	△	▽
	SC	黏土质沙														
	SF	含细粒土沙	△	▽	*	▽	*	+	△	△	▽	△	▽	△	*
	SW	级配良好沙														
6	CL	低液限黏土	△	▽	*	▽	*	△	▽	△	▽	+	△	*	×
	SF	含细粒土沙														
	SP	级配不良沙	+	△	▽	+	△	+	△	+	△	+	△	△	▽
7	CH	高液限黏土	△	▽	*	▽	*	△	▽	△	*	△	▽	×	×
	SM	粉土质沙	△	▽	*	▽	*	△	▽	△	▽	△	▽	*	×
	SC	黏土质沙	▽	*	×	*	×	△	▽	△	▽	△	▽	*	×
	SP	级配不良沙	+	△	▽	+	△	+	△	+	△	+	△	△	▽
8	SM	粉土质沙	▽	*	×	*	×	△	▽	△	▽	+	△	▽	×
	GM	粉土质砾														
	SC	黏土质沙	*	×	×	×	×	△	▽	△	▽	△	▽	×	×
	GC	黏土质砾														
	SP	级配不良沙	▽	×	×	*	×	△	▽	△	▽	+	△	▽	×
9	GF	含细粒土砾	▽	*	×	*	×	△	▽	△	▽	△	*	×	×
	SP	级配不良砾	▽	×	×	×	×	△	▽	+	△	+	△	△	×
10	GW	级配良好砾	×	×	×	×	×	▽	*	△	▽	△	▽	×	×
11	SICb	卵石混合土	*	×	×	×	×	△	▽	△	▽	△	▽	×	*
	SIB	漂石混合土														
	CbSI	混合土卵石	×	×	×	×	×	▽	*	*	×	△	▽	×	×
	BSI	混合土漂石														
	Cb	卵石（碎石）	×	×	×	×	×	△	▽	+	△	△	▽	▽	×
	B	漂石（块石）														

注 1. 表中，√为适宜；+为一般可用；△为需要时尚可使用；▽为勉强可使用；*为施工困难；×为不适用。
2. 1马力（hp）＝735瓦（W）。

（3）按挖泥船对施工地区自然条件的适应性进行选择。在选择设备时，须考虑挖泥船自身对施工区和抛泥区包括水深、流速、风浪和船舶回转所需水域条件等情况的适应性。

自航式挖泥船的耐风浪性强，可以在外海作业。而采用桩定位的船只以及水上排泥管很长的非自航绞吸式挖泥船抗风浪能力较弱，适用于内河、湖区和有掩护的海域施工。采用锚定位的抓斗挖泥船抗风浪条件要好于绞吸式挖泥船，但是需要注意外海弃土区的风浪对泥驳正常通航的影响。链斗船因为重心较高，不适合在风浪较大的区域施工。

按挖泥船及辅助船舶对自然影响的适应性进行选择时，其适应情况见表2-36。

表2-36 挖泥船及辅助船舶对自然影响的适应情况表

船舶类型		风力/级		浪高/m	纵向流速/(m/s)	雾（雪）/级
		内河	沿海			
绞吸式斗轮式	2500m³/h 以上	7	6	2.5	1.8	2
	1450～1600m³/h	7	6	0.8	1.7	2
	500～1450m³/h	6	5	0.6	1.6	2
	200～500m³/h	5	4	0.4	1.5	2
	200m³/h 以下	5	不适合	0.4	1.2	2
链斗式	750m³/h	6	6	1.0	2.5	2
	750m³/h 以下	5	不适合	0.8	1.8	2
铲斗式	斗容 4m³ 以上	6	5	0.6	2.0	2
	斗容 4m³ 及以下	6	5	0.6	1.5	2
抓斗式	斗容 4m³ 以上	6	5	0.6～1.0	2.0	2
	斗容 4m³ 及以下	5	5	0.4～0.8	1.5	2
耙吸式	舱容 4500m³ 以上	7	6	4.0	2.0	2
	舱容 4500m³ 以下	7	6	2.5	2.0	2
拖带轮泥拖驳	294kW 以上	6	5～6	0.8	1.5	4
	294kW 及以下	6	不适合	0.8	1.3	4

注　当自然状况超过表中数值后，不宜施工。

（4）按挖泥船时间利用率进行选择。因挖泥船的性能、适应性不同，在同一工况下的时间利用率存在差别，所以在选择设备时，也可以根据挖泥船时间利用率进行选择。

1）影响挖泥船时间利用率的主要客观因素。挖泥船时间利用率是指挖泥船作业时段内的机械实际运转时间与作业时段总时间之比，是工程施工进度中需要考虑的一个重要因素。挖泥船的停歇时间包括生产性停歇时间和非生产性停歇时间。条件许可时，应通过减少停歇时间，特别是减少非生产性停歇时间，从而尽量增加挖泥船施工运转时间。影响挖泥船时间利用率的主要客观因素如下：①强风，高速风引起的水面波浪等状况造成操作上的困难；②大浪，当浪的波高超过挖泥船安全作业的波高时，应停止施工作业；③浓雾、暴雨，当能见度低，看不清施工导标或对航行安全不利时，应停止施工作业；④流速，特别是横流流速较大时，对挖泥船施工会带来困难；⑤潮汐，高潮时可能因其挖深不够，需等候退潮；当低潮位时，可能因水深不够而使疏浚设备搁浅，需等候潮水上涨；⑥施工干扰，如退让航行船舶等；⑦冰凌，当冰层达到一定厚度时，挖泥船不宜施工。

2) 时间利用率计算。按上述影响时间利用率的 7 种因素，可计算出整个施工期间的外界客观影响时间，并根据对工程施工条件和类似工况的统计资料，求得挖泥船生产性停歇、非生产性停歇时间和运转时间，按式（2-5）计算时间利用率。

$$\eta = T_1/(T_1+T_2+T_3) \times 100\% \qquad (2-5)$$

式中 η——挖泥船时间利用率，%；

T_1——挖泥船机械实际运转时间，h，不同类型的挖泥船运转时间包含的作业过程不同，耙吸挖泥船指挖泥、溢流、运泥、卸泥以及返回挖泥地点继续开挖的时间；绞吸挖泥船指挖泥及其前后的吹水时间，也即泥泵运转时间；链斗、抓斗挖泥船指主机运转时间；

T_2——挖泥船生产性停歇时间，即在生产过程中必须停歇进行的各项作业时间，h；

T_3——挖泥船非生产性停歇时间，即在生产过程中因工作不当、发生意外或由外界客观原因造成的停工时间，h。

挖泥船时间利用率 η 是综合反映挖泥船机械状况、施工现场工况和施工队伍管理组织水平的重要技术指标。因此加强施工队伍的组织管理，尽可能减少生产和非生产性停歇时间，提高挖泥船的机械运转时间，是提高挖泥船时间利用率的主要措施。

3) 停歇时间计算范围。挖泥船的停歇时间包括生产性停歇时间和非生产性停歇时间，其中生产性停歇时间 T_2 由开工展布及收工集合时间、辅助生产时间、正常停歇时间和客观影响时间组成。

A. 开工展布及收工集合时间。包括管线组装、布设，船舶就位及管线拆除、集合，船舶撤离施工区等时间。可按定额查取。

B. 辅助生产时间。包括移船位、抛锚、移锚、移缆、清缆，排泥管线拆接、移动、固定，泥驳换驳、调头等停歇时间。可根据工程特点、工况条件结合类似工程工时统计分析资料确定。

C. 正常停歇时间。包括设备按规定维护保养、检修以及施工期间燃材料和施工、生活用水补给等的影响时间。

D. 客观影响时间。包括水文、气象、等候航道、船舶、排筏避让，供电限制，水下杂物、障碍物清理等影响时间。对等候航道，船舶、排筏避让，供电限制，水下杂物、障碍物清理，防扰民施工等影响时间可按具体要求或情况确定。

非生产性停歇时间 T_3 包括施工期间人为干扰造成的停工时间；意外原因或事故造成的停工及处理时间和燃材料、配件、施工或生活用水不及时造成的停工时间等。可参考以往类似工程情况测算。

挖泥船各级工况与时间利用关系对照见表 2-37。

(5) 按挖泥船的生产效率进行选择。当设备适应性局限较小时，也可以按挖泥船的生产效率进行选择。同样条件下设备生产效率越高，保证合同目标实现和获取经济效益的可能越大，当然同时还要考虑其科学性和合理性。

挖泥船的生产效率由挖泥船的有效工作时间与单位时间内的有效产量组成。挖泥船的有效工作时间由其实际工作时间乘以时间利用率确定；挖泥船单位时间有效产量则由其实

表 2-37　　　　　　　　挖泥船各级工况与时间利用关系对照表

工况级别	绞吸式挖泥船			链斗式挖泥船			抓、铲斗式挖泥船		
	客观影响时间/%	时间利用率/%	台班利用小时/h	客观影响时间/%	时间利用率/%	台班利用小时/h	客观影响时间/%	时间利用率/%	台班利用小时/h
一	$t \leqslant 5$	70	5.6	$t \leqslant 7$	63	5.04	$t \leqslant 10$	63	5.04
二	$5 < t \leqslant 10$	65	5.2	$7 < t \leqslant 12$	58	4.64	$10 < t \leqslant 15$	58	4.64
三	$10 < t \leqslant 15$	60	4.8	$12 < t \leqslant 17$	53	4.24	$15 < t \leqslant 20$	53	4.24
四	$15 < t \leqslant 20$	55	4.4	$17 < t \leqslant 22$	48	3.84	$20 < t \leqslant 28$	48	3.84
五	$20 < t \leqslant 25$	50	4.0	$22 < t \leqslant 27$	43	3.44	$28 < t \leqslant 35$	43	3.44
六	$25 < t \leqslant 30$	45	3.6	$27 < t \leqslant 32$	38	3.04	$35 < t \leqslant 40$	38	3.04
七	$30 < t \leqslant 35$	40	3.2	$32 < t \leqslant 40$	33	2.64	$40 < t \leqslant 45$	33	2.64

际排泥量乘以排泥浓度确定。

挖泥船的生产效率按不同的阶段有着不同的计算方法，主要包括设计生产效率、实际生产效率、计算生产效率等。

1）设计生产效率。挖泥船的设计生产效率是指根据挖泥船的机械性能（发动机有效功率、泥泵最佳工况排水量）和设计含泥量，在理想工况下的单位时间挖泥量，也就是挖泥船铭牌效率。这是一种理论上的生产效率，是由挖泥船的设计目标所规定的，由造船厂按设计要求建造，在设计工况条件下能达到的生产效率。其计算式（2-6）为：

$$w_1 = k_1 q_1 p_1 \tag{2-6}$$

式中　w_1——设计生产效率，m^3/h；

　　　q_1——泥泵单位时间设计排水量，m^3/h；

　　　p_1——设计工况下的泥浆浓度，%；

　　　k_1——设计工况系数，通常取 1。

2）实际生产效率。挖泥船的实际生产效率包含两个层次，一个是在正常工作条件下的实际生产效率。如针对绞吸式挖泥船而言，开挖宽度、深度、厚度最合适；排泥管线长度接近于设计标准长度；而对于链斗式、抓斗式挖泥船而言，开挖宽度、深度、斗速和泥斗充盈率最适合；无论哪种挖泥船，机械运转状况良好，能持续达到额定转速和泵压等。另一个就是非正常工作条件下的实际生产效率。如对某种挖泥船而言，实际工作条件和挖泥船的设计工作条件差距较大，需要进行大量的超宽、超深、超厚（薄）开挖，机械始终处于超负荷或低负荷运行状态。但无论何种条件下的实际生产效率，都会受到施工工况的影响，施工工况是生产效率的最大影响因素。

3）计算生产效率。由于疏浚（吹填）工程受土质、水文、气象、工况、弃土处理方式和操作人员水平等因素影响，事先要准确计算出挖泥船在某种特定条件下的实际生产率是非常困难的，一般都采用设计生产效率乘以各种影响系数的方法来计算挖泥船的实际生产效率。

为了较为准确地获得影响挖泥船生产效率的各种因素，通常要对各类工程的实际生产效率进行统计分析。无论是正常工作条件，还是非正常工作条件下的实际生产效率，都可以通过不同生产（或工况）条件下的实际完成工程量除以实际施工时间得出，再通过统计分析方法得到某种影响因素的相对数值或范围。通过统计分析求得各种影响因素，再由各种影响因素计算得到的预计生产效率就是计算生产效率。

A. 绞吸式挖泥船的生产效率按式（2-7）和式（2-8）计算。

$$W = QP \tag{2-7}$$

$$P = \frac{r_s - r_w}{r_e - r_w} \tag{2-8}$$

式中　W——挖泥船计算生产率，m^3/h；
　　　Q——泥泵流量，m^3/h；
　　　P——泥浆含量，%；
　　　r_s——泥浆容重，t/m^3；
　　　r_w——水的容重，t/m^3；
　　　r_e——原状土容重，t/m^3。

B. 链斗式挖泥船的生产效率按式（2-9）计算。

$$W = 60nqK_mK_b/K_s \tag{2-9}$$

式中　W——挖泥船计算生产率，m^3/h；
　　　n——链斗斗速，斗/min；
　　　q——链斗额定容量，m^3/斗；
　　　K_m——链斗充盈系数（见表2-39）；
　　　K_b——时间利用系数，即实际挖泥时间与设备运转时间之比；
　　　K_s——土壤松散系数。

C. 抓斗、铲斗式挖泥船的生产效率按式（2-10）计算。

$$W = (3600q/tK_s)K_bK_m \tag{2-10}$$

式中　W——挖泥船计算生产率，m^3/h；
　　　q——铲斗或抓斗额定容量，m^3；
　　　t——铲斗或抓斗每斗作业循环时间，s；与水深、土质等因素有关，可按设备使用说明书或实测数据采用（见表2-38）；
　　　K_m——抓斗、铲斗充盈系数（见表2-39）；

其余符号意义同前。

表2-38　　　　　　　　　　　每斗循环时间参考表

项目	铲斗船		抓斗船		
额定斗容量 q/m^3	2.0～3.0	4.0	0.6～2.0	4.0	8.0
循环时间 t/s	60～80	65～85	40～50	80	85

计算生产效率是一种平均生产效率，具有一定的代表性和实用性。这种计算生产效率可用来帮助类似工程制订施工方案，拟定或预测工程施工进度、施工成本等（见表2-40）。

4）影响挖泥船生产效率的主要因素。工况条件、土质情况、排距、排高等是影响挖泥船生产效率的主要因素。

表 2-39　　　　　　　　　　　泥斗充盈系数 K_m 取值表

土质类别	自然状态	链斗式船	抓斗式船	铲斗式船
细粒土	软、中塑	0.80~0.85	1.2~1.5	0.7~0.8
细粒土	硬塑	0.85~0.90	0.5~0.6	0.7~0.75
沙性土	细沙	0.60	0.7	0.7
沙性土	中沙	0.70	0.85	0.8
沙性土	粗沙	0.80	1.0	0.9
砾质土	砂卵石	0.40~0.60	0.4~0.6	0.4~0.6
碎、块石	爆破后石渣	0.30~0.40	0.2~0.4	0.3~0.5

表 2-40　　　　　　　　　　　挖泥船时间利用率的运用表

用途	计算公式	公式说明
预计挖泥船施工用时	$T' = \dfrac{V}{W \eta t}$	T'—挖泥船完成某项工程预计用时，d； V—该项工程工程量，m³； W—挖泥船计算生产效率，m³/h； η—挖泥船时间利用率，%； t—挖泥船每天工作时间，h
预计合同工期内挖泥船生产期间每日平均需完成工程量	$V' = \dfrac{V}{T \eta}$	V'—挖泥船生产期间每日平均需完成工程量，m³/d； V—该项工程工程量，m³； T—合同工期，d

A. 工况条件影响。挖泥船施工中由于受风浪、潮汐、水流速度、避让船舶、芦苇、树根、水下障碍物及人为干扰等客观原因影响挖泥船正常施工时，以工况影响系数表示其影响挖泥船产量的程度（见表 2-41）。

表 2-41　　　　　　　　　　　挖泥船工况影响系数表

工况级别	一	二	三	四	五	六	七
每班影响时间/h	<0.4	0.4~0.8	0.8~1.2	1.2~1.6	2.0~2.4	2.4~2.8	3.2~3.6
工况影响系数	1.00	1.07	1.14	1.23	1.33	1.45	1.60

B. 土质影响。土质是影响挖泥船生产效率的重要因素之一，影响程度主要根据土壤的可挖性（软硬或松散、紧密程度）来进行判别。各式挖泥船的土质影响系数见表 2-42，表中的土质级别见表 2-10。

表 2-42　　　　　　　　　　　各式挖泥船土质影响系数取值表

土质级别	1	2	3	4	5	6	7
绞吸式挖泥船	0.7~0.8	0.8~0.9	1.00	1.15~1.2	1.5~1.7	2.1~2.3	3.1
抓斗式挖泥船		1.25	1.05	1.00	1.16	2.00	
链斗式挖泥船	1.16	1.00	1.00	1.12	1.35	1.35	
铲扬式挖泥船		0.88	0.88	1.00	1.20	1.20	

注　表中绞吸式挖泥船取值范围"海狸 600 型"及以下和国产 200m³/h 船以下取大值，"海狸 1200 型"及以上和国产 350m³/h 船以上取小值。

绞吸式挖泥船挖沙时,其对挖沙土质影响系数见表 2-43;沙的紧密度划分见表 2-44。

表 2-43 绞吸式挖泥船挖沙土质影响系数表

名称	中 沙			粗 沙		
紧密度	松散	中密	紧密	松散	中密	紧密
土质影响系数	1.00	1.15	1.50	1.00	1.15	1.50

表 2-44 沙的紧密度划分表

紧 密 度	标准贯入击数 $N_{63.5}$	天然容重/(t/m³)
松散沙	<10	≤1.86
中密沙	10~30	≤1.96
紧密沙	30~50	≥1.96

C. 排距和排高影响。排距和排高的影响主要针对绞吸式挖泥船。绞吸式挖泥船在标准(或设计)排距时对生产率影响很小,随着排泥距离的加长,沿程水头损失加大,管内压力降低,流速减慢,流量减小,水流挟带泥沙的能力降低,使得挖泥船生产效率下降。一般情况下,挖泥船生产率与排距成反比,即排距越大,生产率越低。不同管径排泥管折算排距见表 4-16;排高影响主要是指挖泥船在其标准(或设计)扬程基础上由于排泥管出口增加,总扬程损失而引起的生产率下降。排距影响系数一般以每增加 100m 排距挖泥船台时,产量下降的百分比表示;排高影响系数一般以每增加 1m 排高挖泥船的台时产量下降的百分比表示。绞吸式挖泥船排距排高影响系数见表 2-45。

表 2-45 绞吸式挖泥船排距排高影响系数表

船型/(m³/h)	排泥管径/mm	基本排距/m(泥/沙)	基本排高/m(泥/沙)	挖泥及细粉沙		挖中沙		挖粗沙	
				排距影响系数/%	排高影响系数/%	排距影响系数/%	排高影响系数/%	排距影响系数/%	排高影响系数/%
1720	700	1500	9/5	2~3	0.6	3~6	1.1	10~18	3.5
1450	650	1500/1000	9/5	3~4	0.7	4~8	1.5	10~18	3.5
850	500	1000/500	6/4	3~4	0.7	5~9	1.4	10~18	2.8
500	600	600/500	6/4	4~6	1.6	6~10	2.7	11~16	4.5
400	400	500/300	6/4	4~6	1.0	6~10	1.6	8~16	2.4
350	560	500	6/4	4~6	2.5	7~10	4.0	11~16	6.8
200	400	500	6/4	5~7	1.5	8~13	2.6	20~25	5.6
120	400	400	4	5~7	3.0	8~10	4.5	20~25	11.0
80	300	300	4/3	5~7	2.0	8~12	3.3	25	8.3
40	250	200	3	5~7	3.0				

注 1. 表中只有一个数的代表 1500/1500(泥和沙情况下数据一样),可按表中表示,不作改动。
　　2. 表格右下角没有数据的表示 40m³/h 的船型挖不了中沙和粗沙,没有数据。

(6) 选择挖泥船的一般程序。以上设备选择的基本方法，在实际运用中很少单一使用其中的一种或两种，更多情况下是多种方法综合使用，才能确保设备选择最合理。选择时先找出在挖泥和输泥或抛泥工作条件下所有与选择挖泥船有关的因素，如土质、挖槽尺度、挖槽内最小水深、排距、排高、排泥方式、工程量、工期、水文情况、气象情况、质量标准、调遣方式、通航条件、路上运输条件、环保要求等，然后研究各挖泥船的生产性能对该项因素的适应性。若挖泥船性能完全适合该项工作条件，则划（＋＋＋）号；基本可以使用的，则划（＋＋）号；勉强使用的，则划（＋）号；不能使用的，则划（－）号。如此逐项因素进行比较后，则可得出挖泥船的最优选择方案。

(7) 辅助设备选择。辅助设备选择除应同时满足主设备选择时考虑因素外，辅助配套设备的种类、数量还应满足工程设计和施工的要求，能确保辅助主设备正常、高效、经济、安全运行，同时还要做到因地制宜、少配、精配、优化配置、实现高经济效益。

1) 泥驳选择。开底驳和开体驳适用于水下抛泥用，对黏性土可选用舱壁较陡的开底或开体泥驳。普通泥驳则需要使用其他设备如吹泥船、泥浆泵、抓斗等完成卸土任务。因开底驳和开体驳的密闭性不如普通泥驳，在装船和运输过程中会产生泄漏污染水体，故环保性疏浚工厂多应采用普通泥驳。非自航泥驳需要在拖轮的配合下完成运输。实际施工时需要根据工程性质、工况条件、主挖泥船的生产效率等因素进行类型选择和数量配置。

配套泥驳所需数量按式（2-11）计算。

$$n=(L_1/v_1+L_2/v_2+T_0)W/q+n_1 \qquad (2-11)$$

式中　n——泥驳数，艘；

L_1、L_2——抛泥运距与返回运距，km；

v_1、v_2——抛泥时与返回时航速，可换算为 km/h；

T_0——抛泥、转头、靠船、解缆离船时间总和，h；

W——抓斗船、链斗船、铲斗船等类型挖泥船小时生产率，折合水下方，m^3/h；

q——泥驳装载量，折合水下方，m^3；

n_1——备用泥驳数量，根据工期、工况等确定，一般大于等于1。

2) 锚艇选择。起重吨位是锚艇的重要技术参数，配备时应重点考虑施工时可能的最大起吊件的重量。另外抛锚区域的最小水深、施工区的风浪情况也是锚艇使用的一个需要注意的因素。

3) 拖轮选择。选择时需要根据被拖航船舶或船队的大小、数量、编排方式以及风浪、水流流速、水深、工期要求等，对拖轮的装机功率、航速、吃水、抗风浪情况以及经济技术性能进行重点分析，以确定拖轮的规格型号以及数量等。

2.7　设备调遣

2.7.1　方案选择

设备调遣过程中极易发生通行受阻、搁浅、碰撞、沉没等安全事故，调遣前根据施工需要的设备体积、重量、型号、数量以及施工地点与设备所在地之间的交通条件，研究确定出科学合理的调遣方案。

（1）基本方案选择。疏浚与吹填工程设备的调遣转移有水上调遣、陆上调遣和水陆兼用调遣3种方式可供选择，选择时可根据设备性能、适航情况、交通条件、安全性、经济性等综合考虑确定。

1）对具有自航能力的挖泥船、泥驳、拖轮、锚艇、交通艇等在船舶证书规定的适航区域内可采用自航调遣方式。

2）非自航挖泥船和泥驳等辅助船舶、浮筒（浮体）、排泥管线等可采用拖轮拖带方式或装驳船运输方式；浮筒（浮体）、排泥管线也可考虑采用陆运方式。

3）对于挖泥船、拼装式挖泥船、辅助工程船舶、辅助施工设备、小型设备及浮体、排泥管道等附属设备材料，在不具备水上运输条件或水上运输不经济的情况下可考虑陆上调遣，其他情况下一般多采用水上调遣方案。

4）在内陆河流中调遣多采用拖航或直航方式，在海上长途调遣时可选择自航或装半潜驳运输的方案。航行船舶安全须按照《中华人民共和国内河交通安全管理条例》（国务院令355号）执行。陆路运输按照各省（自治区、直辖市）、市当地部门制定的交通法律法规执行。

半潜驳相当于浮动的船坞，随压载水注入后下沉，处于半潜状态，至其甲板沉没到水面下合适深度，即可开始挖泥船浮装作业。挖泥船按装载方案就位，半潜驳排出压载水则浮起，其甲板完全托起挖泥船，实现挖泥船的整体浮装和运输。卸船时压载水注入后下沉，处于半潜状态时挖泥船队浮出舱面。新型的半潜驳因自身具有远洋航行能力，有时亦称半潜船。半潜驳运送挖泥船及附属设备优点可为实现整个挖泥船快捷整体长距离安全运送，卸船后即可投入施工，运送过程对挖泥船几乎不产生变形损害，高效便捷。

调遣方案适用情况对比见表2-46。

表2-46　　　　　　　　　调遣方案适用情况对比表

供选择的调遣方案		设备要求	基本适用条件
水运	内河及近海自航	具有自航能力的设备	调遣路线上航道条件满足设备吃水需要
	海上远航	具有海水远航能力的设备	近海域或需要跨海洋
	采用半潜驳整体拖运	设备数量较多（包括辅助设备），其中最大设备单个重量超过100t	近海域或需要跨海洋
	采用拖轮直接拖运	适用所有水上施工设备转移	内陆江河可直接到达且具备通航条件
陆运	拆分后陆运	设备必须是小型的或可拆分的	陆路交通方便，不具备水路运输
水陆兼用	内河及近海	设备必须是小型的或可拆分的	水运不能直达

（2）资料收集分析。资料收集的目的是验证调遣方案的可行性和可靠性，同时通过对所收集资料的研究分析，可以进一步对调遣方案进行补充和完善。疏浚与吹填工程设备调遣工作和施工工作相比有一定的特殊性，除了要收集一些常规性资料外，还需重点收集如下资料。

1）根据确定的调遣方案，对所用的设备性能、体积、重量（排水量）水线以上建筑的高度、拆分后单体重量和几何尺寸进行分类统计。

2）对所经过的道路等级、坡度、路面宽度、道路（铁路）弯道半径、桥梁的最大荷载等条件以及沿途的各种建筑（如桥梁、渡槽、隧道、架空设施等）的最小净空尺寸等进行详细调查。

3）根据调遣方案确定的时间段，收集当地的气象和所经过的水域的水文资料（包括最高水位、最低水位时的航道水深和相应的航道宽度）。

4）调遣所经过的交通、航运主管部门制定的交通管制的相应法律法规。

（3）编制安全技术措施。编制调遣工作安全技术措施，首先要结合所收集的资料对调遣过程中和各个环节中可能发生的安全事故的危险源和危险因素进行辨识和评估。在对危险源和危险因素进行辨识和评估的基础上，应根据调遣工作的具体情况分别编制安全技术措施，其内容应主要包括如下方面：①调遣准备工作技术措施；②水上航行中突遇大雾、大风、大浪、暴雨等天气造成搁浅、主拖船失控，遭遇台风等不可预见的危险事件时的技术措施；③陆地运输在拆、装、卸和组装下水过程的技术措施。

2.7.2 组织实施

2.7.2.1 准备工作

调遣前的准备工作主要包括证件手续准备、船舶封仓、设备物资的固定、船舶编队等工作。

（1）证件手续准备。船舶调遣前需要获得政府主管部门核准签发的证件，发布航行通告等，所需各类证件手续准备工作应满足下列要求。

1）各种证书要提前准备齐全，证书要保证在有效期内，并经过船舶检验部门的检验和海事部门的批准。

2）大型设备的水上拖带应提前发布航行通告，船舶吃水、编队的规格尺寸和拖缆长度等应符合沿程海事部门的要求和规定，并符合沿途航道、船闸、桥梁、跨河架空设施的通过要求。

（2）船舶封仓、设备物资的固定。船舶调遣前要进行封舱，并对甲板以上设备、物资等进行固定，以保证航行过程中的设备安全。工作的基本要点如下。

1）全船各舱室门窗应不变形、水密胶条完好，门窗把手、锁具灵活而不松动，舱内所有可移动物品应集中摆放并加以固定。

2）甲板与舱室相通的孔眼、管道口应全部封堵，需要时用玻璃胶加固；外露的玻璃应用木板封固，舱室的通气孔、排气孔用防水布包裹并扎紧。

3）所有通向船外的管系如海底阀、排水阀、各舱室贯通阀、吸泥管截止阀等应全部关闭。

4）甲板上所有可活动的机械、工器具、材料应按要求进行锁定和固定。

5）甲板吊吊钩应微力收紧，并用钢丝绳与甲板连接固定。

6）绞吸式挖泥船还应做好下列工作。

A．绞刀桥架应提升到水面以上，用专用保险销插好，并收紧缆绳，两侧用木楔楔紧固定。无保险销的，桥架前端用工字钢横担并与船体焊接固定。

B. 需要放倒定位桩时，放桩后应将两定位桩用抱箍固定在桩架上；如不需放倒定位桩，应将定位桩提升至规定高度后，插好定位销，固定定位桩和提升油缸。如定位桩与其抱箍间隙较大，应用斜木塞牢。

C. 绞吸式挖泥船上带有自动抛锚扒杆时，应将两抛锚扒杆收回用抱箍和钢丝绳固定在专用立柱上。

D. 绞吸式挖泥船两横移锚应提放到甲板上牢固置放；也可收至桥架横移滑轮下方备用，其中一只应做好途中抛锚准备。

E. 吸排泥口应以铁板封堵密封。

7）链斗式挖泥船还应做好下列工作：①斗链不得自由下垂低于船底，且应牢固系在斗桥上；②斗桥应升至最高位置，用保险绳系牢，并在其燕尾槽上搁置坚固枕木，将斗桥固定楔紧。

8）自航耙吸式挖泥船还应将耙桥升至最高位置加保险绳，泥门应紧闭，并固定保险。

9）抓斗式、铲扬式挖泥船还应做好下列工作：①应将抓斗、铲斗拆卸，并牢固置放于合适部位；②吊架要放低、搁牢，吊机应用钢索固定。

10）吸泥船应将吸泥管及排泥管系牢或拆卸。

11）泥驳的泥门应关紧，并加保险销子固定。

12）小型辅助船、陆上排泥管等应装在泥驳、货驳或其他船上随同调遣；当水流速度较大时，浮筒管线也应采用装船或陆运方式。

（3）船舶编队。疏浚与吹填工程水上施工设备不仅包括挖泥船，还包括有泥驳、水驳、油驳、锚艇、交通艇、生活船以及水上管线，种类及数量较多，调遣航行前要对船舶、水上浮筒管线等拟调遣的设备进行合理编队，具体应满足下列技术措施要求。

1）船舶合理编队。首先要保证拖航过程中的安全；其次要使拖航时的阻力尽可能最小；再次要便于组编和解编，使船舶编队能够尽快完成组编任务，在船舶编队到达目的地后能够迅速解编投入施工。

2）船舶编队编组时，船舶编队长度应小于沿途各航道段所允许的最大长度，船舶编队编组宽度应小于航道允许的最大宽度，船舶编队高度不应超过跨河建筑物的净空高度。当采用双排或多排一列式船舶编队时，船舶编队后面的宽度不应超过前面的宽度。

3）内河调遣可采用吊拖、傍拖、顶推等方式。长距离拖带时，宜将挖泥船铰刀桥架、泥斗、斗桥放在与行驶方向相反的一面。两栖式挖泥船宜采用傍拖方式，航行前应收拢转腿，4个支脚和铲斗一半放于水面以上，工作装置放在正中，斗杆弯曲成90°。

4）吊拖航行时应将最大、最坚固的船舶放在前面，并使船舶之间具有一定距离。傍拖航行时，船舶之间应绑系牢固，横向缆绳应收紧，纵向缆绳应处于放松状态。

5）当船舶编队穿过浅水湖泊内水产养殖区时，应解散编队，分批拖带，每批拖带长度以40～50m为宜，并采用一拖轮领带；另一拖轮吊艄顶推的方式。

6）浮筒管线船舶编队时需采取以下技术措施。

A. 计划拖航的浮筒必须进行全面检查。破损、漏水及有倾斜情况的浮筒未经完善处理不得编入队中，浮筒和管道必须卡接牢固，管道之间必须连接牢固。

B. 浮筒应分段编排，单列浮筒长度要根据拖轮的拖航能力和航道情况确定，一般情况下不能超过 250m。

C. 各列浮筒（体）管线，应用大于 $\phi22mm$ 钢丝绳穿连系牢加固；两列或三列（最多三列）管线同时被拖时，应在单列纵向系牢加固的基础上，进行横向收拢联结，以增强被拖管线的整体性。

D. 被拖带的浮筒（体）管线迎水端管口应用盲板封堵，以减少阻力。

E. 被拖浮筒（体）管线的首尾两端应各设一盏环照白炽灯，中间每隔 100m 应加设 1 盏。在末端设 1 组菱形号型，号灯、号型的高度应高出管线 1.5m。

2.7.2.2 设备调遣技术保证措施

疏浚与吹填工程设备的调遣多以拖航调遣方式为主，海上长距离调遣，特别是对非自航设备海上长距离调遣时，会采用半潜驳装运调遣方式；陆上排泥管线等或小型施工设备在不具备拖航调遣条件时，会采用陆上调遣方式。不同的方式具有不同的特点和要求，调遣时应针对其不同采用相应的技术保证措施。

（1）拖航调遣。施工船舶及设备拖航调遣是内河及沿海地区最为常用的调遣方式，采用这种方式调遣时，应主要针对防碰撞、防风浪等采取如下技术保证措施。

1) 船舶完成封舱后，应经过船舶检验部门的航行安全检验，取得港航监督部门的适航签证。

2) 起航前，要全面查验船舶悬挂的在航号型、号灯、通信设施和备用电源；熟悉沿途航道、码头、船闸、桥梁、过江电缆等调查资料，确认准备工作完成和航行线路选择无误时才能准予起航。

3) 起航后，应随时掌握沿途水文、气象、风力、风向、流速、潮汐等变化情况，及时调整航速、航向或采取停靠避险措施。航行期间应遵守《中华人民共和国内河避碰规则》或《中华人民共和国海上交通安全法》等法规的有关规定。

4) 自航船舶应在规定的适航区域和气象条件下进行航行；条件不具备时，应采用拖轮、拖航或半潜驳、货轮运送方式实施水上调遣。

5) 拖航期间，内河被拖船只上除必需的值班人员外不应有其他船员。

6) 海上被拖船只上不应留有任何船员，非自航式挖泥船上的工作人员应离开本船，只留少数有经验的主要船员在主拖拖轮上，负责检查和联系，遇有险情，可及时回到本船采取应急措施。

7) 航行期间，船队应定时与陆地指挥部保持密切联系，通报途中情况，以便随时取得指令与援助。拖航期间应定时向有关主管部门报告航行情况及船舶方位。

（2）半潜驳运输。采用这种方式调遣时，运输过程完全由船东完成，调遣过程施工单位应主要针对装船和卸船两个环节进行控制。具体应采取如下技术保证措施。

1) 要对计划装入半潜驳的各船舶、设备、浮筒（浮体）、排泥管道等进行系统归类统计，确定出各类船舶、设备、物资的结构，外形轮廓尺寸、重量等；与承运方一道根据半潜驳的载重量、结构尺寸等绘制布墩图和总平面布置图、线型图等，并提交给承运方准备布墩工作。设计布墩图和总平面布置图、线型图时还要统一考虑空间的充分利用和装卸工作的便利性。

2) 布墩工作完成后，双方应对船舶舾装相对位置进行核对，确保准确无误。

3）装驳、卸驳前应到当地海事部门申请下潜水域。选择下潜水域时，应满足潜驳对吃水、水下地形、流速、风浪等条件的要求，下潜应在 5 级风以下时进行。

4）待装驳船舶应按照近海航行要求，分别进行放桩、封舱、加固等作业准备。

5）随船管线应按照潜驳货物平面布置图进行拆分、编组、绑扎排放。

6）装驳时，要遵照先水上设备再装散件的原则，按照事前制定的装驳计划规定的进驳顺序，依次将设备拖带进驳，并将每次进驳的设备进行临时性固定。

7）各设备进驳后，由半潜驳专业人员对所有船舶、管线进行支撑、绑扎、焊接等稳固工作。

8）半潜驳卸驳时，要遵照先卸散件再卸水上设备的原则，应按照船舶、管线进驳的反向顺序进行。船舶出驳后，应组织拖轮将水上设备直接拖带到目的地或停靠码头泊系待命。

9）装驳、卸驳时应安排专人统一指挥，避免相互碰撞，确保设备安全。

（3）陆上转移。陆上转移相比拖航调遣及半潜驳装运情况更为复杂，采用这种方式调遣时，施工单位要参与整个过程。调遣过程中应主要针对挖泥船的拆卸、组装和下水、装车和卸车、运输等关键环节进行控制。具体应采取如下技术保证措施。

1）挖泥船或挖泥船的部件和重量应符合公路或铁路运输的规定，并考虑运输和起重设备的能力。

2）挖泥船的拆卸和组装工作应按设计图纸绘制拆卸部件组装图，工作前应进行安全技术交底；相应拆装工作要规范有序进行，吊装和吊卸工作应由专业人员进行。

3）设备拆卸后要重新核定各组装件的尺寸和重量，并统一编号、登记、造册。对精密部件、仪表和传动部件，要按照设备使用说明书的规定，清洗加油、包裹装箱。

4）对不能满足大件运输要求的路段和设施，应制定切实可行的措施，并提前向相关地区主管部门申请核准。运输途中需要跨越铁路时，应向该地区铁路管理部门申请核准具体跨越时间，在可能的情况下运输车队要提前集中并准时通过。

5）车队跨越铁路时，除要安排专人指挥交通外，还要事先做好应急预案，并准备好拖拉、吊装设备和人员，以便在出现车辆因故障停在铁路线上时做出及时处理。

6）设备装车应排放平整，货物件要填塞松软材料防止摇动后产生碰撞。货物要系缚牢固、稳妥，运转途中要严格遵守交通部门相关规定。

7）挖泥船的拆卸和组装工作应按相应拆装规范进行，工作前应进行安全技术交底。

8）吊装和吊卸工作应由专业人员进行，并安排专人指挥，统一指挥口令和手势。

9）陆上转移应考虑挖泥船到达现场后的组装和下水方法，并选择适当的场地。

A．场地大小要能够满足车辆运转、停放、吊卸和堆放的要求；场地应坚硬、平整，坡度要平缓；场地地面高程要高于组装期间河水、湖水最高水位。

B．船舶下水的水域要综合考虑地形地貌、水深、地质等情况。下水处岸坡不能太陡也不能过缓，太陡船舶下水滑行速度不易控制，容易产生安全事故。过缓会造成滑行困难。滑道坡度一般宜控制在 1∶15～1∶20；下水处水深要经过测量，下水处水深首先要大于船舶最小吃水，同时还要考虑滑行下水时的下冲力所要增加的尺度，以避免设备搁浅；水下地形要尽可能平整，有一定向前的坡度最好；水下地质尽可能是松软的泥土或松散的沙，以避免下水时发生碰撞或摩擦造成船体破坏。

C. 船舶下水滑道多采用自然坡道，即通过对岸坡和滩地的简单机械开挖，平整后作为下水滑道。自然滑道不易设置时也可采用设置钢滑道的方式，有时也采用垫铺气囊的方式下水。

2.7.3 调遣实例

原中国水利水电第十三工程局有限公司挖泥船曾采用半潜驳做过多次长距离境外海上调遣。下面以"德盛"号挖泥船在1995年的1次半潜驳调遣方案为例，做简要说明。

（1）装载半潜驳前期准备工作。半潜驳租用合同签署后到受载期前，安排专人前往启运港办理有关调迁准备工作，保持与承运方公司或船东代理的工作联系和沟通，重点完成如下工作：①选择并确定待运管线集中港；②确定货物代理及工作内容；③与港区商定待运管线港区使用费、装船、卸车等作业方式和时间段安排；④准备货物出口报关所需申请书、批文、装船清单、外汇核销单及发货人、收货人、通知人信息等报关文件；⑤提供全部待运船舶船体外部技术资料，与承运船东方共同确定半潜驳配载、布墩和定位；⑥待运挖泥船辅助船只封舱和锚泊准备；⑦确定半潜驳运送货物的海损保险；⑧承运方港区和租船方共同对实际进港货物体积和数量进行清点，以此作为港区、承运方计费基础并由承运方出具在目的港的提货清单；⑨确认半潜驳下潜锚地方位和环境限制条件。

（2）确定下潜和靠泊码头安排。根据承运船船期预报和到港实际时间，待运船只准备情况和全部配套管线进港时间安排和实际进展情况，承运船报关、报检及港区海事局确定下潜锚地及泊位安排，由合同双方确定承运船的下潜和靠泊码头时间安排。

（3）管线集港工作。因管线、配件等货物多存放在陆上，故集港采用汽车运输方式运到港内，港区则按装卸协议先期完成卸车码堆和货物清点等进港作业。

（4）确定布墩、配载和下潜作业程序。货物在半潜船上的布墩和配载，主要是保证挖泥船队的顺利进驳作业和海上运输时的安全，以防货物出现不必要的损坏。按合同要求由承运方负责，但布墩和配载方案需经双方共同商定并最终得到租船方的认可，其主要内容包括以下几点。

1）挖泥船队固定。绞吸式挖泥船一侧舷边靠坞墙则另一舷侧焊4个止移墩防止横向移动，其他船固定方式相同。止移墩的材料与规格为：材料为工字钢，规格（SWL45t），按国际海事组织推荐作业标准进行焊接、支撑固定。

2）承运船布墩和定位标识一般在到达下潜锚地前即备妥。

3）装货前召开协调会（又称港前会，由合同双方及各船负责人参加），落实装货方案，明确船、货双方在装货操作过程中职责和分工，确定双方VHF通信频道。

4）根据所装驳船实际吃水，（承运船）船长指挥船舶压水至可装货状态，保持驳船富余水深不小于0.5m。

5）按（承运船）船长的要求，使待装工程船提前到达承运船艉部坞口附近处。（承运船）船长指挥将船上的拖缆与待运挖泥船队相连，安排相应人员带缆并备妥带坞墙的缆绳；拖轮在旁协助，听从（承运船）船长指挥，不得擅自离开。（承运船）船长指挥船员绞缆，缓速将船拖到配载指定的位置。

6) 确认工程船积载位置无误后,(承运船)船长指挥排压载水将货物浮起至航行状态。在半潜驳上所有工作人员应听从(承运船)船长的统一指挥。

7) 半潜驳装载挖泥船队定位和布墩见图 2-33。

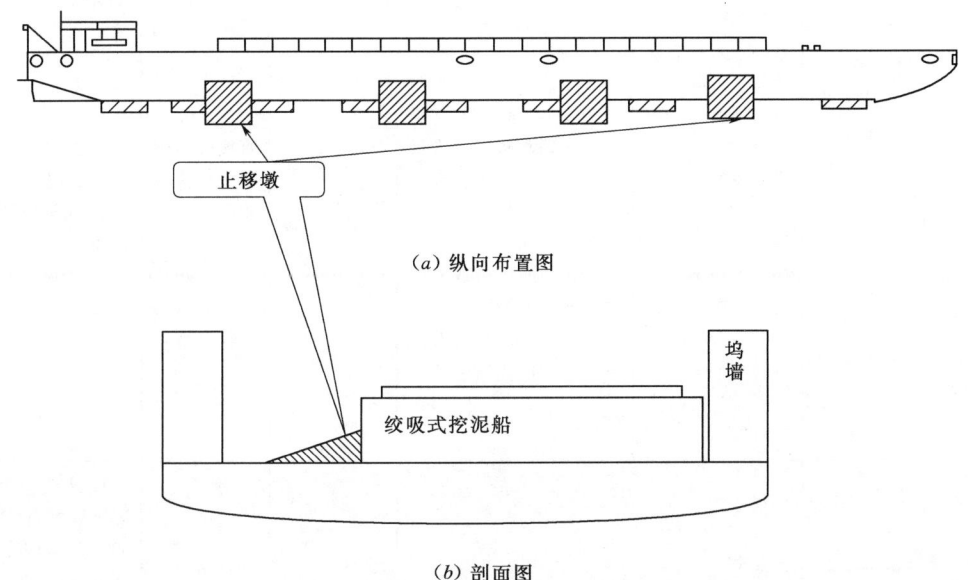

图 2-33 半潜驳装载挖泥船队定位和布墩图

(5) 待运船舶半潜驳作业安排。为保证下潜和装船顺利实施,事前要安排拖轮专程到下潜地点进行水路探视,以确定挖泥船队提前拖航到下潜锚地时的抛锚位置和拖航用时。挖泥船队浮进(出)半潜驳时需安排专用拖轮,以实现按时拖航到下潜锚地和拖进(出)半潜驳作业。下潜作业时,各船拖带作业安排、各船人员安排和分工、进入半潜驳时现场指挥和先后顺序、工器具缆绳、人员水陆路交通工具等均应作出细化的安排。

2.8 施工规划

2.8.1 开挖方案

2.8.1.1 开挖方向

疏浚与吹填工程受水流影响,施工设备开挖方向有顺流与逆流之分,各有其不同的适用条件和优缺点。施工时应根据水文、地质、工期、工程量、施工场地、质量要求等,结合设备自身性能和特点进行合理选择。

沿海地区受涨落潮的影响,水流为双向流,在此种情况下可选择顺流历时较长,或对挖槽冲刷作用较大的流向为顺流方向。疏浚工程采用顺流施工时,未被吸走或抓走的泥浆可顺流而下,不会回淤到已挖槽内,工程质量较好控制,因此从保证施工质量的角度出发,疏浚工程一般宜采用顺流开挖的方式。疏浚设备开挖方向选择见表 2-47。

表 2-47　　　　　　　　　　　　疏浚设备开挖方向选择表

型式	顺流施工			逆流施工		
	适用条件	优点	缺点	适用条件	优点	缺点
绞吸式挖泥船	1. 淤泥质土；2. 质量要求较高工程；3. 工程量较大，挖槽较长的工程；4. 流速大于挖泥船自然条件适应情况表中规定最大流速的60%时	1. 施工超深较小，未被吸走的泥浆可顺流而下，不会回淤到已挖槽内，工程质量较好；2. 有利于引导水流进入挖槽，使挖槽受到自然冲刷，对施工进度和质量有利；3. 对设备安全有利	1. 水上管线布置与定位较困难，管线锚多，移锚和放缆工作量较大，管线弯曲较多；2. 流速较大或流向与挖槽交角较大时，易走船位，水上管线易成急弯甚至死弯；3. 水上管线易压向船体，影响正常生产	1. 缓流水域；2. 工程质量要求较低的工程	1. 水上管线较易布置，定位锚较少，管线顺畅；2. 船位易控制，摆动较灵活	1. 易在已挖区域内形成回淤；2. 超深较顺流施工要大；3. 水流较大时设备安全性较差
抓斗式挖泥船	一般情况下均采用	1. 有利于设备安全；2. 施工质量较易保证		1. 流速很小；2. 水深较浅		1. 水流较大的情况下，抓斗抛入水底和起斗时易被水流冲入船底，撞击船体；2. 已挖区域易形成回淤
链斗式挖泥船	受施工现场地形条件限制，无法逆流展布处	未被吸走的泥浆可顺流而下，不会回淤到已挖槽内，工程质量较好	1. 由于控制船位的尾锚缆长度较短，且锚链易陷入泥中，造成挖泥船横移困难，挖宽也受到限制，水流较大挖到边线时，船位不易控制；2. 流速大时不安全，要停工，影响施工进度；3. 泥斗充泥量不如逆流时高；4. 易在已挖区域内形成回淤	一般情况下均采用	1. 泥斗充泥量较好；2. 船位易控制；3. 横移较方便；4. 前移距离易控制	易在已挖区域形成回淤，影响施工质量
铲斗式挖泥船	一般均可采用	1. 挖槽内回淤少，施工质量易控制；2. 水流对铲斗有推力，挖掘较省力	无背度装置时，则不能造成背度角而影响铲斗充泥量和挖掘长度	一般均可采用	能利用水流冲力自行造成较好背度角，增加铲斗充泥量与挖掘长度，提高挖泥效率	易在已挖槽内形成回淤，影响施工质量

续表

型式	顺流施工			逆流施工		
	适用条件	优点	缺点	适用条件	优点	缺点
气动泵	1. 淤泥质土；2. 密实度较低的泥土或沙	挖槽内回淤少，施工质量易控制		采用拖挖法施工时	能利用水流冲力增加铲斗充泥量与挖掘长度，提高挖泥效率	易在已挖槽内形成回淤，影响施工质量
水力冲挖机组	削坡作业时	能利用水流冲力增加破土力	生产效率较逆流施工低	一般挖槽作业时	生产效率较高	易在已挖槽内形成回淤，影响施工质量
索铲	一般情况下均采用	1. 水流冲力有助于下铲，生产效率较高；2. 可避免在已挖槽内形成回淤，施工质量易保证		1. 流速很小；2. 水深较浅		1. 下斗时水流对铲斗产生阻力，影响生产效率；2. 易在已挖区内形成回淤，影响施工质量
射流冲淤船	流速较小时	能利用船体推进器扰动水流，增加泥沙行程	行进方向不易控制	流速较大时	1. 船体较易控制；2. 能利用水流的自然挟沙能力，提高冲淤效果	船体推进器扰动作用不能充分利用
耙吸式挖泥船	流速较小（小于2kn，即1.03m/s）且水域宽阔时	未被吸走的泥浆可顺流而下，不会回淤到已挖槽内，工程质量较好	行进方向不易控制	流速较大时	船体较易控制	1. 未被吸走的泥浆可顺流而下，回淤到已挖槽内，工程质量不好控制；2. 生产效率低

2.8.1.2 分段、分条、分层施工布置

（1）分段施工。疏浚工程和取土吹填工程一般战线较长，都要分区段进行施工布置，区段的划分在满足合同、设计、航运要求以及设备性能的同时，还要从提高功效、便于控制施工质量等方面进行综合考虑，合理确定。在遇到下列情况时需考虑分区段布置施工：①工期有不同要求；②整个疏浚区内设计挖槽尺度规格不一；③设计疏浚区相互独立或疏浚区由直线段和曲线段组成时；④受航行或水上建筑物等因素的影响和制约；⑤纵断面上土层厚薄悬殊或土质出现较大变化；⑥采用绞吸式施工的疏浚工程疏浚区长度大于水上管线的有效伸展长度或大于抛一次主锚所能挖泥的长度；⑦对有吹填需要的疏浚工程吹填区位置出现变换时；⑧采用耙吸式挖泥船施工，当挖槽长度大于挖满一舱泥所需合理长度时；⑨在沿海地区采用耙吸式挖泥船施工，当施工作业和航行受到潮汐影响，低潮位出现水深不足情况时，可根据潮位情况进行分段施工，以保证生产的连续性。

分段施工时，一般两区段之间应重叠一定长度，以保证搭接处的施工质量。重叠长度受土质、水文、土层厚度、设备性能等多种因素影响，应根据具体情况制定。对质量要求较高的工程应进行实地测量，测量困难或质量要求不高时，对采用单向开挖的，段间重叠长度一般要大于1.5倍土体分层厚度；对采用双向开挖的，段间重叠长度一般要大于0.3倍船长。对土质松散、软弱，开挖间隔时间较长以及环保性疏浚工程项目，区段之间重叠长度应加大。

（2）分条施工。在疏浚区段内，以下情况需考虑分条布置施工：疏浚区宽度大于挖泥船一次最大挖宽；疏浚区横断面存在土层厚薄悬殊的情况；挖槽横断面为复合式；工期要求不同；工程为应急排洪、通水、通航工程。分条施工时，分条数量应根据设备与工程具体情况综合考虑确定。

1）分条施工时应按照"远土近调、近土远调"的原则，宜从距排泥区较远的一侧开始，依次由远到近分条开挖。条与条之间应重叠1个不小于1.5倍土体分层开挖厚度的宽度，对土质松散、软弱，开挖间隔时间较长以及环保性疏浚工程项目，需要适当加大。

2）绞吸式挖泥船一次开挖的最大宽度，是指在挖泥船摆动到最大角度时，横移锚缆不触碰船体、不产生重大移位或变形，同时横移绞车的拉力还足以使挖泥船产生横移摆动时的宽度。一般情况下，最大挖宽时最大摆角不超过45°，最大挖宽一般为船长的1.1～1.3倍；最小挖宽等于挖泥船前移换桩时所需要的摆动宽度或船首两侧浮箱外角不碰到岸坡时的最小宽度，每种船型厂家基本都给出了最小挖宽值，一般可按20°摆角进行控制；最佳挖宽是挖泥船摆动超过最小挖宽后横移锚缆布设风向仍然处于较好状态，且横移绞车负荷没有大幅增加、开挖生产效率较高时的开挖宽度。最佳挖宽一般约等于船体总长，最佳挖宽对应摆动角度约为30°。

采用钢桩定位的绞吸式挖泥船，其分条宽度宜等于钢桩中心到绞刀水平投影长度；分条的最大宽度不得大于挖泥船1次开挖的最大宽度，分条最小宽度应大于挖泥船的最小挖宽，流速较大时应减小分条宽度。

3）链斗式挖泥船分条宽度应根据主锚缆抛设长度确定，对150m^3/h船挖宽宜控制在30～35m范围内，对500m^3/h船宜控制在60～100m范围内，对750m^3/h船宜控制在80～120m之间。在浅水区施工时，分条最小宽度应满足挖泥船作业与泥驳绑靠和回转所需水域的要求。

4）抓斗式挖泥船分条最大宽度不得超过抓斗吊机的有效工作半径。在流速较大的深水区挖槽施工时，分条宽度不得大于挖泥船船宽，在浅水区施工时分条最小宽度也应满足挖泥船作业与泥驳绑靠和回转的要求。

5）铲斗式挖泥船分条宽度应根据铲斗的旋回半径和回转角确定，挖硬质土时回转角应适当减小，挖软泥时可适当增大，但最大不应超过120°，防止前桩单侧受力过大。

（3）分层施工。

1）出现下列情况时需要考虑分层施工：①疏浚区泥层较厚，大于设备1次安全疏挖能力所及的厚度；②疏浚区内存在水上开挖土方或浚前水深小于挖泥船的吃水；③工程对边坡质量要求较高或为复式边坡；④受潮水影响，高潮时水深超过挖泥船最大挖深，或在低潮时疏浚区水深小于挖泥船的吃水或最小挖深时；⑤疏浚区泥层过厚，开挖底部时上层土体坍塌影响施工质量或设备安全；⑥疏浚深度内土质变化较大，需更换不同挖泥机具或挖泥船以适应土质的变换；⑦疏浚深度内土层结构明显，对不同疏浚土的弃放处置有不同要求；⑧合同要求分期达到设计深度；⑨紧急疏洪、引水、通航工程；⑩因设备配置原因，对不同的高程采用不同的挖泥船进行组合施工。

2) 分层施工时分层厚度按如下方法控制。

A. 分层有分大层和分小层之分。所谓大层是指疏挖区内所划分的土层要在不同阶段进行开挖，上述 10 种情况下基本都会出现分大层施工的问题，特别是在后面 6 种情况都应分大层施工。小层是指土层厚度超过了设备 1 次疏挖的能力，而要在某一时间段内进行分层开挖的情况。

B. 某一疏浚或取土工程可能会划分为几个大层，每个大层下再划分出几个小层进行施工，也可能只划分为几个小层进行施工。在施工组织设计阶段大层的划分是必需确定的，小层的划分则不需要很严格。施工过程中，驾驶人员一般都会根据个人经验和土质变化等具体情况作出调整。

C. 原则上讲，分层施工时上层宜厚，以保证挖泥船生产效率；下层宜薄，以保证能够将上层开挖塌落遗留下来的土方在最底一层开挖过程中清除干净，取得好的疏浚质量。上层的开挖深度应能满足挖泥船的吃水和最小挖深。

D. 分层厚度控制参数见表 2-48。

表 2-48 分层厚度控制参数表

船型		分层厚度/m	说明
普通绞吸式	带定位桩台车	0.5～2.0 倍绞刀直径	
	不带定位桩台车	0.5～1.5 倍绞刀直径	
斗轮绞吸式		0.5～1.5 倍斗轮直径	
耙吸式		0.5～1.5	
链斗式		1.0～2.0 倍斗高	
抓斗式/m³	≤2	1.0～1.3	坚硬土取较低值，松软土取较高值
	2～8	1.3～2.0	
	8～20	1.5～2.5	
	13～50	2.0～3.0	
铲斗式	背度挖掘法	1.8～2.0 倍斗高	
	水平挖掘法	2.0 倍左右斗高	
水力冲挖机组		1.0～2.0	
气动清淤泵	洞挖法	—	
	拖挖法	0.5～1.5 倍铲斗高	

2.8.2 辅助工程

疏浚与吹填辅助工程分为弃土（吹填）区围堰和排退水系统。疏浚与吹填辅助工程多由建设单位组织设计和施工，这种情况下疏浚与吹填工程承包人也需要结合拟投入施工的挖泥船设备性能对辅助工程的设计和施工质量进行验证。也有一些施工项目要求承包人自己对辅助工程进行设计和施工。

2.8.2.1 围堰

（1）类型与选择。吹填（弃土）区围堰按其筑堰材料可分为土围堰、石围堰、袋装土围堰、草土围堰、土工编织袋围堰、桩膜围堰等型式。选择围堰型式和筑堰材料时要因地制宜、就地取材。要根据工程性质、工程所在地具体情况，经过技术经济分析比较，综合考虑确定。对离工业区、农业区、生活区、交通要道等较近的工程，应该适当提高围堰的设计标准。对同一围堰工程，也可根据现场具体条件采用不同型式，但在变换处要做好连接处理，必要时要设置过渡段。常用围堰类型及适用范围见表2-49。

表2-49　　　　　　　　　　常用围堰类型及适用范围表

围堰类型	适用条件	优缺点
土围堰	1. 陆地围堰或大中型滩涂造地工程； 2. 筑堰土源丰富，机械施工方便，堰底地基稳定且不透水	优点：适用广泛，施工方法简单，材料容易选择，便于随时加高加宽； 缺点：围堰工程量大，施工进度受自然条件影响因素多
石围堰	1. 缺乏合适和足够量的筑堰土源； 2. 大中型滩涂造地工程； 3. 临水吹填的永久性工程	优点：适用广泛，施工方法简单，材料容易选择。永久性工程相结合，节省总投资； 缺点：石料运距一般较远，运输和施工受自然条件影响大，施工速度慢；围堰密闭性差，需另外处理；单位工程造价高
袋装土围堰	1. 小型或临时性工程； 2. 受交通条件限制机械施工不便组织的工程； 3. 小型滩涂造地工程； 4. 附近缺乏合适和足够量的筑堰石料	优点：施工方法简单，设备投入少，材料容易准备，工程造价低于石围堰； 缺点：施工速度慢；围堰密闭性差，需另外处理
草土围堰	1. 筑堰土源不丰富，需从场外远距离运土的临时工程； 2. 吹填高度较小，且工程量不大； 3. 临时性工程	优点：工程量小，造价低，筑堰材料容易选择； 缺点：施工质量不易控制、不便于机械化施工
土工编织袋围堰	1. 围堰底基础处在软弱地基上且筑堰土源不丰富，工程量较大； 2. 适用于海边滩涂泥浆泵施工，远距离取土可采用绞吸挖泥船送土泥浆泵冲填； 3. 冲填料必须是有足够透水性的粉沙、细沙或中粗沙	优点：可以解决在滩涂淤泥地基上用陆上机械筑堰所遇到的困难。施工进度快，质量容易控制，工程造价低； 缺点：对堰体材料要求较高，土工编织布的抗拉强度和填充料必须满足设计要求。施工控制难度大

续表

围 堰 类 型	适 用 条 件	优 缺 点
木桩 铅丝网 土工布 桩膜围堰	1. 适用于围堰底基础处在软弱地基上且筑堰土源不丰富； 2. 适用于河、海边滩涂且水深 3m 以内，流速小于 1m/s 时施工； 3. 临时性围堰工程； 4. 吹填区内隔堰	优点：施工方法简单，施工进度快，便于人工施工； 缺点：受自然影响因素多，筑堰施工工序复杂，质量不易控制，不适合深水作业；围堰强度低

（2）平面布置。围堰应按工程要求与现场实际情况布置，平面布置应符合以下要求。

1）围堰应布置在地形平整、土质较好且比较稳定的地段，并应充分利用高岗、土埂、旧堤等地形、地貌。应尽量避开软弱地基、深水地带、强透水地基及存有暗沟的地带，无法避免时应提出处理措施。

2）围堰应力求平顺，尽量避免出现折线或急弯，以避免围堰受冲刷破坏或影响吹填效果。

3）临水围堰的走向应尽可能与水流、潮流方向一致，以减小水流对围堰的冲刷。

4）围堰应布置在不占或少占耕地的地段。

5）若要求分区、分期交工，则要求对不同疏浚土或吹填土分别存储；为了吹填土沉淀需要对吹填区分隔的，应根据要求布设隔堰。

（3）堰身设计。围堰堰身设计要综合考虑安全性、经济性和实用性，应符合下列要求。

1）遵循安全稳定、经济实用、满足需要、便于施工等原则。

2）包括断面型式、顶宽、边坡、堰顶标高、防渗技术措施等内容，对需要护坡、护顶的还要制定出相应技术措施。

3）土筑围堰断面宜采用梯形，堰高大于 4.0m 时应按堤防标准设计。

4）围堰顶宽与边坡应根据筑堰材料和方式确定（见表 2-50）。采用机械施工以及堰顶有通车要求的，可根据需要适当加宽。在软弱地基上筑堰或填筑土料较差时，要经稳定性计算或根据经验确定。

表 2-50　　　　　　　　土石围堰尺度表

材料类别	边坡 内	边坡 外	顶宽 /m	备 注
混合土	1.0:1.5	1.0:2.0	1.0~1.2	临水坡局部防护
沙性土	1.0:1.5~1.0:2.0	1.0:2.0~1.0:2.5	1.0~2.5	袋装沙防护或土工布防护
黏性土	1.0:1.5	1.0:1.5	1.0~1.5	内坡局部防护
袋装土	1.0:0.5	1.0:1.0	1.5~2.0	外坡及堰顶防老化保护
片、块石	1.0:0.5	1.0:1.0	0.8~1.2	内坡应设防渗层

5）船闸两侧、码头及挡土墙后侧陆域吹填，若以建筑物作围堰时，要格外慎重。必须对建筑物进行检查和验算，如存在安全隐患或有影响吹填质量因素时，必须制定相应技

术措施。吹填工程往往会引起地下水位的升高，国内已有一些因以建筑物作围堰直接吹填造成建筑物变形甚至倒塌的事故发生。因此，设计时必须对建筑物的结构型式、牢固程度等做仔细检查，并进行稳定性与强度验算，对没有降排水设施的，必须制定相应的技术措施。

6) 堰顶标高可按式（2-12）确定。

$$H_y = h_p + h_1 + h_2 + h_3 \quad (2-12)$$

式中　H_y——堰顶标高，m；

　　　h_p——设计吹填高程，m，允许超填时按最大值计取；

　　　h_1——沉淀富裕水深，m，可按吹填土颗粒粗细选取，取值范围为 0.2～0.5m；

　　　h_2——风浪及安全超高，m，可按吹填区位置和面积大小选取，内陆可采用 0.2～0.5m，沿海采用 0.5～1.0m；

　　　h_3——围堰沉降量，m，可根据筑堰土质与堰址地基情况确定，一般可取堰高 3%～8%。

7) 当围堰高度较高，工期较长，筑堰材料不充足，围堰地基软弱，筑堰材料不好或需分层、分期吹填时，围堰可进行分层设计与修筑。需要时，二期围堰的外坡脚也可落在一期围堰的内坡面上（见图 2-34）。

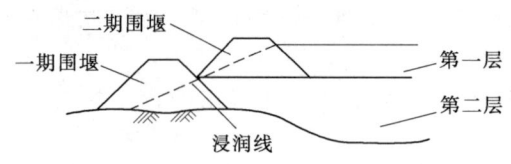

图 2-34　围堰分期修筑示意图

8) 围堰应满足闭气防渗要求，对抛石围堰应设计碎石或土工织物反滤层。

9) 对有护坡、护顶要求的应制定相应技术措施，具体可参照相关规范条文。

10) 围堰应进行渗透与抗滑稳定性计算，对堰基为软弱土层和密实度较低的土质围堰还应进行沉降计算。

（4）施工前测量。应主要进行如下测量工作。

1) 吹填区（弃土）的平面位置放样。

2) 围堰堰址的原始地形测量。

3) 对一般性围堰工程可进行围堰轴线、内外坡脚线、堰顶控制标高等放样。对于大型、永久性、较复杂的围堰工程要进行围堰断面放样。应根据不同堰型相隔一定距离设立样架，转折处要适当加密。对采用机械化施工的围堰可不设立样架，但要加强测量频率。

4) 堰身放样时，要根据设计要求预留出堰基和堰身的沉降量。

5) 对于大中型围堰以及软弱堰基上修筑的围堰，要进行围堰堰身的沉降观测。

（5）施工。围堰施工一般要采取相应技术措施以保证施工质量和安全。

1) 土围堰施工。施工要从堰基处理、取土、填筑等 3 个主要环节进行控制。

A. 堰基处理一般要采取如下技术措施。

a. 堰基上杂草、树根、腐殖土等须清除干净，堰基为坚硬土或为旧堰基时，堰基表层土应翻松、洒水后填覆新土并压实，以使堰体与堰基充分结合，保证围堰的密实与稳定。

b. 当堰基为沙性土、杂填土等时，应先在堰基中间挖槽，再回填黏性土，以防止水体渗出，危及堰体的稳定。

c. 当堰基内发现有暗沟时，应采取措施堵塞或拆除。

B. 取土时一般要采取如下技术措施。

a. 宜优先选用黏粒含量在15%～30%之间的亚黏土，且不得含有植物根茎、砖瓦等建筑垃圾杂质。土料的最佳含水量应通过试验确定。淤泥、自然含水率高且黏粒含量超过30%的黏性土、粉细沙、粒径大于5cm的冻土块、腐殖土、膨胀土等不宜用于堰身，必要时应采取相应的技术措施。

b. 就地取土修筑围堰时，宜从吹填（弃土）区内取土，分层吹填时亦可取已固结的吹填土筑堰。从围堰附近取土筑堰时，要对取土坑边缘距围堰坡脚线的距离和取土深度进行控制，以确保围堰安全稳定，取土坑边缘距堰脚距离及取土深度应符合表2-51要求，取土坑应每隔适当距离留一土埂，不得连续贯通。

c. 排泥管线两侧5m内不得取土，5m以外取土坑深度不宜超过1.5m，以防止取土坑过深或离管线太近时，受到水流冲刷，造成管基坍塌，影响管道安全。

表2-51　　　　　　　　　　取土坑取土限制表

设计围堰	取土距离	取土深度
高度不大于2.0m	>3.0m	<1.5m
高度为2.0～4.0m	>4.0m	<2.0m
高度不小于4.0m	>5.0m	<2.5m
软土地基	大于3倍围堰高	小于1.5倍围堰高

C. 填筑时一般要采取如下技术措施。

a. 围堰修筑应从地势最低处开始，以防止围堰坍塌，利于围堰的稳定。

b. 土质围堰修筑时应分层夯实或压实。根据土质和施工方法不同，分层厚度要严格控制。采用机械施工时，每层填筑厚度30～40cm；人工填筑时，每层厚度20～30cm，其密实度控制在0.88～0.92之间为宜。

c. 当堰高大于4m，在软基上以及用较高含水量土料修筑围堰时，应分期填筑或对施工速度进行控制。必要时应在地基、坡面上设置沉降或位移观测点，并随时观测、分析。

2) 石围堰施工。施工要从石料选择、抛填、反滤层铺设等3个主要环节进行控制。

A. 石料选择一般要采取如下技术措施。

a. 片、块石围堰所用石料应级配良好且有较好抗风化、抗侵蚀性能。

b. 抛填石料块重以20～40kg为宜。

B. 抛填时一般要采取如下技术措施。

a. 抛石前可采用先在底部铺设土工布软体排、后抛填的方法，以减少沉降量，减少投资。

b. 要根据水深、水流流速及波浪等自然条件计算块石的漂移距离，并通过试抛确定抛石船的驻位，先粗抛、再细抛。

c. 宜分层平抛，每层厚度不宜大于 2.5m，抛投时应大小搭配，石料块重宜为 20～40kg。在流速及风浪较大水域施工时，抛填石料块重可提高到 50～100kg。

d. 在软弱地基上抛填时，抛填的程序、分层厚度和加载速率要严格按照设计要求进行控制。

e. 当有挤淤要求时应从轴线开始，再逐渐向两侧抛填，以保证挤淤效果。

C. 碎石反滤层施工一般要采取如下技术措施。

a. 反滤层材料的规格和质量要满足设计要求，特别是级配要严格进行控制。

b. 反滤层要分段、分层施工，每段、每层推进面要错开一定距离。铺设时要从坡脚开始，再向坡顶施工。

c. 受风浪影响较大水域，反滤层施工后应及时进行覆盖保护，以避免反滤层被冲刷滑塌。

D. 土工织物反滤层要采取如下技术措施。

a. 所用土工织物的品种、规格和性能要严格按照设计要求进行控制。

b. 铺设前要先对基层进行整平，表面不应有尖角。

c. 拼幅和接长时宜采用"包缝"或"丁缝"，搭接宽度要按设计要求严格控制。尼龙线的强度不能低于 150N。

d. 土工织物应铺设平顺，松紧适度，坡顶和坡底要按设计要求锚固或压稳。

e. 土工织物铺设完成后要及时进行覆盖或进行上部施工。

3) 袋装土围堰施工。施工要从堰基处理、土料装袋和陆地修筑等 3 个主要环节进行控制。

A. 堰基处理一般要采取如下技术措施。

a. 属于旱地筑围堰的可按照土围堰的堰基处理措施进行。

b. 属于水下筑围堰的可参照石围堰堰基处理措施进行。

B. 土料装袋一般要采取如下技术措施。

a. 土料宜优先选取黏土料，无黏土时也可采用粉土或细粉沙，但要选用编制较紧密、透水性差的袋子，以避免土料从袋子中流失，影响堰体稳定。

b. 各袋装料量应大致相当，饱满度宜控制在 75%～85% 之间。

c. 袋口应扎紧系牢。

d. 水下抛填土袋筑堰时，如水流、波浪较大要选用较大尺寸袋子。

C. 陆地修筑袋装土围堰时一般要采取如下技术措施。

a. 土袋要平铺，排放应整齐、规则，接缝处应交错搭接、人工踩实。

b. 要分层错缝垒筑，接缝处应人工踩实。

c. 对围堰顶部及边坡要做整平和夯实处理。

D. 滩涂或水下抛填修筑袋装土围堰时一般要采取如下技术措施。

a. 水下部分施工时，可参照抛石围堰的施工措施。

b. 围堰出水面后，要人工叠实整平土袋，再参照陆地袋装土围堰施工措施继续分层修筑。

4) 土工编织袋充填土围堰施工。施工要从土工编织袋材料选择与加工、充填土料的选用和土工编织袋定位吹填等 3 个主要环节进行控制。

A．土工编织袋材料选择与加工一般采取如下控制措施。

a．制袋用土工布一般可选用丙纶或聚丙烯扁丝编织布，编织布的抗拉强度、抗老化能力和透水性能应满足设计与使用要求。断裂强度一般不应低于 14.7kN/m，延伸率一般应在 20％左右，渗透系数应大于 0.01cm/s，一般以经纬向扁丝数为 14×16/10cm 的较为理想。

b．土工编织袋大小应按围堰设计断面尺寸确定。

c．土工编织袋一般用丙纶编织布缝制成大袋，接缝处宜折叠缝合牢固，缝宽应大于 5cm，缝线不应少于 3 道。土工编织袋顶部的进泥口布置在棱体的两端，口径应大于泥浆泵或挖泥船排泥口管径。

d．在受风浪、潮汐、日光等影响较大的部位，可作成复合袋体，即外部为编织布，主要抵抗内外压力；内层为无纺布，主要起反滤、抗风浪冲击、抗老化作用。

B．充填土料一般宜选用粉细沙土，粒径大于 0.075mm 的颗粒含量应不少于 50％，黏粒含量不应超过 10％。

C．土工编织袋定位吹填一般采取如下控制措施。

a．水下部位土工编织袋应按放样准确就位并采取措施加以固定。

b．充填时，泥浆浓度一般应控制在 15％左右，充填成型厚度一般宜控制在 0.4～0.8m 之间，每层的吹填厚度尽可能保持一致。

c．充填土袋应分层放置，袋与袋之间搭接宽度不能小于 0.5m。上下层和内外层均应错缝搭接，底部及两侧袋体应垂直围堰轴线置放。

d．充填土袋搭接处和接缝应在低水位时踩踏密实。围堰顶部和边坡也要采用人工方式踩压密实、平整，满足闭气、抗渗、防冲刷的要求。

5）桩膜围堰施工。施工要从竖桩打设、支撑桩或斜拉桩打设、横杆绑扎、结构层选用与绑扎和堰底处理等 5 个主要环节进行控制。

A．竖桩打设一般采取如下控制措施。

a．竖桩的强度、间距和打入土的深度需做强度和稳定验算。

b．竖桩使用前必须逐根检查验收，不符合要求的坚决剔除不用。

c．竖桩必须为整根，不能搭接使用，间距不能超过 1.0m。

d．在水上打桩时，水深不宜超过 3m。采用人工打桩需配备浮箱和打桩架。在滩地打桩时，需安装移动式平台，平台宽度和高度应满足施工要求。

B．支撑桩或斜拉桩打设一般采取如下控制措施。

a．桩的强度、间距和打入土的深度需做强度和稳定验算。

b．桩使用前必须逐根检查验收，不符合要求的坚决剔除不用。

c．桩必须为整根，不能搭接使用。

d．支撑桩或斜拉桩间距宜为竖桩间距的 1～4 倍，地基较为松软或吹填土较厚时间距要适当加密。

C．横杆绑扎。横杆一般只承受垂直压力，不产生水平位移，一般采取如下控制措施。

  a. 横杆之间的搭接长度要大于竖桩间距的 1.2 倍，搭接处要和竖桩间绑扎牢固。

  b. 横杆安装时由人工用铅丝或尼龙绳固定。

 D. 结构层选用与绑扎。结构层由里往外多采用铁丝网、竹篱笆和土工布（编织布）3 层结构型式，施工时一般采取如下控制措施。

  a. 铁丝网的孔径一般为 10～12cm，可直接固定在桩架上，两网搭接宽度不应少于 20cm，并用铅丝捆绑牢固。安装时可卷成捆，中间穿钢管，边放边固定。

  b. 竹编笆可分片固定在铁丝网上，桩架处也要做适当固定。

  c. 当水深在 1.5m 以下时，可适当加密横杆并去除铁丝网，直接安装竹编笆。

  d. 土工布或编织布的透水能力应根据泥面升高速度确定，土工布连接采用缝接，搭接长度不小于 15cm。

 E. 堰底处理。桩膜围堰在吹填之前应将堰底的土工布用土压实，防止泥浆从底部流失。

2.8.2.2 排水系统

排水系统主要包括吹填区泄水口、退水沟渠两部分。

（1）泄水口的设计和施工。

1）类型与选择。泄水口按其结构型式又可分为开敞式溢流堰泄水口、泄水闸式、闸箱式（竖井式）和堰内埋管式等几种类型。常用泄水口的结构型式及水力计算见表 2-52。设计时，需要根据工程规模、现场条件、围堰土质和地基情况、设计总体要求、拟投入挖泥船、吹泥船、水力充填机具的生产能力和数量等因素综合考虑选择。对小型工程，一般可采用型式简单的堰内埋管式泄水口；对大中型工程项目可采用开敞式溢流堰泄水口和闸箱式泄水口；对环保要求高的吹填工程一般宜采用闸箱式泄水口。

表 2-52　　　　　　　　常用泄水口的结构型式及水力计算表

类 型 简 图	水 力 计 算 公 式	优缺点
开敞式溢流堰 L—溢流堰顶宽度； T—溢流堰顶至堰后水位距离； t—堰后水位至退水渠底距离	$b=\dfrac{KQ(1-P)}{m\sqrt{2gH^3}}$ 式中　b—设计堰顶过水总宽度，m； 　　　Q—吹填区泥浆输入总流量，m^3/s； 　　　P—输入泥浆平均浓度，%； 　　　H—堰顶水头，m；应根据吹填土颗粒粗细确定，粉质以下细颗粒土一般宜控制在 0.15～0.2m 内，粗颗粒土可略增大； 　　　K—修正系数，根据经验一般取 1.1～1.3； 　　　g—重力加速度，取 $9.8m/s^2$； 　　　m—流量系数，按有关设计手册查取	优点：施工简便，造价低，泄流量调整幅度大 缺点：对下游易冲刷，影响堰顶交通

续表

类型简图	水力计算公式	优缺点
泄水闸式（钢管或木桩）	$Q=Kmb\sqrt{2g}H^{3/2}$（无闸门） $Q=m_0B\sqrt{2g}H^{3/2}$（有叠梁闸门） 式中 Q—吹填区泥浆输入总流量，m^3/s； m—流量系数，按有关设计手册查取； b—设计堰顶过水总宽度，m； g—重力加速度，取 $9.8m/s^2$； m_0—流量系数，取 0.12； H—叠梁上水头，m； B—闸内过水宽度，m； K—修正系数，根据经验一般取 1.1～1.3	优点：水位易控制，出水量稳定，不易冲刷堰体； 缺点：施工较复杂
叠梁闸箱式（钢管或混凝土管）	$Q=m_0b\sqrt{2g}H^{3/2}$ 式中 Q—吹填区泥浆输入总流量，m^3/s； m_0—流量系数，取 0.12； H—叠梁上水头，m； b—设计堰顶过水总宽度，m； g—重力加速度，取 $9.8m/s^2$	优点：水位可控制，施工简便，使用稳定，可重复使用； 缺点：一次投资较大，运输不方便
堰内埋管式	$Q=mw\sqrt{2g}(H+iL-0.85d)$ $m=\dfrac{1}{\sqrt{1+\xi+2gL/C^2R}}$ $C=1/nR^{1/6}$ $R=W/S$ 式中 Q—流量，m^3/s； w—管道进口面积，m^2； g—重力加速度，取 $9.8m/s^2$； H—水头，m； L—管长，m； i—管道坡度； d—管道内径，m； m—流量系数； ξ—进水口阻力系数，取 0.2； C—谢才系数； n—糙率系数，金属管 $n=0.012$； R—水力半径，m； W—过水断面面积，m^2； S—湿周，m	优点：施工简便，方便交通，泄流稳定； 缺点：泄流适应性差，流失率不易控制

2）平面布置。泄水口位置应根据吹填区的地形、地貌、几何形状、泥浆输入量、排泥管线布置、排水沟渠位置以及对周围建筑物和环境的影响等具体情况确定：①宜布设在泥浆不易流到的死角处；②应远离排泥管出口；③应远离码头、航道、桥涵、道路、村镇；④宜布设在工农业和生活用水取水口下游较远位置；⑤应远离养殖场，无法避免时应

采取必要防护措施；⑥在沿海地区，泄水口还应布设在受涨潮水流影响较小的位置；⑦泄水口处尾水中含泥量应可以控制在3%以下。

3）结构设计。泄水口结构设计应符合下列要求。

A. 结构应安全稳固，不能出现因基础下沉、水流冲刷等造成失稳、坍塌等情况。

a. 溢流堰表面应设计防冲刷措施，外坡脚应设计消能措施。

b. 闸式和闸箱式（竖井式）泄水口基础应制定防冲措施。过水量大以及施工周期较长时，一般多采用混凝土或浆砌石（砖）基础；过水量较小以及施工周期较短时一般也可采用土袋护底。

c. 闸箱式泄水口和堰内埋管式泄水口出水管口处应设计防冲刷措施。一般多采用堆铺块石、软体排、竹排、土袋等措施。

d. 堰内埋管式泄水口排水管应伸进吹填区内并超过堰体不少于1.0m，伸进长度过短堰体易被进口处形成的紊流冲刷。

e. 堰内埋管式泄水口出水管口出口端应超出堰体1.0m以上，伸出长度过短堰体易被出口处水流直接冲刷或跌水形成的紊流冲刷。

B. 结构应科学合理、便于施工、易于维护。

C. 过水堰顶应设计成可逐步加高可调控形式，以便于通过调节吹填区水位，有效控制吹填土的沉淀和尾水中的含泥量。

D. 当泄水口设计为拼装式时还要易于拆迁，便于重复使用，节省费用。

E. 各类泄水口的水力计算可参照表2-52。

F. 对小型工程闸箱式与堰内埋管式泄水口的过水断面积可按排泥管断面积的4～6倍取值。采用间歇性吹填方式时过水断面积可适当减少。

4）施工。不同类型的泄水口应有针对性地采取不同的技术措施。

A. 开敞溢流堰式。施工时一般需要采取如下技术措施。

a. 应与围堰同时施工。

b. 溢流堰顶与围堰堰顶表面和下游面泄槽应铺抗冲刷材料护底。常用的材料有薄铁皮、帆布、丙纶编织布、聚氯乙烯薄膜等。铺设方法是先从下游开始分条（根据材料宽度确定）铺设，条与条间应有足够的搭接长度，且保证上游条压下游条，防止堰面被水流淘刷，连接的两侧进口处用袋装土（或碎石）护砌到设计水面以上。

c. 溢流堰顶应压实平整，护底材料应铺到堰上游坡面前沿下0.4～0.5m。

d. 下游护坦长度视地理条件确定，若退水直接进入下游河道且水深较大时，护坦可以不做。

e. 若退水流经滩地后再进入河道，则应在滩地与泄槽底连接处做抛石消能设施，以防止淘刷堰脚。

B. 闸式和闸箱式泄水口。施工时一般需要采取如下技术措施。

a. 地基应夯实，基础应牢固。

b. 闸室外侧和围堰结合部位要用黏性土夯实密闭。

c. 堰内埋管可参照堰内埋管式泄水口施工技术措施。

C. 堰内埋管式泄水口。施工时一般需要采取如下技术措施。

a. 管周土体应严格分层夯实,保证堰内埋管与围堰结合紧密,并设有防止外壁接触渗透和管接头断裂漏水的技术措施。

b. 混凝土埋管宜采用柔性接头。

c. 堰内埋管出口与排水沟相接处,应采取消能与防冲措施,护面和护坦形式应根据地理条件确定。

(2) 退水沟渠设计与施工。

1) 平面布置。退水沟渠平面布置时应遵循如下要求:①尽可能利用吹填区附近的沟、渠等排水通道,以节省投资;当吹填区附近无排水通道时,应开挖排水沟与临近的水域沟通;②充分利用原有地形、地势、地貌条件,排水沟渠走向应与自然地形条件和地势高差相一致,以便减少开挖或回填工程量;③应力求短和顺直,在减少工程投资的同时,保证水流通畅,减少因沉淀造成的排水沟渠维护工作量;④应不占或少占农田;⑤应方便施工并便于维护和管理;⑥新建排水沟应选择在土质密实、稳定性较好的地段,并应以挖方为主,尽量避免和减少填方段长度及填土高度;⑦退水沟渠出口位置应符合下列要求:应远离码头、航道、桥涵、道路、村镇;宜布设在工农业和生活用水取水口下游较远位置;应远离养殖场,无法避免时应采取必要措施;在沿海地区,泄水口还应布设在受涨潮水流影响较小的位置。

2) 渠身设计。

A. 应根据地形、地质和工程具体情况设计结构及断面形式,一般宜采取梯形、半圆形或圆形断面。

B. 采用梯形断面时,应按明渠过流条件的不冲不淤流速设计过水断面,并进行各跌水处的防冲刷设计;采用圆形断面时,应按无压管流设计过水断面。

C. 退水沟渠泄流能力可按式 (2-13) 确定。

$$S_g = \frac{nkQ(1-p)}{R^{2/3}J^{1/2}} \quad (2-13)$$

式中 S_g——排水沟过水断面面积,m^2;

R——排水沟水力半径,m;

n——排水沟糙率,可按水力学糙率表查定;

J——排水沟底纵向坡度;

k——修正系数,根据经验一般取 1.1~1.3;

Q——吹填区泥浆输入总流量,m^3/s;

p——输入泥浆的平均浓度,%。

D. 沟渠顶高程按表 2-53 规定确定。

表 2-53　　　　　　　　　　沟渠顶高程值表

排水沟渠最大流量/(m^3/s)	<2	2~10
超高值/m	0.35	0.4~0.6

3) 施工。一般要采取如下技术措施:①施工前排水沟要进行纵向中心线、横向边线、竖向高程线等的测量放样;②渠道土方开挖时,应按照相关施工规范和设计要求严格控制

沟底纵坡及断面边坡、沟壁边坡；③渠底应修理平整、密实，对土质松散的区段应采取防护措施，避免冲刷、坍塌情况的发生；④退水渠与泄水口连接应选择在下游水流较平缓的位置，在泄水槽末端水跃扩散段必要时应修筑临时过水围堰，以减少对退水沟渠的冲刷；⑤退水渠头部应设渐变段，渐变段长度视水量大小而定，必要时应做防冲护坡；⑥排水管道接头应牢固、严密，不得出现脱节、变形或错位。

2.8.3 施工进度

疏浚与吹填工程工序相对其他工程较少，但受土质、气象、海况等自然条件影响很大，不可预见因素较多，同时还受船机设备影响较大，所以其进度管理也不同于一般项目的进度管理。疏浚与吹填工程进度计划制定的重点在于疏挖和运输作业时间的计算，其特点也决定了工程进度控制的重点在于对各种影响因素的管理。疏浚工程进度计划制定时，要充分考虑气象、海况、地质条件等自然因素的变化，制定的计划要适当留有余地。安全和质量管理是疏浚与吹填工程进度管理的两个非常重要的环节，另外如何从技术层面上提高挖泥船生产能力、挖掘设备的潜力也是进度管理的重要内容。

施工进度计划是施工组织设计里一项重要内容，在编制施工组织设计时一般指制定施工总进度计划，实施时则需要进一步编制施工月进度计划。对于大型、复杂、紧迫性工程则还需要制定施工周进度计划，甚至日进度计划。

2.8.3.1 总进度计划编制原则

（1）符合性原则。编制的进度计划首先要满足合同约定的工期、质量、安全、节点目标等条件；计划的施工生产进度要和拟选用设备的实际状况以及在工程实际工况条件下的实际生产时间和实际生产效率相符。

（2）科学合理性原则。各项作业活动的施工顺序安排要科学合理、衔接紧凑。

（3）均衡性原则。采用可靠的施工方法，确保工程项目的施工在连续、稳定、安全、优质的前提下，在均衡的状态下进行。

（4）效益性原则。在劳动力、物资以及资金消耗最少的情况下，将拟建工程在规定的期限内完成，迅速发挥投资效益。

（5）安全性原则。疏浚与吹填工程受风、浪、冰、雾等自然条件影响较大，进度计划编制时要充分考虑施工设备及周边航行船舶的安全，在保证安全的原则下安排施工计划。

2.8.3.2 总进度计划编制依据

（1）合同文件。要依据合同中对工期和质量的要求、对节点工期和其他特殊要求等，同时还要依据合同约定的工程内容和工程量。这些要求直接决定了项目施工强度和对资源配备组织的需求。

（2）工程性质。工程是疏浚、吹填，还是疏浚结合吹填；是基建性疏浚、维护性疏浚，还是环保性疏浚；是港池航道的开挖，还是行洪水道的疏挖；疏浚土是外抛弃土，还是造地；疏浚土处理是驳运还是管道输送，是远距离还是近距离等。工程的这些特点决定了具体选择投入何种类型的施工设备，采用何种施工方法作业和具体的施工效率。

（3）工程的技术要求。设计疏浚或开挖宽度和深度、泥土处理方式、吹填区或弃土区的大小和形状、吹填区围堰和退水沟渠的设计规格等。工程使用的规范和标准、检测方式、验收方式等。工程的技术要求决定了疏浚或吹填工程应选配什么类型的施工船舶、什么规格的挖泥船、各类型设备投入的数量，以及采用何种施工方法和工艺施工等。

（4）工程的自然条件。工程项目所在地的雨、雪、雾、风、冰、气温等气候情况和流速、流向、水位、潮位、来水、来沙等水文条件情况。这些因素决定着施工工艺和施工期长短，同时也影响设备的选型，具体可参照本书第2.2节。

（5）工程地质情况。工程地质情况和生产效率密切相关，也决定着设备的选型、施工工艺和进度制定。具体可参照本书第2.2节。

（6）工程的组织条件。工程组织条件主要涉及设备调遣沿线及施工地交通运输情况、船舶停靠条件、通信条件、设备维修条件、避风条件、施工干扰情况、医疗卫生、能源和物资供应补给条件等，具体见本书第2.2节。

（7）资源条件。人力资源、设备资源、能源和材料资源是影响施工进度的关键因素。

1）人力资源。投入项目的人力资源情况，人员的业务技术能力、工作态度、项目管理能力、人员的组成结构等。所在地劳动力的供应能力，劳动力的技能、稳定性等。

2）设备资源。施工单位由于受自身设备资源拥有和可调配能力限制，以及市场设备资源可协调情况的限制，实际投入的挖泥船及辅助设备的类型、性能和数量一般都会与根据项目工程特点和技术条件选定的最佳需求组合有一定的差异。施工计划制定后，要依据最终可组织的设备资源进行调整。

3）能源和材料资源。燃料、淡水、施工用材料和配件供应方式和能力也影响进度计划的编制。挖泥船是疏浚和吹填工程的主要设备，柴油是挖泥船主要消耗材料，而且日消耗量较大。工程所在地的燃料供应能力、供应形式和价格对疏浚工程施工进度的影响举足轻重。挖泥船设备运转及人员生活均需要淡水，特别是海上和沿海地区的施工，保证淡水供应至关重要。

（8）施工方案。施工方案是确定编制进度计划的基础，进度计划编制过程也是对施工方案的合理性以及设备选型和设备配置数量的验证和优化，二者相辅相成。

2.8.3.3 总进度计划编制步骤

（1）工作分解。按照前期准备阶段、现场准备阶段、施工阶段、验收阶段对工程项目所涉及的各项工作进行分解，列出工作内容清单。由于施工总进度计划主要起控制性作用，因此工序划分不宜过细，可按确定的工程项目的开展程序排列，应突出主要项目，一些次要的附属、辅助工程及小型工程，临时建筑物工程可以合并。

（2）工作量或工程量核算。依据分解出的工作内容清单，对每一项作业活动内容进行分析，确定其工作量或者计算工程量。

1）工作量核算。对于一些无法以量核定的作业内容，如前期准备阶段中现场勘察与基本资料收集工作、设备及管道调遣转移工作等需要根据工作内容及完成工作的条件等进行工作量核算。如前期准备阶段中现场勘察与基本资料收集工作应对照合同文件仔细检查基本资料是否齐全、资料是否能满足施工进度计划编制需要。再根据工程特点和实际需要查找出缺失和需要进一步落实的资料清单，并确定完成这些资料的收集所需的工作量。对设备调遣的工作量核算，首先需要落实拟调遣设备以及排泥管线的数量、外形尺寸、调遣方式、调遣距离等，并在此基础上核算需要多少个运输驳船或运输车辆、多少个航次或多少个陆运班次。

2）工程量核算。疏浚与吹填工程工程量需按照设计图纸、规范规定、合同约定条款以及工程项目内部管控需要等计算。

A. 疏浚工程工程量的计算内容一般包括设计断面工程量、计算超深和超宽工程量、施工期回淤工程量、施工控制超深和超宽工程量、合同计费工程量、各种土质工程量等。对于需分区、分段和分条施工的项目还需要对应计算各区、段、条的工程量。对于有弃土要求的疏浚工程，还要核算弃土区的面积、有效容积以及运距等。工程量的核算一般采用断面法或网格法计算，具体计算方式见工程量计算相关章节。

B. 吹填工程则需要依据吹填区原始地形、吹填设计高程等计算吹填工程量，同时还要根据吹填区设计吹填土厚度、土质并结合吹填区地基情况等分析预测地基沉降量；根据吹填土特性估算预留吹填土沉降高度；根据吹填土特性和吹填区形状、围堰状况、退水口类型和控制方式等估算流失量等。在统一考虑了吹填工程量、地基沉降量、吹填土沉降量和流失量的基础上核算吹填土的开挖量。对有多个吹填区的吹填工程，先要对每个吹填区的工程量进行计算。吹填工程量的核算一般采用断面法或网格法计算，具体计算方式见工程量计算相关章节。

（3）工序和各工序完成时间确定。

1）根据已划分的工作内容和相对应的工作量和工程量，结合合同节点工期要求、施工工艺要求及设备组织到场情况等统筹安排各工作的施工顺序，建立各项工作间的逻辑关系。通常情况下，设备调遣、设备及排泥管线展布、施工、完工验收是疏浚与吹填工程的核心工作和关键线路。对于有多个施工区段的疏浚工程，应明确各区段的施工顺序。对于有多个吹填区的吹填工程，应明确各吹填区的施工顺序。

2）初步确定各工序完成时间以及最早完成时间和最晚完成时间。其中前期准备阶段、现场准备阶段主要由工程组织条件决定，确定时要对进度计划编制的各项依据进行全面收集和详细了解，系统分析对工程进度影响的各类因素和影响时间或程度。

3）工序和各工序完成时间的调整。根据拟投入施工的设备性能情况、投入时间、土质情况、工况条件等计算各工序有效生产时间和生产效率（计算方法详见相关章节），在此基础上复核各工序开始时间、完成时间与计划时间的偏差，系统考虑是否满足工期要求、设备配置是否合理、是否有优化和调整的空间。如所配设备不能满足合同总进度或节点目标要求，应对设备配置方案进行调整，重新选择性能合适或数量合适的设备到场。

（4）编制施工总进度计划图表。施工总进度计划可以用横道图表达，对于大型复杂的工程项目也可以用网络图表达。当用横道图表达总进度计划时，项目的排列可按施工总体方案所确定的工程开展程序排列。横道图上应表达出各施工项目的开始和完成时间及其施工持续时间。

（5）施工总进度计划的检查与调整优化。施工总进度计划表绘制完后，应对其进行检查，检查应从以下几个方面进行：①是否满足合同工期要求，当项目是施工总承包合同的单位工程时，还应满足总承包合同工期以及起止时间的要求及单位工程的节点目标要求；②主体工程与辅助工程、配套工程之间是否衔接合理和平衡；③各施工作业内容之间是否搭接合理；④整个项目资源配置量动态曲线是否均衡；⑤各风险因素和影响是否考虑全面与合理；⑥通过施工造价分析，在满足工期要求的情况下施工资源配置是否经济。

通过分析，如存在上述不满足问题，应通过调整优化来解决。施工总进度计划的调整优化方法，主要通过提前或推迟某些工程项目的开竣工日期来改变，即通过工序优化、工期优化、费用优化和资源优化的模式来实现。

3 疏浚工程施工技术

3.1 绞吸式挖泥船施工技术

3.1.1 开工展布

绞吸式挖泥船开工展布包括挖泥船进点定位、锚缆抛设布置等基本过程。

(1) 挖泥船进点定位。绞吸式挖泥船定位方式有钢桩定位、常规锚缆定位（六锚六缆、五锚五缆等）、三缆定位等，具体需要根据挖泥船的类型、设备配置、工况条件等因素进行选定。

1) 采用钢桩定位施工时，应有专人在驾驶台指挥拖轮或锚艇将挖泥船拖向施工区，并根据坐标位置及 DGPS 显示器提供的船舶轨迹指挥拖轮或锚艇不断修正船位。当挖泥船被拖至距离挖槽起点 20～30m 时，通知拖轮将航速减至极慢，并调整好方向；当船位（绞刀头位置）到达定位点附近时，停止拖曳。待船基本停稳后，如为逆流进位可先下放绞刀至水底，暂时固定住船位后，再放下一根定位桩，并抛设左右两个边锚；如为顺流进位，且流速较低，满足安全下桩速度时可先下放一根定位桩，再临时抛设左右两个边锚。船位固定好后，再通过精细测量逐步将挖泥船调整到位。在下放定位桩之前，必须先测量定位桩处水深，确认安全后方可落下，土质软弱时需采用缓降方式。

2) 采用常规的锚缆定位施工时，待船基本到位并停稳后，如为逆流进位可先下放绞刀至水底，作为临时定位，再抛设主锚、边锚和尾锚；顺流进位时，可先在距挖槽起点 150m 左右处抛设尾锚，然后绞锚将绞刀调整到起点位置，在下放绞刀固定好船位之后，再抛设边锚和首锚。抛锚结束后再逐步将挖泥船调整到位。

3) 三缆定位是绞吸式挖泥船锚缆定位施工里最基本的也是比较常用的定位方法。它是利用平面上三点定位的原理，通过尾锚、左边锚、右边锚三口定位锚，尾缆、左边缆、右边缆三根定位缆，以三缆定位导缆筒（三缆柱）为中心固定船位。施工过程中，三缆定位系统与横移锚系统相配合，以实现挖泥船的定位、摆动和前移。

(2) 锚缆抛设布置。钢桩定位施工时，挖泥船锚缆布置相对简单。采用锚缆定位施工时比较复杂，也比较费时。

1) 采用钢桩定位施工时，一般只需抛设左右横移锚即可，但必须抛设牢固。锚缆一般应抛到距开挖边线 20m 以外处。在开挖河道较窄，无法抛锚时，或遇到挖槽的一侧有岸滩或陆地时，可埋设地垄代替抛锚（见图 3-1）。

锚缆的方向以不背不吊为原则，与船首夹角（船体在开挖中心线时）以 80°～100°为

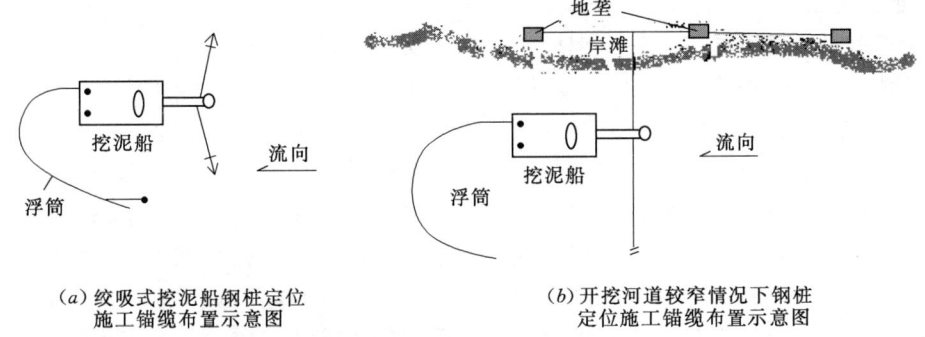

(a) 绞吸式挖泥船钢桩定位　　　　(b) 开挖河道较窄情况下钢桩
　　施工锚缆布置示意图　　　　　　　定位施工锚缆布置示意图

图 3-1　绞吸式挖泥船钢桩定位施工锚缆布置示意图

宜；逆流施工时，横移锚的超前角不宜大于30°，落后角不宜大于15°。

2）采用六锚六缆定位施工时，首锚缆长度宜控制为500～700m，在船首前80～100m处设置一条托缆小方驳。尾锚锚缆长度一般可控制为200～300m。边锚应抛到距开挖边线50m以外处，具体应根据锚的类型与工况条件确定。首、尾锚缆的方向应与挖槽中心线平行，边锚缆与船体纵轴线的夹角（船体在开挖中心线时）一般以60°～80°为宜（见图3-2）。

3）当挖泥船采用五锚五缆或四锚四缆定位时，可参照六锚六缆定位方法进行。中小型挖泥船首锚缆和尾锚缆长度可适度减小。

4）采用三缆定位施工时，当挖泥船基本到位时，需先抛一锚暂时固定船位。第一口锚必须下在上风上流处，其他定位锚随后依次抛好。后尾锚锚缆的长度一般按80～100m控制，也可根据水深情况、水域情况适当放长或缩短；左右前进锚的长度应尽量放长，一般为200～300m。三个定位锚的夹角以120°为最佳；水域允许情况下，根据船长及挖宽情况，两个前进锚与尾锚之间的夹角可适当加大，但不得大于140°，以避免横移时锚缆背离太大（见图3-3）。

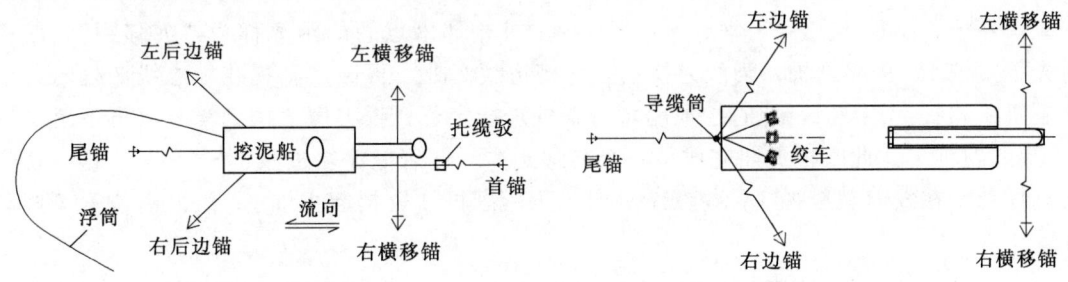

图 3-2　绞吸式挖泥船锚缆定位施工　　　图 3-3　绞吸式挖泥船三缆定位
　　　　锚缆布置示意图　　　　　　　　　　　　　锚缆布置示意图

5）船舶定好位后下横移锚时，一般情况把挖泥船绞刀摆动到下锚一侧开挖边线上，使横移锚缆与开挖边线后方的夹角为120°～135°，不得大于135°。锚缆长度根据水域情况控制在100～200m。在狭窄水域施工时，也可将左右横移锚与左右前进锚加转环连接起来使用。

3.1.2 施工方法

绞吸式挖泥船常用施工方法有钢桩定位横挖法和锚缆定位横挖法。近些年，为适应一些特殊工况，一种新的施工方法——双锚四缆单桩定位得到开发和应用。

3.1.2.1 钢桩定位横挖法

这种方法就是通过一根落下的定位钢桩固定船位并作为船体回转中心，依靠左右边锚锚缆的收放使船体进行横向摆动开挖。钢桩定位横挖法挖泥船定位与开挖精度比较高，操作也比较简单。随着造船工艺的提高，现在很多新造的中型、大型钢桩定位绞吸式挖泥船都配备了抛锚扒杆，减少了移锚所占用的时间，钢桩定位横挖法已逐步成为主流施工方法。钢桩定位横挖法又可分为双主桩横挖法、主副桩横挖法和定位桩台车横挖法等。

（1）双主桩横挖法。挖泥船的左右两根定位桩不分主副，施工时以两根钢桩轮流交替落下插入河底，对挖泥船进行定位，并作为摆动中心，通过横移锚缆的收放进行左右摆动开挖（见图3-4）。定位桩进桩顺序为1→2→3→4，开挖顺序为（1）→（2）→（3）→（4）。

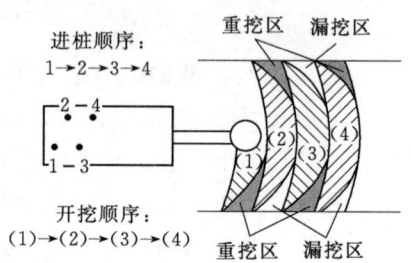

图3-4 双主桩横挖法示意图

这一方法操作简单，但由于挖泥船采用两根钢桩交替定位的方式，造成船体摆动中心不一致，会在挖槽边线两侧出现漏挖区和重挖区，开挖质量较差。因此，此方法对以取土为主的吹填工程和土质较为松散的疏浚工程可以考虑使用，但在质量要求较高的疏浚工程则不宜采用。另外，该方法因倒桩频繁、倒桩占用时间多、挖泥中心来回交替、挖泥轨迹不平行、施工参数变化较大、挖泥浓度不均匀等缺点明显，正在逐渐被淘汰使用。

（2）主副桩横挖法。挖泥船以一根钢桩为定位主桩；另一根钢桩为副桩。副桩辅助主桩前移时始终保持在挖槽中心线上（见图3-5），图中右桩为主桩，前移时主桩落点为1→2→3→…，副桩落点为1'→2'→3'→…，主桩相邻落点间的距离称为"前移距"。前移时先下主桩1，提起副桩，当绞刀摆动至挖槽边线2处，再回摆到视线标志线3处时，下落副桩1'，提起主桩1，此时挖泥船暂由副桩进行定位；绞刀由3摆到4时，再下落主桩2，提起副桩1'，此时挖泥船完成了一个前移距离。此后挖泥船按照4→5→6→7这一切削轨迹摆动。在绞刀摆至视线标志线7处时，下落副桩2'，提起主桩2；绞刀由位置7摆动

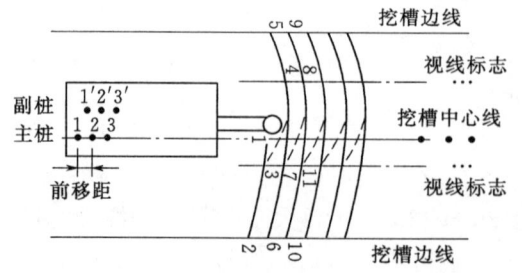

图3-5 主副桩横挖法示意图

到位置 8 时,下落主桩 3,提起副桩 2′,再次以主桩进行定位开挖,完成 8→9→10→11 这一切削轨迹,依次类推。

采用主副桩横挖法时,挖泥船始终都以主桩为摆动中心,绞刀的切削轨迹对称于挖槽中心线,可以有效地保证绞刀在整个挖槽断面上均匀切削。主桩前移后始终落在挖槽中心线上,定位主桩前移一段距离,则船体与绞刀也相应前移同样距离,绞刀切削的扇形轨迹基本是平行的。如果操作正确并在前移距离均衡的前提下,就可以有效避免重挖和漏挖,使河底开挖平整,避免超挖和欠挖,开挖质量有保证。但操作比较麻烦。

主副定位桩的选择依据不同船型是有区别的,具体需考虑如下因素。

1) 对于船上排泥管位于船体一侧的船型,主桩落地时间要长于副桩,生产时排泥管内的泥浆重量会增加排泥管一侧船体的吃水,另外,副桩脱离泥面处于悬吊状态后会使船体的重心发生变化,因而此类船型应选择与船上排泥管在同一侧的定位桩为主桩,相对一侧的为副桩。

2) 对于船上排泥管位于船体中部的船型,应考虑机舱内大型设备的布设情况,从尽可能保证船体水平的原则出发选用主副桩。

3) 不论何种船型,主定位桩应靠近船位排泥管末端的鹅颈管,以减少船体左右摆动时水上浮筒跟随船体的活动距离。

(3) 定位桩台车横挖法。此方法是主副桩横挖法中的一类,只适合于配置有定位桩台车的挖泥船。钢桩台车定位系统是现代绞吸挖泥船主流定位装置。通过设置在船尾的 2 根钢桩、钢桩升降装置及行走台车,达到精确固定施工船位的同时前后移动船舶的目的。主钢桩安装在行走台车上,施工时以主钢桩为中心实现船舶的摆动,靠台车的后推实现船舶的前移。施工时始终以由定位桩台车系统控制的位于船体中心线上的钢桩为主定位桩进行定位和开挖。工作时挖泥船的前移距离通过台车系统的液压油缸伸出长度进行控制,当台车完成一个行程后,此时主桩已位于船体尾部,当绞刀摆动至开挖中心线位置时,收紧左右横移缆绳,下落副定位桩,再提起主桩,待主桩脱离地面后收回台车液压油缸。此时主桩随同台车一起向前移动,液压油缸完全收回,恢复一个行程后落下主桩,提起副桩,再继续进行开挖作业(见图 3-6)。

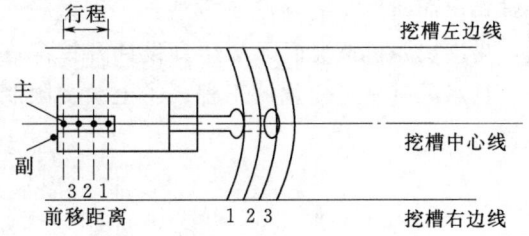

图 3-6 定位桩台车横挖法示意图

1) 定位桩台车横挖法的优点是:①操作简单,施工作业连续性强,换桩的频率也比主副桩横挖法和双主桩横挖法要低,一般只在台车完成一个行程后才换桩,减少了非生产时间,生产效率一般要比主副桩横挖法和双桩横挖法高出 15% 左右;②定位桩台车横挖法的扇形开挖轨迹基本是平行的,避免了漏挖和重挖情况的发生;③定位精度高,施工中挖泥船不易走位,绞刀前移距离可通过台车油缸进行控制,可以根据土质的不同选用不同的前移距离,开挖质量更有保证;④水域占用面积少,可以在较复杂的工况条件下施工;⑤台车可以提供向前的挖掘力,对开挖较硬的土质有帮助。

2) 钢桩台车定位也存在着如下不足之处:①钢桩施工抗风浪能力差,风浪较大时不仅推进和提桩困难，而且钢桩也易出现弯曲变形甚至折断，危及安全；②在软泥土质施工时，定位桩插入泥过深，换桩时需多次交替才能将桩提起，同时落桩时也非常容易发生漏桩现象；③台车液压油缸进步到限位后，要停止横移摆动进行换桩进桩作业，换桩进桩过程一般需耗时2～5min，在此期间要停止挖泥从而使得产量降低；④绞刀挖泥弧线并不是总是平行的，挖泥船每进1步，挖泥半径就增加了1个步进的距离，这时挖泥轨迹是一组同心圆；在收台车后，挖泥半径则缩短了1个台车行程，挖泥轨迹的改变会影响挖槽两侧的挖泥生产率与质量；⑤台车系统设备复杂、投资高、维修难度大、费用高、用时长；⑥受钢桩长度限制，不能在水深超过钢桩限制的水域落桩定位。

（4）定位桩台车快速换桩横挖法。此方法是定位桩台车横挖法的一种比较特殊的施工方法之一。施工时，始终以由定位桩台车系统控制的位于船体中心线上的钢桩进行定位和开挖。当台车完成1个行程需要进桩时，不是落下副桩，而是将绞刀头落至河底定位，同时收紧左右横移钢缆，提起定位桩，待定位桩脱离地面后收回台车并落桩，再将绞刀提起至预定开挖高程后，即可继续横移开挖。此方法操作简单，特别是在软弱土质水域，定位桩插入土中深度往往较大，需要多次交替才能将定位桩提出地面，如采用此方法，可以缩短换桩时间，从而提高生产效率高（见图3-7）。

此方法仅适用于流速不大、侧向风浪较小的水域，且挖泥船采用逆流开挖的情况。在受风浪、水流方向影响较大的水域，采用此方法船位易发生偏离，需要经常对船位进行测量调整。

（5）浅区落桩横挖法。该法是由原中国水利水电第十三工程局有限公司提出的一种能有效提高挖泥船开挖深度的新施工方法，并已获得成功应用。施工时先以钢桩定位横挖法向前开挖生产，当前进大半个船位时，向后退回约一个半船位，再向前开挖，如此往复循环（见图3-8）。此施工方法的特点是挖泥船定位桩始终落在浅水区域，是针对以下几种特殊情况而研发出的新施工方法：①潮差较大且需赶潮施工的工程；②开挖区域土质较软弱，易出现漏桩情况而无法达到设计开挖深度的工程；③设计开挖深度超过挖泥船最大挖深，且水深有一定变化的工程；④土源受限制，且水深有一定变化，需要加大挖深取土的工程。

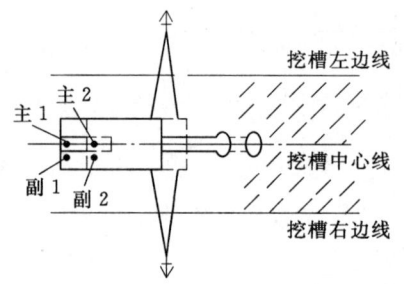
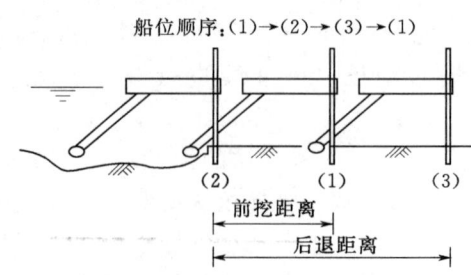

图3-7 定位桩台车快速换桩横挖法示意图　　图3-8 浅区落桩横挖法示意图

退船位可采用旋摆法，即以定位桩和绞刀头轮流定位，并作为挖泥船的旋摆中心，同时通过机动船顶推船体前部或后部，使挖泥船摆动以退让船位的方法（见图3-9）。在挖泥船提起绞刀桥架、收起左右两边横移锚后，在开挖边线或中心线处开始第1次旋摆。第

1次旋摆是以定位钢桩为旋摆中心，第1次旋摆到预定位置后，下落绞刀桥架至水底，提起定位桩（以桩尖未完全脱离河底面为最佳），以绞刀为固定点开始第2次旋摆，到位后下落定位桩，并抛两侧横移边锚。旋摆角度可以利用挖泥船罗盘进行控制。对于配有定位桩台车系统的挖泥船，也可利用台车后退船位。

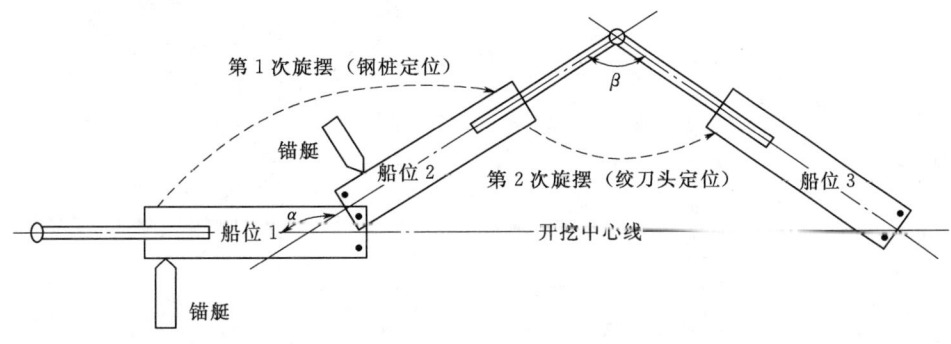

图 3-9 旋摆退船法示意图

船体每次前进和后退的距离，船体旋摆的角度都需要根据船体尺寸、工况条件和挖泥船生产能力等因素通过综合计算确定。

浅区落桩横挖法克服了传统赶潮施工法（六锚横挖法）时间利用率低、劳动强度大、开挖精度低、占用施工水域大等缺点。但每次退船后均需开挖船槽，土质较硬时生产效率受影响较大。

3.1.2.2 锚缆定位横挖法

锚缆定位横挖法是通过挖泥船前后左右布设锚缆对船体进行定位和施工。传统的锚缆定位横挖法包括六锚横挖法、五锚横挖法、四锚横挖法等。锚缆定位横挖法抗风浪、水流适应性好，挖宽较钢桩定位横挖法大，但操作复杂、劳动强度大、占用施工区域大、对交通有一定影响。同时，由于锚缆定位是柔性定位，挖泥船平面位置控制精度差，开挖精度较难控制。锚缆定位横挖法只在配备有首尾和边锚缆绞车的挖泥船、小型挖泥船以及特殊施工环境下使用，如风浪较大的水域、受潮汐影响的水域、土质坚硬钢桩难以插入定位或土质软弱易出现漏桩的水域等。

（1）六锚横挖法。挖泥船抛首、尾锚各1只，边锚4只，其中位于船首的2只边锚为左右横移锚。此方法因为需要抛设6只锚并通过6条锚缆才能实现作业，也称为六锚六缆横挖法。实施六锚横挖法，抛锚需要通过锚艇协助完成，挖泥船的移动则是通过各锚缆绞车对锚缆的收和放来实现的（见图3-2）。此方法主要适用于受潮汐影响的水域。六锚横挖法有两种操作形式。

操作形式一：收紧首锚的同时，收紧尾锚及左右后边锚对挖泥船船尾进行固定。横移操作类似于钢桩定位横挖法，收一侧横移锚缆的同时放松另一侧横移锚缆，开挖轨迹为扇形。

操作形式二：同步收绞船体同一侧横移锚缆和后边锚缆，同时，同步放松另外一侧的横移锚缆与后边锚缆，使这个船体横向平行移动，此时绞刀的切削轨迹基本垂直于挖槽中心线。逆流施工依此方法操作时，当始终保持首锚缆处于收紧状态，则绞刀的切削轨迹为外圆弧状（见图 3-10）。顺流施工依此方法操作时，当始终保持尾锚缆处于收紧状态，则绞刀的切削轨迹为内圆弧状（见图 3-11）。

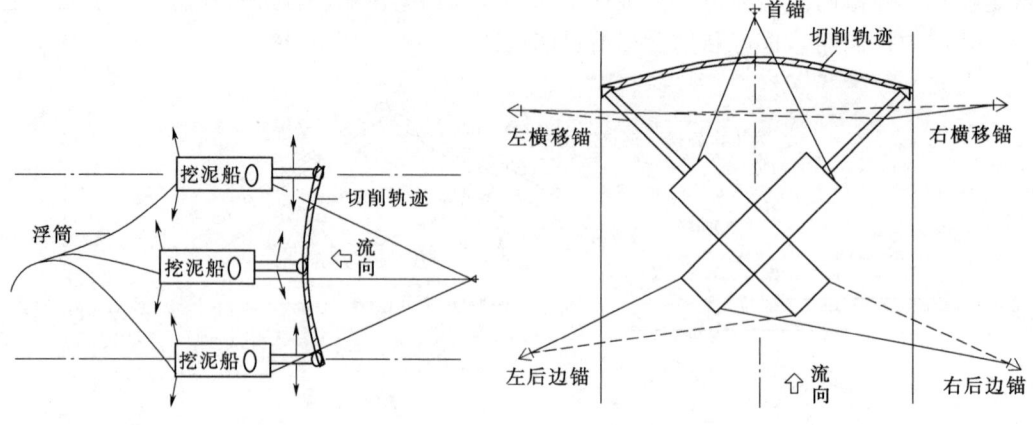

图 3-10 六锚横挖法逆流施工
绞刀切削轨迹示意图

图 3-11 六锚横挖法顺流施工
绞刀切削轨迹示意图

（2）五锚横挖法。又称五锚五缆横挖法，是六锚横挖法的变通。当在内河采用逆流施工时，六锚横挖法中的尾锚可以省掉，变为五锚横挖法（见图 3-12）。

（3）四锚横挖法。由五锚五缆横挖法演变而来，是一种简易施工方法。当在内河采用逆流施工时，挖泥船抛主首锚 1 只，左右横移锚各 1 只，后边锚 1 只，利用船尾水上管线作另一侧后边锚（见图 3-13）。本方法适用于有主边锚缆绞车的挖泥船，在流速较大，流向与挖槽方向基本一致，且开挖质量要求不高时可采用此法施工。

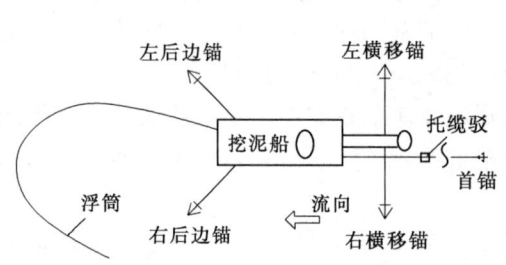

图 3-12 五锚横挖法示意图

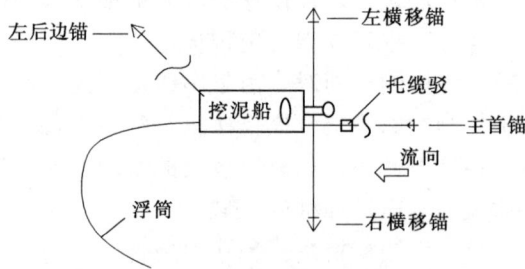

图 3-13 四锚横挖法示意图

（4）三锚横挖法。是一种简易施工方法，当在内河采用逆流施工时，挖泥船抛主首锚 1 只，控制前移；抛前边锚两只，控制横移；利用船尾水上管线及管线锚替代左右后边锚和尾锚对船位进行固定（见图 3-14）。在一些对开挖质量要求不高的取土工程或特殊的施工区段，可采用此方法。

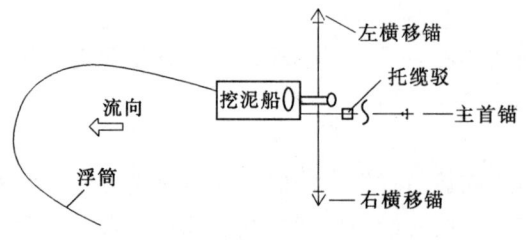

图 3-14 三锚横挖法示意图

（5）三锚五缆施工法。三锚五缆法是在五锚五缆施工法基础上的拓展和创新，是由中交天津航道局有限公司提出的。其核心是采用三缆定位法固定船位，采用五缆横移施工。施工过程中三缆定位系统与横移锚系统相配合，实现船舶的定位、摆动和前移。此方法适用于绞吸挖泥船在无掩护条件、海况差、土质及水深对使用钢桩定位受限的疏浚、吹填造陆工程，以及一般情况下钢桩定位系统出现故障后的连续作业。

1) 三锚五缆施工法与常规施工方法相比具有如下优点。

A. 相当于五锚五缆法施工弃用两口边锚，施工过程中仅靠适当收三根定位缆即可实现船舶的定位和前移等操作，操作简单快捷，移锚次数少，节约了移边锚时间，减少了移船时间，挖泥时间利用率可提高3%左右。

B. 相对于钢桩台车定位系统，系统设备简单，造价低廉，便于维护。

C. 占用水域少，消除了对挖槽两侧水域和水深的要求，使不能施工的变为可能，可提高设备利用率。

D. 减少了施工干扰，可提高时间利用率。

E. 解决了风浪大无法施工、水深大钢桩够不着底和底质硬钢桩无法插入定位的问题，使不能施工变为可能，提高了设备的利用率。

F. 省去了提升定位桩和倒收台车的程序，施工时间的有效利用率能提高5%左右。

2) 此方法与其他锚缆定位横挖法都属于柔性定位，除同样存在定位不准确、施工精度差的缺点外，在挖硬土质时，柔性定位不能给绞刀提供持续稳定的推力，容易使绞刀受力不均，从而造成设备损坏，增加了操作难度和施工的不安全因素，同时会降低生产效率。近些年，一些先进的大型绞吸船上配置安装了反张力控制装置，通过人为调节可以提供不同的横移反向制动力，在开挖稳定性保持方面起到了一定作用。但是由于土质总是不断变化的，因此在这种不稳定的不断变化的工况中施工，稳定的反张力反而会起到相反的作用，造成浪费甚至直接影响产量。

3) 三缆绞吸挖泥船在施工时应注意如下事项。

A. 在潮差大的水域施工时，因为三缆定位属于柔性定位，驾驶人员要不断根据潮水涨落情况调整三根定位缆绳的松紧程度，以保证挖泥船定位精确。同时，也可避免因潮水缆绳过紧，落水缆绳过松而进不上船位的现象。

B. 挖泥船在进船位时，由于左右边锚缆在绞盘上的直径大小可能会出现不同，易造成挖泥船进船位时发生偏移或进步过大，驾驶人员要注意随时对船位进行校核和调整。

C. 在施工中驾驶人员一旦发现有拉锚现象，应立即使用锚艇将锚重新调整布设好，以避免挂缆现象发生。

3.1.2.3 桩缆定位施工法

双锚四缆单桩定位施工法。双锚四缆单桩定位施工方法是一种较为特殊的施工方法，由中交天津航道局有限公司提出，并在其自主设计、自行制造的大型单桩台车定位绞吸挖泥船上成功应用。该类挖泥船最大特点是取消了副定位桩，只设台车和主定位桩，另在船尾设三缆柱和三缆绞车，综合了钢桩台车定位和三缆定位系统的优点，同时也克服了这两种定位系统的缺点，两种定位系统既可组合使用，也可单独使用，从而提高了对工况的适应能力，提高了船舶利用率。

1）该型船可根据不同的施工条件采用不同的施工方法。一般情况下，在狭窄水域、硬土或基槽施工时可用双锚四缆单桩。在开阔水域、软土施工用三缆定位（三锚五缆或五锚五缆）。在正常工况条件下，使用双锚四缆单桩施工可以充分发挥钢桩台车定位准确、效率较高的优点。同时，还可缩短倒桩进桩时间，增加有效的挖泥时间，从而提高挖泥生产效率。由于左右边缆直接与横移锚相连，占用水域要求与双桩相同。

2）采用双锚四缆单桩定位法时，因设有钢桩台车，在施工中挖泥船主要还是依靠钢桩进行定位。横移缆和两根与左右横移锚相连的定位边缆，只在进桩时临时固定船位，因此船舶定位精度比三缆定位系统高，施工中不易走位（见图3-15）。

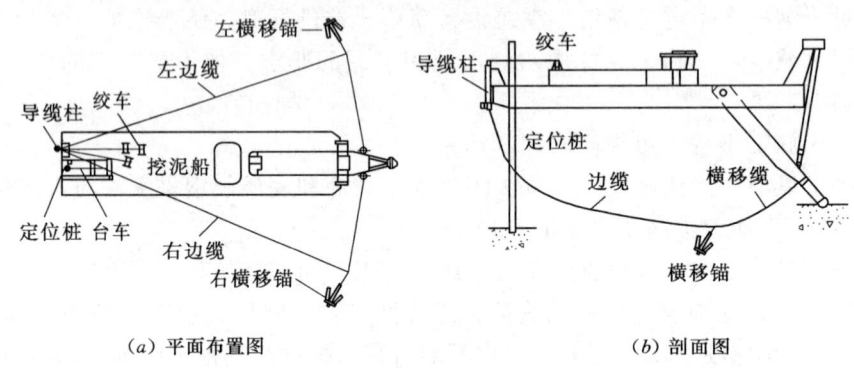

图3-15 双锚四缆单桩定位法示意图

3）采用双锚四缆单桩法施工，在台车完成一个行程需要进桩时，收紧左右边缆，临时固定船位，与此同时提升钢桩。因三缆定位系统与钢桩定位系统是两个相互独立的系统，这个操作可以与提升钢桩同时完成。钢桩提出水底后收回台车油缸，下落定位桩，同时放松左右边缆，继续横移开挖作业。换桩完毕后要注意对船位进行校核，特别是在流速较大时或流向与挖槽中心线有交角时，要格外注意。一旦钢桩偏离施工参考线，只要钢桩离地时绞收边缆，数秒钟内即可归位，操作极为便捷。

3.1.2.4 施工方法对比

本节归纳了绞吸式挖泥船施工方法的要点、优点、缺点和适用范围（见表3-1）。

表3-1 绞吸式挖泥船施工方法一览表

施工方法		方法要点	优点	缺点	适用范围	示意图
钢桩定位横挖法	双主桩横挖法	以两根钢桩轮流作为摆动中心	操作简便	由于摆动中心不一致，造成两侧重挖与漏挖	适用于挖掘松散土壤，对挖槽质量较高的工程不宜使用	进桩顺序：1→2→3→4 开挖顺序：(1)→(2)→(3)→(4)

续表

施工方法		方法要点	优点	缺点	适用范围	示意图
钢桩定位横挖法	主副桩横挖法	以一根钢桩为定位主桩，另一根钢桩为副桩，主桩前移时始终保持在挖槽中心线上	开挖质量好，不易漏挖或重挖	操作较双主桩横挖法复杂	对不同土质及质量的工程均适用	
	定位桩台车横挖法	以主钢桩为中心摆动，靠台车的后推实现船体前移。副定位桩只在需要倒桩时落下临时固定船位	操作简单，换桩频率低。定位准，开挖质量高	抗风浪能力差。设备复杂，投资高，维修难、费用高、用时长。软泥区定位桩入泥过深，需多次交替才能将桩提起，同时落桩时易漏桩	仅适合带定位桩台车的挖泥船	
	定位桩台车快速换桩横挖法	始终以一根钢桩定位开挖，前移时以绞刀头定位，提起定位桩，收回台车后落桩前移	操作简单，生产效率高	受风浪、水流方向影响较大，船位易发生偏离	仅适合带定位桩台车的挖泥船，且为逆流开挖、侧向风浪较小的水域	
	浅区落桩横挖法	先以钢桩定位横挖法向前开挖，前进大半个船位时，向后退回1个半船位，再向前开挖，如此往复循环。退船位可采用旋摆法	克服了传统赶潮施工法（六锚横挖法）的缺点	每次退船后均需开挖船槽，土质较硬时生产效率受影响	1. 需赶潮施工的工程； 2. 开挖区域较软弱，易出现漏桩情况而无法达到设计开挖深度的工程； 3. 设计开挖深度超过挖泥船最大挖深，且水深有一定变化的工程； 4. 土源受限制，且水深有一定变化，需要加大挖深取土的工程	

续表

施工方法		方法要点	优点	缺点	适用范围	示意图
锚缆定位横挖法	六锚横挖法	挖泥船抛首、尾锚2只,边锚4只,以首锚为摆动中心	1.抗风浪; 2.水流适应性好; 3.挖宽较钢桩定位横挖法大	占用施工区域大,对交通有一定影响。挖泥船平面位置控制精度差。操作复杂、劳动强度大	1.有主边锚缆绞车的挖泥船; 2.受潮汐影响水域	
	五锚横挖法	挖泥船抛首锚1只及边锚4只,以主锚为摆动中心			1.有主边锚缆绞车的挖泥船; 2.风浪较大内陆水域; 3.流速较缓内陆水域	
	四锚横挖法	挖泥船抛主首锚1只,前边锚2只,后边锚1只,利用船尾水上管线作后边锚,以首锚为摆动中心			1.有主边锚缆绞车的挖泥船; 2.流速较大,流向与挖槽方向基本一致	
	三锚横挖法	挖泥船抛主首锚1只,控制前移,抛前边锚2只,控制横移,利用船尾水上管线及管线锚替代左右后边锚和尾锚对船位进行固定			对开挖质量要求不高的取土工程或特殊的施工区段	
	三锚五缆施工法	采用三缆定位法固定船位,采用五缆横移施工	1.操作简单快捷; 2.系统设备简单,造价低廉,便于维护; 3.占用水域少; 4.减少了施工干扰; 5.提高了设备利用率; 6.提高了施工时间有效利用率	1.占用水域大; 2.定位不准,施工精度差; 3.在挖硬土质时,不能给绞刀提供持续稳定的推力,设备容易损坏,同时降低生产效率	无掩护条件、海况差、土质及水深对使用钢桩定位受限的疏浚、吹填造陆工程,以及一般情况下钢桩定位系统出现故障后的连续作业	

施工方法	方法要点	优点	缺点	适用范围	示 意 图
桩缆定位施工方法 双锚四缆单桩定位施法	钢桩定位、两根边缆与左右横移锚相连，进桩时收紧边缆临时固定船位	对工况的适应能力与船舶利用率高	使用范围小	1. 配有定位桩台车，船尾设三缆柱和三缆绞车；2. 一般工况条件下	

3.1.3 技术参数控制

3.1.3.1 前移距离控制

挖泥船前移距离及一次开挖厚度是涉及生产效率和施工质量的两个关键性因素，应综合确定，开挖厚度已在本书2.7节进行了叙述。挖泥船前移距离是依靠进桩或定位桩台车移动实现的，前移距离大小要结合分层开挖厚度、土质等情况综合考虑。当土质为淤泥或比较松散、土层较薄时，可采取进大桩的方式，加大前移距离，提高生产效率；当土层较厚、土质较硬时，如前移距离过大，不仅会影响到施工质量，而且还会增加绞刀负荷，在生产效率下降的同时油耗增加。

在试生产期间，对普通绞吸式挖泥船而言，前移距离一般可按绞刀直径的0.5～1.0倍选取；对斗轮式挖泥船而言，采用垂直切削时前移距离一般可按泥斗的侧边长度进行控制，采用水平切削时前移距离一般可按斗轮直径的0.3～0.8倍进行控制。在试生产阶段，要对采用的数值进行测定，并通过不断调整确定出最优前移控制距离。绞刀前移和分层开挖见图3-16。

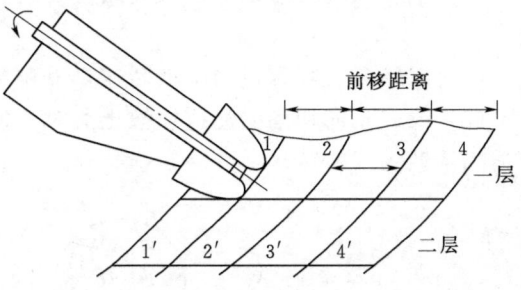

图3-16 绞刀前移和分层开挖示意图

3.1.3.2 分层开挖

分层开挖是绞吸式挖泥船常用技术手段，不同配置的挖泥船分层施工方法是不一样的，结合图3-16说明如下。

（1）对于带有定位桩台车系统的船型，在一个台车行程内绞刀可由位置1前移到位置4，先完成一层的开挖，再收回台车下落绞刀从位置1′前移到位置4′，完成二层的开挖……。此方法的优点是底部开挖质量容易保证。对于采用锚缆定位施工的挖泥船也可以采用此方法。对于没有定位桩台车系统的船型，在采用钢桩定位横挖法时则不宜采用此方法，因为定位桩的后退，特别是在软弱泥层施工时需要占用较长时间。

（2）对于没有定位桩台车系统的船型，在采用钢桩定位横挖法时，一般多先挖1号位，再下落绞刀开挖1′号位置，再抬起绞刀进桩开挖2号位置……。对于带有定位桩台车系统的船型，采用锚缆定位施工的挖泥船也可以采用此方法进行施工。此方法的缺点是绞刀起落较为频繁,影响生产效率;另外底部质量受上部土体塌落影响也较难控制。

3.1.3.3 绞刀转速控制

绞刀转速是绞吸式挖泥船开挖作业时必须进行控制的基本参数,一般需要根据土质、土层厚度、绞刀结构型式、绞刀功率、绞刀运转方向、泥泵流量、吸口参数等因素,通过试挖来确定。

绞刀以顺时针旋转进行开挖作业。当挖泥船从左往右横移时,绞刀对土体的切削是从上往下的,称为正刀;当挖泥船从右往左横移时,绞刀对土体的切削是从上往下的,称为反刀(见图 3-17)。这种切削方向的区别决定了正刀开挖与反刀开挖在绞刀转速的选择与控制上是有一定区别的,一般情况下反刀开挖时绞刀转速可以比正刀开挖时做适当提高。

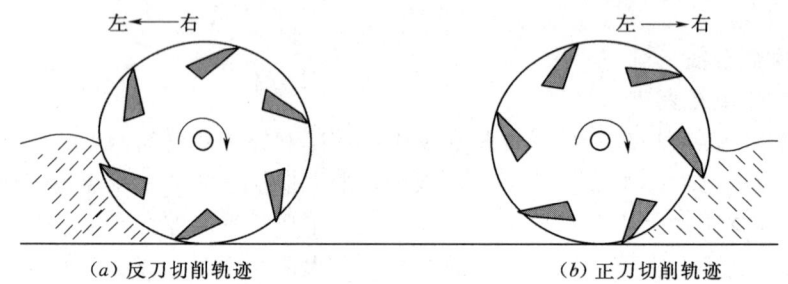

(a) 反刀切削轨迹　　　　(b) 正刀切削轨迹

图 3-17　绞刀切削轨迹示意图

(1) 土质软弱时可以选取较高绞刀转速,在提高横移速度的同时可以获得较高的生产效率。

(2) 对硬质土则要适当降低转速,以避免绞刀负荷过大。

(3) 绞刀正向切削淤泥或松散土类时,使用较高转速易使切削下落的土体甩出,此时应适当降低绞刀转速。

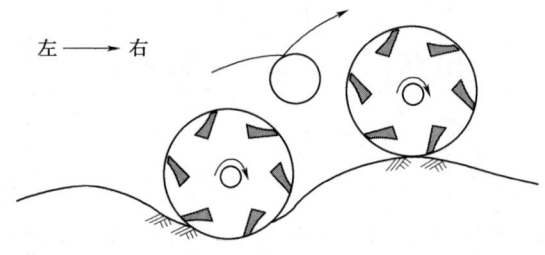

图 3-18　滚刀示意图

(4) 绞刀正向切削硬质土类时,绞刀在土层表面容易出现绞刀齿切入不了泥层,而在泥层表面滚动的情况,即滚刀(见图 3-18)。

发生滚刀时应适当降低绞刀转速。如果任由滚刀继续,一般会造成如下问题。

1) 滚刀会驱动船体摆动,并使船体横移速度大于横移绞车收缆的速度,横移缆此时会变松弛。如果这种状态保持时间较长的话,就有可能出现横移缆被绞刀挂缠,甚至绞断的情况。

2) 滚刀会使绞刀开挖深度与实际不符,开挖断面高低不平,形成欠挖。

3) 滚刀时绞刀桥架的全部重量直接落在土体上,控制绞刀桥架起落的缆绳失去作用,缆绳处于松弛状态。当绞刀爬动升高后,土层有时会因承受不了桥架的全部重量和绞刀的切削而坍塌碎落,此时绞刀会突然下落,引起绞刀桥架的剧烈跳动。

为避免此类事故的发生,首先要加强观察,及时发现及时消除;其次要始终保证船体的横移是由横移绞车拉动的,保持收缆和放缆速度的同步;另外还可以通过降低绞刀转速的方式减小滚刀的速度。

4) 绞刀反向切削硬质土类时,可适当提高绞刀转速,以获得较好的生产效率。但必须要和横移速度进行匹配调节控制,否则绞刀切削力会变为因横移速度过大而不能顺畅连续切削泥土,此时绞刀切削力反而变为了横移阻力,增加了横移绞车的负荷,同样横移拉力会使绞刀切削土体量增加,又使绞刀负荷增加。最终作用的结果是绞刀负荷增加而转速下降,甚至是不能转动,横移绞车负荷加大,而横移速度却丧失。

3.1.3.4 横移速度控制

不同土质下绞吸式挖泥船绞刀的正刀、反刀挖泥效果有明显不同,绞刀横移速度的快慢,是影响施工质量、生产效率、设备安全的关键因素之一。横移速度过快,绞刀在单位时间内切削下来的泥土量超过了泥泵的吸入和送出能力,就会造成部分切削下来的土体沉落回开挖区,影响开挖质量;反之则会造成泥泵吸入泥浆浓度下降,泥泵的输送能力不能充分发挥;横移速度过快,还会使绞刀负荷增大,影响设备寿命。合适的、经济的横移速度下绞刀切削下来的泥土量应该与泥泵的输送能力相当,这一速度一般要根据理论计算并结合试挖选定。

(1) 横移速度与前移距离、分层厚度之间的关系。忽略绞刀切削圆弧轨迹,并且视绞刀切削面为标准矩形情况下,横移速度与前移距离、分层厚度之间关系可由式(3-1)表达。

$$V = QP/(bh) \tag{3-1}$$

式中 V——绞刀横移速度,m/s;
Q——泥泵在相应地质及工况条件下的设计流量,可按泥泵工作曲线选取,m^3/s;
P——泥泵在相应地质及工况条件下的最佳泥浆浓度;
b——前移距离,m;
h——分层厚度,m。

从式(3-1)中可以看出,在相应地质及工况条件下,泥泵设计流量 Q 与泥泵的最佳泥浆浓度保持固定时,前移距离、分层厚度与绞刀横移速度为反比关系,开挖时分层厚度大或前移距离大都会使绞刀切土量增加,此时应该调低横移速度,反之则要调高横移速度。

(2) 横移速度与绞刀转速之间的关系。绞吸式挖泥船开挖过程中,绞刀头一方面要围绕绞刀轴产生转动,另一方面绞刀头还要在横移缆的拉动下产生横向摆动。如果横向摆动停止,那么绞刀头就只能在原地空转。从图 3-19 可以看出绞刀横移速度 V 与绞刀线速度之间的关联。从理论上讲,绞刀横移速度 V 不应大于绞刀线速度的横向分速度,也即 $V \leqslant V' \tan\varphi$,在最佳状态下两者应该保持一致。如果 $V > V' \tan\varphi$,就会使绞刀齿背面与土体开挖面产生过度挤压,增大摩擦力,从而使绞刀负荷增大,绞刀转速下降至设定转速,甚至出现绞刀停转的情况。此种情况下横移拉力也会急剧增大,当横移阻力超过设备的设计最大拉力值时,就会出现"闷车"现象,使开挖作业不能正常进行,还会引起设备故障,影响设备寿命。

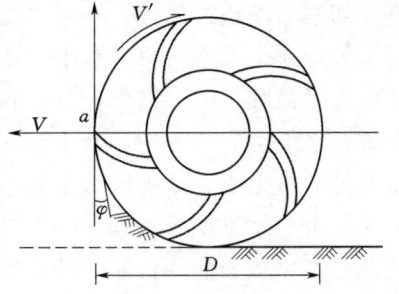

图 3-19 绞刀横移速度 V 与绞刀线速度关系示意图

横移速度与绞刀转速之间的关系可由式（3-2）表达。

$$V \leqslant n\pi D \tan\varphi \tag{3-2}$$

式中 　V——绞刀横移速度，m/s；

　　　n——绞刀转速，r/s；

　　　π——圆周率，取 3.14；

　　　D——绞刀头外径，m；

　　　φ——绞刀齿后角，可由绞刀设计参数选取，rad。

在确定绞刀转速后可以计算出横移速度。多数绞吸式挖泥船没有横移速度显示仪，横移速度需要通过控制横移绞车的转速实现，此种情况下绞车的转速可以通过绞车滚筒直径、钢缆直径以及横移速度等参数计算得出。

3.1.3.5 工艺参数选择

绞吸式挖泥船绞刀转速、前移距离、横移速度等工艺参数和土质都有密切关系，要想提高挖泥效率，要根据施工区域的泥质及工作经验掌握好横移压力、横移速度、绞刀的转速、绞刀压力、水下泵排压、舱内泵排压、真空释放阀数值、流速的大小等几种工作压力表的关系，即在浓度最佳时以上各项的关系情况，掌握好各种关系的最佳组合才能大大提高挖泥效率。下面将列出根据工程经验得出的一些基本关系（见表3-2）。

表 3-2　　　　　　　　　　绞吸式挖泥船施工工艺参数选择参考表

施工工艺参数	淤泥	流沙	可塑性黏土	沙土	硬质土
绞刀转速	选用低转速，流塑性淤泥也可不转	选用低转速	选用高转速	选用低转速	转速不宜高
前移距离	可加大，流塑性淤泥可定吸	可定吸	减小	需控制、不宜过大	需减小
横移速度	可加大，流塑性淤泥可定吸	可定吸	宜慢	需控制、不宜过大	需减小
其他	一次开挖厚度可加大	—	排泥管中流速需适当提高	一次开挖厚度需控制、不宜过大	

3.1.4　特殊工况施工

（1）高岸土开挖。在一些疏浚与吹填工程中常会遇到水上方开挖，如：开挖运河、船坞、切割引航道边滩等。在沿海受潮汐影响的水域，高潮时开挖区可能被潮水淹没，退潮时又可能露出水面。由于水上方土层面一般都高出船体许多，增加了抛锚、起锚的难度，并加大了横移拉力，给作业带来很大困难。对绞吸式挖泥船而言，绞刀头不能直接提出水面进行水上土方的开挖，基本都采用水下切削使上部土体松动塌下的办法施工作业。对于需开挖的水上土方高度较低土层不厚时，采用此方法是可行的；但当水上土方较高土层较厚时，由于水下挖吸过程中使上部土层悬空，随时会坍塌，这样不仅会淤埋挖泥机具，而且还会产生较强的冲击波，冲击船体。土层坍塌后，吸排泥管内会产生很大的瞬间负压，对排泥管造成破坏，同时较大的瞬间冲击波还会使定位桩弯曲，甚至折断。因此，对水上土方开挖应采取措施，以保证安全。常用的方法包括以下几种。

1) 当水上土方高度超过挖泥船绞刀直径的2倍时，应先采取陆上机械开挖或松动爆破预先塌方等措施降低其高度，然后再开挖。

2) 开挖分层的厚度要合理，在保证挖泥船吃水与最小挖深的情况下，尽量减少第一层的开挖厚度。

3) 挖泥船每次前移距离与开挖厚度要小于正常值，通过减少前移距离和开挖厚度的方式，以减小土体的坍塌量。

4) 变通条开挖为短条开挖，以减少两侧土体坍塌对挖泥船造成的冲击，并减小横移拉力。

5) 在受潮位影响的区域施工，要利用高潮位开挖上层，低潮位时再开挖下层；上层开挖要尽量安排在白天通视条件较好时进行。

6) 应加强船头与岸上的观察，掌握土体的坍塌规律，发现问题及时采取避让措施。

（2）不同土质情况下绞刀与绞刀齿选用。绞吸式挖泥船有多种绞刀与绞刀齿可供选用，在实际施工中，各类型的挖泥机具因开挖的土质不同，所以都会有对工程的适应性和局限性，为了提高挖泥船的开挖效率，需要根据开挖土的可挖性和可输送性选择不同的挖泥机具。

1) 开挖淤泥、淤泥质土、松软土、松散沙时，普通绞吸式挖泥船可选用冠形平刃绞刀［见图3-20（a）］；斗轮式挖泥船可选用无齿斗（见图2-12）。

2) 开挖黏土、亚黏土、中等密实土、沙时，普通绞吸式挖泥船可选用冠形方齿绞刀（见图3-20）；冲水式绞刀，斗轮式挖泥船可选用带方齿斗（见图2-10和图2-11）。

3) 开挖硬质土时，普通绞吸式挖泥船可选用冠形尖齿绞刀［见图3-20（c）］；冲水式绞刀、斗轮式挖泥船可选用带尖齿头。

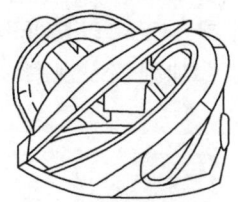 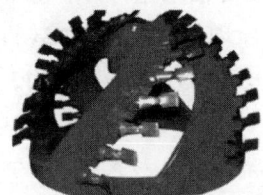 

(a) 冠形平刃绞刀　　(b) 冠形方齿绞刀　　(c) 冠形尖齿绞刀

图3-20　普通绞吸式挖泥船绞刀头类型示意图

4) 开挖紧密沙、砾石、风化岩石时，普通绞吸式挖泥船可选用冠形活络尖齿绞刀（见图3-21）。

(a) 尖嘴型　　(b) 横刃加宽型

图3-21　普通绞吸式挖泥船绞刀头活络齿类型示意图

5) 进行环保性疏浚时，选用环保绞刀头、螺旋式绞刀、加防护罩的普通冠形平刃绞刀。

6) 绞刀齿种类较多，常见绞刀齿种类及其适用范围见表3-3。

表3-3　　　　　　　　常见绞刀齿种类及其适用范围表

齿形	尖嘴型	不规则尖嘴型	宽横刃型	窄横刃型	中心线上横刃加宽型	中心线下横刃加宽型A	中心线下横刃加宽型B
示意图							硬土刀口
适用土质	硬土、黏土	软土	沙软黏土	硬质沙土	黏土	黏土	硬黏土

（3）抛石区施工。绞吸式挖泥船在离防波堤或码头较近区域施工时，经常会挖到散落的抛石，如果大石头进入泥泵，对泥泵叶轮和泵胆形成撞击甚至损坏，同时石头进入泥泵也容易造成流道卡阻并引起泵轴跳动，严重时对泥泵轴承箱轴承造成损坏。采取的措施如下：①绞吸船进入上述区域施工前，如有条件先用抓斗船进行清理；②绞刀吸口格栅适当加密；③加强仪表观察，出现异常及时停车清除。

（4）杂物富集区施工。绞吸式挖泥船在开挖浅滩、沼泽地、养殖区或疏浚旧港池、航道、锚地等区域时，由于浅滩塌方、绞刀吸口处频繁被杂草、缆绳、编织袋、轮胎、渔网、木料等杂物堵塞，吸入真空瞬时就很高，造成施工操作人员来不及反应，引起泥泵剧烈震动，这种情况不仅会对叶轮、泥泵及轴承箱产生严重危害，也使得泥泵所产生的有效扬程和流量明显下降。采取措施：①合理控制挖深并进行分层施工，以防止塌方现象；②加强仪表数据分析，及时判断并运用真空释放阀进行补偿；③加强仪表观察，出现异常及时停车及时清理吸口。

3.2　抓斗式挖泥船施工技术

3.2.1　开工展布

抓斗式挖泥船开工展布包括挖泥船进点定位、锚缆抛设布置、定位方式等基本过程。

（1）进点定位。抓斗式挖泥船在不同的水域、流速、风力、风向等工况条件下进点定位方式也有所区别，要视具体情况灵活掌握。

1) 在通常水域施工，一般采用的定位方法是：抓斗挖泥船被拖到施工区，当GPS坐标点与施工图坐标点基本重合后，随即放下抓斗定住船位，再依次抛锚展布。这类方法又有逆流进位顺流施工、逆流进位逆流施工和顺流进位顺流施工等3种进点定位方式。

A. 逆流进位顺流施工。先放下抓斗临时固定住船位，再利用拖轮或锚艇将一尾锚抛向船头方向，收紧尾锚缆，使船体与水流流向形成夹角后提起抓斗，在水力作用下进行调头。调头完成后再将抓斗抛下，临时固定船位，再利用拖轮或锚艇依次抛锚展布。锚抛完后，再通过收放锚缆细调船位、船向。之后再利用拖轮和水流冲力调头。

B. 逆流进位逆流施工。在挖槽起点位置先放下抓斗临时固定住船位，再利用拖轮或锚艇依次抛锚展布。一般先抛逆水（顶水）锚，后抛顺水锚；当流速较缓，而风较大时，可先抛上风锚，再抛下风锚。所有锚抛下后，再通过收放锚缆，细调船位、船向。

C. 顺流进位顺流施工。可在预定位置先抛一尾锚，并放出锚缆。当挖泥船到达挖槽起点位置后，放下抓斗临时固定住船位，再利用拖轮或锚艇依次抛锚展布。锚抛完后，再通过收放锚缆细调船位、船向。

2) 如果开挖区流急、水深、风强，船位用抛抓斗不易固定时，可先在附近缓流区、浅水区或风浪较小的区域抛斗定位，然后抛出顶水锚，再绞锚缆进位。在山区河道施工，往往水流湍急紊乱，河底又多为卵石或岩石，抛锚也可能无法固定船位，此种情况下可根据岸边地形地质的不同采用如下"岸缆"措施。

A. 埋设地垄。当岸边为滩地，且无岩石土质易开挖时，可采用埋设地垄的方式固定船位，地垄位置应避免选在陡坎边缘或陡坡上，地垄前应有足够的稳定阻挡土体。

B. 围捆巨石。当岸边有着地稳定的巨型孤石或突出牢靠的岩角时，可采用锚缆或钢缆对其进行围捆，并在靠水域一侧与锚缆相连。围捆应不少于两道，且必须确保牢靠。

C. 凿"石鼻子"。在岸边有较平坦的坚硬岩体时，可在其上开凿一条连通的类似于动物鼻子的石洞，再将钢缆从洞内穿出并与锚缆相连。鼻梁厚度要根据岩石风化程度、岩体等级、河道流速等确定，一般需保证在30cm以上。

3) 在码头处疏浚时，可先将挖泥船停靠码头，再进行抛锚。

4) 利用桩定位的抓斗挖泥船在GPS坐标点与施工图坐标点基本重合后，随即放下定位桩并抛设锚缆，通过桩的移动和锚缆收放来进行细调。

（2）锚缆抛设布置。非自航抓斗船一般抛4只或5只锚。

1) 主锚应抛在挖槽中心线上。泥层厚薄不均匀时，宜偏于泥层较厚的一侧；水流方向不正时，宜偏于主流一边。锚缆应尽可能放长，必要时可设置架缆船。主锚缆长度一般为200~500m，有条件时船体前进方向的锚可一次抛足长度，减少移锚次数，提高生产效率。

2) 尾锚顺流施工时必须抛设；逆流施工时可不抛设。

3) 边锚逆流施工时，抛在挖泥船侧前方；顺流施工时，抛在挖泥船侧后方，边锚一般应抛出挖槽边线外100m。

4) 利用桩定位的抓斗挖泥船在水流较急的河道中施工，船首、尾也可各设置1只锚，首锚一般抛出200~300m，尾锚一般抛出100~200m，船移动靠锚机和抓斗同时进行。

（3）定位方式。非自航式抓斗船常用定位方式有四锚定位、五锚定位等，自航式抓斗船定位与非自航抓斗船又有所不同，具体需根据流速、流向、风向、现场地形情况等综合确定。

1) 非自航式抓斗船四锚定位。抛首、尾锚各2只，船首两锚成"八"字形布置，船尾两锚交叉布置，角度在30°~70°之间，以不背不吊为原则。施工时，通过收前锚，放后锚，实现船体的向前进尺。通过收左前锚和右后锚，放右前锚和左后锚，实现船体的向左横移（见图3-22）。

在山区河流施工，流速较大，一般设两根主锚缆、两根边缆。主锚缆一般需要尽可能布置在非通航一侧，无法布置在非通航一侧时，需要将航道内的主锚缆以钢锚链替代。主锚缆长度一般需要加长到500m以上。通航一侧边缆需采用钢锚链，以便于沉于河底、安全避让。非通航一侧则可采用钢缆（见图3-23）。

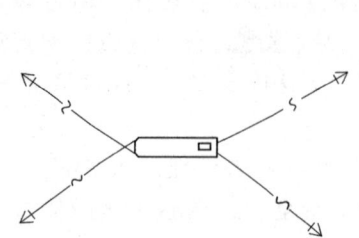 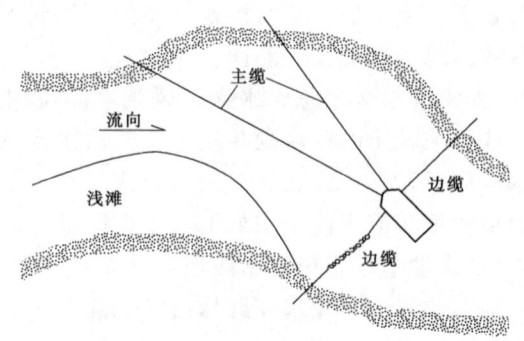

图3-22　抓斗式挖泥船四锚定位　　　　图3-23　抓斗式挖泥船山区河流四锚
　　　锚缆布置示意图　　　　　　　　　　　　定位锚缆布置示意图

2）非自航式抓斗船五锚定位。五锚法较四锚法的优点在于船体定位准确，不易跑偏；缺点是进尺时消耗时间稍长，占用的工作水域也较大。根据开挖区域水流方向、流速等情况，采用五锚施工时抛锚方式有所不同。

A. 在感潮河段等具有双向流水特点的施工区域，抛锚方式为：船首3只锚，即首锚1只，边锚2只，首锚沿船的中轴线抛出，两侧边锚沿基本垂直于船的中轴线方向抛出，船尾2只锚，交叉布置（见图3-24）。如果流速较大且顺流施工时，尾部可抛设3只锚。

B. 在内河具有单向流水特点的施工区域，且流速较大，抛锚方式为：挖泥船一般布设尾锚1只、尾边锚2只，船首抛八字锚2只（见图3-25）。

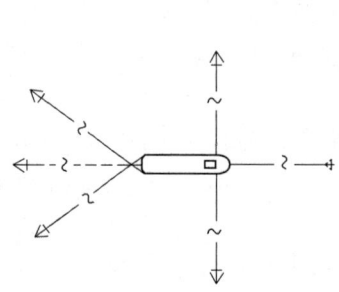 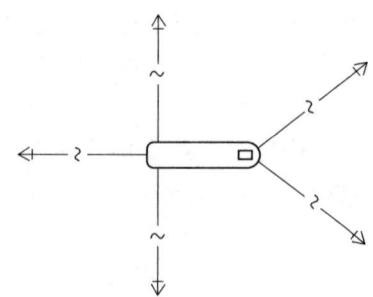

图3-24　抓斗式挖泥船五锚定　　　　图3-25　抓斗式挖泥船五锚定位
　　位锚缆布置法示意图（一）　　　　　　锚缆布置法示意图（二）

C. 开挖滩地，当挖槽的一侧有岸滩或陆地时，可埋设地垄代替抛锚（见图3-26）。

3）自航式抓斗船定位。自航式抓斗船一般抛6只锚，即船首主锚和船尾尾锚各1只，前后边锚各2只。锚缆长度一般需控制在200m左右，如水域许可，则可以根据挖槽的长度和宽度增加锚缆长度，以加大挖泥船前移和横移距离（见图3-27）。

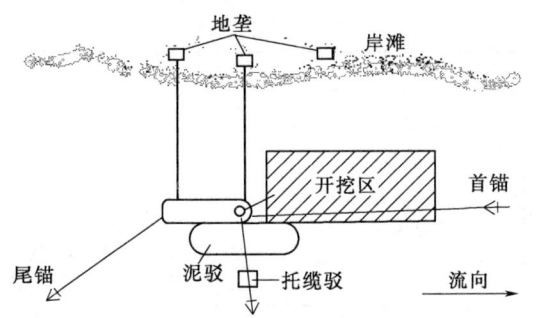

图 3-26 抓斗式挖泥船五锚定位锚缆布置法示意图（三）

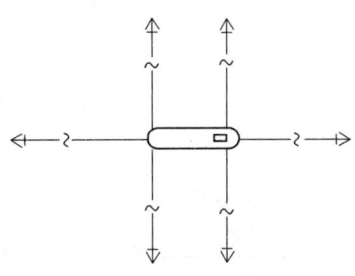

图 3-27 自航式抓斗挖泥船锚缆布置示意图

3.2.2 施工方法

按开挖方式的不同，抓斗式挖泥船常用施工方法可分为顺序排斗挖泥法、梅花形挖泥法、留埂挖泥法等。顺序排斗挖泥法按下斗开挖顺序又可分为排斗挖泥法和切角挖泥法。其各自适用范围、技术要点、优点、缺点等见表3-4。

表 3-4 抓斗式挖泥船施工方法

施工方法	方法要点	优点	缺点	适用范围	示意图
排斗挖泥法	由外向里依次下斗，每完成一个挖宽后，前移船位，进行下排开挖，斗间和排间需重叠一定宽度	1. 操作方法简单、连贯；2. 开挖质量易于控制	土质出现变化时，斗间与排间重叠宽度要随时调整，生产效率与质量受到影响。易发生翻斗情况	土质密实度一般且土层较厚，质量要求较高的工程	
梅花形挖泥法	挖泥时不连续下斗，斗与斗之间留有一定的间隔，前移之后，挖第二排时，在原第一排两斗间前方位置下斗，依次前进，使所挖泥面呈梅花形的土坑，坑脊靠自然坍塌，或水流冲力冲平	超深小	土质、土层厚度不均匀时，开挖质量不易控制，易出现浅点	土质松软、泥层厚度小的工程	
切角挖泥法	从土层堑口处起挖，由里往外排斗，使每斗抓到堑口。每完成一个挖宽后，前移船位，进行下排开挖	抓斗易抓住堑口，生产效率高	土质出现变化时，斗间与排间重叠宽度要随时调整，生产效率与质量受到影响。易发生翻斗情况	坚硬土质	

续表

施工方法	方法要点	优点	缺点	适用范围	示意图
留埂挖泥法	挖泥时不连续进关,而是跳一关间隔开挖,中间留出一道埂。上一关挖完后,再退回一关,将土埂挖除	抓斗易抓住泥土,生产效率高	操作复杂,易出现超挖和漏挖,开挖质量不易控制	坚硬土质。水深许可情况下	开挖顺序：(1)→(3)→(2)→(5)→(4) ▽设计深度

按开挖土料的装运方式的不同,抓斗式挖泥船常用施工方法又可分为泥驳装运法和惯滩挖泥法。疏浚土通过泥驳装运是抓斗船最常使用的方法。当挖槽水深过小、挖泥船无法正常施工、不能采用泥驳装卸泥时,挖泥船把挖起来的泥土惯到挖泥船边的河滩上,此方法即惯滩挖泥法。

3.2.3 技术参数控制
3.2.3.1 斗间距及排间距控制

在实际施工中,根据水流的大小及土质松软情况,合理确定斗间距和排间距,并控制好开挖深度。一般情况下,水流越急,斗间距和排间距可越大;土质越松软,斗间距和排间距越大。

在采用排斗挖泥法和切角挖泥法施工时,一般情况下斗间距及前移距离可按0.5~0.8倍抓斗张开宽度控制。挖泥船前移一次的排斗数可用式(3-3)粗略计算。

$$P = B\Delta HS/V \tag{3-3}$$

式中　P——挖泥船前移1次的排斗数;
　　　B——分条宽度,m;
　　　ΔH——开挖层厚度,m;
　　　S——前移距,m;
　　　V——抓斗斗容,m^3。

3.2.3.2 分层厚度控制

抓斗式挖泥船的分层与土质、抓斗规格(斗容、斗重、张斗宽度等)、土层厚度等有关系,通常情况下,土质越松软或松散,分层厚度就可越大;抓斗越大,分层厚度也就可越大。

抓斗挖泥船分层厚度一般先按抓斗规格进行选择,再结合土质通过试挖进行优化确定。一般情况下：①对于斗容在$2m^3$以下的抓斗船,分层厚度多按1.0~1.3m进行控制;②对于斗容在$2~8m^3$之间的抓斗船,分层厚度多按1.3~2.0m进行控制;③对于斗容在$8~20m^3$分层厚度多按1.5~2.5m进行控制;④对于斗容在$13~50m^3$之间分层厚度多按1.5~3m进行控制;⑤开挖淤泥或黏土等软性土质可按高值分层控制;⑥分多层开挖时,按如下措施控制。

(1) 最上面几层的厚度可适当加大,以提高开挖效率。
(2) 底部倒数第2层要求基本按设计分层厚度施工,并控制好开挖底高程,以确保最底部标高层厚度均匀,利于施工质量。

(3) 最底部1层要减小土层厚度，一般情况下开挖底部标高1层时预留土层厚度一般为0.8~1.3m，厚度太大容易出现浅点，清浅时又容易加大超深量；厚度太薄，控制不好就出现较大的超深。

(4) 在采用梅花形挖泥法施工时，斗与斗之间未开挖的泥层预留的高度应小于超挖深度，目的是要确保疏浚后不出浅点。

抓斗船挖泥操作主要分为下斗、关斗、提升和卸斗4个过程。质量控制方面，作业时必须防止漏挖和超挖；安全管理方面，要避免抓斗碰损泥驳和锚缆等。下斗时要按设计的斗间距和排间距控制好位置；关斗要到位，减少泥土溢出或斗口夹住的泥土滑出；抓斗提升旋转应平稳；卸斗时要保证把泥土全部卸入泥仓中，遇有超过泥门宽度的石块、木头等不应放入泥仓中；石块过大提出水面有困难时，应通知甲板部移船至深槽或岸边抛卸，不宜硬性提出水面并装入泥仓。

3.2.3.3 不同土质情况下施工

抓斗船在不同土质情况下施工需采取不同施工技术措施，以保证生产效率和质量。

(1) 操作方式。施工过程中经常采用的操作控制方式如下。

1) 开挖淤泥和流沙时，宜采取梅花形下斗挖泥法，并采用快速放斗、快速合斗、慢速提斗的方式操控。

2) 开挖沙质土时，宜采取排斗挖泥法，并采用快速放斗、快速合斗、快速提斗的方式操控。

3) 开挖可塑性黏土时，宜采取排斗挖泥法，并采用快速放斗、慢速合斗、快速提斗的方式操控。

4) 开挖硬质土时，宜采取切角或流埝挖泥法，并采用慢速放斗、慢速合斗、慢速提斗的方式操控。

(2) 抓斗与斗齿选用。抓斗式挖泥船有多种抓斗与斗齿可供选用，在实际施工中，各类型的挖泥机具因开挖的土质不同，所以都会有对工程的适应性和局限性。抓斗式挖泥船正式施工作业前要结合地勘资料并通过试挖，按所挖土质情况，选择合适类型的抓斗，更换合适的斗齿，以提高生产效率。

1) 抓斗按结构型式一般分为普通平口（板式）抓斗、半齿式抓斗和全齿式抓斗3种（见图3-28）。普通平口（板式）抓斗用以抓取较为松软的泥土和黏土；半齿式抓斗用以抓取较坚实的泥土和小石块；全齿式抓斗则用以抓取石块、木头及硬质杂物。具体选择时可按如下情况选择：①开挖淤泥、淤泥质土、松软土、松散沙时，选用大斗容平口斗；

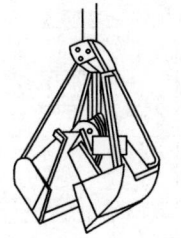 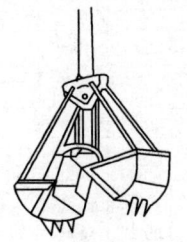 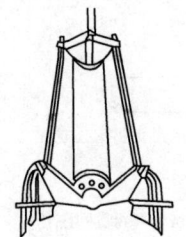

(a) 普通平口（板式）抓斗　　(b) 半齿式抓斗　　(c) 全齿式抓斗

图3-28　抓斗类型示意图

②开挖黏土、亚黏土、中等密实土、沙时,选用带齿抓斗;③开挖硬质土时,选用重量较大、斗容较小的全齿斗;④开挖紧密沙、砾石、风化岩石时,选用重型活络全齿斗。

2) 抓斗按起吊和启闭抓斗的绳索分,则有单索斗、双索斗和多索斗。一般常用的为双索斗。

3) 按抓斗的重容比可分为轻型斗(重容比小于3)、中型斗(重容比大于3小于5)、重型斗(重容比大于5)三类。重容比是抓斗自重(t)与抓斗容积(m^3)的比值,重容比越大,抓斗的破土能力就越强。抓斗船一般都配有几种重容比的抓斗,以适应于不同土质,具体选用时要根据土质类别、密实度以及水流流速等因素确定:①水流流速大时,为防止抓斗漂移过远应选用中型斗或重型斗;②一般情况下,当开挖土的标贯击数 $N>40$ 时宜选用重型斗,当 $N<15$ 时宜选用轻型斗,当 N 值介于15~40之间时,可选用中型斗;③土质与重容比的一些经验数据及相应的抓斗类型,可供选择抓斗时参考(见表3-5)。

表3-5 土质与重容比关系数据及抓斗类型选择表

土壤种类	标贯击数 N	重容比/(t/m^3)	适合抓斗类型
淤泥、淤泥质土、低液限黏土、粉质黏土、极松散的沙类土	<4	1~2	轻型斗
中塑黏土、中塑分值黏土、松散沙类土、松散碎石	4~15	2~3	轻型斗、中型斗
硬塑黏土、中密沙、中密碎石	15~25	3~4	中型斗
硬塑黏土、砾石黏土、密实砂、密实碎石	25~40	4~5	中型斗、重型斗
坚硬黏土、风化岩、极密实砂石、软基岩	>40	>5	重型斗

4) 另外,电动抓斗、液压抓斗均有大量发展,近些年还出现在普通抓斗上安装一臂杆,以代替传统的滑轮组和钢索,利用杠杆原理,以提高抓斗闭合时向下挖掘的能力。

5) 针对环保要求还研制出封闭型抓斗,施工时可避免由于搅动水底质或泥浆泄漏所造成的二次污染。

6) 抓斗斗齿的类型及选择。抓斗斗齿有多种类型,斗齿选择是否得当也直接影响到生产效率,对于不同的土质可参考表3-6选取。

表3-6 抓斗斗齿种类及其适用范围表

齿形	钝齿形	利齿形	齿形	錾形	锥形
示意图					
适用土质	$N<4$,特别适用于软泥、粉质土等	$4<N<15$,黏土、粒径均匀的细沙等	软泥、粉质土、爆破后的碎块石或混凝土等	$15<N<40$,密实沙、硬塑黏土、崩塌后的软砂岩、风化岩等	$15<N<40$,密实沙、硬塑黏土、崩塌后的软砂岩、风化岩等

3.3 链斗式挖泥船施工技术

3.3.1 开工展布

链斗式挖泥船开工展布与抓斗船有相似之处。

(1) 进点定位。链斗式挖泥船进点定位有逆流进位、顺流进位两种方式。

如采用逆流进位,当挖泥船被拖到或自航到挖槽起始点位置附近时,可先下放斗桥至河底临时固定船位,再依次抛首锚、尾锚和边锚。

如采用顺流进位,当挖泥船被拖到或自航到挖槽起始点位置附近时,可先在距挖槽起点 200m 左右处抛设尾锚,然后通过收绞或放松锚缆将船首调整到起点位置,下放斗桥将船体固定后,再抛设边锚和首锚。抛锚结束后再逐步将挖泥船调整到位。

(2) 锚缆布置。链斗式挖泥船施工一般需布设 6 只锚,即首锚 1 只,尾锚 1 只,左、右边锚各 2 只。

1) 主锚宜抛设在挖槽中心线上。泥层厚薄不均匀时,宜偏于泥层较厚的一侧;水流方向不正时,宜偏于主流一边。主锚抛设长度一般为 400~900m。

2) 顺流施工时,应加强尾锚,并增加尾锚缆抛设长度。逆流施工时,尾锚可就近抛设或不抛设,抛设长度宜为 100~200m。

3) 逆流施工时,前边锚宜超前 20°左右抛设,后边锚可不超前;当不设尾锚时,后边锚可抛设成"八"字形。顺流施工时,后边锚滞后 15°反"八"字形抛设。

链斗式挖泥船六锚施工法见图 3-29。

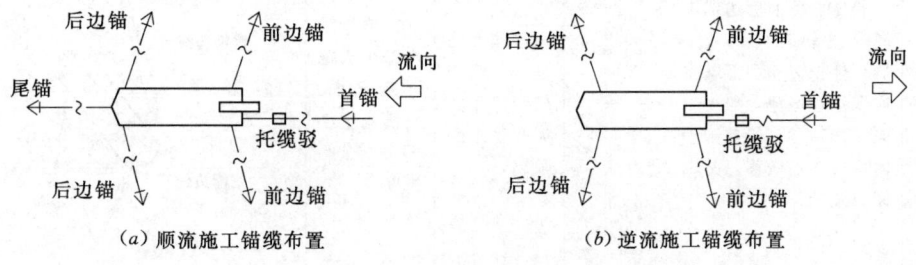

图 3-29 链斗式挖泥船六锚施工法示意图

3.3.2 施工方法

(1) 常用施工方法。在水域及水文条件较好,挖泥船不受挖槽宽度和边缘水深限制,以及开挖质量较高的工程上,多采用斜向横挖法施工。该法要求挖泥船纵向中心线与挖槽中心线呈一较小角度横移挖掘,优点是阻力小、充泥量足,挖边缘时易达到质量要求,斗链不易脱缆出轨;缺点是操作较复杂(见图 3-30)。

(2) 特殊工况条件下施工方法。在某些特

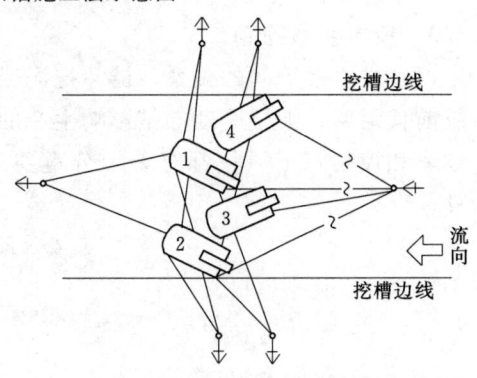

图 3-30 斜向横挖法示意图
1~4—作业过程中挖泥船的船位变动情况

殊工况条件下，如流速大的区域、狭窄的施工区域，斜向横挖法就受到了限制，在这种情况下就需采用一些对应的施工技术。表3-7列出了链斗式挖泥船平行横挖法、扇形横挖法和十字形横挖法等几种特殊施工方法的方法要点、各自优缺点以及适用范围。

表3-7 链斗式挖泥船特殊施工方法要点表

施工方法		方法要点	优点	缺点	适用范围	示意图
特殊施工方法	平行横挖法	通过前后边锚缆的同步收放，使挖泥船纵向中心线平行于挖槽中心线而横移开挖	水流适应性好	泥斗充泥量少，横移阻力大，操作较复杂	流速较大的水域	
	扇形横挖法	尾锚缆和后左右边锚缆收紧，使船体尾部基本保持不动，通过收放挖泥船前侧锚缆，使船首以船位为摆动中心进行横移，并完成开挖	操作方法简便	挖宽小	适宜在挖槽狭窄、边界处水深小于挖泥船吃水的情况	
	十字形横挖法	船体两侧前后边锚缆通过斜对向的收放，使挖泥船中部基本保持在原地，船尾向一边横移，船首则向相反一边横移，并完成开挖		操作方法复杂，两侧船帮停靠的泥驳受水深限制	挖槽边缘水深小于挖泥船吃水，挖槽宽度小于挖泥船长度	

3.3.3 技术参数控制

（1）主要参数间的关系。链斗挖泥船开挖过程中，斗链运转速度、挖泥船横移速度、斗链前移距离、泥层厚度等是影响生产的关键参数，科学合理地控制好这些参数对提高生产效率和控制施工质量都有着十分重要的作用。链斗挖泥船的生产率平衡按式（3-4）计算。

$$QNK_1/K_2 = V_b L h \qquad (3-4)$$

式中　Q——泥斗容量，m^3；

　　　N——泥斗运转速度，斗数/min；

　　　K_1——充泥系数；

　　　K_2——搅松系数；

V_b——横移速度，m/min；

L——前移距，m；

h——泥层厚度，m。

从式（3-4）可见，斗链运转速度、挖泥船横移速度、斗链前移距离、泥层厚度是互相影响，互相联系的，施工过程中这几项要素要配合得当，尽可能使泥斗达到最佳充泥量和最合理的斗链运转速度，同时还要避免充泥过满而回溜到开挖面上，从而影响到质量。施工过程中要先通过试挖确定出最优的控制参数，达到最佳生产率和最佳质量。

（2）斗链的运转速度控制。链斗船斗链运转速度越快，一般情况下其生产效率也越高。斗链运转速度选择时要综合考虑土质、斗容量、流速、横移速度、前移距等因素。

1）斗容量和斗速成反比关系，因此各型号链斗挖泥船在选择斗速时应考虑该船的斗容量和充泥条件。

2）土质松软或松散时，如淤泥和沙质土可选用较高斗链运转速度，以获取较高的生产效率。

3）在流速较大水域开挖松软泥土时，由于受水流冲力影响，如果斗链运转过快，则可能使切削下的泥土不能全部装载到泥斗内，从而遗落于挖槽内或被冲到挖槽下游，这种情况下应适当下调斗链运转速度。

4）当挖黏土时，泥土容易黏附在泥斗壁上，很难全部倒出到泥槽内，泥斗内泥土或黏附在泥斗壁上泥土易被带出并漏入挖槽内，不仅降低了生产效率，同时也影响到开挖质量。因此当链斗船挖黏土时，必须降低斗链运转速度，必要时作为配合还应同时降低横移速度，减少充泥量。

5）其开挖硬质土时，应选用较低的斗链运转速度，以增强对泥土的切削。

（3）横移速度控制。合理控制横移速度是提高生产效率、保证开挖质量、保障设备安全运行的关键。在实际操作中，横移速度快慢的控制应根据土质和泥斗的充泥情况等因素而定。一般土质情况下在横移过程中若泥斗充泥不满，就需加快横移速度。若泥斗充泥太满有溢泥现象，就应放慢横移速度。链斗式挖泥船横移速度一般多控制在 6～8m/min 之间。对泥层厚度不超过 1m 挖槽，横移速度可用式（3-5）计算。

$$V_b = V_p b/m \qquad (3-5)$$

式中 V_b——挖泥船横移速度，m/min；

V_p——斗链运转速度，m/min；

b——泥斗挖掘所成轨迹的宽度，m；

m——斗链节距，m。

链斗船施工时，横移速度控制必须注意以下一些情况。

1）不论开挖何种土质，横移速度都不宜过快，太快容易使链斗从下导轮脱出；在开挖到边线船位未回正之前向另一边横移时要减慢速度，过快也容易造成斗链脱出。斗链脱出不仅影响到设备安全，也直接影响到正常施工。

2）在保持斗链运转速度不变和其他工作条件基本相同的情况下，横移速度越快以及前移距越大，则泥斗充泥越满。因此横移速度快慢的控制应根据泥斗的充泥情况而定，在横移开挖过程中，如果发现泥斗充泥过满而且出现了溢泥情况，就应降低横移速度；当发现泥斗充泥不满时,则需要加快横移速度。

3)横移过程中要注意边锚绳的动态,两侧锚缆的松和绞要保持协调,防止造成断绳现象。横移过程中绝对不允许船尾超过船头,以避免下导轮下方的斗链撞到泥层堑口而引起出轨。

4)分条施工时,为保证底部开挖平整度,施工时应使泥斗挖泥轨迹有一定的叠合。叠合宽度要根据土质和土层厚度等情况确定,一般按 5~10m 控制为宜。叠合区域开挖质量是要通过控制横移速度来实现。当链斗横移摆动至已完成开挖的邻条 5~10m 处,降低横移速度,减少泥斗充泥量,保持慢速横移至越过分条界限 5~10m 后可停止摆动,并进入下一个开挖流程,即进行 5~10m 宽的低效率重叠开挖,以避免并消除挤淤浅埝的形成。

5)横移速度与斗链运转速度汇成的斗刃切割合成速度具有一定的倾斜度,其与纵向形成的倾斜角度不宜过大,否则易使泥斗产生拖曳,从而影响斗刃的切割作用。

(4)前移距控制。链斗船开挖完一个横断面后,利用主锚缆向前移动的距离也是非常重要的技术参数。为了使泥斗充满泥土,提高挖泥船的生产率,必须合理地确定链斗挖泥船的前移距。在横移过程中前移距为定值,而到达挖槽边线时,又为变量,故前移距是完全可以人为加以控制的,也是链斗式挖泥船提高产量必须认真控制的主要数据之一。

1)前移距的主要决定因素。土质、土层厚度、挖深、泥斗容量和斗链的着底距是前移距的主要决定因素,同时前移距还要和斗链运转速度、横移速度相互配合协调。斗桥下放深度、土的性质、泥层厚度和斗链的松紧状态直接决定着斗链着底距(见图 3-31)。对有严格质量控制标准的疏浚工程,通常前移距要小于斗链着底距,如前移距等于斗链着底距,则挖泥后的河底平整程度较差。如前移距采用得过小,为保证挖泥的生产效率,又必须提高横移速度,泥斗轨迹间就无叠合,有可能遗留斜向土脊。

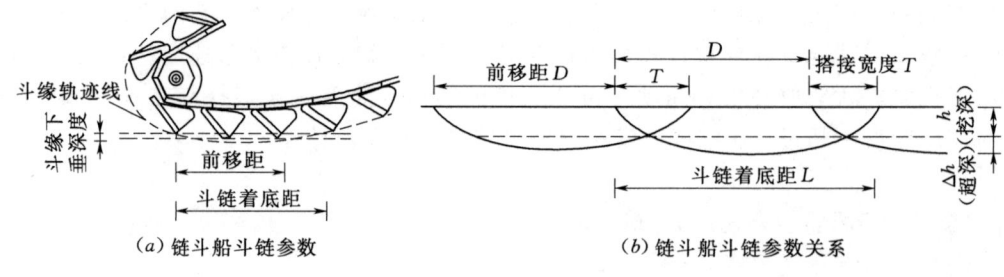

图 3-31 链斗船斗链参数关系示意图

2)前移距与土质的关系。对中型以上链斗式挖泥船,通常情况下对极松软松散的土质前移距可按 1.5~2.0m 控制,对松软土质前移距可按 0.8~1.5m 控制,对较硬土质前移距可按 0.5~0.8m 控制,对硬质土前移距可按 0.3~0.5m 控制。

3)前移距与斗桥下放深度关系。斗桥下放深度由挖深直接决定,当斗桥下放浅时,泥斗开挖弧度大,泥斗着地个数多,开挖平整度高,质量保证性强;当斗桥下放深时,泥斗开挖弧度小,泥斗着地个数少,开挖平整度差,质量不易保证。因此前移距与斗桥下放深度成反比。

4)前移距与斗链着底距关系。如果前移距等于或略小于斗链着底距,则搭接宽度就相对较小,或几乎为零,这种情况下开挖后底部平整度最差,施工质量不能保证;如果前移距过小,那么搭接长度就相对较大,这种情况下泥斗充泥量少,生产率低。

5)前移距与横移速度关系。前移距与横移速度成反比关系。在横移速度固定的前提下,如果前移距过大,有时会发现泥斗充泥不满的情况,此时为了保证挖泥船生产率,需要提高横移速度,但由于泥斗间存在一定间距,这样就有可能造成泥斗轨迹间没有形成叠复,会遗留出斜向沙脊。为避免这种情况就需要控制横移速度,使泥斗开挖轨迹形成重叠。开挖一般性土质时,重叠宽度一般为泥斗宽度的0.4倍为宜。另外横移过程中,在斗链的横向移动速度和斗链本身运转速度的共同作用下,斗刃会对土体产生斜向的切割速度,横移速度越大这种切割速度的斜度就越大,就会使泥斗产生拖曳,从而影响斗刃的切割作用。如果横移速度提高过大,还很容易使斗链自下鼓轮脱出。

6)前移距与泥层厚度关系。同其他类型挖泥船一样,链斗船也要进行分层开挖,一般情况下链斗船的分层厚度按1~2倍的泥斗斗高进行控制。前移距与泥层厚度成反比关系,即泥层越厚,前移距就要越小。

7)理论前移距的计算。前移距可用式(3-6)计算。

$$L = \frac{w}{60HV_b} \quad (3-6)$$

式中　L——前移距,m;
　　　w——生产效率,m³/min,可参考第2.6.5条中相关内容计算;
　　　H——泥层厚度,m;
　　　V_b——横移速度,m/min。

按理论公式(3-6)计算出的前移距只能作为参考值来指导实际控制值的确定,需要注意的是,实际施工时,所获得的最佳施工前移距往往均小于理论计算值。因此在施工时,必须根据现场的不同土质、机械设备状况和自然条件等,通过试挖选用经济合理、安全高效又切实可行的最佳前移距、横移速度、分层厚度和斗桥下放深度,以最大限度地提高产量、减少回淤,确保施工质量和减少链斗磨损。

3.4　铲斗式挖泥船施工技术

3.4.1　开工展布

(1)进点定位。铲斗式挖泥船有钢桩定位、桩缆定位和锚缆定位3种方式,具体需根据土质和水文气象情况选取。

1)非特殊情况下均可采用定位桩定位,即当挖泥船基本到位后,先放下定位桩,然后利用铲斗及前后桩校正船位,最后放下两前桩固定船位。

铲斗船在开挖起始点就位后,将两前桩放下利用抬船绞车绞缆压桩、抬船体,同时将两前钢桩插入泥土以固定船位(施工中避免单桩抬船),并开始进行挖泥作业。

2)在风强流急的情况下,单独采用定位桩在设备安全上存在一定隐患,同时还不容易准确定位,这种情况下可将锚缆和定位桩配合使用进行定位施工,从而能更好地抵抗强风和急流对船体的冲击。

3) 在土质坚硬，如开挖碎石等，用定位桩很难定位时，可考虑采用锚缆定位施工。逆流施工时，可将桩升起，抛设首锚1只、前后边锚各2只，采用五锚法定位。在顺流施工时，也可抛设首尾锚各1只、前后边锚各2只，采用六锚法定位施工［见图3-32(b)］。

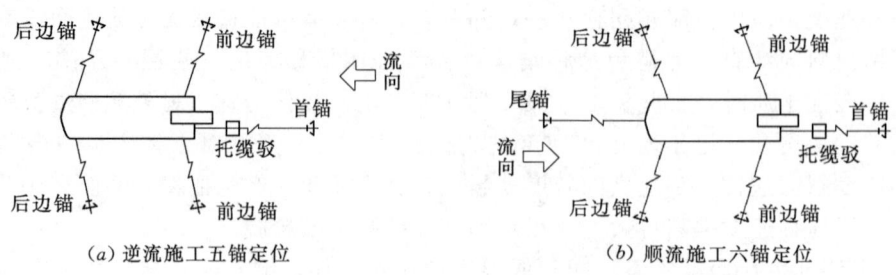

图3-32 铲斗式挖泥船五锚（六锚）锚缆布置示意图

（2）锚缆布置。铲斗式挖泥船锚缆布置可参照链斗式挖泥船和抓斗挖泥船。

3.4.2 施工方法

铲斗式挖泥船常采用纵向挖掘法施工（见图3-33）。开挖时，利用铲斗自重下降到挖泥深度，操纵拉起主起升钢缆，使铲斗切削土挖泥。根据不同结构类型铲斗船的铲斗挖掘和铲斗提升过程的操作特点，该方法又主要分为推压和提升铲斗同步挖掘法和推压制动、提升铲斗挖掘法。

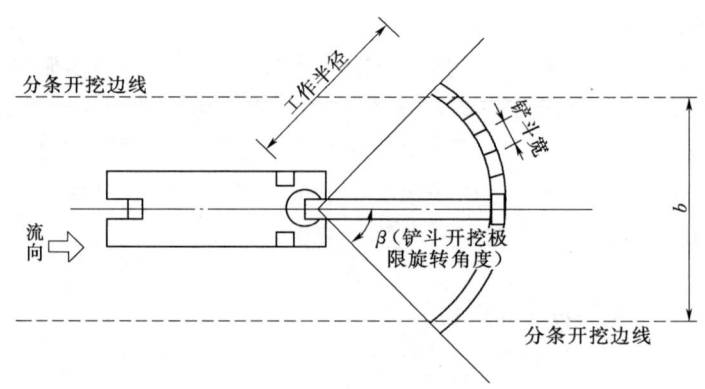

图3-33 铲斗式挖泥船施工示意图

（1）推压和提升铲斗同步挖掘法。该法就是在对铲斗进行推压挖掘的过程中同时将铲斗提升，铲斗的装泥过程是在铲斗推压和提升过程中共同完成。此方法操作简单，适用于坚硬土质、风化岩、碎石等的开挖作业；缺点是切削长度小，生产效率低，平整度较差，易出现超挖情况。背度挖掘法是推压和提升铲斗同步挖掘法的一种特殊施工方式，只适用于转盘式铲斗式挖泥船。

（2）推压制动、提升铲斗式挖掘法。该法是指在先保持对铲斗进行推压挖掘，在完成一个切削长度后再提升铲斗，铲斗的装泥过程主要是在铲斗推压过程中完成。此方法操作较复杂，操作的精准度要求也高，操作适用于软质土以及平整度要求高的开挖作业。优点是切削长度大，生产效率高，平整度较好。此方法也称做水平挖掘法。

铲斗式挖泥船施工方法要点见表 3-8。

表 3-8　　　　　　　　　　铲斗式挖泥船施工方法要点表

施工方法	方法要点	优点	缺点	适用范围	示意图
背度挖掘法	转盘式固定吊杆挖泥船在铲斗下放过程中，利用惯性和背度绳尽量将铲斗向后拉向船体，形成一个背度角 θ（一般为 13°～15°），利用船体的重量推压铲斗、切入河底进行挖掘，完成一个切削长度后（泥斗装满泥后），提升铲斗旋转并卸泥至泥仓内	生产效率较高	易产生一定超深	1. 较厚土层，层厚可达 3～4m；2. 质量要求不高的工程；3. 硬质土、风化岩等	
水平挖掘法	全（半）旋转台式挖泥船在切削过程中，随时推压铲斗，使铲斗轨迹保持水平，完成一个切削长度后（泥斗装满泥后），提升铲斗旋转并卸泥至泥仓内	开挖质量好	操作较复杂，挖掘厚度受限制	1. 开挖质量较高的工程；2. 软质土；3. 爆破后的碎石层	

3.4.3 技术参数控制

铲斗式挖泥船操作较为复杂，控制难度大。施工时应通过试挖确定不同土质挖掘时的铲斗前移距离、铲斗回转角、回转角进量等施工技术参数，控制好生产效率和质量。

（1）前移距控制。铲斗式挖泥船在一次到位并完成一个分条宽度内的开挖后，需要向前移动船位继续开挖。船位的移动是通过定位桩和铲斗实现的，首先把铲斗向前放到水底，并收起两前桩，再收动推压钢缆或背度绳，使船体向铲斗方向移动，此时后桩会向前倾斜，完成预定前移长度后，即可落下两前主桩，抬升船位后，即可继续开挖。铲斗船前移距可通过后桩的倾斜变化程度计算得出。一般情况下后桩斜角多控制为 10°～15°，最大不超过 15°。

前移距离是由水深和铲斗斗柄长度、铲斗容量、土质、土层厚度等决定的，需要综合考虑，并通过试挖调整到最佳值。背度挖掘法施工是前移距离应控制为 1.5～2.5m；采用水平挖掘法施工时前移距一般要控制在 5m 以内。各类疏浚设备（挖泥船）前移距离控制参数不同，见表 3-9。

（2）分层厚度控制。当泥层厚度过厚时，和其他类型挖泥船一样，铲斗船也需分层开挖作业，分层的厚度控制原则可参照其他类型挖泥船。铲斗船分层厚度由铲斗的斗高和土质决定，采用背度挖掘法时，每层厚度不宜超过 1.8～2.0 倍斗高。采用水平挖掘法时，最大分层厚度应控制在 2.0m 以内。遇硬质土和岩石时需减小分层厚度。

（3）提高生产效率的技术措施。铲斗船施工时常采用如下技术措施以达到提高生产效率、开挖质量和保证设备安全的目的。

1）在挖掘淤泥和其他松软土体时，可参照抓斗船梅花形挖泥法，按梅花形布铲开挖，开挖后形成的土脊可借助于水流冲力冲刷塌落并将超深部分淤平。此措施可提高铲斗充泥量，提高工作效率，但需控制好间距和超挖深度。

2）在开挖坚硬土层、风化岩或碎石层时，如按常规方法连续下铲开挖，铲斗所受反作用力较大，常会把铲斗和回旋机构向已开挖方向回推，不仅影响到设备安全，还会影响生产效率和开挖质量。此种情况下可参照抓斗船"留埂挖泥法"采用隔斗施工的方法，即间隔交叉下铲斗开挖，挖1斗隔1斗，在第一轮开挖时由于铲斗两侧都有土体阻挡，可以充分利用铲斗的切削挖掘能力，不会因临空面而造成铲斗回退或旋转。留下来的土埂作二次开挖，由于土埂两侧已被开挖，土体也已产生松动，开挖阻力相对降低，此时可以操作速度可适度加快，以提高生产效率。

3）开挖硬黏土时多存在挖不动和黏土粘斗卸不掉的问题，一般可采取如下技术措施解决：①采用隔斗施工法的同时，通过减小土体分层开挖厚度和缩短前移距离等方式减少铲斗的充泥量，不仅会有效减少开挖阻力，也由于每斗的装土量减少，则斗内的带水量相应增加，对斗内泥土的压力也就相对增加，从而使泥土较易卸出；②采用适合的爆破方法使泥土产生松动后再开挖。

4）开挖黏土时还存在泥驳卸泥困难的问题，一般可采用如下技术措施解决：①减少装仓量，一般可控制在泥驳仓容量的30%～50%；②按土质不同分类分层装载，可将较软的装放在下部，硬黏土装放在上面一层；③分堆堆载，每堆间留出一定间隙，减少土体间的黏着力，同时也便于在卸不出时采用高压水枪冲卸；④在深水区卸泥时，泥门开启后，可加快泥驳航速，利用水流冲力下卸泥土；⑤保持泥仓的密闭性，使泥仓内保留一定水量，减小黏土和仓壁间黏着力；⑥采用上面各类办法仍不能解决时，可临时对泥仓壁进行改造，通过加衬板的方式加大仓壁的坡度。

5）铲斗挖泥时一般应选用低档推压，根据土质和泥层厚度不同还要采取不同施工技术措施：

A. 挖淤泥与流沙时，一般采用梅花形下斗挖掘方法，并采取快速开挖、慢速起斗的方法进行操控。

B. 挖软泥与沙质土时，可保持吊杆幅度不变，使功率集中用于挖掘起升，采用快速开挖和快速提升，从而缩短工作周期提高生产率。

C. 挖硬质土与可塑性黏土时，放下铲斗的同时吊杆变幅，使起升钢缆与泥面夹角尽可能减小，以便加大有效切削力。挖掘时，使变幅机械的功率尽可能全部用到挖掘起升中去，采用慢速开挖。挖掘完毕，因所需起升力小，可以将起升与变幅同时操纵运动，以加快提升速度。另外在挖掘可塑性黏土时还要适当减少开挖厚度和每斗装斗量，斗间重叠宽度也要适当减少。

3.5 耙吸式挖泥船施工技术

3.5.1 开工展布

耙吸式挖泥船疏浚作业是通过边航行边挖泥实行的，施工作业过程中无需抛锚定位展布，一般也不需要泥驳、拖轮等辅助船舶配合施工。以前耙吸式挖泥船展布和施工，一般只需岸上设置具有相当灵敏度的导标，包括边界标、中线标、起点标、终点标等。近年来随着DGPS推广使用，为疏浚作业的导航定位提供了极大便利，不仅提高了定位精度，而且随时掌握本船作业运行的轨迹。目前，耙吸式挖泥船疏浚展布和作业已不再预设水陆疏浚标志，而是直接运用DGPS控制船位。

（1）开工准备。

1）开工前在船上所配的DGPS系统上绘制区域水深点、航道两边边坡线、沿航道纵向10m宽分条、横向1000m分格线等标记，以辅助耙吸式挖泥船施工。

2）根据工程设计的抛填区，将范围坐标以及抛填航线坐标输入DGPS系统，确保抛填位置的正确与航行安全。

（2）开工定位。耙吸式挖泥船航行到接近起挖点前，降低航速，对好标志（航线）、利用DGPS将耙吸式挖泥船定于起始开挖线上，并控制好船舶姿态，确定舱位、放耙入水、按照预定购前进航向驶入挖槽，启动泥泵吸水，待耙头着底，然后适度增加挖泥船对地航速，吸上泥浆，再按照预定的前进航向驶入挖槽，耙挖泥沙。

3.5.2 施工方法

耙吸式挖泥船一般采用纵挖法施工，根据其排泥方式可分为旁通（边抛）法、溢流装舱法及吹填法施工。

3.5.2.1 旁通（边抛）法施工

根据耙吸式挖泥船机械的不同，旁通法分为两种：一种为溢流法，即吸上的泥浆不经过本船泥舱，直接就近从船旁溢流筒排出入水；另一种为边抛法，即将吸上的泥浆不进入泥舱，而是经过特设的边抛管输送到离开船舷一定距离的管口，再流出到船体外水中。边抛架一般伸出船外20～100m，可以根据需要转到船体任意一侧。

旁通（边抛）法施工节省了装舱、运输以及卸泥时间，提高了有效施工作业时间，生产效率较高，在下列情况下可采用这种方法。

（1）具有一定流速的宽阔水域的维护性疏浚工程，且水流流向与挖槽有一定交角。

（2）泥沙颗粒微细，易于随水流输移。

（3）疏浚区域附近缺少弃放疏浚土料的维护性疏浚工程。

（4）紧急情况下需要突击疏浚航道浅滩，迅速增加水深，满足航运要求。旁通法施工可以节省抛泥的往返时间，集中力量突击挖通浅滩。又因泥浆不装舱，挖泥船吃水浅，可以在水深有限的浅滩上作业。尤其在河床冲淤变化大，而又有足够冲刷流速的水域，采用该法时可以提高工效。

（5）航道水深小于挖泥船装载吃水的水深，采取的临时性疏浚增深措施，直到满足挖泥船装载吃水的水深后，再进行装舱施工。

（6）挖槽宽度及挖掘部位尽可能与排出泥浆入水点的工作距离相适应，可一次出槽。

（7）不会对附近港池、航道、锚地等造成回淤，不会对附近水产养殖场、取水口等造成明显不利环境影响时。

（8）受场地、水位、风浪、流速和流向等因素的影响无合适的弃土或吹填施工区域。

（9）环保、航运部门许可，不会对过往船舶造成影响。

3.5.2.2 装舱溢流法施工

装舱溢流法是耙吸式挖泥船最常使用的方法，装舱溢流法是指耙吸式挖泥船进入指定的开挖段后，将耙管放到水下水平状态后启动泵机，根据当时潮位水位将耙头下放到泥面，将耙管内的清水和低浓度泥浆直接排出舷外，待泥浆浓度正常后再打开进舱闸阀装舱；当泥舱装满后仍继续泵吸泥浆进舱，使泥舱上层低浓度泥浆通过溢流筒溢出。简单说就是在疏浚作业过程中，将清水和低浓度的泥浆排出泥舱，只收集高浓度泥浆入仓。装舱溢流法施工时，疏浚区和调头区要保持相通，同时通往抛泥区的航道必须有足够的水深和水域，能满足挖泥船装载时航行和转头的需要，并有适宜的抛泥区可供抛泥。

(1) 装舱溢流法基本操作程序。

1) 耙吸式挖泥船进入指定的开挖区段内后，先将耙管放到水下水平状态后启动泵机，再根据当时潮位或水位将耙头下放到泥面。

2) 耙吸开始后，要先将耙管内的清水和低浓度泥浆直接排出舷外，等到泥浆浓度正常后再打开进舱闸阀装舱。

3) 当泥舱装满后仍继续泵吸泥浆进舱，使泥舱上层低浓度泥浆通过溢流筒溢出船外。

(2) 装舱溢流法控制要点。

1) 溢流时间的控制。采取这一施工方法必须对溢流时间加以控制，当泥舱装满未达到挖泥船的载重量时，应继续挖泥装舱溢流，以增加装舱土方量。最佳装舱时间，应根据泥沙在泥舱内的沉淀情况、挖槽长度、航行到抛泥区的距离和航速综合确定，并使装舱量与每舱泥循环时间之比达到最大值。寻找到最佳装舱时间可以有效提高耙吸式挖泥船的生产效率。

A. 实际施工过程中，要根据不同土质控制不同溢流时间，以尽可能使泥舱装载量达到最大，然后停泵起耙，把泥沙运到指定抛泥区抛卸。

B. 施工时还要根据施工区段长度和挖泥航速，确定适度的溢流时间，保证每船最大的装舱量，并提高挖泥船次，以做到多装快跑。

C. 放耙着底初期，短时间内可能吸上的泥浆浓度过低，此时宜将它排出舷外，待泥浆进入正常浓度，再转换装入泥舱，以提高装舱浓度。

D. 一般待泥浆装满至调定的舱容后，为了增加装舱土方量，都采用一定时间的溢流。在溢流过程中，较粗的泥沙颗粒和土块在舱内沉淀，细颗粒泥沙随同溢流的水体流出舱外。

E. 在起耙的过程中，应将吸上的泥浆转换到舱外位置，待变为清水之后再停泵，避免停泵后泥沙在泥泵及管路中堵塞。

F. 当抛泥距离较远时，因路途运输时间占主要比例，增加溢流时间可以提高泥浆浓度，对提高挖泥船生产率是有利的；但抛泥距离较近时，过于追求提高装舱浓度反而降低生产率。另外，如果水流流速很低，无法有效带走溢流出的泥沙，或者港务监督和水域环保部门不允许，可以考虑适当降低装舱时间。

2) 航速控制。耙吸式挖泥船疏浚作业时，耙头吸入泥沙多少，除受泥泵功率、水深、土质等条件制约外，还与航速有密切关系。也可以说基本上是由单位时间内耙头拖移过的河（海）床面积与可能吸动土料的深度决定的，由于所配用的耙头的宽度和齿深是不变的，可以变化的是对地航速，航速过快和过慢都会影响生产效率，增加施工成本，因此控制好航速显得尤为重要。

　　A. 淤泥或软土很容易被耙吸入，可吸动的松土深度也比较大，在这种情况下航速可以放低些，一般控制在2节左右。

　　B. 挖流动性淤泥或浮泥时，还可以选择更低的对地航速。

　　C. 如果疏浚土质为较高塑性黏土、亚黏土、密实细沙，耙齿运动过程中能入土深度较小，必须增大耙头动能来加强剪切力和扩大耙挖面积，从而提高土体松动体积，因此应适度提高航速，这种情况下对地航速一般为3～4节。但航速过快，往往不易控制挖泥深度，并招致水流作用于耙管产生上举分力，耙头与泥面保持不了正常的密切接触，泥浆浓度反而下降。这种情况，水深越大越容易发生。反之如果对地航速过慢，耙头剪切力下降，则不能使耙头有效地松动泥土，吸入泥浆浓度随之下降。

　　3) 溢流控制。采用装舱溢流法施工时，应随时监视对已挖区域、附近航道、港池和其他水域回淤的影响，溢流出的泥浆应符合环境保护的要求，注意溢流混浊度对附近养殖、取水口等的影响；疏浚污染物时，不得溢流作业。

　　4) 舱容控制。耙吸式挖泥船溢流筒筒体在舱底直接与海水相通，筒顶高度可以调节。采用装舱溢流法施工时，可通过调整溢流筒口高度来控制舱容。泥浆被吸入舱内后，在重力作用下泥浆密度在竖向上呈梯度变化，舱底部泥浆密度最大，表层泥浆体密度最小，待舱内泥浆表面高度超过溢流筒口的高度时开始溢流，表面低浓度浆体不断地溢流到舱外，而高浓度的泥浆又不断地被吸进泥舱，使得舱内泥浆平均浓度不断增大，舱内泥土净装载量也在不断提高，待舱内泥浆浓度不再变化时，说明舱内土方量已达最大，此时可以起耙并行驶至抛泥区抛泥。

　　高舱位溢流即将溢流挡调为上挡，使泥舱内溢流筒的高度达到最高，以取得最大的疏浚物料装舱量。每艘耙吸式挖泥船都有其设计最大舱容体积和设计净最大装载量，理论上设计净最大装载量（t）等于设计最大舱容体积（m^3）与舱内允许最大泥浆密度（t/m^3）的乘积。由此可知，舱内泥浆密度的大小决定着疏浚物料实际装舱量。舱内泥浆浓度越小，适宜舱容应选择越大；舱内泥浆浓度越大，适宜舱容应选择越小。施工中不同的土质应选择不同的适宜舱容，淤泥质土入舱后不易沉淀，多为悬浮，即使在装舱溢流达到浓度平衡点（即舱内浓度基本不再上升）时，舱内泥浆浓度依然不高，基本在$1.4t/m^3$左右，这时就需要把泥舱内溢流筒口高度选择到最高，故选择溢流挡调为上挡。而疏浚料为沙或砂砾土时，入舱后很快沉淀，此时则不能一味追求最大舱容，这时就需要把泥舱内溢流筒口高度选择到低位，故选择溢流挡调为下挡。

　　当挖泥船的泥舱设有几挡舱容或舱容可连续调节时，应根据疏浚土质选择合理的舱容，以达到最佳的装舱量。

　　当疏浚粉土、粉沙、流动性淤泥等不易泥舱内沉淀的细颗粒土质时，挖泥装舱之前，应将泥舱中的水抽干，并将开始挖泥下耙时和终止挖泥起耙时所挖吸的清水和稀泥浆排出舷外，以提高舱内泥浆浓度，增加装舱量。

3.5.2.3　吹填法施工

　　有些耙吸式挖泥船配备有吹填设备，可以用于吹填施工。吹填法施工有两种形式。

(1) 接管线吹填。耙吸式挖泥船装舱完毕后，航行到预留好的管线接头处，将其与船上的吹泥管相接，并利用泥泵将舱内泥浆泵出并通过排泥管线输送到吹填区。

(2) 喷射吹泥。船首排泥管头上加接小直径的喷头，泥浆在泥泵的作用下朝船首前上方喷出到吹填区，喷射距离可达上百米。

由于耙吸式挖泥船泥泵一般为大流量、低水头型的，故用吹填法施工，一般排泥距离较短。

耙吸式挖泥船进行吹填施工时，如需系泊，应有牢固可靠的系泊设施。耙吸式挖泥船上排泥管与吹填排泥管的连接方式和结构应简便可靠，并应充分考虑船体的升降、水位变化以及波浪影响。连接方式宜采用快速接头，便于接拆，提高工效。

3.5.3 施工技术措施

(1) 施工顺序选择。

1) 施工前期施工区水深不足，挖泥船施工受限制时，应先挖浅段，逐步拓宽加深工作面。

2) 当工程规模大、工期长，施工区开挖泥层厚度较大，而且施工区内存在自然回淤现象，施工顺序为：先挖浅段，逐次加深，待挖槽各段水深基本相近后再逐步加深，以使深段的回淤在施工后期一并挖除。

3) 当水流为单向水流或感潮河段处于退潮时，应从上游开始挖泥，逐渐向下游延伸，利用水流的冲刷作用扰动泥沙，增加疏浚的效果。

4) 开挖断面地形特点为两侧较浅、中间较深时，应先开挖两侧；当一侧较浅时，应先开挖较浅侧，在各侧深度与中间基本相近后，再逐步加深，避免形成陡坡造成塌方。

5) 当施工断面中间与两侧地形基本平坦时，应先开挖中间，再逐步拓宽。

6) 施工区水下地形平坦，土质为硬黏性土时，应全槽逐层往下均匀挖泥，避免形成垄沟，使施工后期扫浅困难。

(2) "S"形施工技术。耙吸式挖泥船在航道疏浚施工中，经常采用直线开挖，但这一方法受到开挖土质、耙头宽度较窄的限制。施工一段时间后，施工区内会形成多道垄沟，这就给后期的施工带来了困难。

"S"形施工工法就是在施工过程中，耙吸式挖泥船以"S"形行进并挖泥，避免施工区形成较长的垄沟，对提高施工区的平整度有显著的效果。同时，采用"S"形施工工法，由于挖泥时的航迹线与施工区内的浅埂存在一定角度（角度一般控制为8°～28°），可以有效打断浅埂，与直线开挖相比，可以避免溜耙现象。另外这一方法在长度一定的施工水域内加长了挖泥航行距离，增加了装舱时间，有效增加了挖槽长度小的地段的装舱时间，减少了施工中的调头次数，从而对生产率有所提高。后期扫浅施工中，可以提高扫浅的上线率，尤其对清除施工区内已形成的垄沟、浅埂效果显著。

(3) 扫浅施工技术。由于自航耙吸式挖泥船施工时是处于航行状态，挖槽底部平整度的控制相对于其他挖泥船较差，经常存在很多浅区、浅点或垄埂，其水下形态多为与总体施工方向顺向的鳞状结构。航道浅点的特点是浅点孤立、分布不集中、水深落差大、路线长、难于挖掘。所以在工程尾期都要进行扫浅作业。如采用常规技术扫浅，耙子经过该区域会出现钻撇耙现象，影响到扫浅的质量和效率。实际扫浅时首先对航道内浅点进行统一编号，然后可选择采用进退拉锯扫浅法、"S"形绕行扫浅法或"S"形多点串联施工技术，对各浅点逐个挖除。

1）进退拉锯扫浅法就是当船舶挖过浅点后，将耙头提升并离开泥面，然后倒车退回并越过浅点起点，再下耙着底挖泥，如此反复在浅点上拉锯式施工。此方法适用于单个的浅区或浅点、垄埂等。

2）"S"形绕行扫浅法就是根据疏浚区域内散布浅点或浅埂的分布情况，使耙吸式挖泥船呈"S"形轨迹前进，与浅点、浅埂呈斜交挖泥，利用耙齿削切浅点。

3）"S"形多点串联施工技术。利用DGPS定位装置以及船舶操纵技巧，在保证施工安全的前提下，将船舶航迹向与该浅区或浅点成一定交叉角度（20°～30°），利用耙头对其进行切削，并以平滑的"S"形斜线连接区域内各浅点。需要注意的是，在工程初始阶段易使用"S"形施工方法，后期易使用"S"形多点串联法施工。

"S"形多点串联施工关键技术在于，需要有相对准确的船舶定位施工系统，即差分定位（DGPS）的配合和及时测量。船舶操纵上，要将一侧耙头摆放到浅区（埂、点）上，在实际操作的时候可以充分利用耙头自身侧推、旁排的优势，确保每一耙不搂空。扫浅作业时船速应放慢，同时要充分考虑风向、水流的影响，保证船舶行驶在设计的航线上，以确保准确无误的将浅点清除。另外，大角度的改变船舶航向会给其他船舶带来一定影响，应及时通报本船动态。

此外，"S"形多点串联施工技术难度在于完成一次"S"形施工需要驾驶员、操耙手、舵工密切配合。驾驶员要根据周围环境掌握好要舵时机、舵角大小；操耙人员要始终认真观察耙头、耙中钻撬角度以及未来船舶走向对泥耙影响；操舵人员操舵要做到"快、稳、准"。

（4）不同工况条件下耙吸式挖泥船耙头选用。耙吸式挖泥船施工时一般要根据土质情况选用耙头，以提高生产效率。

1）开挖土质为淤泥、淤泥质土或软黏土时，宜选用"IHC"耙头。

2）开挖土质为松散和中等密实的沙时，宜选用"加利福尼亚"耙头。

3）开挖土质为密实的沙时，应在耙头上加装高压冲水。

4）开挖土质为较硬黏性土或土沙混合时，宜在耙头上加切削齿或采用与推进功率相匹配的切削型耙头。

3.6 气动泵挖泥船施工技术

3.6.1 开工展布

（1）进点定位。气动泵（气力泵）挖泥船多在水库、湖泊等水域施工，一般都采用锚缆定位方式。一般采用的定位方法是：气动泵挖泥船被拖到施工区，当GPS坐标点与施工图坐标点基本重合后，放下气动泵头暂时定住船位后，先抛出上风锚，再抛下风锚。

（2）锚缆布置。在水库、湖泊等静水域施工时气动泵挖泥船一般采用四锚缆布置，可参照抓斗挖泥船四锚定位锚缆布置章节相关内容描述。

3.6.2 施工方法

气动泵挖泥船一般采用分条纵向挖掘施工，常用施工方法主要有洞挖法和和拖挖法两种。

(1) 洞挖法。洞挖法是最为常用方法，又可分为梅花形洞挖法和交叉洞挖法。

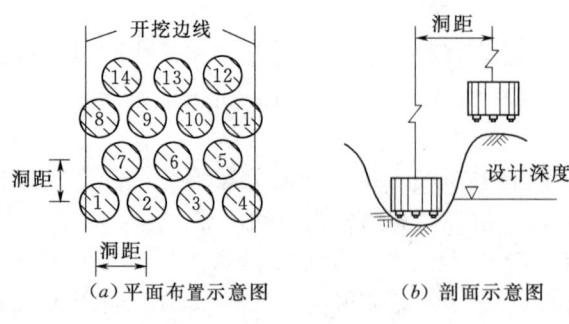

图 3-34 梅花形洞挖法施工示意图

1) 梅花形洞挖法。类似于抓斗船梅花挖泥法，按梅花形布置洞位。在每一洞位边开挖边下放气动泵，达到要求深度后将泵提起并移至下一洞位开挖。每一洞位开挖要根据土质、土层厚度和洞距等因素预留出一定超深，洞位间留出的未挖土埂会自然坍塌并将超深部位淤平，最终达到设计深度（见图3-34）。此方法操作简单，生产效率较高。但在土质不均匀时，开挖质量不易控制，平整度差，易出现浅点或超挖。洞挖法适合于松散的沙、流塑淤泥、软塑淤泥、密实度较低的泥土的开挖以及深水疏浚。

2) 交叉洞挖法。类似于抓斗船留埂挖泥法，每一洞位边开挖边下放气动泵，达到要求深度后，将泵提起跳挖下一洞，两洞间洞壁待浸水松软，坍塌后再开挖（见图3-35）。此方法适宜于粉质土、密实度不高的沙质黏土开挖和深水疏浚。该方法生产效率较高，但操作复杂，定位精度要求较高，操控不当时易出现漏挖、影响质量。另外，洞壁未坍塌或坍塌不完全时，严重影响施工正常进展。

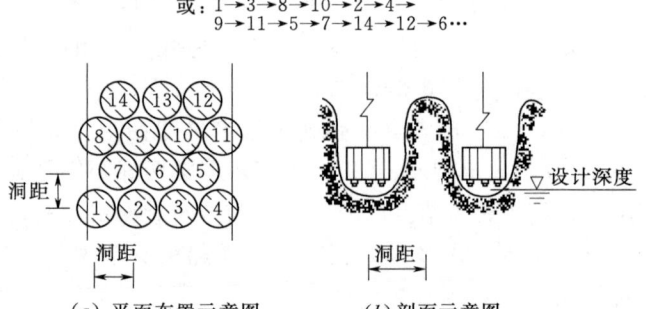

图 3-35 交叉洞挖法施工示意图

(2) 拖挖法。这种方法首先是要将吸口前加装铲斗，铲斗前部多设计有刀子一样的栅格（见图3-36），并通过拖拉泵体使铲斗插入泥层，通过栅格强行将底泥切割成条块状，收集到泵里再吸排走，如同耙吸式挖泥船施工一样。拖挖法可以使疏浚混合物中保持最大的固料含量，从而显著提高生产效率，一般固料含量可以达到80%～90%。拖挖法对土质的适应范围较广，施工时铲斗的固定刀片以低速切割物料，不会扰动水底物料，因而不会产生二次污染，在疏浚污染底泥时此方法优势明显。

采用拖挖法施工时要求驳船上最少配置4台绞车，2台用于牵引，1台用于回位，1台备用。装配了铲斗的泵体与装在船尾的起重卷扬机用钢丝绳连接，定位装在船首。在泵上加装牵引缆绳，通过定位锚缆收绞产生的牵引力边前进边开挖土层。在遇密实度较高的泥土、沙以及黏性土时可在泵上加装铲刀。土层较薄时，也可采用此方法对疏浚土进行归拢后再集中抽吸（见图3-36）。此方法开挖质量较好，但操作方法较复杂，且前移阻力大，容易发生走锚情况，需加大锚缆锚力。

在疏浚区水深小于4～5m时，并采用拖挖法疏浚时，可以把3个罐体由通常的"品"

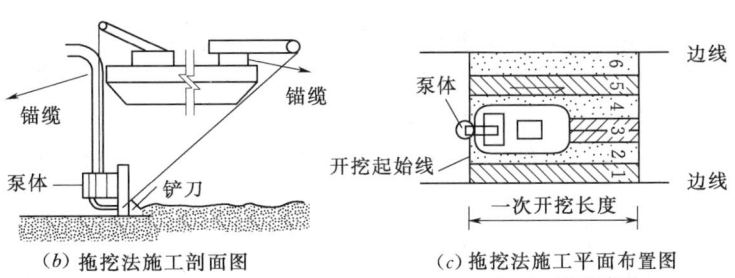

(a) 铲斗前栅格示意图　　(b) 拖挖法施工剖面图　　(c) 拖挖法施工平面布置图
　　　　　　　　　　　　　　　　　　　　　　　　1～6—开挖条数

图 3-36　拖挖法施工示意图

字形排列改为并排"一"字形排列，由起重卷扬机吊着沿导向架上下移动（见图3-37）。环保疏浚时也可采用此排列方式，以避免发生漏泥情况。

3.6.3　技术参数控制

（1）前移距离控制。气动泵（气力泵）挖泥船采用洞挖法施工时，前移距离一般需控制在0.7～1.3倍之间的孔径，具体要视土质情况确定。对于流塑淤泥和松散的沙可选用较大值，对软塑淤泥以及密实度较低的泥土可取较小值。采用拖挖法施工时，前移

图 3-37　罐体呈"一"字形排列示意图

距离为0.5～0.8倍铲斗宽度，土质密实度高时取小值，反之取大值。挖泥船前移距离控制参数见表3-9。

表 3-9　　　　　　　挖泥船前移距离控制参数表

挖泥船型		前移距离		说明
普通绞吸式	带定位桩台车	0.5～0.8倍绞刀长度		坚硬土取较低值；松软土取较高值
	不带定位桩台车			
斗轮绞吸式		垂直切削	泥斗的侧边长度	
		水平切片	1/3～2/3倍斗帮长度	
链斗式		0.3～2.0m		
抓斗式		0.5～0.7倍抓斗张开宽度		
铲斗式		背度挖掘法	1.5～2.5m	
		水平挖掘法	<5.0m	
水力冲挖机组		1.0～2.0m		
气动清淤泵		洞挖法	0.7～1.3倍孔径	
		拖挖法	0.5～0.8倍铲斗宽度	

（2）分层厚度控制。气动泵（气力泵）挖泥船用于疏浚工程时，一般土层厚度都不大，无需进行分层施工控制。采用拖挖法清淤时，为避免阻力过大造成走锚情况出现，需

要分层施工，单层土体厚度控制为 0.5~1.5 倍铲斗高，土质密实度高时取小值，反之取大值。当洞挖法用于采沙作业时，为避免泵体被坍塌土体冲击和埋没，也需分层施工，一般分层厚度不宜超过泵体高度的 1.5 倍。

(3) 采用拖挖法作业时驳船的移动速度控制。采用拖挖法作业时驳船的移动速度为 1~5m/min，根据物料的密实度变化。回位的速度可以大些，通常为 20~30m/min。

(4) 常用施工技术措施。气动泵（气力泵）挖泥船在实际施工过程中由于土质变化、操作不当等原因往往降效很多，很难达到铭牌生产效率，需要采取多种技术措施。

1) 要及时掌握土质、土层厚度、水深和大气压力等情况，并根据工况条件及时调整工作频率、行进速度和前移距离等，从而使吸、排泥的效果达到最佳状况。

2) 土质较硬时可以在泵头上加装旋转绞刀以便于先将泥土破碎。

3) 水深较低时，需要启动抽真空用的空压机和抽真空装置，使气动泵缸体内部产生负压，必要时还可适当降低进泥阀的重量，以利物料快速流入。

3.7 索铲施工技术

3.7.1 施工展布

索铲就位施工前一般需进行走行线修筑、挡淤堤修筑、防洪平台修筑以及弃土坑开挖等项工作。

(1) 走行线修筑。走行线一般需高出水面 1.5m。一般情况下 $1.0m^3$ 索铲走行线宽度不小于 7m；$4m^3$ 索铲（步行式）不小于 14m。索铲履带外缘（或支座底盘外线）距开挖上口边线不小于 1.5~2m。走行线修筑应力求平整，并具有足够的承载能力，走行线的承载力与土质和土壤的含水量密切相关，修筑前应通过土工试验确定。索铲施工，特别是在雨季、汛期施工时，应经常检查走行线路面，当发现有塌陷迹象，应及时将索铲撤离工作面或采取防陷措施。

(2) 挡淤堤修筑。为防止索铲弃土中泥浆流回挖槽及冲刷走行线，影响施工质量与设备安全，施工前须修筑挡淤堤。挡淤堤高度应与弃土量相适应，顶宽一般为 0.5m。挡淤堤中心线与走行线间距离除应满足机身回转、弃土半径与弃土容量的要求外，还应使牵引绳与挡淤堤在卸泥时不受影响。

(3) 防洪平台修筑。在汛期有可能被淹没的地段，要根据施工进度和水文资料，预先沿河堤每隔一段距离填筑一座防洪平台，以确保洪水来临时设备能够迅速、安全地转移到防洪平台上。防洪平台顶部高程要高于设计防洪水位。

(4) 弃土坑开挖。当弃土地势较高、开挖方量较大或在索铲走行线的起始与末端弃土场容量不足时，可以考虑预挖弃土坑，弃土坑的开挖可与挡淤堤的修筑相结合。

3.7.2 施工方法

可自一岸开挖或两岸对挖成河。一般采用由近而远、先挖水上、后挖水下的开挖顺序，即先挖前一停机位置，再挖坡脚线附近部分，后挖河中部分，最后挖靠近机身的边坡部分（见图 3-38）。对塌坡严重的地段，应采用由远至近的顺序施工，并尽量在远处提

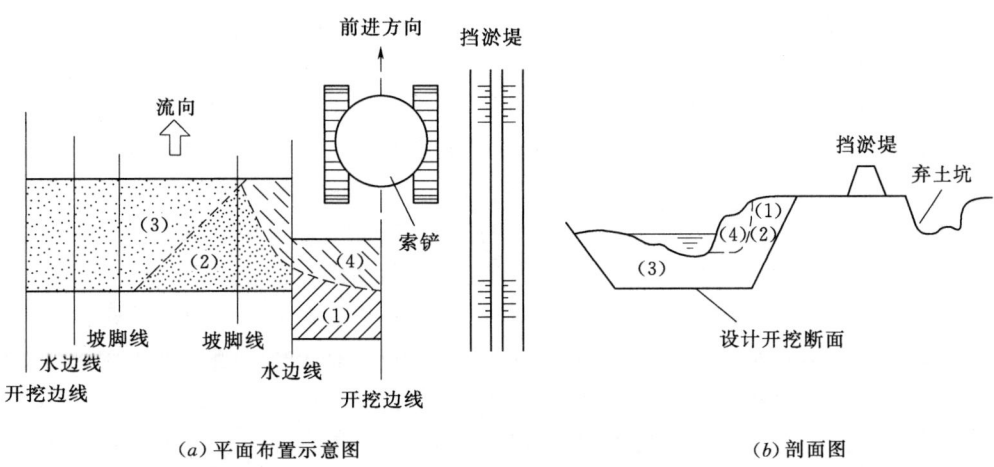

图 3-38 索铲施工布置示意图

斗。索铲施工常用方法有回转落斗法、牵引甩斗法和惯性抛斗法等。

（1）回转落斗法。卸土后回转到开挖位置并停止转动，然后落斗进行开挖。多用于开挖机身附近在回转半径内的土方。

（2）牵引甩斗法。在卸土回转过程中，收紧牵引绳将泥斗拉向机身，当回转到挖泥位置时，将牵引绳突然放松，靠泥斗重量摆向远处下斗。

（3）惯性抛斗法。在卸土回转时，放松牵引绳，利用机械回转的惯性将泥斗抛到远方要开挖的位置上。

牵引甩斗法和惯性抛斗法多用于开挖河（渠）槽远处，开挖不到的部分用回转落斗法。要求操作人员须有熟练的操作技术和丰富的经验。

3.8 长臂反铲施工技术

3.8.1 开工展布

长臂反铲施工有陆地施工、水上施工两种方式。两种方式施工时，为保证疏浚土方挖运的连续性，一般都采用直接装车或装泥驳的方法。

（1）陆地施工展布。反铲就位施工前进行作业和走行线修筑是其展布的主要工作内容。挖掘机的作业和行走场地应平整坚实，并具有足够的承载能力，对松软地面应垫好枕木或垫板。沼泽地区应先作路基处理，或更换湿地专用履带板。履带外缘（或支座底盘外线）距开挖上口边线不小于 1.0m。在雨季、汛期施工时，应经常检查走行线路面，当发现有塌陷迹象，应及时将索铲撤离工作面或采取防陷措施。

当疏浚泥土采用在河道堤岸另一侧就地堆放时，其展布工作还包括挡淤堤修筑、防洪平台与停机坪修筑以及弃土坑开挖等工作，可参照索铲施工相关章节。

（2）水上施工展布。陆地施工受限时，经常会将长臂反铲置于趸船上进行疏浚作业，这种情况下的施工展布方式可参考抓斗船、气动泵等设备的展布方式。

3.8.2 施工方法

根据河道宽度和长臂挖掘机的挖掘有效范围，长臂反铲进行疏浚工程施工有全陆地长臂反铲施工、水陆结合长臂反铲施工、长臂反铲配合挖泥船施工三种组合形式。

（1）全陆地长臂反铲施工。当河道较窄，长臂反铲在岸边即可完成疏浚作业时，可采用自一岸开挖或两岸同时对挖成河的方式进行施工。开挖时一般采用由远而近，先挖河床再挖岸坡，最后清理坡脚的开挖顺序，即先挖河槽中间部分，再挖坡脚线附近部分，后挖靠近机身的边坡部分，最后对散落在坡脚处的泥土进行清理。

（2）水陆结合长臂反铲施工。当河道较宽，长臂反铲通过两岸对挖方式仍然使河槽底部有部分宽度疏挖不到时，有时会采用水陆结合长臂反铲施工来完成，即采用一台反铲在趸船上疏挖河底，一台或两台长臂反铲在陆地负责开挖边坡的方式。河道较窄时，趸船上反铲疏挖出的泥土可直接卸放到河道岸坡处或坡脚处，由置于岸上的长臂反铲再挖走；河道较宽时，河道中间部位开挖出的泥土可卸到近岸一侧，也可直接装泥驳运走，靠近岸侧时趸船上反铲疏挖出的泥土直接卸放到河道岸坡处或坡脚处，由置于岸上的长臂反铲再挖走。

（3）长臂反铲配合挖泥船施工。当河道较宽，长臂反铲通过两岸对挖方式仍然使河槽底部有部分宽度疏挖不到时，或岸坡较高采用绞吸式挖泥船无法开挖边坡时，经常也会采用长臂反铲配合挖泥船施工的方式。这种情况下由绞吸式挖泥船疏挖河槽部分，长臂反铲只负责开挖岸坡。

3.9 其他清淤施工技术

3.9.1 两栖式清淤机施工技术

两栖式清淤机是一种水陆两用的疏浚设备，一般采用退步法施工，即在挖完船前方可挖范围内的泥土后，向后倒退一定距离，再继续进行下步挖掘。当挖槽宽度小于设备最大挖宽时，一般采用单向开挖作业；当挖槽宽度超过设备最大挖宽时，多采用单侧卸土双向作业。

两栖式清淤机的前移或后退一般采用爬行的方法，不同的地形条件采用不同的爬行方式。在平缓场地多采用两腿爬行；在 $\alpha \leqslant 15°$ 的坡地，采用四支腿爬行方式；在 $15° < \alpha \leqslant 25°$ 的坡地，采用支腿卷扬交替助爬方式；在 $25° < \alpha \leqslant 30°$ 坡地，应先修坡，后视坡度大小选择爬行方式；当坡度大于 30°时，已不适宜爬行，需另选地点。

爬行时严禁用挖掘装置助爬，以免损坏铲斗和臂杆。支腿的旋转也要注意不可转到极限位置。

3.9.2 喷水冲淤船施工技术

喷水冲淤船多用于黄河流域，其特点是利用船体上配置的高压水枪对河底土体进行扰动，同时借助喷水推进装置或螺旋桨高速旋转的机械动力，利用河道水流的挟沙力将搅动悬浮起来的泥沙向下游输送，属于诱导性疏浚。

喷水冲淤时机一般多选在汛期，以便充分利用洪水期水流流速大、挟沙力强、易于形成异重流的特点。"峰前诱导拉沙，峰后诱导归槽"是喷水冲淤船作业方法的要点。在主河道清淤时，水枪应尽量接近河床，射流方向应尽可能与主流方向一致；封堵汊道串沟时，射流方向应与水流方向相反。作业时喷水冲淤船行进速度应视水流条件而定，流速较大时，船应慢速行驶；流速较小时，船速应快。

3.10 专用环保疏浚施工技术

3.10.1 内容

（1）环保疏浚的目的。环保疏浚是针对河道、湖泊、水库等水域中受污染的底泥，按照底泥中的化学组成成分、污染程度，并结合疏浚区域周围的具体环境要求，而采取的一种能在施工过程中将水域受污染底泥的扰动控制到允许的范围和限度内，并能高精度地清除水域被污染的底泥而采取的一种不同于普通疏浚的专门的疏浚技术。环保疏浚技术是在传统疏浚工程基础上发展起来的一项全新的湖泊、河流水污染治理的系统技术。

环保疏浚的目的是相关设备和环保疏浚措施清除河道、湖泊、水库中的污染底泥及其污染物，以改善湖泊河流水质，恢复自然生态系统为目标，最终达到以下4个方面的效果。

1）使悬浮状态的污染物最少。有很大一部分重金属及有机污染物依附在悬浮颗粒上，因此，悬浮颗粒的数量是衡量环保疏浚工程效果的一项重要指标。

2）较为彻底地清除底部污染物。

3）使抽走的水量最小，即疏挖的污染底泥要有较高的浓度。

4）超挖量最小，以免伤及原生土。

（2）环保疏浚与普通疏浚工程的区别。环保疏浚与普通疏浚工程在工程目的、对生态要求、疏浚范围、疏浚土土质、施工精度、疏浚设备、施工工艺、泥浆扩散、余水排放、疏浚土处置等方面存在很大不同。环保疏浚在工程目的和设备、技术等多个方面的要求上与一般的疏浚工程存在较大的差异，并在疏浚精度、疏浚过程的二次污染防治、污染底泥的安全处理等方面，提出了更高、更严的要求，其比较见表3-10。

表3-10   环保疏浚与普通疏浚比较表

项目	环保疏浚	普通疏浚
目的	清除河道、湖泊受污染底泥，恢复生态环境，提高周围居民居住环境和生活质量	开挖或维持具有一定尺度的水域或改善水域条件，实现或保证通航、行洪、引水、降水排涝，扩大蓄水容量
疏浚对象	受污染的底泥，一般多限于城市内或城市周边被污染了的湖泊和河道	江、河、湖、海底自然沉积的物料
生态要求	为水生物恢复创造条件，不破坏污染底泥下原状土	国内一般无此要求
疏浚范围	依受污染底泥的分布而定，一般不开挖未受污染的土层，开挖的边界要与污染底泥的分布情况吻合	满足设计要求的尺度，允许有一定尺度的超挖
疏浚土土质	一般为流塑状淤泥，颗粒细、含水量高	复杂多样
疏浚土厚度	较薄，一般小于1m	较厚，大于1m，一般几米，甚至几十米

续表

项目	环保疏浚	普通疏浚
施工精度	允许超深值一般仅为0.1m左右	允许超深一般在0.4m左右
疏浚设备	多采用专用环保性挖泥船或配备了环保型刀具的挖泥船，设备配置自动化，垂直定位精确程度要求高，吸起的泥浆浓度高	普通挖泥船
施工工序	复杂，除常规工序内容外，还需包括污染底泥调查、余水排放控制、疏浚土处置等多个工序	相对简单，常规工序
施工工艺	工艺复杂。可以采用刮吸或直吸方式施工，以尽量提高泥浆体积浓度，减少余水处理量，需要开启绞刀时，也一般多采用较低转速	工艺相对简单，根据工况条件确定
泥浆扩散	开挖和输送过程有严格要求，对未污染底泥要求少扰动，尽可能保持原状。尽量避免污染物在开挖过程中扩散及颗粒物再悬浮，一般要求扩散距离不大于5m。底泥输送过程中也要防止扩散，不能发生泄漏	要求较低，或不做限制，有些疏浚工程甚至允许采用边抛的形式
疏浚土处置	泥、水根据受污染程度进行不同的特殊处理，可能的前提下进行充分利用，如做肥料、制陶料、制氢原料等。在处置过程中应避免对地下水及周边环境的污染	泥、水分离后作一般性堆置或直接利用
余水排放	要求较高，一般余水处理率要求大于95%，管道输送时，要控制堆场余水的排放标准；余水中不同污染物的含量一般都有明确要求，污染物总含量一般要求控制在200mg/L以内	国内大部分工程无规定或仅要求余水中泥浆含量
工程监控	专项分析，全过程监控、监测	一般性常规控制
造价	较高，一般为普通疏浚工程造价的几倍甚至几十倍	较低

（3）环保性疏浚土料特性。

1）环保性疏浚土料的物理特性。环保性疏浚的对象是受污染的底泥，其特点是颗粒细、含水量高。一般情况下，可以按密度变化范围大致划分为浮泥、流塑状淤泥、软塑状淤泥和淤泥质土共4个层面：①细颗粒泥沙经絮凝沉落到水底后，要经过很长时间才能变得比较密实，在尚未密实之前具有很强的流动性和悬浮性，称为浮泥，浮泥的密度范围为$1.0\sim1.2g/cm^3$；②浮泥经进一步沉淀固结，流动性减小，当密度达到$1.2\sim1.5g/cm^3$时，便成为流塑状淤泥；③当流塑状淤泥继续沉降，内部孔隙水被排走，密度增加到$1.5\sim1.8g/cm^3$时，结构趋于稳定，在水流作用下不会直接悬扬、流动，已经属于软塑状淤泥的范畴；④当密度达到$1.8g/cm^3$以上时，已成为淤泥质土。

底泥各土层物理特性参数见表3-11。

表3-11　　　　底泥各土层物理特性参数表

泥土性质	孔隙比e	含水率$w/\%$	密度范围/(g/cm^3)
浮泥			$1.0\sim1.2$
流塑状淤泥		$85<w\leqslant150$	$1.2\sim1.5$
软塑状淤泥	$1.5<e\leqslant2.4$	$55<w\leqslant85$	$1.5\sim1.8$
淤泥质土	$1.0<e\leqslant1.5$	$36<w\leqslant55$	>1.8

2) 环保疏浚土料的化学特性。环保疏浚土料中除含有丰富的氮、磷等元素外,还存有大量微生物和细菌,同时还含有其他金属元素。环保疏浚土料是按其重金属含量程度进行界定的,并以此来确定对疏浚物料应采取的措施。

A. 香港地区将底泥划为 A 类、B 类、C 类,其分类见表 3-12。

表 3-12　　　　　　香港疏浚物料重金属污染程度分类表　　　　　　单位:mg/kg

类别	Cd（镉）	Cr（铬）	Cu（铜）	Hg（汞）	Ni（镍）	Pb（铅）	Zn（锌）
A	0.0~0.9	0~49	0~54	0.0~0.7	0~34	0~64	0~140
B	1.0~1.4	50~79	55~64	0.8~0.9	35~39	65~74	150~190
C	>1.5	>80	>65	>1.0	>40	>75	>200

A 类:未受污染,不需要采取特殊开挖、转运和弃置等疏浚措施。

B 类:中等污染,疏浚和转运中需要特别注意,避免泄露。在弃置时应减少污染物通过溶出和再悬浮释放。

C 类:严重污染,疏浚和转运中需要高度注意,不允许在公海上倾倒弃置,弃置时必须与周围环境有效隔离。

B. 荷兰对疏浚物料中金属最高含量也进行了限制,超出后则要在疏浚过程和疏浚土处理上采取环保措施,其重金属污染程度限量见表 3-13。

表 3-13　　　　　　荷兰污泥重金属污染程度限量表　　　　　　单位:mg/kg

类别	Cd（镉）	Cr（铬）	Cu（铜）	Hg（汞）	Ni（镍）	Pb（铅）	Zn（锌）	备注
金属含量	0.8	100	36	0.3	35	85	140	低于表中数值时不需要采取措施控制

(4) 环保性疏浚底泥的利用。疏浚物料的用途广泛,具体已在本书第 2.5 节中进行了叙述。内河河湖污染底泥一般以有机质为主体,含有大量的氮、磷等有机元素,这使底泥具备了一定资源化利用的条件和可能性。但污染底泥同时还有不同含量的金属元素,以及病原体菌、病毒、寄生虫（卵）等有害生物,若处置不当会造成二次污染和不良影响。

河湖疏浚底泥用途广泛,目前常用的有以下几种。

1) 制造建筑材料。以河湖底泥为主要原料,添加一点辅料和添加剂,经脱碳和煅烧后可制成具有一点强度的陶粒、建筑用砖、水泥熟料等,替代传统的黏土料制造陶粒、制砖的方式,节省耕地。其处理成本不仅低于传统的焚烧法污泥处理方法,而且还可避免传统的陆地填埋处理方法造成的二次污染,具有一定的经济效益和环保效益。此外,经过固化处理后的污染底泥还可用来替代砂石料和土料用作工程回填料。

2) 作为绿化带土料。河湖污染底泥可用于绿化带、园林、湖滨生态修复工程。河湖底泥中有机质含量高、养分较齐全,对植物种子的发芽和植物的生长均有促进作用。施用后具有明显的改土作用,不仅可以改变城市景观用地土壤贫瘠的不足,而且还可减少化学肥料的使用量,避免进入人类食物链。污染底泥中的重金属元素被植物吸收后也降低了对环境的二次污染。在水源地带一般不得施用河湖污染底泥,以避免水源被污染。

3) 制造肥料。河湖底泥中除含有丰富的大量的氮、磷等有机元素外,还含有钙、镁、锌、铁等微量元素，因此疏浚出的底泥常被用作农业用土或肥料，用以改良土壤结构、增强土壤肥力、促进植物生长，是一种比较公认的，也比较经济的底泥处理方式。滇池环保疏浚工程中疏浚出的底泥被安排排放到低洼地，经过固化后进行了复耕，不仅改变了土地的贫瘠状况，也取得了一定的经济和社会效益。另外，底泥也可通过脱水、造粒等措施制造成有机肥料，替代化学肥料。

河湖底泥农用时要注意以下几点。

A. 事前要对底泥中毒害和病原微生物进行严格检测，有毒有害物质和病原微生物含量必须在达标时才能施用。

B. 事前要对底泥中重金属元素含量进行严格检测。国内外一些国家对农用污泥重金属最高含量也进行了限制，超过标准规定含量的疏浚底泥不能被直接农用，且必须进行环保处理，其含量限制量见表3-14。国内对底泥农用的具体要求参见《农用污泥中污染物控制标准》（GB 4284—84）。

表3-14　　　　　国内外对农用污泥重金属含量限制量表　　　　　单位：mg/kg

国家	年份	Cd（镉）	Cr（铬）	Cu（铜）	Hg（汞）	Ni（镍）	Pb（铅）	Zn（锌）	As（砷）
德国	1992	1.5	100	60	1	50	100	200	
意大利		3	150	100	—	50	100	300	
西班牙	1990	1	100	50	1	30	50	150	
法国	1988	2	150	100	1	50	100	300	
英国	1989	3	400[a]	135	1	75	300	200	
丹麦	1990	0.5	30	40	0.5	15	40	100	
芬兰	1995	0.5	200	100	0.2	60	60	150	
挪威		1	100	50	1	30	50	150	
瑞典		0.5	30	40	0.5	15	40	100	
美国	1993	20	1500	750	8	210	150	1400	
日本		5			2				50
加拿大		20	1000	500		500	200	2000	2000
中国		5/20	600/1000	250/500	5/15	100/200	300/1000	500/1000	75/75

注　中国对农用污泥重金属含量限制数据来源于《农用污泥中污染物控制标准》（GB 4284—84）。

我国环境污染已日益严重，很多城市湖泊、河道、水库中重金属含量已经非常高。我国44个城市污水处理厂污泥中重金属含量统计结果见表3-15。

C. 要密切注意底泥中重金属含量，对照土壤中重金属含量情况，综合考虑，合理确定和控制施用量，一般每亩每年施用量不能超过2000kg（干污泥计量）。对底泥中同时含有多种有害物质且含量接近限值时，施用时要酌情减少用量。施用区应建立严格的监测、监控和管理体系，密切注意土壤、地表水、地下水和农作物的变化，并根据变化及时作出

表 3-15　　我国 44 个城市污水处理厂污泥中重金属含量统计结果表　　单位：mg/kg

统计量	Cd	Cu	Pb	Zn	Cr	Ni	Hg	As
平均值	3.03	338.98	164.09	789.82	261.15	87.80	5.11	44.52
最大值	24.10	3068.40	2400.00	4205.00	1411.80	467.60	46.00	560.00
最小值	0.10	0.20	4.13	0.95	3.70	1.10	0.12	0.19
中值	1.67	179.00	104.12	944.00	101.70	40.85	1.90	14.60
GB 4284	5/20	250/500	300/1000	500/1000	600/1000	100/200	5/15	75/75

调整，做到底泥农用的安全有效。《食用农产品产地环境质量评价标准》(HJ 332—2006) 和《温室蔬菜产地环境质量评价标准》(HJ 333—2006) 中对土壤环境质量评价指标均分别给出了限值，可遵照其具体要求执行。

D. 要间隔性施用，河湖底泥农用时在达到控制施用量后，要间隔一段时间再施用，以避免农田土壤中重金属及有毒有害物质和病原微生物含量富集。

E. 在沙质土壤和地下水位较高的农田不宜施用河湖底泥，以避免地下水被二次污染。

3.10.2　设备选择

3.10.2.1　选择条件

环保性疏浚工程的特性决定了疏浚设备必须具有高精度的定位能力、较高精度的选择性疏挖能力、高浓度的挖送能力、防止污染物泥浆悬浮扩散的能力等，总而言之，环保性疏浚工程的施工设备首先要完全满足环保要求。其次，疏浚设备应根据施工区的污染底泥特性、周边地理环境等并结合疏浚区施工条件与施工要求以及污染底泥的处理方式进行选择。第三，还要兼顾工期要求、施工效率、设备调遣、工况条件和施工成本等因素。具体应主要从以下几个方面考虑。

(1) 作业方式要环保。所选设备要具备高浓度的挖送能力，在减少水体的消耗量的同时，减少陆地底泥堆场的占地面积和余水的处理量。同时还要具备对底泥扰动少，防止污染物泥浆悬浮扩散造成水体二次污染的能力。另外，在城市内的环保疏浚工程还要考虑避免噪声污染。

(2) 施工精度要高。疏浚设备必须具有高精度的平面和垂直定位能力，具备较高精度的选择性疏挖能力，能有效避免漏挖情况出现，同时还能避免对污染底泥下部的未污染土体的超挖和误挖。

(3) 满足现场工况要求。首先要满足设备对水深的要求。同时，因环保疏浚工程大部分在城市内或城市周边地区，疏浚设备进场和退场要方便，在不同的疏浚区的移动也要方便灵活，能够适应狭窄的、不规则的施工区域；另外环保疏浚工程施工区域植物、垃圾较多，所选设备要能够适应底泥中杂物较多的情况。

(4) 满足合同要求。不同设备其施工效率是不一样的，合同工期是必须考虑的条件之一。

(5) 经济性要好。不同设备其施工效率是不一样的，其成本也不一样，因此在满足上述条件的情况下，要对不同疏浚设备的施工成本进行分析，降低成本、谋求较好的经济效益。

3.10.2.2 环保疏浚设备的类型及特点

环保疏浚船在传统疏浚工程的基础上得以延伸发展，适合于环保疏浚工程的设备主要有环保绞吸式挖泥船、螺旋式绞刀挖泥船、气力泵船以及斗式挖泥船等。

（1）利用绞吸式挖泥船进行环保性疏浚的优点是疏浚生产率高，适合在较短时间内完成较大的疏浚工程量，但绞吸式挖泥船施工要求在施工区周围拥有相对较大的排泥场，过小的排泥场不利于底泥的沉淀，同时也会直接增加底泥的处理成本。此外，当输送距离超过挖泥船泥浆泵额定的排送距离时，还必须加装接力泵站，增加工程费用。

（2）利用气动泵船进行环保性疏浚的优点：一是可获得高浓度泥浆，从而可以有效减少排泥场的占地面积；二是由于气动泵船采取的是只吸不绞的挖泥方式，因而对施工区域底泥和水体的扰动相对较小，二次污染扩散也较小；三是疏挖出的底泥即可采取管道输送方式，也可采用泥驳输送方式，施工组织较为灵活。但其也有明显的缺点：一是其依靠静水压力作用将底泥吸入泥缸，而湖泊河流一般水深较浅，所提供的自然水压较小，从而影响其吸入效果和生产效率，需要增加增压泵等设备，改造和操作困难；二是施工平整度差，影响施工质量；三是扬程较低，造成输送距离较短，对排距较长的工程需要增加接力泵站或采用其他运输方式，增加了施工管理难度。

（3）抓斗船和铲斗船是环保疏浚常用的斗式设备，利用斗式挖泥船进行环保疏浚的优点是这类设备能够将水下污染底泥基本以原状土的方式疏浚出来。底泥的堆放场地布置非常灵活，仅需较小的堆场或不需要堆场；输运方式也比较灵活，可采取驳船水运或车辆陆运的方式。污染底泥也可直接进入后处理场地进行工厂化处理。采用斗式挖泥船进行环保疏浚的重要前提是污染底泥具有一定的厚度和物理形态，当泥浆很薄或主要以浮泥层为主时，则不宜采用。此外，斗式挖泥装备的密闭性能以及防止疏浚过程中的二次污染扩散措施等也是重要的考虑因素。

3.10.2.3 设备的改造

环保性疏浚工程要优先选用专用环保疏浚设备，其次再考虑选用对传统挖泥船进行改造，配置有环保绞刀头拼装式的绞吸挖泥船、配置有封闭式斗的抓斗式挖泥船和其他经过专项改造环保疏浚设备。设备的选型同样除符合环保要求外，还应该满足疏挖区域对挖深、排距、吃水的要求。

环保性疏浚工程的复杂性和特殊性决定了每一项环保疏浚工程的水体环境、地理特征、自然条件都有很大区别，污染物的类别及含量也都不同，每项工程都要进行深入的勘察研究，才能设计出针对该工程的具体疏浚方法和设备。专用环保疏浚设备在疏浚业的运用实例已有一些，由于其针对性强、效率高，能够更好地满足工程需要，尤其是对一些质量标准要求高或水体特征较特殊的工程，专用环保疏浚设备有着独特的优势。但环保疏浚设备专用设备的设计和建造比对传统的挖泥设备进行改造的造价要高得多，对于规模较小的项目，经济性比较差，目前还难以得到普遍性推广使用，市场普遍做法还是通过对传统挖泥船进行改造的方式进行。改造一般从以下几个方面入手。

（1）改造挖掘刀具，减少对底泥的扰动，防止泥浆悬浮扩散，增加疏浚底泥的浓度，提高生产效率，减少堆场的需求和余水的处理量。

1）绞吸式挖泥船。主要是把常规绞刀头改造成环保绞刀头，目前主要有带罩式环保绞刀、立式圆盘环保绞刀、螺旋环保绞刀、刮扫吸头。

A. 带罩式环保绞刀。其中使用较多的是特制的长锥形罩壳式环保绞刀头，该类型刀头四周设有 12 个纵向刀片，保护罩壳内壁设有若干固定刀片，绞刀头刀片转动时与之相切，外罩底边始终和泥面贴合，防止了因绞刀扰动使底泥颗粒向罩外水体扩散。该绞刀头可安装在小型绞吸式挖泥船上进行应用。这种绞刀头可根据不同的挖深调整绞刀角度，使之贴平泥面，从而保证开挖的平整度。另外，国内一些承包人也通过在普通绞刀外加设罩壳的方式进行改造，也取得了较好的防泥浆悬浮扩散的效果。但由于罩壳的限制，每次开挖厚度只能控制在 30cm 左右，当泥层厚度大于 30cm 时，必须采取分层开挖的方式，影响了生产效率。另外由于绞刀的刀片间隔较小，当遇到杂物时，绞刀易被堵塞或缠绕，降低了有效生产时间。

B. 立式圆盘环保绞刀。是一个上下两端封闭的平底和一根垂直轴传动的圆柱形绞刀，吸泥口在绞刀里面，罩壳位于绞刀上方，不与泥土接触，并可调节下放深度。这种绞刀开挖精度较高，泥浆浓度高，开挖平整度好，适合开挖较松软底泥，但结构复杂、笨重，操作也困难，而且造价也高，挖泥船改造工作量大，使用较少。

C. 螺旋环保绞刀。该类型挖泥船及绞刀详见第 2.6 节。该类绞刀一次开挖厚度可达 2~110cm，泥浆浓度可达 80% 左右。既可前后运动挖泥，又可根据需要左右摆动开挖，施工较为灵活，开挖平整度较好。螺旋刀头始终与河道保持水平，不会产生漏挖，对水体的扰动小。该类型绞刀还可根据需要安装防护罩，增强防泥浆扩散能力。但该类绞刀较为笨重，挖掘能力较差，只适合开挖比较松软的底泥。

D. 刮扫吸头。该类绞刀通过配备的刮刀在水下刮削泥土，并将泥土基本以原状土形式归集到泥斗内，再通过螺旋泵将泥土送至后面的泥泵系统做最终输送。该类刀头挖掘精度高，对泥土扰动极轻，只有其他类型绞刀的 10%~20%，适合松软底泥开挖，但结构复杂笨重，挖泥船改造工作量大，造价高，很少使用。

2) 抓斗式挖泥船。将普通抓斗改为封闭式抓斗，避免在开挖和抓斗提升过程中泥浆出现泄漏。

3) 铲斗式挖泥船。在普通铲斗上增加一个活动罩，使开挖出的污泥封闭在铲斗内，在提升过程中不泄漏。

4) 链斗式挖泥船。对链斗架进行改造，斗架上部改造为封闭式，以便使溢出泥土流回开挖部位，不造成扩散而影响周围水体。同时，泥斗上装设有排气阀，使泥斗入水后排出泥斗中空气，避免造成泥浆悬浮。

(2) 改造定位和监控装置。环保疏浚设备要加装 GPS 系统、剖面仪、超声波系统，建立高精度水位遥报、深度指示器系统，以便对开挖过程进行监控，提高疏挖精度，避免漏挖及超挖以及选择性疏挖能力。

(3) 提高挖掘、输送能力的匹配性，减少底泥散落和泥浆扩散。

3.10.3　技术措施

环保疏浚关键技术环节在于底泥的扰动控制、防泥浆扩散措施、开挖精度控制、开挖方式控制、排泥场布设及排泥场内余水处理等。

(1) 底泥的扰动控制。不论采取何种挖泥船施工，环保疏浚必须尽量减少对底泥的扰动，特别是浮泥层的扰动，并采取防扩散和泄漏措施，保证高浓度吸入或挖取，以避免处于悬浮状态的污染物对周围水体造成二次污染。

1) 绞吸式挖泥船一般需从以下几个方面进行控制。

A. 在施工过程中要重点控制好横移速度、绞刀转速、分层厚度、进尺等。环保疏浚因底泥比较软，一般尽量保持低速旋转，过程中要控制绞刀头转速，避免因机械动作过快引起大面积的底泥扰动与扩散。

B. 正式挖泥施工前，在保持绞刀低速运转的前提下要通过试挖确定最佳的横移速度、分层厚度、前进距离等技术参数。

C. 操作人员应控制好横移摆动速度，使其保持匀速稳定摆动，以保持底泥的开挖质量和吸入浓度。

D. 操作人员应控制好定位桩起落速度，落桩时尽可能采用缓降系统，移锚时操作人员应控制好横移锚提升和下放速度，避免对水体造成过大的扰动，引起泥浆悬浮。

E. 开挖出的底泥要在输送过程中避免泄漏对水体造成二次污染，排泥管线宜使用新管线，而且管线连接密闭性好，管线敷设平顺。正式疏挖底泥前，必须先吹清水检查整个输排系统的密闭效果，确认合格后方可正式开挖。施工过程中加强对输排系统的巡检工作，严禁在施工过程中发生泄漏。同时，要设计好与污染底泥处理设备或工程的衔接，避免疏挖出的污染底泥对环境二次污染。

2) 斗式挖泥船施工时要采用封闭式泥斗，严格控制泥斗泥浆外泄量，同时要慢速提斗。

(2) 防泥浆扩散措施。在疏浚施工中无论采用什么疏浚方法，一般都会或多或少产生泥浆再悬浮的情况。在施工区布设防淤帘是目前使用较多的一种防泥浆扩散的措施，能有效地避免底泥被扰动后悬浮起的污染物扩散到附近区域。

1) 防淤帘结构。防淤帘是在疏浚现场设置的一种物理屏障，防淤帘多为柔性结构，由浮体、帘布、压载链、拉索等构成，上部通过浮体浮于水面，底部通过压载链受力下沉，并通过锚固物固定（见图3-39）。防淤帘从水面向下延伸到一定深度，可在施工区域布设为一封闭体，也可在一端或两侧布设，防止悬浮起的泥浆流向其他区域，起到保护特定的区域（如敏感生物栖息地、取水口、休闲区）的作用，

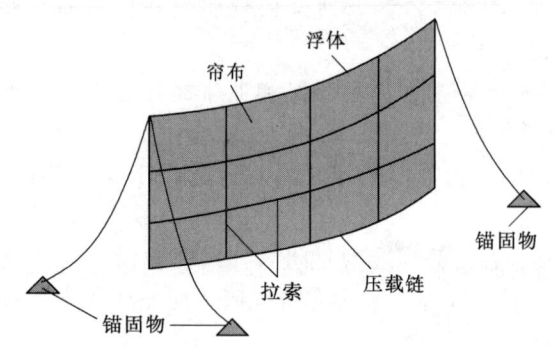

图3-39 防淤帘结构示意图

免受悬浮物、污染物等影响。

2) 防淤帘布设时需考虑因素。在流速较低的施工区域可以考虑采用防淤帘，抓斗挖泥船一般仅对开挖区进行小面积封闭。设置防淤帘应考虑水流情况（水深、流速、流向）、风况（风速、风向）、波况、潮汐、被拦截悬浮物类型、粒径、受污染程度、工程持续时间、工程期间疏浚设备的运动情况等因素。另外，由于防淤帘的使用会限制挖泥船的产量、延长工期和增加工程成本，因此经济因素也需要一并考虑。

3) 防淤帘布设的一般方案。有单侧、双侧、U形、全封闭式、局部封闭式等多种布

设方案，需要时可根据施工船舶类型、水流流向、风浪情况、周边环境等情况选择布设。

A. 单侧布设。主要针对疏浚现场附近存在水源地、养殖区等敏感区域。在这种布设方案下，在保证悬浮物不会通过防淤帘进入敏感区的同时，挖泥船可以自由地操作而不受到防淤帘的阻碍，防淤帘可以常年设置或只在敏感季节里设置，布设时防淤帘应完全覆盖敏感区域［见图 3-40（a）］。

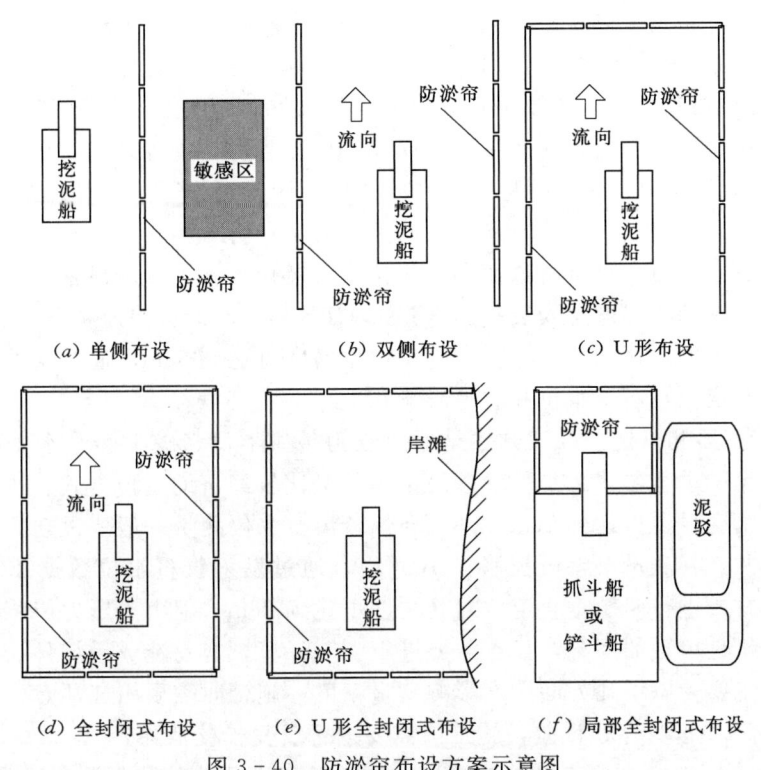

图 3-40　防淤帘布设方案示意图

B. 双侧布设。只在施工船舶两侧布设防淤帘。在这种布设方案下，可阻碍悬浮物通过防淤帘进入疏浚区的两侧水域，同时挖泥船或配套设备可以较为自由地进行操作和不需频繁打开防淤帘即可进出移动，受防淤帘的阻碍影响相对较小［见图 3-40（b）］。

C. U 形布设。在施工船舶两侧及下游布设防淤帘，流出一端供排泥管线布设或泥驳的进出。在这种布设方案下，可阻碍悬浮物通过防淤帘进入疏浚区的两侧及下游水域，防扩散能力更强。挖泥船或配套泥驳等设备可以较为自由地进行操作和不需频繁打开防淤帘即可进出移动，受防淤帘的阻碍影响相对较小［见图 3-40（c）］。

D. 全封闭式布设。在施工船舶四周布设防淤帘［见图 3-40（d）］。在这种布设方案下，可最大限度阻碍悬浮物通过防淤帘进入疏浚区周围水域，防扩散能力最强。但挖泥船或配套泥驳等设备操作和移动受限，需频繁打开防淤帘，对施工的阻碍较大，另外需要封闭的水域面积太大，施工成本增加较多，一般只在环保要求极高的情况下才使用。在近岸水域也可利用岸滩通过 U 形布设形成全封闭布设［见图 3-40（e）］。

E. 局部全封闭式布设。这种方案一般只适合抓斗或反铲挖泥船，仅封闭挖取和提升疏浚土的作业范围，而让泥驳在不受妨碍的情况下自由停靠在挖泥船旁［见图 3-40（f）］。

(3) 开挖精度控制。环保疏浚要求清淤的准确性和选择性，即清除目标是富含污染物的易流动的浮泥和流泥层。环保疏浚开挖精度主要包括挖深、挖宽，在清除污染底泥的同时尽可能避免伤及湖（江、河）底原生土。

1) 平面定位控制。环保疏浚平面定位要求精度高，一般不允许采用经纬仪、全站仪等传统测量定位手段。环保疏浚工程设备多要求配套使用 GPS（全球卫星定位系统）进行平面位置控制，在这个系统下一般多采用 DGPS（差分 GPS）或精度更高的 RTK-GPS（实时动态 GPS）测量技术系统，RTK-GPS 平面静态定位精度可达到 2cm。

2) 垂直定位控制。环保疏浚垂直定位要求精度高，经纬仪、全站仪等传统测量定位手段存在测量定位速度慢、容易产生人为误差、误差容易叠加等缺点，已不能满足环保疏浚的要求，目前已被 GPS 系统测量定位和压力传感测量定位等方法取代。

A. GPS 系统测量定位。GPS 测量技术目前主要有伪距差分定位技术和相位差分定位技术，伪距差分定位技术已被普遍使用，相位差分定位技术因其测量精度更高，目前处于快速推广阶段。在疏浚船舶上安装一套 RTK-GPS 移动站即可快速精确地进行垂直定位，其静态垂直定位精度可达到 3cm，动态垂直定位精度可达到 5cm。通过这种方式可直接进行挖泥船的垂直定位，不受水位和波浪影响。

B. 压力传感器测量定位。该方法是通过压力传感器测量挖泥船吃水，再结合实时的水位计算确定船舶垂直位置，是一种既简单易行又比较经济的定位方式。压力传感器测量挖泥船吃水的精度目前可达到 1cm。进行环保疏浚时水位测量一般要设立具有消波功能的无人值守水位井，其测量误差可控制在 1cm 内，通过发射仪将水位数据及时发送到挖泥船。采用这种方式进行船舶垂直定位，其精度可达到 2cm。但由于压力传感器测量挖泥船吃水和水位测量是单独的系统，且还需要进行人工计算，容易造成系统外误差，影响测量精度。此方法主要受以下几方面因素影响测量精度，施工时需要引起注意。

a. 压力传感器本身存在误差，施工前需要进行反复校核消除。

b. 人为因素误差，主要有计算错误造成的误差和水位井基准测量高程误差。

c. 水位井测量得到水位和施工船舶处实际水位存在误差。通过水位对挖泥船进行垂直定位的前提是，假定水位井测量得到水位和施工船舶处实际水位是一致的，或通过水位比降的测量进行修正后达到一致变化，但实际施工过程中由于受到波浪、风压、船舶运动、船舶荷载瞬时变化、船附近水域水位下降等多种外在因素的影响，这种误差仍难以消除；在风浪较小的开阔水域这种误差相对较小。

3) 开挖刀具位置定位与控制。不同挖泥船开挖刀具下放位置和下放深度的控制方法不相同，具体见相关章节。对环保性疏浚工程如采用绞吸式挖泥船施工，常规做法是在绞刀桥架耳轴处加装垂直角度传感器，通过传感器测量出绞刀桥架与水平面的夹角并进一步计算出绞刀相对船体的位置，从而更精确测量和控制绞刀头下放深度（见图3-41）。

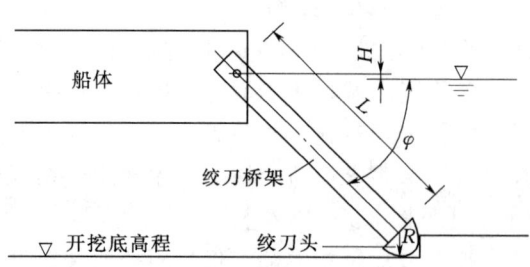

图 3-41 绞吸式挖泥船绞刀位置控制示意图

绞刀头相对船体处水位的下放深度可

按式（3-7）计算。

$$D = L\sin\varphi + R - H \qquad (3-7)$$

式中　L——绞刀桥架有效长度（桥架耳轴中心到绞刀根部距离），mm；

　　　φ——绞刀桥架中心线与水平面夹角，(°)；

　　　R——绞刀中心线到底部距离（对圆形绞刀头取半径），mm；

　　　H——桥架耳轴中心到水平面距离，mm。

4）开挖横断面控制。环保性疏浚工程如采用绞吸式挖泥船一般要求配备电罗经仪，作为挖泥船水平横移角度的控制依据。对于开挖要求高的环保性疏浚工程还要求配备剖面仪，以便实时掌握底部开挖情况，保持高定位精度和高开挖精度，彻底清除污染物，并尽量减少超挖量，即在保证环保疏浚效果的前提下降低工程成本。

（4）开挖方式控制。区、条的搭界重叠宽度要比常规疏浚加大，具体可参见相关章节。开挖顺序应以从远离堆场泄水口的区域或挖条逐条向近处开挖，最后进行泄水口外侧附近区域的疏挖，以最大限度地使整个区域污染底泥得到清除。

在岸边或泄水口外侧附近区域疏挖时，如果泥层较薄或底泥为悬浮质淤泥时，尽量采用绞刀只吸不绞的施工办法，保证在清除污染底泥的同时不影响岸坡的稳定安全和尽可能避免伤及湖（江、河）底原生土。

（5）排泥场布设。环保疏浚工程对疏浚的污染底泥必须进行安全处理，避免污染物对其他水系及环境的再污染。排泥场除了要满足容量要求外，还要重点从有利于泥浆沉淀、便于余水排放控制等方面考虑。

1）泄水口的位置。排泥场泄水口的位置应根据排泥场的地形、几何形状、排泥管的布置、容泥量及排泥总流量等因素确定，应设在以有利于延长泥浆流程、有利于泥沙沉淀的位置上。一般多布设在排泥区的死角或远离排泥管线出口且具有排水条件的地方。

2）泄水口结构型式。排泥场泄水口宜采用溢流堰式和箱闸式堰内埋管等便于调整控制堆场内工作水位形式的泄水口。

3）应急投药池设置。排泥场泄水口内侧应通过设一溢流堰的方式，隔出面积适宜的区域作为余水沉淀池和应急投药池。

4）拦污设施布置。溢流堰两侧设置拦污网，用于拦截排泥场内水生植物。

5）延长泥浆流程、减缓泥浆流速的措施。排泥场面积较大时，排泥场内应设隔堰、子堰将堆场分隔成若干区域，并设计好流向图，使泥浆依次流经各区，以延长泥浆流程，减缓泥浆流速；并采取分区排泥方式，各分区间设临时排水口相连。

6）排泥管线布置。排泥场内的排泥管线应根据分区情况和排泥场形状，利用三通、闸阀合理布置管线网，使输送来的污染底泥可达每个分区，且能通过闸阀方便调整对排泥场或排泥场内各分区的使用。

7）投药装置。在接近挖泥船排泥管出口处的排泥管上设投药装置接入口，投药装置接入口应与排泥管出口保持一定距离（不小于50倍输泥管径），以便投入药液能够与泥浆在进入排泥场前充分混合，也可避免因出泥管口的调整影响投药工作的进行。投药装置主要由溶解池、搅拌装置、高压计量泵等部件组成。投药装置的选配应注意泵送药液的压力大于排泥管内泥浆对管壁的压力，另在接入口中应加装单向止回阀，防止管内泥浆倒溢进入投药装置。

8）应急投药设施。在溢流堰上应设置应急投药设施，出现泄水口余水排放不达标时，可向沉淀池和反应池内进行应急投药。

9）余水监测。在排泥场泄水口内侧设立余水监测站，随时进行排放余水达标情况的监测。

（6）排泥场内余水处理。环保疏浚余水排放有严格控制指标，余水处理和排放是环保性疏浚工程的重要控制内容，需重点考虑和关注。余水排放应符合《农用污泥中污染物控制标准》（GB 4284—1984）、《土壤环境质量标准》（GB 15618—1995）、《污水综合排放标准》（GB 8978—1996）的相关要求。

1）余水处理流程。环保疏浚余水必须经过多道工序和环节处理后才能排放。

A. 首先，利用环保疏浚设备对污染底泥进行疏挖时，要尽量提高泥浆浓度，减少余水排放量。

B. 污染泥土通过疏挖设备形成了泥水混合物，然后通过密闭的输泥管道输送到排泥场，在此过程中通过管道投药装置向管内污染泥浆投放化学药剂，促进污染泥浆进入吹填区后完成初步泥水分离，即污染土自然沉淀。

C. 为了延长污染泥浆的沉淀时间和流程，经过初步泥水分离的泥浆在排泥场内按设计好的流动顺序进入不同的分隔区，进一步沉淀。

D. 在余水即将从分区中准排放前，必须对分离后余水进行污染物含量检测，如果指标超出设计要求，则需要应急投药处理，直至余水中污染物含量达标。

E. 最后经检测达标的施工余水通过排水口或其他排水设施排放到吹填区外。当疏浚工程的余水向灌溉渠道内排放时，应达到农田灌溉的水质标准要求。表 3-16 为《食用农产品产地环境质量评价标准》（HJ 332—2006）中对食用农产品产地灌溉水质量部分规定指标。国内部分余水水质排放标准见表 3-17。

表 3-16　　　　　　　　　　　灌溉水质量评价指标限值表

序号	项　　目		水作物	旱作物	蔬菜
	基本控制项目				
1	pH 值	不超过	5.5～8.5		
2	总汞/(mg/L)	不超过	0.001		
3	总镉/(mg/L)	不超过	0.005	0.01	0.005
4	总砷/(mg/L)	不超过	0.05	0.1	0.05
5	总铬（六价）/(mg/L)	不超过	0.1		
6	总铅/(mg/L)	不超过	0.1	0.2	0.1
	选择性控制项目				
7	水温/℃	不超过	35		

续表

序号	项 目		水作物	旱作物	蔬菜
8	五日生化需氧量/(mg/L)	不超过	50	80	20/30（生食）
9	三氯乙醛/(mg/L)	不超过	1.0	0.5	0.5
10	粪大肠菌群数/(个/L)	不超过	40000	40000	20000/10000（生食）
11	蛔虫卵数/(个/L)	不超过	2		2/1（生食）
12	全盐量/(mg/L)	不超过	1000（非盐碱土地区）、2000（盐碱土地区）		
13	氯化物/(mg/L)	不超过	350		
14	硫化物/(mg/L)	不超过	1.0		
15	总铜/(mg/L)	不超过	0.5	1.0	1.0
16	总锌/(mg/L)	不超过	2.0		
17	总硒/(mg/L)	不超过	0.02		
18	氰化物/(mg/L)	不超过	0.5		
19	氟化物/(mg/L)	不超过	2.0		
20	石油类/(mg/L)	不超过	5.0	10.0	1.0
21	挥发酚/(mg/L)	不超过	1.0		
22	苯/(mg/L)	不超过	1.0		
23	总硼/(mg/L)	不超过	1.0		

表 3-17 国内部分余水水质排放标准参考表

地 区	所使用的余水水质排放/(mg/L)	备 注
唐岛湾	150	表中数值为近年来国内对疏浚工程余水排放时悬浮物的控制值
巢湖	200	
滇池	200	
太湖	150	

2）物理促沉淀技术。环保疏浚工程中经常采取一些物理手段促进泥浆的沉淀。

A. 吹填底泥过程中，通过调整排泥场内溢流堰的顶高程，控制排泥场内始终保持一定的富裕水深，从而起到滞流促沉的作用。

B. 根据堆场内底泥沉淀情况，采取排泥场内各分区或多个排泥场交替使用，以增加余水的流程和沉淀时间。

C. 如果污染底泥在排泥场中沉淀速度慢或施工中后期因堆场容积越来越小，泥浆沉淀时间不足，则需要疏挖设备采取吹停交替、间断疏挖的方式，以保证泥浆充分沉淀。

D. 排泥场使用中后期，应合理控制疏挖设备在单位时间内的吹填量，并逐步减少，避免因排水量过大而造成泄水口泥浆流失、二次回淤现象的发生。

E. 整个排泥过程中，疏挖设备的排泥管口尽可能远离泄水口。

F. 对于污染特别严重的底泥要按照污水处理流程设置排泥场，要经过多道沉淀和加药环节,以确保余水排放达标(见图 3-42)。

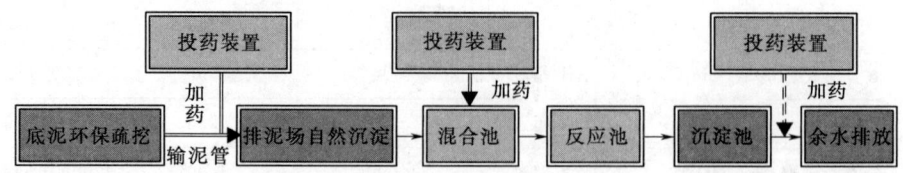

图 3-42 排泥场余水加药流程示意图

3)化学处理技术。环保疏浚工程中为保证余水达标排放,在物理方法促进沉淀的同时还经常配合使用化学投药措施加速泥浆沉淀。

A. 化学处理就是通过采取向吹填泥浆和余水中投放化学药剂,利用絮凝沉淀工艺使排放余水中 SS、TN、TP 等达标。投放絮凝剂常用有 PAC 等;常用混凝剂及使用条件见表 3-18。

表 3-18　　　　　　　常用混凝剂及使用条件表

混凝剂		水解产物	适　用　条　件
铝盐	硫酸盐 $Al_2(SO_4)_3 \cdot 18H_2O$	Al^{3+}、$[Al(OH)_2]^+$、$[Al_2(OH)_n]^{(6-n)+}$	1. 适用于 pH 值高,碱度大的原水; 2. 破乳及去除水中有机物时,pH 值宜在 4~7 之间; 3. 去除水中悬浮物 pH 值宜在 6.5~8 之间; 4. 适用水温 20~40℃
铝盐	明矾 $KAl(SO_4)_2 \cdot 12H_2O$	Al^{3+}、$[Al(OH)_2]^+$、$[Al_2(OH)_n]^{(6-n)+}$	
铁盐	三氯化铁 $FeCl_3 \cdot 6H_2O$	$Fe(H_2O)_6^{3+}$、$[Fe(OH)_n]^{(6-n)+}$	1. 对金属、混凝土、塑料均有腐蚀性; 2. 亚铁离子须先经氧化成三价铁,当 pH 值较低时须曝气充氧或添加助凝剂氯氧化; 3. pH 值的适用范围宜在 7~8.5 之间; 4. 絮体形成较快,较稳定,沉淀时间短
铁盐	硫酸亚铁 $FeSO_4 \cdot 7H_2O$	$Fe(H_2O)_6^{3+}$、$[Fe(OH)_n]^{(6-n)+}$	
聚合盐类	聚合氯化铝 $[Al_2(OH)_nCl_{6-n}]_m$ PAC	$[Fe_2(OH)_n]^{(6-n)+}$	1. 受 PA 和温度影响较小,吸附效果稳定; 2. pH 值为 6~9,适应范围宽,一般不必投加碱剂; 3. 混凝效果好,耗药量小,出水浊度低、色度小,原水高浊度时尤为显著; 4. 设备简单,操作方便,劳动条件好
聚合盐类	聚合硫酸铁 $[Fe_2(OH)_n(SO_4)_{6-n}]_m$ PFS	$[Fe_2(OH)_n]^{(6-n)+}$	

B. 投药方式有输泥管道投药和排泥场余水投药。

C. 在底泥疏挖开始,即通过絮凝实验确定投药量。

D. 由有资质的监测单位对排泥场吹填余水进行全过程监测。根据监测结果决定是否需要调整投药量或进行应急投药,以确保排放余水达标。

E. 输泥管加药流程见图 3-43。

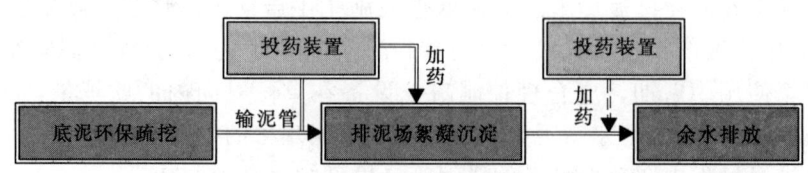

图 3-43 输泥管加药流程示意图

3.11 疏浚工程质量控制

疏浚工程质量控制的目的主要是通过对工程开挖中心线、开挖宽度（通常称挖宽）、开挖深度（通常称"挖深"）和边坡开挖4个方面进行检测和控制，使其符合工程设计的要求。提高疏浚工程质量要抓住3个关键：即准确定位、控制挖深挖宽、不断检测。由于影响工程质量的因素是多方面的，有的因素还不能很好掌握，所以加强施工中对已疏挖部分的测量检测是十分重要的。通过船上自己检测，对不符合设计要求的地区及时补挖，超深超宽及时解决，以避免出现重大质量问题导致返工。

3.11.1 检测方法及控制标准

（1）疏浚工程质量检测方法。对于宽阔水域（如水库、湖泊、沿海港池、航道）的开挖、疏浚工程的质量检测，一般根据工程施工合同要求分为断面法和平均水深法进行质量检测。断面法质量检测可根据开挖分条按照纵、横断面质量控制标准进行检测，平均水深法一般采用测深仪、单波束数字化测深仪和多波束测深系统，按设计和规范要求标准进行检测。

1）断面法。断面法有横断面法和纵断面法之分，疏浚工程多以横断面为主进行质量检测。受水流、通航影响时，可采用纵断面法进行质量检测。对质量要求高的工程项目，也可在进行横断面测量的基础上增加纵断面测量。选用横断面法进行质量检测时，横断面测量间距应与原始地形测量一致。需要纵断面法进行质量检测时，纵断面测量间距视挖槽宽度及其重要性确定，一般可取横断面间距的1~2倍。纵横断面边坡位置测量点间距宜控制为2~5m，槽底范围内宜控制为5~10m。挖槽较窄时，纵断面质量检测以河道的挖槽中心线所在位置为代表断面来检测和控制，同时加测开挖边线坡底和坡顶所在的纵断面。挖槽较宽时，纵断面质量检测以与河道的挖槽中心线平行断面来检测和控制，同时加测开挖边线坡底和坡顶所在的纵断面。纵断面测量范围应超出疏浚的起始和终止界限。纵断面测量时宜采取逆流行船方式测量，以便于控制船速和行进方向。

2）平均水深法。平均水深法就是通过测量施工区的水深图来检测和控制疏浚工程质量。疏浚工程质量检验测线间距和测点间距见表3-19。

表3-19　　　　　　疏浚工程质量检验测线间距和测点间距表

测量区域		测线间距		测点间距
		硬底质	中、软底质	
港池与航道	沿海	图上10mm	图上10~15mm	图上5mm
	内河	图上10mm	图上10mm	图上5mm
泊位		5m	10m	图上5mm

注　"图上"指水深图上。

（2）控制标准。主要有中心线、开挖宽度、开挖深度、边坡等几方面。

1）横断面中心线偏移不得大于1.0m。

2)开挖宽度和深度应符合设计要求,断面每边允许超宽值和测点允许超深值应符合表3-20的规定。

3)水下断面边坡按台阶形开挖时,超欠比应控制为1~1.5。

4)疏浚工程原则上不允许欠挖,局部欠挖如超出下列规定时,应进行返工处理:①欠挖厚度小于设计水深的5%,且不大于30cm;②横向浅埂长度小于设计底宽的5%,且不大于2m;③一处欠挖面积小于5.0m^2;④纵断面上不得有连续两个欠挖点,且欠挖值不得大于30cm,浅埂长度小于2.5m,一处欠挖面积小于5.0m^2。

5)纵断面各测点连线形成的坡降应与水流方向一致,有纵向坡比要求的坡比应符合设计值。

6)对冲刷或回淤比较严重,难以满足表3-20规定指标的工程项目,应该根据具体情况按合同约定的质量标准执行。

7)疏浚土在疏挖和输送过程中不应对河道或航道造成回淤,不应发生泄漏,不应对周围环境造成污染。

8)疏浚土的输送位置、施工顺序、施工质量应符合设计要求。

9)当疏浚工程结合吹填时,还要对疏浚土的吹填过程、吹填质量和泥浆流失等项目进行质量检测,具体可参考本书吹填工程施工技术章节内容。

表3-20 最大允许超宽和超深值列表

类 别			最大允许超宽(每边)/m	最大允许超深/m
常规性疏浚	绞吸式挖泥船	绞刀直径1.5m以下	0.5	0.4
		绞刀直径1.5~2.0m	1.0	0.5
		绞刀直径2.0m以上	1.5	0.5
	斗轮式挖泥船	斗轮直径1.5m以下	0.3	0.3
		斗轮直径1.5~2.4m	0.5	0.3
		斗轮直径2.4m以上	1.0	0.4
	链斗式挖泥船	斗容0.5m^{3}及以下	1.0	0.3
		斗容0.5m^{3}以上	1.5	0.4
	抓斗式挖泥船	斗容2.0m^{3}以下	0.5	0.4
		斗容2.0~4.0m^3	1.0	0.6
		斗容4.0m^{3}以上	1.5	0.8
	铲斗式挖泥船	斗容2.0m^{3}及以下	1.0	0.4
		斗容2.0m^{3}以上	1.5	0.5
	水力冲挖机组	不限	0.3	0.1
环保疏浚		不限	2.0	0.2

注 表中数值为《疏浚与吹填工程技术规范》(SL 17—2014)规定的最大允许超宽和超深值。

《疏浚工程技术规范》(JTJ 319—99)规定工程最大超宽和超深不得超过计算超宽和超深的2倍。计算超宽和超深值见表3-21。

表 3-21　　　　　　　　　　　计算超宽和超深值

类别		计算超宽（每边）/m	计算超深/m
耙吸式挖泥船	舱容小于等于 2000m³	7.0	0.6
	舱容 2000m³ 以上	9.0	0.7
绞吸式挖泥船	绞刀直径 1.5m 以下	2.0	0.3
	绞刀直径 1.5～2.5m	3.0	0.4
	绞刀直径 2.5m 以上	4.0	0.5
链斗式挖泥船	斗容小于 0.5m³	3.0	0.3
	斗容不小于 0.5m³	4.0	0.4
抓斗式挖泥船	斗容 2.0m³ 以下	2.0	0.3
	斗容 2.0～4.0m³	3.0	0.4
	斗容 4.0～8.0m³	4.0	0.6
	斗容 8.0m³ 以上	4.0	0.8
铲斗式挖泥船	斗容 4.0m³ 以下	2.0	0.3
	斗容 4.0m³ 及以上	3.0	0.4

注　本表引自《疏浚工程技术规范》(JTJ 319—99)。

3.11.2 施工控制

3.11.2.1 中心线控制

挖泥船进点定位的精确度和疏浚质量密切相关，如出现错误或偏差将会出现两种情况：一是定位偏出疏浚区外，增加废方；二是定位偏于挖槽之内，产生局部漏挖和重挖。正确定位通常有导标定位、测量定位、仪表定位以及卫星导航系统定位等多种方法。挖槽中心线控制主要是通过这些方法对施工船舶准确定位来实现的。

(1) 设立中心线导标。中心线导标有岸上标杆、水上标杆和浮标等形式，岸标精度高，具备设立岸标的条件下应尽可能首选。浮标精度差，易偏移。当不具备设立岸标的条件时，可选用浮标。

1) 当疏浚工程是在中小型河流、湖泊，河道开挖中心线距离堤岸小于 100m 时，采用布设岸上标杆的方式设立中心线导标；如果疏浚水深小于 2.5m 时，可采用设立水上标杆作为中心导标。布设标杆时需要符合如下要求：①中心导标必须是连续设置，且不少于 2 个，一般需要设立 3 个；②前后两标志之间的距离一般在 1～2 倍的船长；③标志的顶部应有 1.5m 以上的高差；④标杆顶部悬挂鲜艳颜色的小旗帜，夜间施工时标志上应安装灯光显示装置，相邻标志上的旗帜与灯光颜色要有明显差别，以便于施工时观察、参照。

2) 设立浮标。当开挖水域宽阔，开挖中心线距离堤岸大于 100m，且水深不大于 10m 时，可设立浮标作为中心导标。具体应符合如下要求：①中心导标必须连续设置，且不少于 3 个；②前后两标志之间距离一般在 1～2 倍的船长；③宜选用柱式浮标，浮标下设重索链和重坠；④浮标的拉索程度可调节，浮标的索链长度应尽可能与水深相当，稍有富余，以减少游动半径；水位发生变化后应及时调整索链长度；⑤大风天气时应对浮标位置进行加密观察，发现偏差及时校正。

（2）船舶定位。船舶定位通常采用的方法有导标指示法、测量仪器校对法和DGPS校对法等。施工时可根据工程质量的要求、工程规模、现场情况、挖泥船的类型等综合比较选定。

1）导标指示法。挖泥船就位时，可通过事前设立好的纵向开挖中心线导标和横向起点导标进行对标就位。施工过程中，当施工区能见度较好时，生产时班组作业人员应根据事先设立的开挖中心线导标随时对标校对船位。绞吸式挖泥船的定位钢桩应保持在开挖中心线上。能见度较差时，对标难度增大，误差也相应增大，天气变好后需要及时对标校正。

2）测量仪器校对法。此方法适用于施工区能见度较好时，测量人员用经纬仪、全站仪、六分仪等测量仪器定期或不定期地校正船位。

3）DGPS校对法。近些年随着新测量技术的发展和使用，一些大型挖泥船都配备了DGPS，通过DGPS实现开挖中心线的控制。此方法具有全天候的特点，所以可在任何条件下使用，适用于各类挖泥船，由专业测量人员使用DGPS测量校对。

3.11.2.2 挖宽控制

挖泥船施工在进行挖宽控制时常用的方法有罗经仪控制法、标志控制法和DGPS控制法等几种，施工时可根据工程质量的要求、工程规模、现场情况、挖泥船的类型等综合比较选定：

（1）罗经仪控制法。在大多数挖泥船上都配有罗经仪，在正式开挖前首先要对挖泥船进行严格对中，也就是根据开挖中心线导标，移动船体，使挖泥船开挖中心线与船体纵中心线保持一致。施工过程中根据罗经仪显示的摆动角度，结合挖泥船桥架下放的深度推算开挖宽度，从而达到挖宽控制的目的。

（2）标志控制法。在挖泥船没有配置罗经仪或罗经仪出现故障时，施工现场具备设置稳定标志并不易被破坏的条件，可采用此法：①开挖边线导标必须连续设置，数量不少于2~3个；②前、后两标志之间距离一般不超过1倍的船长，质量要求较高时应加密；③放样标志必须鲜艳醒目、牢固，发现丢失或移位时应及时补测、补设；④班组作业人员应熟悉施工图纸、地形和测量放样标志，采用正确的对标方法，严格按放样标志开挖。

（3）DGPS控制法。对配备了DGPS的挖泥船也可通过DGPS实现挖宽的控制，具体可参照相关测量规范。

（4）横移速度控制。在控制好开挖中心线的同时，根据当时的流速、流向、风力、风向、土质等因素正确掌握横移速度，尤其在接近开挖边线时应控制移动速度，要准确控制条与条之间的搭接面，防止漏挖形成浅埂。

3.11.2.3 挖深控制

挖深控制主要是通过设立水尺及水位通报站、挖深指示仪校正、正确控制开挖机具的升降和开挖深度检测几个环节的实施和控制，从而有效控制开挖深度符合设计要求。

（1）设立水尺及水位通报站。设立水尺及水位通报站的主要目的就是为施工船舶的操作人员实时地提供水位（即施工区域的水面高程），使操作人员根据水位和设计开挖底高程推算开挖理论深度。具体应该符合下列要求。

1）水尺可采用木质或钢质材料制作。

2) 水尺应设置在临近施工区且便于观测、水流平稳、波浪影响小和不易被破坏的位置,必要时应加设保护桩与避浪设施;无法避免风浪影响时,可设置具备消除波浪影响功能的水位井。

3) 水尺零点拟与开挖底高程一致。

4) 水尺读数应准确、清晰,读数视角不大于45°。

5) 水面横向比降大于1/1000时,须在施工河段两侧分别设立,施工点水位与测量点水位应按水尺读数和船位进行内插。

6) 当现场水尺设立有困难时,可设立水位通报站,水位通报站与施工区瞬时水位应一致,否则进行校正;对于沿海受潮汐影响地区的水位通报,还应考虑涨落潮的影响。

7) 开挖最底层时,水位通报要加大密度,一般10min报1次水位。

(2) 挖深指示仪校正。挖泥船的挖深指示仪类型较多,常用的有机械式、电磁感应式、压力感应式等几种。各种仪器经过一段时间的使用都会因磨损、老化而出现一定程度的误差,因此开工前应对挖泥船的挖深指示仪进行校正,防止因指示仪的误差造成过多超深或欠挖。校正时,必须由专业测量人员使用测量仪器准确测量水深,在同一测点上,通过比对挖泥船自有挖深指示仪显示深度,计算偏差,并据此对挖深指示仪进行校正。

(3) 正确控制开挖机具的升降。该环节主要是由挖泥船操作人员来操控,挖泥船操作人员应熟悉并及时掌握施工区水位(包括潮汐)变化情况,并根据水面纵横比降、波浪及船位情况对水位读数进行修正,严格按水位变化适时调整挖泥机具下放深度,并按照"坚决不欠,尽量少超"的原则进行挖深控制。

(4) 开挖深度检测。由于疏浚工程是机械水下作业,各种原因造成的浅挖、漏挖和回淤难以直接观察到,在施工过程中应及时使用专业测量手段进行检测,以防大面积返工。

1) 每班组应用水锤或测试仪随时对挖深情况进行检测,并根据结果进行调整。

2) 一般每一昼夜或进尺大于1~2倍船舶长度时,采用测试仪组织断面开挖情况检测1次,并加以记录。一旦发现浅挖、漏挖现象,立即退船处理,确保工程质量。

3) 对完工断面应定期进行回淤情况检测,对于回淤较严重、回淤量大于设计指标的河段,应及时报请设计部门修改备淤设计深度值。

4) 抓斗挖泥船对工程施工质量的控制,比链斗、绞吸等类型船困难,抓斗靠自重下落挖泥经常出现超深和欠挖现象,挖深控制一般采用如下技术措施。

A. 要合理划分开挖的分层厚度。不同工程的土质和泥层厚度不同,抓斗挖泥船分层厚度一般是2~3m,清底层厚度一般根据抓斗大小确定,底部标高一层一般预留厚度为0.8~1.0m。厚度太大,容易出现浅点,更容易加大超深量;厚度太薄,稍微控制不好就会出现较大的超深。

B. 要合理控制泥斗下放速度。因为抓斗下落后切入泥面的深度与泥斗下落冲击速度、水深、抓斗自重、斗容有关,因此,要根据工程所处水域的水流流速和方向、水深、土质、土层厚度、回淤等情况,及时调整泥斗下放的速度。抓斗接近设计标高时,要放慢下斗速度,控制标高,严格按标高下斗。

C. 抓斗操作人员在施工前认真研究疏挖区土质,根据土质情况,做到下斗快准、起斗稳、转斗平、开斗快准。要保证抓斗在施工区排列均匀。

D. 要控制泥斗提升索下放深度。抓斗式挖泥船挖深目前常采用以提升索（及开闭索）长度测量和 GPS 高程测控相结合的方法对挖深进行实时测量控制。提升索（及开闭索）长度测量一般通过安装长度计量系统完成。GPS 相位天线通常安装在挖泥机吊杆顶部，并必须与抓斗在自重作用下下垂，并保持静止状态时所形成的中心线在一条垂线上，因此理论上在静止状态下抓斗的平面坐标与吊杆顶部 GPS 显示的平面坐标是一致的。但是在实际施工中，由于抓斗与吊杆是镀绳柔性连接，会受到波浪、水流、风力、甩斗时的惯性等的作用，抓斗的实际平面坐标会和 GPS 显示的平面坐标有一定的偏移，不仅影响到挖宽，也影响到挖深的精度。因此，需要操作人员根据外部影响因素进行人为修正，以保证下斗位置的准确。

E. 要加强施工水位监测。水位变化对抓斗式挖泥船的挖深精度影响要大于绞吸式挖泥船，水位观测的精度要满足规范要求，公测读数的频率要根据现场情况确定。操车手需要按水尺读数及时调整以控制挖深。

F. 底部清标高作业时要执行如下技术要求。

a. 底部清标高作业时，水位观测要确保精度并加大观测频率，一般 10min 报 1 次水位。

b. 要求对准船位，船体中心线和开挖中心线保持一致，减少漏挖和超挖现象。

c. 尽量控制抓斗和上方 GPS 天线位置上下垂直，确保抓斗准确定位。

d. 操作人员操作要求平稳，抓斗接近设计标高时要放慢下斗速度，控制标高，严格按标高下斗，并且保证抓斗在施工区排列均匀。

e. 清标高时加密测量，及时根据测量结果做调整，以保证施工质量和减少超深。

3.11.2.4　边坡控制

边坡的开挖是疏浚工程的一道重要工序，直接关系到疏浚的质量，需要严格控制。特别是在临近护岸、码头等建筑物附近的边坡开挖，如施工质量控制不当还会危及到建筑物的安全。在施工中除应选取适宜的疏浚设备外，还要制定科学合理的施工方法，并加强施工过程中的动态监测，确保边坡的开挖质量。

（1）加强对现场地质、地形和水文资料的收集和分析。边坡的开挖对现场条件具有高度的敏感性，疏浚工程往往工期较长，沿线地质地形条件也复杂多变，水下地质地形突变段不易发现。因此施工前有必要对设计的边坡所处区域的基本情况，如最新的水深测图、水下土质情况、水流运动情况和泥沙运动情况等做出详细的调查和分析，这些翔实的原始资料是做好边坡质量控制的基本条件。在基本资料调查分析的基础上，应在设计图纸和水深图上，做出施工断面图，断面间距一般应控制在 50m 以内，对边坡质量要求严格或土质、地形变化较大以及邻近建筑物的区域等特殊情况下应对施工断面适当加密，为施工方案的选定提供可靠的依据。

（2）确定合理的施工方案并加强施工过程控制。常用的边坡开挖方法有矩形单层开挖法、台阶多层开挖法和理坡法。

1）矩形单层开挖法。矩形单层开挖法就是开挖断面按矩形槽形式开挖，通过土体自重和水流等因素影响，两边坡土体自然坍塌形成边坡。该方法适用于开挖土层较薄且厚度小于疏浚设备的一次最大开挖厚度、边坡开挖质量一般的工程。运用此方法开挖边坡时，必须严格按开挖边线标志或罗经角度进行横向控制，严格按水位控制挖泥机具下放深度。

2）台阶多层开挖法。当开挖断面土层较厚，需要分层开挖时，挖泥船从上向下逐层进行矩形开挖，但需按设计坡度开挖宽度逐层缩小形成台阶状边坡，依靠土体自然坍塌形成边坡（见图 3-44）。该方法适用于土层厚度大于挖泥船一次最大挖泥厚度的疏浚工程，对边坡开挖质量要求较高的工程也可采用此方法，但需通过减小分层厚度的方式控制边坡质量。阶梯开挖作业方式简单，易被作业人员理解，适合各种挖泥船的施工。缺点是对边坡原状土扰动较大，依靠自然坍塌最终形成设计边坡需一定的时间。采用该方法施工时控制要点如下。

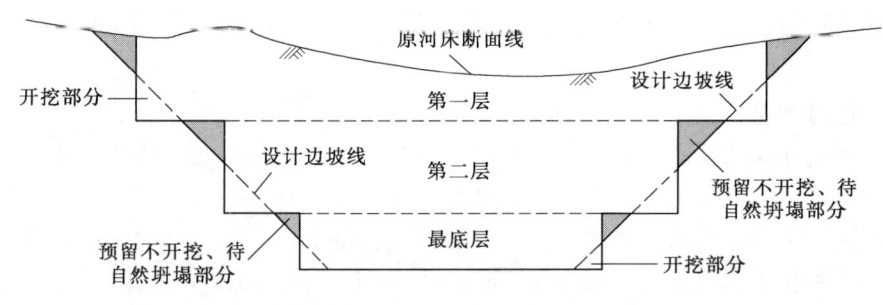

图 3-44 边坡开挖示意图

A. 挖槽边坡应根据设计要求计算放坡宽度，并设立边线标示。相邻两断面如变化较大，应在断面间加密设立标示。严格按开挖边线标志或罗经角度进行横向控制。

B. 严格按水位控制挖泥机具下放深度。

C. 台阶分层高度一般不允许超过疏浚设备开挖分层的最大厚度，施工时需要根据工程地质、选取的设备等实际情况选定台阶高度，并根据实际情况进行必要的调整。对质量要求较高的工程分层厚度应控制在 1.0m 以内，最底部的层厚应小于上部层厚。

D. 超欠比以 1.5 为宜。

E. 抓斗式挖泥船在码头前沿进行维护性疏浚施工时，因无法直接开挖码头内侧边坡，此种情况下一般先将码头前沿挖至设计标准，待码头内侧边坡坍塌稳定后，再对码头前沿扫浅。

3）理坡法。就是按照设计边坡线，在边坡面处通过控制挖泥船挖泥刀具下放深度和开挖范围来进行开挖并直接形成边坡的方法。绞吸、斗轮、链斗式挖泥船，通过横移并同时提升桥架高度开挖直接形成边坡。抓斗式挖泥船通过控制每一斗的深度形成边坡。该方法适用于边坡开挖质量要求高的工程，但该方法操作时较为复杂，对操作人员的操控水平和工作经验要求高。

A. 对于配有断面剖面监视仪的绞吸式挖泥船，可在充分考虑各种影响因素的基础上准确设定开挖剖面线，并认真按剖面轨迹开挖，一次形成设计边坡。

B. 对于无剖面监视仪的挖泥船可采用以下方法进行控制。

a. 沿设计边坡底部边线设立起坡标志杆，标杆间距不宜过大。

b. 在充分考虑水流、风浪等影响因素的情况下，认真计算出船舶横摆速度和开挖机具提升速度的关系。

c. 当挖泥船横摆到起坡标志杆时，按照横摆速度和开挖机具提升速度的关系，边横摆边提升开挖机具，按设计要求形成边坡。

（3）加强质量检测，发现问题及时处理。施工过程中要勤于测量，做到"四勤"，即勤对样标、勤校水位、勤测水深、勤校测量工器具。随时掌握边坡质量状况，不断提高边坡施工质量水平。

1）施工过程中严格执行"三检制"，通过检测分析，摸清各班组质量控制水平和施工习惯，确定更有利于边坡质量的施工习惯，加以推广，提高班组边坡开挖质量。

2）对检测中发现的问题进行分析研究，采取相应纠正措施，必要时对施工方案进行修订。如为设计问题，应及时向设计单位进行反映，变更边坡设计，防止发生严重的超挖，危及边坡安全。

3.11.3 工程量计量

（1）工程量计算依据。工程量的计算应以签订的合同文件相关规定为依据。

（2）计算方法。疏浚工程通常以疏浚区域的实测开挖体积作为工程量，其计算方法包括平均断面法、平均水深法、产量计法、装舱容量法等。

工程量计算基于工程量的测量方法，传统的测量方法包括水下测杆、测盘、测绳等。这种测量方法比较直观，对有经验的测工来说相对较准确，但测量作业劳动强度大，测量控制易受水流风浪等因素的影响。随着卫星定位系统、水下超声波技术的运用，测量方法已经有了很大的改进。尤其是宽阔水域的大面积水下地形测量，现基本采用带有 DGPS 卫星定位系统和水下回声测深仪的测量作业船。这种新的先进测量手段具有快捷、即时、准确和受外界干扰少等优点，平均高程及工程量计算全部采用计算机完成。但测量船的缺点是受测量船吃水和水下回声测深仪适用范围的限制，不适合在水深较小的河道或湖泊作业，否则会产生较大的测量误差。因此，对于不同的疏浚工程，应当采用较为合适的测量方法。

1）平均断面法。平均断面法适合于一般河道、航道等疏浚工程的工程量计算。其具体做法是：①在河道的同一桩号实测浚前、浚后两个横断面图，并求出开挖横断面的面积；②计算求得两相邻开挖横断面面积的平均值；③用该平均值乘以两个开挖横断面的间距，即得出相邻两开挖横断面间的疏浚工程量；④累加整个河段各断面间的土方工程量即为疏浚工程的总工程量。

用该法进行断面面积计算时，每一断面面积均应计算 2 次，且其计算值误差不应大于 5%，否则应增加计算次数。

2）平均水深法。平均水深法也称平均高程法，适合于宽阔水域疏浚工程的工程量计算，如水库、湖泊和沿海码头航道、港池、锚地、调头区等，其具体做法如下：

A. 开工前，实测工程施工区域的水下地形图，并根据水下实测地形图，计算施工区域内的平均水深。水深测量为均布测点时，按算术平均值计算；如测量为非均布测点时，则用网格法先计算网格内平均水深，再计算总的平均水深。网格应为正方形等间距方格。

B. 完工后，重新实测工程施工区域的水下地形图，并按上述方法计算总的平均水深。

C. 用浚前、浚后的平均水深之差，再乘以相应区域的面积即为疏浚工程量。用此法计算工程量时应以不同的分块进行复核，其误差值应控制在 5%以内。

D. 施工期间计算部分工程量时，可对已完成部分实测水下地形，并进行相应的工程量计算。

3）产量计法。通过安装在挖泥船排泥管上的产量自动计量器测算工程量是近代新型挖泥船的基本配置之一，这种计量装置具有快速、即时、准确和经济的特点。同时也存在计量成本相对高，根据不同土质、水质需输入不同的计量参数，并需定期更换计量放射源等缺陷。随着技术的进步，无放射源计量仪器的发明与使用，已经成为今后产量自动记录仪的发展方向。

由于产量自动记录仪与开挖的地理位置、面积、土层厚度无关，因此，产量计法适用于任何安装有产量计的挖泥船施工工程，一般情况下只作为施工单位内部工程量计量，但对一些应急的防洪疏浚工程项目、临时性维护性疏浚工程项目、疏浚工程量分散及工程量较小、河底冲淤变化大、悬浮状和流动性淤泥清淤工程等可选择使用。

当施工区域土质变化较大时，采用产量计法计算疏浚工程量的疏浚工程，应根据土质变化情况，随时调整产量计输入参数，包括水的温度、密度以及土的密度等。

4）装舱容量法。是指通过核定装入泥仓的土方量来计算水下疏挖工程量的方法，适用于耙吸式挖泥船、斗式挖泥船、气动泵船等。此方法较少采用，一般只用于一些紧急疏浚工程或疏浚工程量分散、工程量较小、河底冲淤变化大等特殊情况。使用时需按土质情况考虑松散系数。

(3) 超深超宽工程量计算。由于疏浚工程是土方机械化水下作业，施工中无法直观地按设计开挖线进行操作，同时不同规格的挖泥船作业时的误差也不同。因此，为保证工程质量，施工时允许有一定的超深与超宽量，所以在工程量计算上也应考虑这一特殊性，结算工程量应为设计断面土方量、计算超宽和计算超深土方量之和，并应分别计算列出。

目前，国内水利行业和交通行业对计算超深与超宽量有所不同。水利部《疏浚与吹填工程技术规范》（SL 17—2014）规定了计算超宽和超深值（见表 3-22），交通部也规定了计算超宽和超深值（见表 3-21）。国外对疏浚工程允许超挖也有类似的规定，该规定不仅充分考虑了挖泥船的性能，同时还考虑了土质、水文对允许超挖的影响，供计算时参考（见表 3-23）。

疏浚工程量计算应根据竣工实测断面并参照该表规定的数值进行超宽、超深土方量计算。具体计算方法如下。

1) 以设计断面为依据，如实测竣工断面大于设计断面，则允许在设计断面基础上增加计算超深值 a 和计算超宽值 b，然后按修正后的断面尺寸计算竣工工程量。

2) 如实测竣工断面大于设计断面，但余量又小于计算超深值 a 或计算超宽值 b，则按照实测断面尺寸计算竣工工程量。

3) 如实测竣工断面大于设计断面加计算超深值 a 或计算超宽值 b 时，超出部分不计算工程量。

疏浚工程量计算断面见图 3-45。

(4) 冲淤变化较大的内河疏浚工程工程量计算。对冲淤变化较大的内河疏浚工程，河床的冲刷和泥沙淤积将造成计算工程量和实际工程量间出现较大偏差，容易引起合同纠纷。在此种情况下需要采取以下方法。

表 3-22　　　　　　　　　　计算超宽与计算超深值表

类　　别			计算超深 a /m	计算超宽 b （每边）/m
常规性疏浚	绞吸式挖泥船	绞刀直径 1.5m 以下	0.3	0.5
		绞刀直径 1.5~2.0m	0.3	1.0
		绞刀直径 2.0m 以上	0.4	1.5
	斗轮式挖泥船	斗轮直径 1.5m 以下	0.2	0.3
		斗轮直径 1.5~2.4m	0.2	0.5
		斗轮直径 2.4m 以上	0.3	1.0
	链斗式挖泥船	斗容 0.5m³ 及以下	0.2	1.0
		斗容 0.5m³ 以上	0.3	1.5
	抓斗式挖泥船	斗容 2.0m³ 以下	0.3	0.5
		斗容 2.0~4.0m³	0.4	1.0
		斗容 4.0m³ 以上	0.5	1.5
	铲斗式挖泥船	斗容 2.0m³ 及以下	0.3	1.0
		斗容 2.0m³ 以上	0.3	1.5
	水力冲挖机组	不限	0.05	0.3
环保疏浚		不限	0.1	2.0

注　表中数值为水利部《疏浚与吹填工程技术规范》（SL 17—2014）规定的计算超宽和超深值。

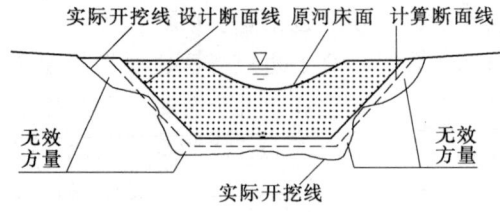

图 3-45　疏浚工程量计算断面示意图

1) 对采用绞吸式挖泥船施工的，应优先选择使用安装有产量计的挖泥船，施工前需通过试挖对产量计进行校核，以产量计的计量结果作为结算工程量或作为结算工程量时的对比参考数值。

2) 当挖泥船无产量计，又无法用水深测量方法准确确定工程量时，也可以陆上填筑实测方加流失量来计算复核。

3) 当采用耙吸式挖泥船、斗式挖泥船施工时，可根据舱载土方量乘以舱数或者以陆上填筑实测方加流失量来复核计算。

（5）回淤较大的疏浚工程工程量计算。在施工期间，因水流变化频繁且有较大回淤的疏浚工程，应定期对回淤量进行观测和检测，并按实际测算的回淤量和回淤强度计算疏浚工程量。对于自然回淤比较严重的河道，超深值中应考虑施工期内的自然回淤量。施工期回淤量还可采用下列方法确定。

1) 对于水力条件复杂且回淤严重的大型河道疏浚工程，必要时可通过数学模型计算或物理模型试验进行确定。

2) 对于一般河道疏浚，可利用该地区多年回淤观测资料确定施工期相应的回淤量。

3) 通过试挖观测推算回淤量和回淤强度。

4) 利用该河段前期相关可行性研究成果估算回淤量。

5) 在施工期间，定时实测回淤量。

表 3-23 国外各类挖泥船的施工超宽和超深值

挖泥船类型	机具规格	岩石				非黏性土质								黏性土质				有机土		附加条件			
		炸碎的岩石/cm		风化的岩石或软石/cm		块石/cm		砾石/cm		沙/cm		淤泥/cm		硬塑黏土/cm		软塑黏土/cm		泥炭/cm		海潮每1m变化/cm	1.5m/s的横向水流/cm	波浪冲击/cm	
		超宽	超深	超宽	超深	超宽	超深	超宽	超深	超宽	超深	超宽	超深	超宽	超深	超宽	超深	超宽	超深	超深	超宽	超宽	超深
链斗式 斗容/L	50~200	150	30	100	20			50	20	100	30	75	15	50	10	75	15	75	25	5	50	25	15
	200~500	150	30	100	20	150	30	75	25	150	50	125	25	75	15	125	25	100	35	5	75	50	25
	500~800	200	50	200	50	200	50	100	35	200	60	150	30	100	20	150	30	125	45	5	100	75	35
铲斗式或反铲式 斗容/m³	0.5~2.0	100	30	100	20	100	30	75	25	100	30	75	15	75	15	125	25	75	40	5	25	25	15
	2~5.0	150	50	150	25	150	50	150	50	150	50	125	25	100	20	150	30	150	75	5	50	50	25
抓斗式 斗容/m³	0.5~2.0	100	50	100	25	100	50	75	50	100	25					50	30	75	40	5	25	25	15
	2~4	200	75	200	50	200	75	150	75	200	50	150	30	75	15	150	75	150	75	5	50	50	25
	4~7	250	100	250	75	250	100	200	100	300	75	250	40	100	20	250	100	250	125	5	75	75	35
绞吸式 绞刀直径/m	0.75~1.5	75	25	50	20			150	25	200	40	150	30	75	15	100	25	100	30	5	50	25	15
	1.5~2.5	100	30	75	25			225	50	250	50	200	40	100	20	150	40	125	40	5	75	50	25
	2.5~3.5							300	75	300	60	250	50	150	30	200	50	175	60	5	100	75	35
耙吸式 舱容量/t	500~3000							1000	25	1000	25	1000	30			1000	50			5	250	100	0
	3000~6000							1500	50	1500	50	1500	50			1500	75			5	500	150	0
	6000~18000					1500	75	1500	75	1500	75	1500	50			1500	100			5	500	150	0

注 当实际边坡角 $\alpha > \arctan \dfrac{\text{超深}}{\text{超宽}}$ 超深时，以超宽为主；反之，以超深为主。

4 吹填工程施工技术

4.1 吹填方法

4.1.1 常规吹填

（1）施工方式分类。在传统吹填施工作业中，绞吸式挖泥船是最为常用，也最为便捷的施工设备，其性能决定了大多数情况下可由单艘绞吸式挖泥船利用绞刀、泥泵和排泥管线，就地独立、连续地完成吹填料的开挖、输送和吹填工序。

在工况条件受限的情况下，也可采用斗式（或射流式）挖泥船开挖吹填料并将吹填料装入泥驳，用泥驳将吹填料运输到吹填区附近，再用吹泥船将吹填料吹填到吹填区的多设备组合施工方式。

随着耙吸式挖泥船功能的改进，耙吸式挖泥船也越来越多地承担起了吹填施工任务。对具有泥泵输送系统的耙吸式挖泥船，可采用耙吸土料入泥舱，泥舱装满后再自航到吹填区附近，最后通过舱内泥泵系统将舱内土料直接抛填到吹填区，或和排泥管线连接后，启动泥泵系统通过管线将舱内吹填土料输送到吹填区，即通常所讲的自挖自吹的方式。这种方式下吹填土料的开挖、运输和吹填是3个独立的环节，由一艘耙吸式挖泥船将这3个工序组合完成，但相比绞吸式挖泥船，整个作业过程不是连续的，而是一个循环作业过程。

当运距较远时，如继续采用耙吸式挖泥船自挖自吹的方式，会造成施工成本增大和工期延长，此时耙吸式挖泥船可先通过耙头挖泥土料入泥舱，泥舱装满后再自航到储泥池，将舱内泥土料倒入储泥池，再用绞吸式挖泥船挖出吹填。这种方式下吹填土料的开挖、运输和吹填是由多套设备组合完成。

在常用的吹填施工方式中，绞吸式挖泥船通过排泥管线直接吹填和与耙吸式挖泥船组合的工序，自挖自吹采用的更多。

在工程具体实施过程中，根据实际工况，几种方式并用也较常见。例如，在绞吸挖泥船吹填施工中，根据工程输泥距离、风浪、气候、开挖土质和挖泥船自身输泥能力等因素，除绞吸式挖泥船采用单船开挖直接输泥吹填方式外，还采用船-泵接力和船-船串联接力的方式完成开挖输泥吹填；在施工中也采用先由斗式、耙吸式（或射流式）挖泥船挖泥装入泥驳，倒入储泥池，再用绞吸式挖泥船挖出吹填等。

根据各种吹填作业中的输泥方式不同，吹填施工方式总体上可以分为管道直输式和组合输送式两种。如果考虑设备运用和组合方式，管道直输式施工又可以进一步分为单船直输式和船泵直输式等；组合输送型中又可细分为单船和多船组合式（见表4-1）。

表 4-1　　　　　　　　　　　吹填施工方式分类表

施工方法		方法要点	方法特点	适用范围
管道直输式	单船直输式	吹填土的开挖和输送由单条挖泥船直接连续完成	开挖、输送、吹填3道工序连续进行，生产效率高、成本低	1. 土源距吹填区较近，运距在挖泥船的正常有效排距之内的工程； 2. 具有开挖和泵送功能的挖泥船，如绞吸式、气动泵、水力疏挖机组
	船泵直输式	在排泥管线上装设接力泵，由挖泥船开挖取土，输送则由接力泵辅助完成		土源距吹填区较远，运距超过了绞吸式挖泥船的正常有效排距，且水上运距不太长（小于1~2km）的工程
组合输送式	单船组合式	单条挖泥船挖泥并装入本船泥仓，再通过航行运到预定地点后利用船上自带泥泵吹填	开挖、装舱、运输、吹填4道工序连续进行，生产效率不高，成本高	具有泵送装置的耙吸式挖泥船
	多船组合式	先由挖泥船开挖取土，再由驳船运送到集沙池或站，最后由绞吸式挖泥船（或吹泥船、泵站）输送到吹填区	开挖、输送、吹填3道工序由多套设备组合完成，工序重复、控制难、生产效率低、成本较高	土源距吹填区较远，且水上运距较长的工程

（2）施工方式的特点和适用条件。不同吹填施工方式都有其不同的特点及适用条件，表 4-1 进行了简要归纳，可以详细表达为以下几点。

1）管道直输式。单船直输式吹填施工适用于内陆或风浪较小的近海区，其特点是生产效率高、成本低、对开挖土质适应性强，但抗风性能较差。输泥距离限于挖泥船自身设备能力。当工程实际输泥距离超出设备自身最大输送能力时，为了解决需要增加设备运距的问题，可采用设接力泵站或两条、多条绞吸船串联接力的船泵直输方式。这种方式可提高吹填料的输送距离，保持单船直输式的优点，但操作和控制难度加大。设置接力泵时，要使接力泵吸入口有 0.1MPa 的余压。

2）组合输送式。如前所述，利用带泥泵系统的耙吸式挖泥船进行吹填作业属于单船组合式，多船组合式有斗式挖泥船-泥驳-吹泥式挖泥船、斗式挖泥船-泥驳-吹泥式挖泥船-接力泵站、斗式挖泥船-泥驳-储沙池-绞吸式挖泥船、耙吸式挖泥船-泥驳-吹泥式挖泥船、耙吸式挖泥船-储沙池-绞吸式挖泥船等多种组合施工方式。

A. 耙吸式挖泥船-吹填。适用于取土区风浪大、运距远的吹填工程。施工过程中能改善沙性土的质量，成本较高。耙吸船泥泵排距不够时，可通过增加泵站的方式进行再组合。

B. 斗式挖泥船-泥驳-吹泥式挖泥船-吹填。适用于内陆河道、湖泊或风浪较小的海区、沙质土、黏性土的吹填工程。合适运距一般为5~15km。缺点是抗风浪性能差。若开挖土质为流动性淤泥时，开挖效果差；如果泥驳为非自航泥驳，则需要与拖轮配套使用；吹泥船排距不够时，可通过增加泵站的方式进行再组合。

C. 斗式挖泥船-泥驳-吹泥式挖泥船-接力泵站-吹填。适用于运距远、吹程高、工程量较大或长期性的疏浚土处理与吹填造地相结合的工程。缺点是施工环节复杂、施工干扰多、设备故障概率大、有效生产时间利用率低。

D. 斗式挖泥船-泥驳-储沙池-绞吸式挖泥船-吹填。适用于内河或风浪较小的海区和吹填量较大的工程。缺点是设备配套复杂、设备故障概率大、有效生产时间利用率较低、吹填土料有流失损耗。工程量大时组织难度大，在交通繁忙的航道施工时，施工船舶和过往船舶间的相互干扰大，安全隐患多。

E. 耙吸式挖泥船-泥驳-吹泥式挖泥船-吹填。适用取土区距离吹填区运距远的工程，能改善沙土的质量。耙吸式挖泥船应具有装驳的设施。优点是耙吸式挖泥船可以连续作业，生产效率提高；缺点是需要配备泥驳等辅助设备，工程量大时组织难度大。在交通繁忙的航道施工时，施工船舶和过往船舶间的相互干扰大，安全隐患多。

F. 耙吸式挖泥船-储沙池-绞吸式挖泥船-吹填。适用于取土区风浪大、运距远、吹填量大的工程。施工过程中能改善沙性土的质量。储沙池的位置与大小应满足绞吸式挖泥船的输送和施工强度的要求，而且应选在回淤、冲刷小的地方。池内外水深必须满足所有施工船舶吹填、抛沙施工作业的需要。缺点是耙吸式挖泥船需要往返循环作业，施工连续性差，生产效率低。

(3) 施工方法。根据造地吹填工程的特点和设计要求，可采用一次性吹填完成和分期、分区、分层等几种方法进行施工。

1) 一次性吹填完成吹填方法。当工程规模小，吹填面积较小，围堰施工可一次达到设计标高且在非软基上施工时，可采用一次性吹填到设计要求的高程。

2) 分期吹填方法。工程量大、施工期长，设计对吹填区地基有不同要求，使用目的不同或施工先后次序要求时，可采用分期施工的方法。

3) 分区吹填方法。工程具有吹填工程量大、吹填面积大，且设有多个吹填区时，可根据进行分区吹填的；吹填工程设有多个吹填区，且要求分区、分期交工时，可按工程设计要求顺序分区吹填。

4) 分层吹填方法。下列情况可实施分层吹填。

A. 当吹填厚度大、工程规模大时，可采用分层吹填的方式，以使吹填土能够均匀分布，利于吹填造地的质量。各层厚度应根据设计要求划分。

B. 在淤泥质或其他超软质地基上吹填时宜分层施工，分层层厚不宜过大，施工时应根据设计或经过试验确定。第一层高度宜高出最高水位 0.5～1.0m，其后逐层加高，每层厚度宜控制在 1.0m 左右，以避免地基出现较大的沉陷及隆起，使其能够均匀沉降，逐步密实。

C. 当围堰修筑土源不足，围堰高度不能一步到位，需利用吹填土逐步加高围堰时，可进行分层吹填。

(4) 施工顺序。吹填造地工程实施前要对吹填区进行仔细现场考察，在综合考虑的基础上选择出最优的吹填顺序，以利于工程的进展和质量控制。

1) 影响因素。在制定吹填造地施工顺序时，需要综合考虑的几方面因素：①排泥管在吹填区的出泥口应尽可能远离泄水口，以延长泥浆流程；②应考虑吹填区的地形、地貌、几何形状对管线网布置的影响；③泄水口的结构型式和位置；④吹填材料的特性、土质不同，沉淀速率也会不同，所需要的流径和沉淀时间也不同；⑤吹填区的特性，如工程吹填区为单个还是多个、吹填区为软基还是硬基、吹填面积和吹填厚度的大小等；⑥围堰的填筑是否为一次性达到设计高度以及修筑质量情况；⑦工程设计对吹填区使用目的和交付时间、顺序等的要求。

2）顺序选择。吹填顺序的选择应结合工程实际情况和各种施工顺序的适用性，以及在选的定施工顺序实施后能够取得的突出效果或达到的目的，综合考虑后选定。施工顺序选择可参照如下情况进行：①当工程吹填为多个吹填区吹填，而且各吹填区相对独立、不连通，现场施工条件允许的情况下，为了充分发挥吹填设备的效率，吹填顺序宜安排从最远的吹填区开始依次退管吹填；②当工程吹填为多个吹填区吹填，但各吹填区共用退水口的工程，为了增加泥浆流程，减少细颗粒土的流失，施工顺序宜先从离退水口最远的区开始，依次进管吹填；③当工程吹填为多个吹填区吹填，但吹填土质为细颗粒土时，在排泥管网中主管上要安装三通、闸阀等，这种情况为了加速沉淀固结，减少流失，施工顺序应同时安排两个或两个以上的吹填区，通过闸阀的切换轮流交替吹填；④当工程吹填为单个吹填区吹填，为了增加吹填的有效性，减少流失，选择的施工顺序宜从离退水口较远的一侧开始。

4.1.2 堤防吹填

堤防吹填工程及水工建筑物边侧吹填施工，都具有吹填区比较狭窄、吹填须分层施工的特点。在施工过程中必须解决的主要问题是吹填施工过程中如何控制对已完成工程和建筑稳定产生的影响，并应符合现行的行业标准。

4.1.2.1 堤防吹填工程施工

堤防吹填工程主要涉及堤身两侧盖重、平台填筑和堤身填筑以及堵口复堤等方面。

（1）堤身两侧盖重、平台等的吹填。该类工程吹填区一般都比较狭窄、需要吹填的厚度也比较薄，所以应采用敷设支管及分段、分层吹填的方法，分层厚度一般不宜超过 1.0m。

（2）吹填筑堤工程。当堤身填筑达到水面以上时，该部分应分区、分层、分段间歇交替进行，分层厚度应根据吹填土质确定，一般宜为 0.3～0.5m，对黏土团块可适当加大，但不宜超过 1.8m。每层吹填完成后应使该区、段间歇一定时间，待吹填土初步沥水固结后，才可继续上层吹填。

（3）案例。以湖南省洞庭湖区马家铺堤段挖泥船筑堤为例说明吹填筑堤施工方法。

马家铺堤段是沅南垸围堤湖隔堤的一部分，该段由于地处老河套，地势低洼，人工无法取土，机械运土投资大，因此计划采用绞吸式挖泥船吹填筑堤。

1）施工准备。1984 年 9 月中旬成立了马家铺堵口工程指挥所，负责组织施工，首先实测了 1∶2000 的堵口堤址及土场地形图，按堤身设计断面，计算堵口总土方为 33.34 万 m^3（不包括消失、挤淤、塌陷和四次子堤决口流失的土方），做好施工放样，设置大堤中心线和边脚线以及临时通航等标志，与此同时，指挥所调遣两艘 $80m^3/h$ 挖泥船承担施工。

2）施工方法。

A. 水下冲填。1984 年 10 月 15 日，汉寿县船队用 1 号、6 号挖泥船开始进行水下冲填，1 号船位于临水坡一边，6 号船位于背水坡一边，两船均距大堤中心线 400m 处开挖，输泥管则来回沿中心线两侧冲填。到 1985 年 3 月上旬，堤基已由最深河床 29m 填到 31m，出水面宽 120～150m，水下坡比达 1∶20，这时停止冲填，使堤基沥水固结。

B. 分池分边，轮回冲填。1985 年 3 月下旬，堤基表土已基本固结，固结厚度约为

30～50cm，便组织劳力，沿内外坡脚修筑高 3.0m（高程 34.00m），面宽 1m，内外坡 1∶1.5 的第一级子堤，并利用原围堤湖溃堤，将 700m 堤段分成 2 个沉淀池，1 号池长 325m，2 号池长 380m。在修筑子堤的同时，采取与子堤成垂直方向，每隔 20m 交错埋置两层直径 0.5m 的芦柴捆一个，共埋设芦柴 12t，以利于泥浆沥水早固。沉淀池筑成后，又增调 3 号船参加吹填。1985 年 4 月上旬，3 艘船集中冲填 1 号池。沿子堤边逐渐使泥浆流向中心线，每次冲填高度和轮回冲填时间，视子堤承受能力而定，原则上每个池冲填时间为 1 个月，每次冲填高度 0.5～0.8m（指填土高而不是泥浆表面高）。到 1985 年 12 月中旬，冲填高度达 33.8m。在第一级沉淀池吹填过程中，由于子堤单薄，质量差，加之导沥作用小，吹填速度快，导致了四次子堤滑坡崩溃，流失土方 1 万多立方米。

1985 年 12 月底，修筑第二级沉淀池子堤，子堤高 2.5m（堤顶高程 36.50m），面宽、坡比不改变，质量做到夯紧压实，再没有埋设导沥芦柴捆。在进泥方法上，仍然是轮回冲填，在沥水导流上，则采取在子堤和基础较好的地方，每个池函开挖一个溢流口，底宽 1.5m，口底高于每次计划冲填高 0.5m，并用草垫和薄膜铺护口底及流坡，以免冲刷；同时还组织了一支专业队，日夜轮班在工程巡逻，维修防护子堤，一旦发现险情，能及时处理加固；此外，采取做田塍的办法，用木制板耙将池函内稀泥搭护子堤坡脚，以防渗漏滑坡，因而保证了第二级沉淀池地施工顺利进行。到 1986 年 6 月中旬，堵口大堤平均高达 36m，最高处达 36.5m，面宽 48～52m，到 1986 年 6 月底停止了冲填。

C. 人工填筑，整形结顶。堵口大堤冲填高达 36m 以后，由于面窄，修子堤后，池容小，停车时间多，开车时间少，设备不能充分利用，工期会延长。同时，一级、二级池容填土，尚未完全沥干固结，且发现内外堤脚已隆起，说明堤身仍在继续下沉，如继续筑仓冲填，可能导致堤身塌陷。因此，决定停止用挖泥船冲填。在 1986 年冬修时，用人工填筑，由于吹填体尚未排水固结，当人工加修到高程 38.00m 时，部分堤身鼓胀和滑坡，后经开沟沥水，才固结稳定。

1989—1992 年在安乡安保垸豆港、钱粮湖农场采桑湖堤段运用该技术筑堤 7km。

4.1.2.2 堵口复堤吹填工程施工

（1）设计。挖泥船吹填堵口设计应根据溃口情况、堤防断面设计要求、投资规模及工期要求等进行施工设计。设计的重点是确定复堤轴线、取土场规划、确定施工船型及确定施工程序。

1）确定复堤轴线。确定复堤轴线是吹填堵口设计的基础。在确定复堤轴线之前，要对溃口处及附近区域的水下地形、地质情况做认真细致的勘测，从而选定地质基础最好、堤线最短、工程量最小的复堤轴线。

一般复堤轴线仍可以原堤轴线为基线。这样堤线较短，工程量相对较小。但由于溃堤水流冲刷作用，一般都会在溃口处原堤轴线内侧形成较大的冲刷坑（坑的深度、长度及离堤轴线的远近随堤基土质、溃堤水头及溃口形式不同而不同）。这样应将复堤轴线适当外移，以避开冲刷坑，满足新堤基础的抗倾（滑）要求，节省工程量，改善新堤吹填体排水固结条件。

也有冲刷坑发生在复堤轴线外侧的情况，需将新堤轴线内移。

2）取土场规划。合适的取土场对于保证堵口复堤的质量和工期至关重要。选择取土场主要根据吹填量、运距和土质等因素确定。其中土质尤为重要，应尽量满足堤防设计对土质的要求。

基坑吹填应尽量选取黏土。因堤基渗透压力最大，对于防渗的要求最高。加上挖泥船吹填黏土时泥浆颗粒相对较大，有利于排水固结。堤身吹填可适当取些亚黏土或沙壤土，因这种土质土粒、渗透系数相对较大，排水固结较快，有利于上部加速施工（堤身若吹填沙壤土，应在人工整修时在堤身临水面加做防渗铺盖）。

此外，在外洲取土时还应注意与堤防保持足够的安全距离，取土也不宜太深，以免破坏堤基覆盖层。

3）确定施工船型。选定合适的施工船型是保证堵口复堤工程顺利完成的重要环节。施工船型的确定要根据吹填距离、土质、工程量、工期等基本要素确定。

整个堵口复堤工程最好以大、小挖泥船相结合。在进行前期堵口（堤基及堤身下部）吹填时，宜采用大型挖泥船施工。大型挖泥船流量大、效率高，可保证工程进度，尽快堵住溃口；另外大型挖泥船泥浆中推移质比率高、颗粒大，可有效地降低填筑体的孔隙率和含水量，缩短排水固结时间，并减少土方流失（一般堵口施工时溃口处常有流速，颗粒越大沉降越快）。在进行堤身上部吹填时，由于填筑区舱容大大减小，大型挖泥船已难以发挥效率，因此在满足工况条件的前提下，可改用小型挖泥船施工。

4）确定施工程序。施工程序应根据水情、工期及吐洪排水要求确定。

首先，堵口复堤工程要尽量保护溃垸地区不受洪水复涨的侵扰，以减少财产损失，减轻排洪难度，因此要合理确定一期抢堵堤坝的高程；其次，一般溃垸地区对溃口都有吐洪排水要求（因垸内洪水量大，单纯依靠机械或涵闸排水时间太长、耗费太大），因此要根据垸内洪量和外河水位情况合理确定预留吐洪口的宽度及龙口（吐洪口）合龙时间；此外，还应根据堤身高度、基础和填筑土质情况，确定分层填筑高度，以确保堤身断面稳定，利于填筑体排水固结，缩短工期，节省工程量。

（2）施工。利用挖泥船吹填堵口施工的关键工艺在于修筑围堰、吹填施工和排水设施的设置。

1）围堰施工。

A. 基坑围堰。在开始堵口吹填之前，为防止吹填泥浆阻塞河道，减少泥土损失，应沿设计堤脚线用块石抛筑基坑围堰（临河的堤外脚线围堰是重点）。由于施工时水深、流急（一般水深为 10～20m），应认真做好放线和施工船定位。

B. 堤身围堰。在堵口吹填出水面后，为使吹填符合堤身断面设计要求，减少流失，提高工效，应开始做堤身围堰。堤身围堰应视堤身高度和堤身断面情况分级修筑，一般高度为 1.5～3.0m（因下部吹填土体尚未完全固结，故围堰不宜太高）；围堰材料一般用内装泥土或沙的编织袋（草袋）砌筑。此外，排水口应注意做好防冲刷措施（一般采用铺垫塑料彩条布），以防余水冲蚀下部吹填体。

2）吹填施工。

A. 分头进占。吹填堵口（水下部分）施工时，为方便排泥管道敷设，一般采用从溃口两端分头开始向中心推进的施工方法。此外，一般溃垸后都对溃口有排洪要求，而溃口中心区最深，排洪龙口设置在中心段也相对有利（单宽断面大，排洪时间长）。

B. 分层填筑。当吹填堵口出水面后，应根据堤身断面要求分层进行填筑。每层填筑高度一般为 1.5～3.0m，太薄则舱容太小，影响吹填工效；太厚则不利于吹填体排水固结，影响堤身稳定。

C. 人工修整。堵口大堤吹填到一定高度（约为堤高的 60%～80%）后，由于堤面变窄，修筑围堰后舱容很小，设备不能充分利用；同时一级、二级吹填土层尚未完全析水固结，如继续吹填，工期将会延迟，还可能影响堤身断面稳定。因此可改用人工填筑，并结合对吹填的堤身进行人工修整，以便堵复的新堤符合堤防断面设计要求。

3）排水作业。排水固结速度是影响堤防质量和工期的主要因素之一。实践证明，吹填堵口填筑体中的水分单靠自然排析往往是难以满足工期和质量要求的。因此，有必要设置专门的排水设施，以使填筑体中的水分及时排析出来，减少填筑体内孔隙水压力，尽快固结，保证工期，保障新堤稳定。特别是在土质黏性重、透水性小、含水量高而又必须缩短工期的情况下，专用排水设施的设置就显得尤为重要。对于吹填土体的排水，一般采用的方法是预埋排水体系和开挖排水沟，效果较好。

（3）案例。

1）案例 1：以湖南省长沙市丰顺垸堵口挖泥船吹填堵口为例说明施工方法。

长沙市丰顺垸 1994 年 7 月 19 日溃决后，为使灾民迅速恢复家园，要求 20d 修复大堤。丰顺垸大堤长 6500m，堤身为粉沙土，渗透系数为 10×10^{-4}cm/s。大堤 5km 以内为粉沙土，若用黏土筑堤，需从 13km 以外取土，施工场地和进土道路最多只能容许 20 辆翻斗车运转，每天进土 2000m³，需 100d。根据天气预报，施工期约为 15～20d。这么短的时间堵口高程达到防洪高程，根据挖泥船筑堤的成功经验，提出堵口采取就地取土料，将均质黏土堤改为黏土斜墙沙体坝，利用当地粉沙土填冲坑和修筑堤内平台，外运黏土筑外坡斜墙，用 4 条 80m³/h 绞吸式挖泥船，取堤外河洲土，向垸内溃口凼吹填，每天吹泥 0.8 万～1.0 万 m³，7d 内将溃口凼吹满。溃口处堤脚高出地面 1～2m，再用装土草袋包修筑 2～3m 子堤围堰，5d 时间堤内脚平台高程达 35.00m。同时，外坡黏土斜墙高程也达到高程 35.00m，距堤顶设计高程 5.00m。平台以上堤顶部分由于填土场面缩小，挖泥船沉泥池太小，用挖泥船填堤身困难。堤身上部主要用汽车运土和人工修筑。该溃口从溃决后第 4 天开始填堵，历时 15d，至 8 月 5 日湘江发生第二次洪水时，堤顶高程已超过洪水位（36.00m）。

2）案例 2：以湖南省汉寿县围堤湖垸挖泥船吹填堵口为例说明施工方法。

1995 年 7 月 1 日沅水发生大洪水，7 月 18 日常德市洪水位达 42.49m，比历史最高洪水位高 1.81m。为了保障常德市 30 万市民安全，扒开汉寿围堤湖垸蓄洪，该垸 4.8 万亩，垸民 8300 人，扒口蓄洪 3.6 亿 m³，降低常德市水位约 0.3m。该堤段堤顶高程 41.00m，地面高程 35.00m，地表 1～2m 为黏土，以下 30～50m 为沙或沙卵石。工程需土方量大，土源困难。为让灾民恢复家园和抢种晚稻，要求 8 月 1 日以前修复大堤，施工期为 30d。采取设计方案为 33m 以下填凼用绞吸式挖泥船吹沙填筑，用当地沙和沙土为筑堤土料。由于沉沙池宽而深、容量大，沙土中含的黏粒能沉落在沉沙池中，根据粗近细远的沉降规律，黏泥分布于沉池周边，像铺了一层防渗膜，35～38m 堤身用挖泥船吹填黏土；38～41m 用汽车和手扶拖拉机运黏土修筑堤身。该工程修复以来，没有渗漏出现，特别是 1996 年 7 月出现了比 1995 年更高的水位，该堵口堤身仍安全无恙。

4.1.2.3 充泥管袋吹填筑堤

充泥管袋是沿海地区筑堤的一种新技术,其原理是采用土工布制成大型管带,通过吹沙船或泥浆泵向管袋充沙以后,水分从袋布中析出,同时泥浆液在自重以及渗水压力的作用下逐渐固结密实,达到稳定的目的。主要用于中高滩部位,并要求充填土体具有较好的渗透性,易于排水固结。充泥管袋具有软基适应力强、工作量低、施工速度快、造价低、就地取材、降低工程维修费用等优点。

(1) 工艺流程。充泥管袋吹填筑堤工艺流程主要包括清基、充泥管带制作与布设、设备就位、管带充填、排水固结等。

(2) 基础清障。施工前首先对新建围堤内、外堤脚范围内的河床泥面及杂物进行清理和吹填区范围内杂物进行清理。清基内容包括清理范围内的芦苇、草根、腐殖土、沉船、渔网、废除的出水闸(暗涵)、电缆、散乱的抛石、建筑垃圾等可能影响工程施工或运行质量的一切杂物。

(3) 充泥管袋原材料及制作。

1) 充泥管袋一般采用聚丙烯编织土工布,通长充泥管袋单位面积质量不小于设计要求,物理力学指标满足设计要求,其土工布原料性能见表4-2。

表4-2 充泥管袋土工布原料性能表

项目	规格质量	断裂强度		断裂延伸率		撕破强力		CER顶破强力	孔径 (O_{90})	垂直渗透系数	刺破强度
		经向	纬向	经向	纬向	经向	纬向				
单位	g/m²	kN/m	kN/m	%	%	kN/m	kN/m	kN	mm	cm/s	kN
土工布	190	≥35	≥30	<24	<22	≥0.35	≥0.32	>3.2	<0.20	>2×10^{-2}	
土工布	160	≥30	≥24	<24	<22	≥0.27	≥0.25	>2.4	<0.13	>3×10^{-3}	

2) 充泥管袋袋体加工工艺。原材料检验→裁剪、划线→缝制加筋带、套环→袋体缝制成型→验收包装→存放、出运。

A. 尺寸确定。袋体在横断面方向整块制作,纵向依据铺排船的滚筒长度确定;其长度在设计宽度的基础上适当加长。长度根据潮水及施工工效确定,考虑单幅通长充泥管袋制作与铺设。

B. 充填袖口布设。充填袖口视充填粒径和充填能力确定,一般袖口布设定为16~20m²一个,袖口纵向间距在5m(主要根据铺排船滑板的宽度确定),横向布置4个(35m宽通长充泥管袋),且袖口均匀布设。袖口原材料采用和其所在袋体位置处相同的材料,袖口直径25cm,伸入袋体30cm,伸出袋体0.5~5m,袖口和袋体采用包缝缝接。

C. 土工布单元片总拼。将加工好的土工布单元片用包缝法拼织在一起,使用双线缝制,针脚密度每10cm长缝10~14针,针脚采用链式针脚,缝制线采用尼龙线,强度要大于原织物强度的80%。

D. 验收包装。管袋依据质量检验标准进行加工,袋体验收合格后,人工将袋体每3~5m一层折叠好,并每3~5m一道用细绳捆扎好。

E. 袋体存放及出运。袋体加工好后,如不立即出运应尽量室内存放,室外存放应做好覆盖,防止紫外线照射。袋体用汽车运至码头驳运到现场。

（4）充泥管袋布设。一般情况下，水下充泥管袋采用铺排船铺设，水上充泥管袋可采用人工铺设方式。

1）铺排船铺设充泥管袋施工工艺。卷筒上卷袋子→铺排船就位→运沙船靠铺排船→充灌头部袋体、系结检测浮标→放滑板、松卷筒→移船后退→解开尼龙绳活扣→测量验收。

A. 卷筒上卷袋子。将加工好的袋体头部约10m平展在甲板上，启动卷筒开始卷袋，当袋子的第一排袖口处于滑板边缘时停止卷袋。灌袋体的头部平展在甲板上，锁定卷筒。

B. 铺排船就位。铺排船的就位采取平行于轴线定位，垂直轴线移船，从深水区向浅水区铺设。铺排船采用六锚定位，单艘铺排船在两台GPS引导下进入施工现场，下锚定位，然后在电子海图上放大施工区域，根据铺排船与袋体铺设位置的相对距离绞锚移船，使铺排船准确定位。

C. 运沙船靠铺排船。铺排船定位完成后，运沙船停靠在铺排船边上，用缆绳将运沙船和铺排船系在一起。

D. 充灌头部袋体、系检测浮标。用船上吊机将泥浆泵吊入运沙船舱，用泥浆泵连接袋子第一排袖口，启动高压水泵，用高压水枪破碎液化沙土，充填头部管袋。

E. 放滑板、松卷筒。放滑板前，再次确认铺排船定位情况，无误后，缓慢下放滑板，启动卷筒使袋体徐徐下降滑板，让管袋头部接触滩涂面。

F. 移船后退。当袋体已经着地后，边启动卷筒使袋体下滑，边平行移船，每次移船2~3m，启动泥浆泵将沙通过各个袖口向通长充泥管袋袋内充灌，通过充沙时间计算充沙方量，从而控制充灌厚度。移动过程中，对照电子海图和铺排区域坐标，通过集控台或机旁操作手柄，给船精确定位。铺排船移动见图4-1。

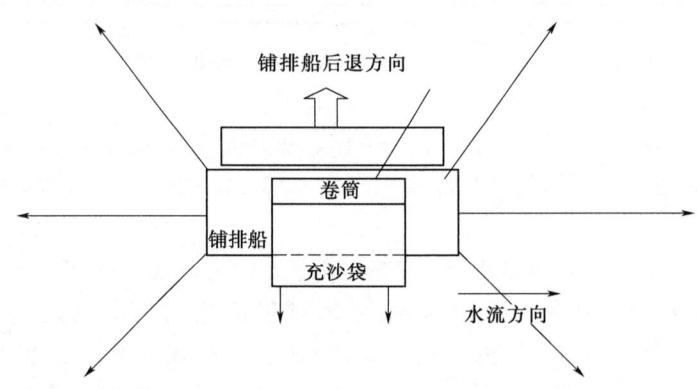

图4-1 铺排船移动示意图

G. 解开尼龙绳活扣。通长管袋铺设完成后，解开尼龙绳活扣，将剩余通长管袋铺设到滩涂面。

H. 测量验收。铺设完成后，提供测量数据，检验铺设情况，同时通过充填沙量计算充填情况。

2）铺排船铺设充泥管袋施工技术措施。

A. 施工过程中，通过船载定位系统，控制每次移船的距离和船舶的平面位置，并通过吹沙量,控制吹填厚度,确保袋体厚度和水下搭接宽度满足设计及规范要求。

B. 通长充泥管袋铺设,采用跳铺的方式,即先施工沿轴线方向铺设第1、3、5、7、……的通长管袋,然后铺设第2、4、6、8、……的通长管袋,通过后铺设的通长管袋中沙的自重,将先铺设的通长管袋向两侧挤压,确保袋体间搭接质量。

C. 在袋体两侧的甲板上划上刻度线,精确计算袋体铺设的长度,使其和船舶移动保持同步,且船舶的移动要缓慢、平稳,避免船舶惯性拖动袋体。

D. 施工完成后,铺排船立即移出施工区域,防止船舶搁浅在已施工完成的袋体上,造成袋体破坏。及时进行测量复测,检验铺设质量。

(5)吹泥袋充填筑堤。通长充泥管袋铺设达到设计高程后,采用吹泥船或水力冲挖机组直接灌袋。

1)材料准备。泥袋吹填材料要求为较好的透水性沙性土或粉细沙,粒径大于0.05mm的颗粒含量在60%以上,其中粒径大于0.075mm的颗粒含量应大于50%,粒径小于0.005mm的黏粒含量小于10%。吹填料一般通过采沙船或吸沙船完成,并运输到现场。

2)设备及管线准备。吹泥船的管线抵达围堤附近后,铺设输泥管,利用浮漂将管头上浮,在管头上安装钢质分接头,在分接头上设置支线管(见图4-2)。

在支线管上绑接φ15cm的尼龙软管,通过尼龙软管将泥浆混合液送入管袋内。经过不间断地输送,将管袋充灌至设计要求的厚度。吹泥式挖泥船充灌管袋见图4-3。

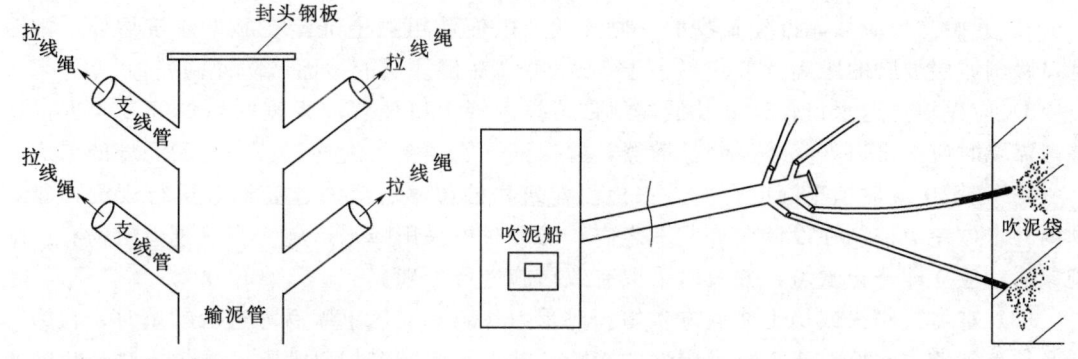

图4-2 吹泥管分接头示意图　　图4-3 吹泥式挖泥船充灌管袋示意图

3)吹填工艺。泥袋吹填过程可按下列技术措施控制。

A. 充填袋施工要由深水区开始,再逐步向浅水区推进,先将深水区施工到堤顶高程与浅水区泥面基本一致后,再按阶梯式全断面推进施工。

B. 吹泥袋充填最好在低潮位时施工。每层袋应在一个潮水时间内完成,袋体在滤水完毕之前,不可在其上部充填另一只袋体。

C. 袋装沙分层施工,上下层袋体之间搭接缝错开,不允许通缝,每层袋体厚度宜控制在0.5m;在充填过程中如一次达不到理想高度,待沙袋稍固结后,采用二次充填,但保证每只袋体在下一潮水来临前完成。待沙料充满整个袋体后(充盈度大于80%),此袋充填即告结束,此时可拔出充沙管,扎紧袖口,经过排水固结后(固结度大于70%),再进行下一层充填袋的施工。

D. 施工中通过控制吹填方量、吹填厚度，同时不断调整吹沙管在袖口中的方向，避免沙在袋体内局部隆起，确保充泥管袋铺设平整。每次移船移动距离为5～8m。

E. 由于管道较长，冲填时为防止堵管，泥浆浓度一般为25%～45%。

F. 充填过程中水和少量细沙从袋内析出，较粗的沙粒很快沉积在袋内。在沙未固结前，施工人员可在袋体顶面人工来回踩踏，使充填袋内沙均匀、饱满，确保充填平整，加快袋体排水固结速度，待整个沙袋达到屏浆阶段，适当减少充填速度，防止布袋爆裂。

G. 每只充填袋成型后，应对袋体轴线、边线进行测量，保证轴线、边线满足设计要求。充填袋的充盈度应控制在80%以上，下层充填袋在固结度达到70%后，可以进行上一层充填袋的施工。

H. 对实施好的袋及时做好保护，以免风浪冲刷破坏。

I. 已施工完毕的区域，抛设醒目标志，防止水上船舶或抛锚对袋体造成破坏。

4.1.2.4 水工建筑物边侧吹填施工

水工建筑物边侧吹填工程主要涉及船闸两侧吹填、重力式码头或挡土墙后方吹填等。

（1）水工结构物两侧吹填。水工结构物的边侧吹填一般情况下应在建筑物倒滤层、出水等完成后方可进行，而且吹填施工前必须对建筑物的结构型式、施工质量等进行充分了解，确保建筑物的稳定与安全。具体吹填方法如下。

1）吹填施工一般也采用分区、分层交替间歇的吹填方式，以保证建筑物受力均匀。分区应以建筑物分缝处为界，分层厚度宜控制为0.3～0.5m。

2）开始吹填应从靠近建筑物的一侧开始，以便使粗颗土沉淀在靠近建筑物处。排泥管口距倒滤层坡脚的距离一般应不小于5m，并需对倒滤层的沙面做防冲刷处理。

3）应先填离退水口较远处及低洼地带，排泥管出口位置应根据吹填情况及时进行调整，需要时应在出口处安装泥浆扩散器，以保证土质颗粒级配均匀，防止淤泥塘的形成。

4）施工中应对填土高度、内外水位、建筑物的位移、沉降、变形等进行观测，建筑物内外水位差应控制在设计允许范围之内，必要时可采用降水措施。当发现建筑物有危险迹象时，应立即停止吹填，并及时采取有效措施进行处理。

（2）重力式码头或挡土墙后方吹填。对重力式码头或挡土墙后方进行吹填时，在施工中必须首先考虑吹填对建筑物稳定性的影响，并需采取措施加以消除。吹填方法与船闸两侧吹填施工方法基本相同，应符合如《重力式码头设计与施工规范》（JTS 167）等现行行业标准中的相关规定。

4.2 管线布设

4.2.1 分类

排泥管是绞吸式挖泥船、吹泥船等必备的施工设施，按所处位置可分为吸泥管、船用排泥管、水上浮管、水下潜管、岸管、管件、辅件等；按材质划分主要有钢管、聚氨酯橡胶管、塑料管、钢塑复合管、自浮式排泥管等。

（1）管道。不同材质排泥管在摩阻系数、耐磨、耐压、抗老化、抗撞击等性能方面都会有很大的差异，了解掌握管材特性，选择使用合适材质的管道，有助于降低工程造价。

1) 钢质排泥管。它是目前疏浚与吹填工程使用最为普遍的一种，其优点是耐高压、耐撞击、易修补、废旧管可回收变现、价格相对较低；缺点是易锈蚀、受撞击容易形成坑凹变形，且坑凹部位易被磨损等。

钢质排泥管按结构型式有法兰式、直筒式、球形接头式、承插式等几类。法兰式管又可分为固定法兰式和活络法兰式两种，固定法兰式管使用最为普遍，活络法兰式管因其安装连接的方便性，正日益得到推广，其分类见表4-3。

表4-3   钢质排泥管分类表

类型	优点	缺点	适用范围	常用尺寸（长度）/m
固定法兰式管	造价低，可充分利用管道长度	法兰易受损变形，螺栓孔易锈蚀扩大，使用较费工费时	所有排泥管道	4、6、12
活络法兰式管	造价低，可充分利用管道长度，法兰与管道相互分离，安装方便快速	法兰与管口易受损变形，螺栓孔易锈蚀扩大，使用较费工费时	所有排泥管道	4、6、12
直筒式管	结构型式简单，造价低，拆装方便	需用扩口式胶管连接，管线阻力大，费用高，风浪较大时安装困难，对钢管端部圆度要求高	水上浮管	4、6、12
球形接头式管	可任意调整角度，抗风浪性强，管线较顺畅	结构型式复杂，造价高，摩阻大，维修量大	水上浮管、水陆管、潜管端点站连接部位	12、18、24
承插式管（快速接头）	安装方便快速	对场地平整度要求高，拆卸不方便，易发生泄漏	岸管	6、12

2) 橡胶（聚氨酯）管。橡胶管主要由钢丝做骨架，多层帘布涂橡胶缠绕而成，有较强柔韧性，除此之外还具有耐腐蚀、耐磨损性好等优点，但存在价格高、摩阻大、易老化、无法修补、无回收价值等缺点。

钢丝帘布在发挥了橡胶管柔性好的同时，又增强了橡胶管刚度，提高了其所能承受的工作压力，延长了使用寿命，在挖泥船与输泥管线安装上起着重要作用。水上浮管、水下潜管多用橡胶管连接，在岸上也常被用于调整管道走向；吸扬式挖泥船吸泥管随绞刀桥架上下起落，波纹伸缩橡胶管必不可少；耙吸式挖泥船耙吸管间也采用橡胶管进行连接以克服上下起落时的不同步和施工过程中水下地形的起伏。

橡胶管通常有扩口式和法兰式两种。扩口式橡胶管与直筒式钢管相连，连接段处内径等于或略大于直筒式钢管外径，连接段后部内径则与钢管内径相同，连接后一般采用二道抱箍进行紧固。法兰式胶管多用在岸管与水下潜管上。近年一种活络式法兰胶管已逐步得到推广应用，因其施工的便利性，为水上浮管的连接提供了另外一种选择。

3) 塑料管。塑料管包括高密度聚乙烯塑料管（HDPE）、聚氯乙烯管（UPVC）和改性MC尼龙管等几种，是近些年来引进到疏浚与吹填行业并得到大量使用的新型排泥管道，主要作为岸管使用，近年来在水上浮管也有用到。重量轻、摩阻小、柔韧性好、外观美是其共同优点；回收价值低则是其共同缺点。另外塑料管还存在易划伤、修补困难等缺点。

A. 在同等工况条件下聚氯乙烯管（UPVC）的磨耗量是钢管的35%左右，使用寿命是钢管的 4 倍左右，压力损失是钢管的 65％左右。

B. 在同等工况条件下，高密度聚乙烯塑料管（HDPE）的磨耗量不到钢管的 30％，使用寿命是钢管的 5 倍左右，压力损失是钢管的 65％左右。HDPE 管的柔性较好，能通过自身的弯曲调节满足地形变化，减少了对弯头的需求量，降低了局部水头损失。

高密度聚乙烯塑料管（HDPE）可采取分段熔融焊接好运送到工地，再通过法兰分段连接的方式进行安装敷设。这种连接方式简单快速，同时可以减少法兰的用量，减少管道由于法兰接口连接不光滑而极易出现的紊流与磨损。

C. 尼龙（或改性尼龙）管是近些年来推出的新型排泥管道，主要作岸管使用。具有密度低、耐磨损、耐腐蚀、低摩阻、耐温差、抗老化等优点。如 MC 尼龙管其密度不到钢材的 1/7，最大工作压力可达到 4.0MPa，摩阻系数只有 0.01，耐磨性是钢管的 8 倍。

尼龙（或改性尼龙）管有直筒式和法兰式两种，直筒式需要与橡胶管配套使用，一般多用于水上输泥浮管。法兰式管多用于岸上管线，有固定法兰式和活络法兰式，其中活络法兰式管连接方便快速，已逐渐取代固定式法兰管。

管材性能对比见表 4-4。

表 4-4　　　　　　　　　　管材性能对比表

性能 管材类型	密度 /(g/cm³)	最大工作 压力/MPa	弯曲强度 /MPa	拉伸强度 /MPa	压缩强度 /MPa	内壁糙率	同径同压 壁厚比	磨耗 量比	耐老化 寿命/a
钢	7.8	无限制				0.05～0.1（新） 0.1～0.2（旧）	0.6～0.8	8.8	15～25
聚氯乙烯 （UPVC）	1.35～1.45	1.6	≥90	35～50	68	0.0015～0.01	2.5～3.0	3.2	20～30
高密度聚乙烯 （HDPE）	0.941～0.965	1.6	27～40	27	22	0.0015～0.01	2.5～3.0	2.5	20～30
改性 MC 尼龙	1.12～1.16	4.0	134	84	125	0.0015～0.01	1	1	30～50
聚氨酯橡胶	1.02～1.05							2.0	

4）钢塑复合管。钢塑复合管是近几年由原中国水利水电第十三工程局有限公司橡塑厂开发研制的一种新产品，外钢内塑，综合了钢管和其他材质管道的优点，克服了其他材质管道的一些缺点，具有很强的推广使用价值。

5）自浮式排泥管。自浮式排泥管是一种将浮体材料和管道紧密结合一起的特殊管道，主要有全橡塑和钢塑复合两种类型。全橡塑型自浮管管体为橡胶制成的，橡胶管外面缠绕着漂浮材料，漂浮材料外面再包裹一层橡胶保护层；钢塑复合型自浮管内部为钢质排泥管，外面包裹漂浮材料。

自浮排泥管在工作状态时大部分沉于水面之下，自浮排泥管比浮筒排泥管和浮体排泥管在抗风浪、抗水流冲击等能力方面有较大的提高，同样工况条件下自浮管的系缆力和所受的扭矩可平均降低 40％以上。在风浪条件比较恶劣的水域施工，使用自浮管施工较之浮筒排泥管和浮体排泥管有耐碰撞、不打死弯、管线重心低、不容易发生浮筒倾覆倒扣、管理比较方便的优点。但是自浮管也存在一次性投资费用高、陆路运输麻烦、运输成本高等缺点；另外对于全橡塑型自浮管组成的水上管线，其内壁上全部是橡胶制成的，输泥时管线的沿程阻力系数大，直接影响到排高、排距，并增大油耗。同时，全橡塑型自浮管胶管磨穿后无法修补，报废的自浮管处理也比较困难，是一次性设备。

6）排泥管道的选用。选择排泥管种类时要综合考虑工况条件、疏浚土或吹填土的土质情况、工程量、工期、排高、排距、管材性能、挖泥船技术参数等，既要考虑施工的便利，还要考虑经济成本。

管道所能承受的工作压力和管壁厚度有着密切关系。在压力要求过高的工程项目，以及管材口径过大时，不宜采用塑料管。压力过高下长期使用，管材材质易出现蠕变，降低管道承压能力；另外管径大时，塑料管价格比较昂贵，选用钢管会更经济。

（2）管件及附件。

1）常用管件。常用管件有弯头、三通、喷头、短接、变径等类型，其用途见表4-5。

表 4-5　　　　　　　　　　常用管件类型及其用途表

常用类型		主要用途	备注
弯头	90° 60° 45° 30° 15° 5°	调节管道走向	1. 弯曲半径一般为管径的3倍； 2. 弯管一头也可做成活动法兰，使其可随意调整方向，方便使用； 3. 壁厚应大于排泥管
三通	"丫"形 "y"形	敷设支管	1. 叉管与主管轴线夹角一般为30°； 2. 三通长度一般为管径的3.5倍左右； 3. 三通中可装设闸阀，以缩短因敷设管线所造成的停机时间； 4. 壁厚应大于排泥管
喷头	圆形 扁口形	短排距施工中增大管道阻力、避免主机负荷过小	喷口面积可根据工程具体情况进行计算选取
短接		连接法兰管与扩口橡胶管	长度根据实际情况确定
变径		连接不同管径排泥管	1. 长度一般不小于最大管径3倍； 2. 壁厚应大于排泥管

2）常用附件。常用附件有呼吸阀、单向阀、闸阀、管口消能器、泥浆扩散器等。呼吸阀、管口消能器、泥浆扩散器的结构型式分别见图4-4、图4-5和图4-6。

A. 呼吸阀主要用在上下潜管两端浮管上，用以排除潜管内气体，避免潜管上浮。有时也被安装在浮管上，避免开机合泵后浮管因充气而剧烈摆动。

B. 管口消能器主要在短排距施工中使用，用以增大管道阻力，避免主机负荷过小。喷头实际也是消能器的一种。

C. 泥浆扩散器主要用以控制吹填平整度。

D. 单向阀、闸阀主要用在岸管上，一般安装在三通后，在施工期间可方便管道拆装和调整管道走向。

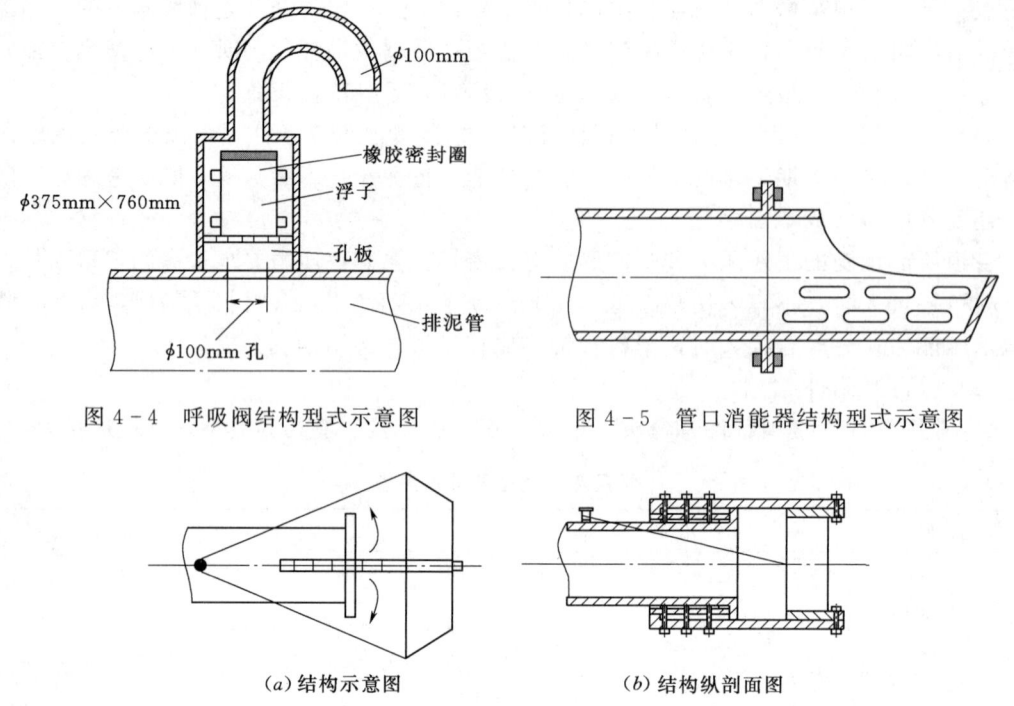

图 4-4 呼吸阀结构型式示意图

图 4-5 管口消能器结构型式示意图

(a) 结构示意图   (b) 结构纵剖面图

图 4-6 泥浆扩散器结构型式示意图

4.2.2 岸管

(1) 准备工作。岸管铺设前应确定敷设路线，并对管道、管件的完好情况进行检查。

1) 应根据工程具体要求对施工区进行勘察，并按照减少排距、方便施工、保证安全的原则，确定最优敷设路线。

2) 管道安装前必须对管体进行检查和测厚，已破损和严重锈蚀、磨损的管道和管件未经修补不得使用；对已使用过的管道再次敷设前要将磨损较大面翻转到上面；对埋入地下、跨越公路或堤防以及穿越市区、村镇、景区等处的排泥管，要选用全新或较新的管道与管件，并保证接头紧固严密，无漏水、漏泥现象。

3) 吹填工程常用输泥管道多为法兰连接，安装好后很难将破损管换下，因此在管道敷设前必须进行仔细检查，已破损和严重锈蚀、磨损的管道或管件修补前不得使用。排泥管线应按新旧或磨损轻重程度依次连接敷设，接头应紧固严密，整条管线不得出现漏水、漏泥情况。

(2) 技术措施。排泥管敷设时通常采取如下技术措施。

1) 排泥管线应尽可能平坦顺直，避免急弯及大的起伏。对起伏大的局部地段可采取搭设管架或设置管墩的方式，消除起伏。

2) 排泥管穿越较宽沟渠、水塘时，一般可敷设在管架或浮体上，其管架结构见图4-7。

3) 支撑排泥管的基础、支垫物、支架等必须牢固可靠，不能出现晃动、歪斜等现象，以避免造成排泥管接头损坏。

4）排泥管应尽量避免穿越高等级公路、铁路或大堤，必须穿越时应向有关主管部门提出申请，申请中需注明穿越的具体位置、时间与方式，获准后方可实施。并采取下列方式处理：①排泥管跨越车流量较少的低等级道路时，为方便施工可采用全埋、半埋或明敷方式，管道顶部和两侧应填土保护，两侧填土的坡度应平缓，两侧车辆上下的坡度不得大于1:6，以免造成汽车底盘与排泥管相碰；②排泥管过高速公路与铁路时，应选择在附近涵洞或桥下通过；③必须穿越时应加厚管壁和法兰，同时按有关部门规定实施，并采取相应的加固措施。

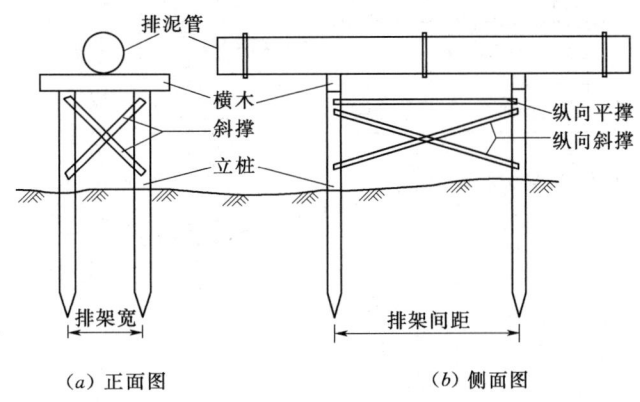

图4-7 排泥管管架结构示意图

5）短距离施工时排泥管口如需加装喷口，喷口直径应通过计算确定。排距较长地势变化较大时，除在管线最高处装设呼吸阀外，还应每隔500m安装一个呼吸阀。

6）当水位变化频繁，陆地管经常处于淹没环境下工作时，应在水陆接头处装设呼吸阀。

7）水陆接头是指岸管和水上浮管接头连接的部位，岸管和浮管连接一般采用胶管作柔性连接，连接时一般都需要锚艇进行配合，故对水陆接头探出岸边长度、高出水面高度、水陆接头周围环境、水深等要求较高。水陆接头位置选择时，既要满足现场一些特定要求，还要考虑施工的便利性，同时还应考虑到现场的具体情况，如吹填区形状和范围、岸管敷设的场地条件、取土区的位置及范围等。有条件时应尽可能布设在水下地形变化平缓、有足够水深，且风浪、水流影响较小的位置。对受潮汐影响的区域，还要着重考虑高潮位、低潮位和潮差等。如布置不当，可能会出现匮管或连接困难甚至无法连接等情况。

8）对岸管较短或受水流流速、风浪等影响较大的区域，水陆接头一般要采取埋设地垄等措施进行固定。

9）现场条件许可的情况下，吹填工程有时需要通过设多条岸管的方式来减少排距、提高功效。水陆接头数量首先要考虑吹填区位置、形状，同时还要考虑取土区的位置和范围、水上浮管的长度等因素做综合分析后确定。当开挖段较长，需要敷设1条以上的岸管或需设置多个水陆接头时，水陆接头间距可按式（4-1）进行控制。

$$L = K'[(0.8L_0)^2 - L_1^2]^{1/2} \tag{4-1}$$

式中 L——接头间距，m；

L_0——浮管长度，m；

L_1——开挖中心线到岸边的最大垂直距离，m；

K'——折算系数，双向施工，水陆接头入口角度在90°左右时，取2.0；单向施工，水陆接头入口角度在45°左右时，取1.5。

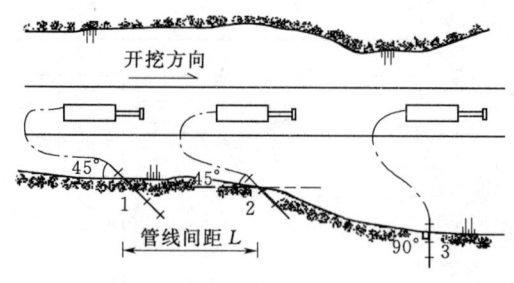

图 4-8 水陆接头布置示意图
1~3—水陆接头编号

10）在狭窄水域施工，当挖槽窄长以及挖槽距岸边较近时，水上管线活动范围往往较小，为避免浮管出现死弯，水陆接头入口岸管一般应与挖槽方向成 45°左右（见图 4-8）。当水上管线活动范围较大时，入口角可根据开挖区与水陆接头的相对位置做适度放大，一般应控制在 90°以内。

11）排泥管出口应离开围堰内坡脚不小于 10m，以避免出口水流对围堰造成冲刷和冲击。同时还要尽量远离泄水口，给进入吹填区的细颗粒泥浆足够的沉淀时间，以避免吹填土流失。

12）排泥管在弃土（吹填）区内的敷设高程应高于吹填控制高程，以防止管线在吹填过程中被淤埋。

4.2.3 浮管

4.2.3.1 分类

水上排泥管一般简称为浮管，浮管按结构不同可分为载体浮管和自浮式排泥管两种。

（1）载体浮管。载体浮管是通过载体将排泥管浮于水面，是目前国内使用最为普遍的一种浮管类型。

1）载体分类。载体按其结构和材料的不同，又可分为钢质浮筒、塑料浮体和钢塑复合型浮筒 3 类。

A. 钢质浮筒。为一对由钢板焊制而成的密闭的空腔柱形载体，按其结构型式有圆柱形浮筒、舟形浮筒、横置浮箱式浮筒等类型。

B. 塑料浮体。它是近些年才推出的具有良好耐久性与抗风浪性能的一种新型载体，其外壳为中密度聚乙烯，内部充填聚氨酯泡沫。按结构型式有片式浮体和筒式浮体两种。克服了普通钢浮筒易锈蚀、易破损、进水下沉、体积大、质量大、陆上转移运输不便、维修工作量大等缺点，近年来得到了较为广泛的应用。

C. 钢塑复合型浮筒。为了克服塑料浮体易老化，以及在浮体体身上作业不便等缺点，一种钢塑复合型浮筒得到了开发研制。这种浮筒外部为钢材，按浮筒结构型式制作，内部则充填聚氨酯泡沫，使得钢浮筒锈蚀，破损后也不会下沉，减小了钢材用量，节省了修理时间。

2）载体的选用。不同的浮筒和浮体各有其优缺点和适用性，施工单位在配置时应综合考虑，合理选用。浮筒与浮体特点见表 4-6。

（2）自浮式排泥管。自浮式排泥管具有曲挠性能好、抗冲击、抗风浪、自漂浮性能良好和便于安装等优异性能，较好地解决了传统水上管线的缺点，完全能适应疏浚行业发展的需求。其结构特点、性能及优缺点已在 4.2.1 节进行了描述。由于绞吸式挖泥船基本为全天候作业，特别对大型绞吸式挖泥船而言，其水上排泥管线施工期间必须要经得起海上风、浪、涌的袭击。由钢管、胶管和浮筒或浮体组成的传统水上排泥管线，因其抗风浪与抗冲击性能较差，在恶劣环境下难以满足工程施工的需要，自浮式排泥管近些年已逐步为市场接受。

表 4-6　　　　　　　　　　　　浮筒与浮体特点表

类型	项目	结构特点	优点	缺点	适用范围
钢质浮筒	圆柱形浮筒	两端平齐，圆柱形	结构简单，制作方便，造价较低	水流阻力大，筒上作业不便	1. 小型挖泥船；2. 水流平缓、风浪较小水域
钢质浮筒	舟形浮筒	两端翘起呈舟形，顶部为平台	阻力较小	结构较复杂，制作不便，体积大，陆上运输不便，造价较高	大中型挖泥船
钢质浮筒	横置浮箱式浮筒	矩形	平行于水流方向，阻力较小，结构简单，制作方便	材料用量大，体积大，陆上运输不便，造价较高	1. 大型挖泥船；2. 水流较急、风浪较大水域
钢塑复合型浮筒		外钢内塑	减少钢材用量，抗撞击、浮筒外壳破损后不会下沉，维修量小	需专业厂家制作，体积大，陆上运输不便，造价较高	1. 大中型挖泥船；2. 水流较急、风浪较大水域
塑料浮体	片式浮体	一节由上下两片组成	重量轻，运输方便抗撞击，拆卸方便，造价较低	容易老化，冬季容易破碎，结构较复杂，体身为圆形，在其上作业不便	1. 大中小型挖泥船；2. 风浪较大水域；3. 急流水域使用时需与浮筒进行阻力计算对比
塑料浮体	筒式浮体	为整体结构	重量轻，抗撞击，结构简单，造价较低	容易老化，冬季容易破碎，只能与直筒式管配套，拆装不便，体身上作业不便，陆上运输占用空间大	

4.2.3.2　敷设

浮管间应采用钢管和胶管相间的柔性连接方式，钢管长度多采用 12m 和 6m，胶管多采用 3m。浮管敷设分为水上排泥管与浮筒或浮体连接、水上浮管组装连接、就位布设等几个步骤。

水上排泥管与浮筒或浮体连接时最好选择在陆地上进行，连接管道前必须对管体进行检查和测厚，已破损和严重锈蚀、磨损的管道和管件未经修补不得使用，以避免泥浆泄漏，污染环境；对浮筒和浮管也要进行仔细检查，破损、漏水、倾斜的浮筒或浮体必须经过修补后方可使用，排泥管间及排泥管与浮筒或浮体之间必须连接牢固，以避免浮筒（浮体）窜位与翻转。

水上排泥管与浮筒或浮体连接完成后，可将单件水上浮管逐一下水进行连接组装。组装水域可选择在岸边，也可选择在靠近挖泥船的区域，具体视情况确定。组装可分多段进行，各段完成后再进行最后连接。连接完成后按下列要求进行布置。

（1）水上浮管长度确定。水上浮管摩阻较大，因此在满足工程要求的前提下，应尽可能缩短其长度。一般情况下，水上管线的使用长度可按挖泥船尾至水陆接头处或与潜管接头处最长直线距离的 1.2~1.3 倍进行控制；在风浪、流速较大的水域施工，水上浮管长度不宜超过 300~500m，超过此范围需考虑敷设潜管。

（2）水陆管线间的连接。水上浮管间应采用柔性（胶管或球形接头）连接，并做双向地锚固定，以适应水流、风浪的影响。柔性管段的长度应根据水位变化幅度确定。

(3) 真空释放阀设置。排距较长时，宜在船上排泥管末端加设真空释放阀。

(4) 水上排泥措施。当直接由浮管进行水上排泥时，出口处应加装一30°或45°弯管和直径合适的喷口，以减小出口水流对浮管的反向冲击。同时增加泥浆落点的距离，避免浮筒搁浅或被淤埋。

(5) 安全措施。在有交通要求的水域，施工前应通过水运或海事主管部门发布通告，提醒过往船只注意安全。施工时浮筒之间及船体与船尾后第一组浮筒间应以铁链或钢缆绳连接，以防止施工过程中排泥管突然脱开造成海上事故。水上浮管夜间每隔50m距离应安装一盏中心光强不低于3cd的白光环照灯或防雨闪烁灯。

4.2.3.3 锚固

(1) 锚的选用。锚的类型、抓重比和数量是水上管道固定锚选择的主要内容，对于水流湍急和风高浪大水域，浮管锚的数量和类型的选择需要慎重选取。

1) 锚的类型。挖泥船工作用锚一般由挖泥船制造厂家随船提供，而水上管线固定锚则多由挖泥船使用者自配。疏浚与吹填工程中使用较多的有浦尔锚（Pool）、巴尔特锚（Baldt）、丹福斯锚（Danforth）、单爪海军锚、双爪海军锚、布鲁斯锚（Bruce）、史蒂芬锚（Stevin）等。此外还有风筝锚（Kite）、三角锚（Delta）、斯塔托锚（Stato）、AC-14型锚（STOCKLESS）、霍尔锚（Hall）等。

锚的类型较多，性能各异，主要按有无锚杆、锚爪是否可以转动、抓重比大小、用途等进行分类。

A. 有杆锚。配有横杆，锚爪与锚杆是一浇铸整体，而横杆是可以活动的，横杆可阻止锚爪倾翻，抛锚时锚杆与横杆是垂直的，收锚时可活动横杆使其与锚杆贴靠在一起。海军锚、单爪海军锚都属于此类。

B. 无杆锚。无横杆，锚爪可以转动的两爪锚。霍尔锚、AC-14锚、斯贝克锚、浦尔锚、巴尔特锚、布鲁斯锚、尾翼式锚、风筝锚、三角锚、斯塔托锚等都属于此类锚。

C. 大抓力锚。此类锚普遍特点是锚爪可以转动，锚齿宽而长。啮土面积大，抓持的底质深而多，抓力特大，抓重比大。但锚爪易拉坏，收藏不方便，运输船上少用。AC-14型锚、斯达托锚、丹福尔锚都属于此类锚。

2) 锚的抓重比。抓重比是锚的一项重要的技术参数，是指锚对土壤的最大抓力和锚自重的比值。不同类型的锚对于不同的土质具有不同的抓力，锚的最大抓力是由锚的结构特点和可入土深度等因素决定的，一般情况下：①锚掌与锚爪的重量越大，入土就越深，入土越深其抓力就越大；②锚爪前视断面越小，边缘越锐利，插入泥土的能力就越强；③锚爪越长则抵抗翻转的阻力就越强，其抓力也就越大；④从结构特点上讲，锚杆长、平衡杆长和较小的开角也能避免锚的翻转，增加锚的抓力。

3) 锚的选用。在进行管线锚的选择时，要综合考虑水流流速、土质、地形、锚的技术性能等因素。下面汇总了一些常用管线锚的结构特点、抓重比、适用范围等（见表4-7）。一般情况下，锚的选用应注意以下几点。

A. 在急流或风浪较大水域施工时，浮管锚的选择更应慎重，必须首先选用抓重比能满足工况要求的锚。

表 4-7　　　　　　　　　　　　　常用锚的技术性能表

名称	结构特点	抓重比	适用范围	示意图
浦尔锚（波尔锚）	锚爪为中空式，结构轻，锚爪平滑而锋利，抓力较大，抛、收锚方便。缺点是锚尖开档大，锚易翻转	淤泥：3～2 粉土：6 密实沙：4～3 砾石：4～3	各类土大型船舶首锚工程船舶设备定位	
巴尔特锚	锚爪较短、较窄，锚爪上的结构物阻碍入土，锚尖开档较大，锚易翻转。可根据需要对锚爪进行加长与加宽，增加抓重比	4～2	一般性土、大型船舶首锚工程船定位	
双爪海军锚	结构简单，较稳定，一般不会翻转，抓底稳定。土质适应性好，抓力产生快。缺点是操作不方便（因有锚杆），上锚爪易绞缠锚链，在浅水锚地易刮坏船底	淤泥：4～2 密实沙：5～4 砾石：8～3	一般性土、硬质土小船、交通艇等	
单爪海军锚	结构简单，土质适应性好，一般不可对锚爪进行加大改造，否则可能会产生负爪角，影响入土	4～2	一般性土、硬质土小船、交通艇等	
丹福斯锚（燕尾锚）	为大抓力锚，锚爪与锚杆较长，锚爪宽，拉力较大时杆易弯曲，锚爪与锚杆约占锚重的60%。锚爪可前后转动约30°，锚掌较低，在硬土上易滑动，难入土	淤泥：11 粉土：15 黏土：7	一般性土、工程船舶设备定位	
布鲁斯锚	焊接结构、无活动构件，造价较低，锚爪面积较大，锚杆也可入土，爪与杆均可拆卸、可调整	28	一般性土、沙类土工程船舶设备定位	
史蒂芬锚	锚爪为中空式，重量轻，猫爪短而面积大且表面平滑、锚爪尖锐，容易入土，锚掌表面积较小，稳定性好，锚杆上装有可移动的楔块，用来改变锚爪的最大转角。锚掌与猫爪的重量占到锚重的70%，抓力比丹福斯锚提高了50%左右，起锚容易	淤泥：16 粉土：22 黏土：17～34	一般性土、硬质土沙类土工程船舶、平台定位	

续表

名称	结构特点	抓重比	适用范围	示意图
三角锚	外形简单、重量轻,锚爪表面积大,插入力强	6~16	一般性土、沙类土硬质土	
霍尔锚	锚杆与锚头用销轴连接在一起,可活动,锚爪可以绕销轴左、右各旋转45°,锚冠两侧设有助抓突角,锚爪易将泥土耙松使锚的抓力下降	2~4	一般性土、船舶的首锚	
AC-14型锚	锚冠宽,锚爪宽而长,有纵向棱。啮土深,锚重量大,抓力大,稳定性好。常用作大型集装箱船、汽车运输船及超大型油船的主锚	12~14	各类土大型船舶首锚	
尾翼式锚	锚杆与锚头用销轴连接在一起、可活动,锚头重心低,助抓突角宽、厚。锚爪长且尖锐,容易入土。各方面性能优于霍尔锚和斯贝克锚	2~4	一般性土、船舶的首锚	
斯贝克锚(Spek)	是霍尔锚的改良型锚,锚头的重心位于销轴中心线的下方。锚冠处装有锚冠板及加强肋,稳定性更好,收锚时,锚爪自然朝上,接触船壳即翻转,有利于收藏锚	2~6	一般性土、船舶的首锚	
风筝锚	用钢板焊制而成,结构简单,制作方便,当锚链拉紧时,锚将下沉,倾斜成6:10。缺点是对地形平整度要求较高,地形不平或受力方向与锚轴线不平行时,锚易翻倒	30~100	软泥、淤泥	

B. 在水下地形不平整的水域还要考虑选择锚杆或平衡杆较长、锚爪间开档较小等不易产生侧翻的锚。

C. 在软弱土质中抛锚时,还应选择锚杆与锚爪的夹角比较大的锚。

D. 一般而言,在硬质土中抛锚时锚爪与锚杆的夹角需要控制在30°~35°之间,过大则会使锚的抓力降低;在软质土中抛锚时,锚爪与锚杆的夹角需要增大到50°左右。如果选择不当,不仅会影响生产的顺利进行,而且还可能会带来一系列的安全隐患。

4) 锚的数量与锚重配置。管线锚的使用数量及单个锚重应根据施工现场的水文、气象条件以及管线的长度和吃水情况等，按式（4-2）、式（4-3）计算确定：

$$n = L/L_1 - 1 \tag{4-2}$$

式中　n——拟用锚的数量，个；
　　　L——浮管总长度，m；
　　　L_1——浮管锚拟设置间距，m。

$$W_1 = K_1 K_2 \rho v^2 A / [1.74 f_m (n+2)] \tag{4-3}$$

式中　W_1——单个锚的所需重量，kg；
　　　ρ——水流的密度，kgs^2/m^4；
　　　v——水域最大流速，m/s；
　　　A——管线垂直于水流方向的阻力面积，m^2；
　　　f_m——拟选锚的抓重比；
　　　K_1——风影响系数，按风向与风力情况取值，取值范围为 0.9~1.1；
　　　K_2——管线阻力系数，浮筒可取 0.7，浮体取 0.85。

（2）常用措施。水上浮管组装连接完成后，采用锚艇或拖轮等将其拖至挖泥船或水陆接头处进行就位连接，一头连接完成后再将浮管拖至另一端进行连接。浮管线应力求平顺，根据水流、潮向、风向等影响因素布设成弧状，并抛锚固定。抛锚的数量、角度、位置应合理，避免造成弯多、弯急或胶管匿折的情况。常用措施具体如下。

1）浮管锚的抛设方向应根据水流流向、风向等因素确定。当受潮汐影响时，一般需做双侧抛设；为单向水流时，可做单侧抛设。一般情况下锚的抛设方向应斜向河主槽，与流向成一夹角，以防止水流将浮管压向岸边，造成水陆接头处胶管匿折。

2）当直接由浮管进行水上排泥时，浮管末端可采用打桩或抛设反八字锚等措施进行固定，锚须抛设出足够距离以防止锚或缆绳被弃土埋死。

3）水陆接头处浮管应抛设八字锚，做双向固定。

4）浮管锚的间距一般为 40~80m，流速及风浪较大时，间距应缩小；流速与风浪较小时，间距可加大。

5）浮管锚抛设时应系锚漂指示，锚漂的大小和颜色应鲜艳、便于水面上识别。常用颜色为红色和白色相间，夜间应可反光辨识。

4.2.4　潜管

疏浚或吹填工程施工作业，当遇到排泥管线需要跨越通航河道或受水文气象条件影响较大，或水上浮筒不宜过长时，常采用敷设潜管的方式解决。绞吸式挖泥船施工的水下潜管是水上排泥管线的一部分，它的作用是既能使挖泥船正常施工，又能保持管道所跨越的航道畅通或抵抗风、流速浪影响，保证水上管线的安全。

1981 年 12 月，原中国水利水电第十三工程局有限公司在湖北荆江大堤进行潜管施工试验，取得了挖泥船水下潜管施工的成功经验。该套潜管是我国当时从荷兰进口的成套设备，用此套设备顺利地完成了荆江大堤的吹填加固任务。此后，原交通部各航道局也相继进行自制水下潜管试验，取得成功经验后陆续采用潜管施工。从 20 世纪 90 年代末到现在，潜管施工已经在交通、水利等行业被广泛推广。

(1) 类型及特点。潜管按组成方式可分为刚性潜管和柔性潜管两类,其中柔性潜管适用范围较广;潜管按下潜和起浮方式又可分为自浮式和半自浮式两类,对有航行要求的水域和长度较长的潜管多采用自浮式潜管。潜管类型及其各自特点见表4-8。

表4-8　　潜管类型及其各自特点

分类依据	潜管类型	优　点	缺　点	适　用　范　围
按其下潜与起浮方式	自浮式	自动化程度高,劳动强度小,下潜上浮快	造价及使用费用高	有航行要求的水域
	半自浮式	造价及使用费用低	自动化程度低,下潜上浮慢,劳动强度高	无航行要求的水域,或对航行影响很小且潜管长度较短的工程
按组成方式	刚性潜管	结构简单、造价低	对地形适应性较差,下潜与起浮不方便	施工区水下地形较平整且水位变化不大的水域
	柔性潜管	对地形适应性较强,下潜与起浮方便	结构较复杂,造价高	一般情况下均适用

(2) 自浮式柔性潜管的结构型式。潜管的下潜是通过向管内注水,使管线总重量大于所受浮力来实现的;上浮则是通过将管内的水排除,使管线所受浮力大于其总重量来完成。自浮式柔性潜管一般由端点站、柔性排泥管和端点平台组成。端点站一般设在靠近挖泥船一侧,以便于操作。

1) 端点站是用来控制和操作潜管下沉和起浮的,潜管的沉放是通过端点站向管内注水使之下沉,起浮靠注入空气上浮。端点站一般要配备用于提供动力电源的柴油机与发电机、用于注水的水泵、用于注入空气的空压机、用于调节管道内空气的放气阀、用于控制管道内水量与空气的闸阀、用于固定端点站的锚及起锚用的绞车或绞盘等。图4-9为原中国水利水电第十三工程局有限公司制造的一组自浮式柔性潜管。

图4-9　自浮式柔性潜管结构示意图

2) 端点平台相对简单,一般只配置放气阀和闸阀等。

3) 柔性排泥管则由法兰式钢管、胶管组成，在与端点站和端点平台连接部位，由于潜管下沉后变为斜向，因此需要配置安装球形接头。

（3）敷设的基本条件。采用潜管进行隔江取土作业或减少恶劣水流、风浪等自然条件对施工的影响，是疏浚与吹填工程中常用到的一种技术措施。潜管敷设的基本条件如下。

1）潜管由于要下沉到水底，对下潜区域的地形、水文等条件要求较高，要求作业区内水流要较为平稳、水深要适中、河槽要基本稳定、河床变化要平缓。因此采用潜管工艺施工，首先必须对施工现场的水文、地形、地质及通航条件做周密的了解，根据这些条件确定是否适合潜管施工、选择潜管类型、如何布设潜管等，并编制关于潜管施工的专项技术方案。

2）对有航行要求的区域方案里还特别要注明潜管下潜的详细时间和地点，以及需要当地航政、航道、港航监督部门配合的具体措施，如需要航道封航的起始和结束时间及位置等，潜管施工的专项技术方案要由相关部门批复后再行施工。

3）对有航行要求的水域潜管施工时，应征得有关港航监督部门的同意。

（4）敷设与拆除技术要点。潜管敷设要经过水下地形测量、潜管设计及布置、潜管组装、潜管敷设和拆除等环节。

1）水下地形测量。进行水下地形测量的目的是为了寻求适合潜管下潜敷设的最佳地形和线路。

A. 潜管组装布设前，必须对预定下潜水域上下200m范围内水下地形进行测量，测量断面应平行于潜管预定下潜位置布置，断面间距一般以5～10m为宜，测点间距不宜超过5m，对通航段及水下地形有起伏处应加密。

B. 水下地形测量成果应以水深图与断面图两种形式提交，断面图中须表明最高水位、最低水位以及施工期设计平均水位。

2）潜管设计及布置。潜管宜布置在水流较平稳、水深适中、河槽较稳定、河床变化平缓的区域内。根据地形测量成果确定潜管组装型式、长度、端点站及端点平台位置，并制定出潜管布置方案。

3）潜管组装。潜管一般在岸边按照潜管布置方案进行组装。

A. 潜管一般宜按钢管、胶管相间方式进行柔性连接。组装时，潜管两端应用闷板密封。在河床较平坦时可根据钢管与胶管长度，由2～4节钢管与一胶管组装，钢管段长度一般不宜超过30m，在地形变化较大地段胶管数量应适当加密。

B. 潜管一般宜采用新管，所用胶管一般应采用法兰式，无法满足或工程量较小时，应对拟用管进行全面检查挑选，严禁使用法兰变形、管壁较薄、管壁上有坑凹的钢管和脱胶、老化、有折痕的胶管。

C. 潜管两端上下坡处应安装球形接头或弯头，弯头不宜超过30°。上下坡管顶处应安装自动放气阀，数量与结构尺寸应根据潜管与船体间水上管道内径、长度等确定。

D. 对泥沙来量较大区域，以及河槽不稳定的水域，潜管易被淤埋，除采取定期起浮的措施外，还应用钢丝绳将潜管从头到尾进行串联，同时每隔一段距离增设一个浮漂，以便潜管被淤埋或潜管破损无法充气起浮时，采用机械方式进行打捞。

E. 对有航行要求的水域，潜管起止端应设置端点站并配备充排气、水设施和闸阀等。

4）潜管敷设和拆除。

A. 潜管组装完后必须进行打压试验，试验压力应不小于挖泥船正常施工时工作压力的1.5倍，各处均达到无漏气、漏水要求时，方可就位敷设。

B. 潜管在敷设或拆除期间有碍通航时，应当向当地港航监督部门提出临时性封航申请，经批准并发布航行通告后方可进行。实施时应设警戒船临时封航。

C. 潜管沉放完毕后，两端平台应下八字锚固定，潜管沉放完毕应按有关规定要求在其两端平台设置明显标志，严禁过往船舶在潜管作业区抛锚或拖锚航行。

D. 潜管敷设与起浮应选择在风浪、流速较小时进行。敷设与起浮时配备的辅助船舶数量要充足，各项准备工作要充分。

E. 跨越航道的潜管，如因敷设潜管不能保证通航水深时，在保证潜管可以起浮的前提下可考虑挖槽设置。

F. 潜管起浮时，对有航行要求水域宜采用充气排水法，以减少封航时间；对无航行要求水域布设的简易型潜管亦可采用深点抽水法；对发生破损的潜管可采用机械打捞方式。

G. 潜管下沉或充气上浮时，均应控制速度、缓慢进行。

H. 当工程结束、潜管需要起浮拆除时，关闭设在端点站上的闸板阀，使潜管的首端与挖泥船的水上管断开，利用端点站上的空压机向潜管内加压空气，气压控制在1bar左右。当潜管另一端开始出水后，气压可增加到1~1.5bar，直到潜管全部起浮为止。

I. 潜管起浮后，应先将一端平台与浮管从连接处拆开，并用事先准备好的钢板将平台端口管进行封堵，同时先将顺流方向固定锚收起。这两项工作完成后再收起逆流向固定锚，用拖轮或锚艇将潜管拖到预定存放区域下锚进行固定。完成后再拆开另外一端平台。

（5）开工展布。潜管开工展布一般需要在挖泥船就位后实施。

1）就位。潜管在开工前先进行各部位检查，在确保完好的状态下拖到施工区附近合适位置，先固定住一端，在航道封航后由相应能力的拖轮拖带到设计预定地就位，就位后由抛锚艇将端点站的锚抛向预定位置，待调整好锚缆角度后拖轮解缆。潜管的另一端若靠近岸边也可采用在岸上埋设地垄的方式进行固定。

2）下潜。潜管下潜的方法根据潜管的长度和结构条件不同而分为整体和分段下潜的方法。一般情况下多采用整体展布一次下潜的施工方法。潜管的位置固定后，启动端点站水泵向潜管内注水使潜管逐步下沉，直到整条管线下沉结束解除封航。潜管拖带就位方式见图4-10。

3）与水上浮管连接。先将水上管线按预定长度分段连接到挖泥船的尾部，待潜管端点站固定之后再由拖轮、锚艇配合连接，最后按照

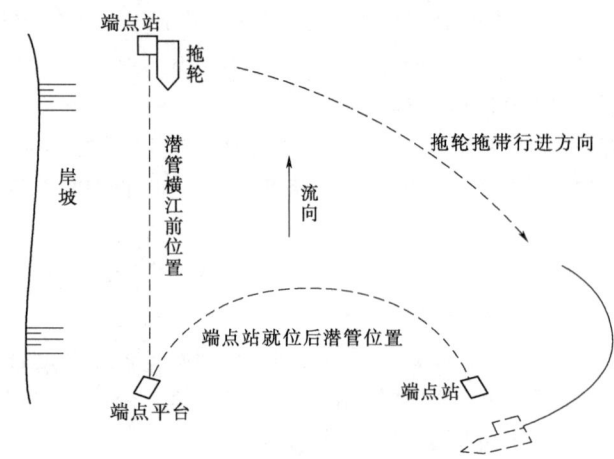

图4-10 潜管拖带就位示意图

水流方向抛领水锚，如在海滩上有往复流时还需抛背水锚，其连接方式见图4-11。

4) 与水陆接头连接。为防止水位变化使水陆接头的管道产生折断，在水位变化的高度范围内采用橡胶管连接，并在水上管的上水方向抛锚固定，如在海滩上有往复流时还需抛背水锚固。

(6) 防驼峰技术措施。由于

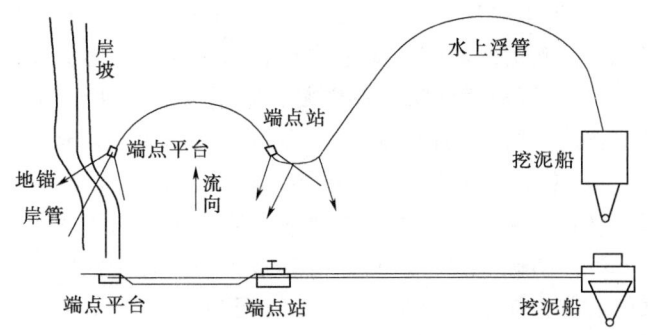

图4-11 潜管与水上浮管连接方式示意图

水上浮管内存有大量的空气，在潜管内已充满了水的情况下，开始输泥时，船体排泥管和浮管内的空气将被由泥泵传来的泥浆带送到水下潜管中，将会造成潜管驼峰状起浮，影响潜管与过往船只的安全，并可能造成严重的后果。因此，潜管施工必须遵循如下操作措施，避免驼峰出现。

1) 挖泥船合泵前操作人员必须注意观察航道过往船只情况，严禁在船只通过潜管时合泵。

2) 开始合泵时转速必须缓慢上提，防止管道中的空气突然加大，使放气阀排气不及时而进入潜管，使潜管起浮。一般初始转速控制在550～600r/min（指海狸4600型船），待运转3～5min后再提到正常转速，具体掌握时间要根据水上浮管的长度确定。水上浮管长则气体多，水上浮管短则气体少，因此操作人员必须根据现场条件逐步掌握合适的合泵时间。

3) 合泵前设专人在潜管与水上管的端点站上开启放气阀，待潜管无起浮时通知挖泥船操作人员，此时可通知提高泥泵转速到正常生产转速，并关闭阀门。

(7) 防淤埋的技术措施。由于潜管横放在江底，受水流冲击作用，使管道与地面接触造成水流受阻，使底部泥沙集中沉淀在管体上游，加之潜管在施工时产生震动，使得管体周围的沙性土产生液化造成管体下沉，随着时间的推移潜管必然被淤埋，如果淤埋时间过长将使潜管无法正常起浮。因此，根据经验需做定期起浮，其时间的确定须根据水的流速和泥沙的颗粒大小确定（一般经验是每隔20～30d起浮一次）。起浮的方法是利用端点站的空压机向潜管内充气，使潜管形成起浮状态。具体操作如下：①与港监部门协商确定具体时间和具体时段，即选择过往船只最少的时段临时封航2～3h；②由港监部门在潜管上、下游各800～1000m处派监督艇执行封航任务；③挖泥船在封航前先吹清水，将管道泥浆清理完成后脱泵并关闭端点站闸板阀，使潜管形成封闭，此时开启空压机向潜管内充气，使潜管上浮；④当潜管起浮到管线长度的1/3左右时，开始向潜管内充水，使潜管形成驼峰式起浮状态；⑤当空气全部通过潜管后，注意观察端点站的位置是否移动（指左右移动），及时调整后即可解除封航继续施工。

(8) 防潜管堵塞技术措施。潜管由于处于整个管线的最低位置，在开挖黏土、粗沙时，如操作不当，可能会将潜管堵塞，造成潜管报废等严重后果，因此操作上要采取一定措施，具体可参照如下步骤。

1) 施工过程中凡需停机时必须先吹清水，以防止管道中的泥沙在潜管汇聚，造成管路堵塞，吹清水时间长短以排泥管口出现清水时为止。

2) 凡因故障停机，在恢复作业前应先低速泵清水，将管道中特别是潜管内沉积的泥沙输移走，待确认管线疏通后方可正常作业，以确保管线的安全。

3) 施工中应特别注意观察各相关仪表的变化，防止因吸入泥浆浓度过高造成潜管堵塞。潜管施工时，挖泥船吹填的泥浆含量一般不得大于30%，泥泵压力不小于4~6bar。

(9) 防破坏技术措施。潜管施工中应特别注意观察各相关仪表的变化，开挖泥层不宜太厚，防止泥土突然坍塌堵塞吸泥口，引起真空的急剧变化而产生水锤，使潜管遭到破坏。

(10) 施工安全基本保障措施。

1) 认真收集相关资料。通过资料收集并认真分析确定潜管沉放具体时间和位置，潜管沉放选择晴朗无风无雾的天气，提前报送当地港航监督部门批复后，按批复的日期做准备。资料应包括如下内容。

A. 气象方面资料。气温包括常年平均温度、最高和最低气温所发生的时间段，特别是极限低温发生时段；雾照发生的时间和能见度及持续时间；风力等级、风向及发生的时间（沿海地区要收集台风资料）；年平均降雨量和最大降雨量及发生的时间段。

B. 水文方面资料。施工区的最高、最低水位及发生的时间段（沿海地区要收集潮汐资料）和与之相应的流速。波浪情况、水流中泥沙含量情况、潜管下潜区域河床冲刷及淤积情况等。

C. 地质地理方面资料。潜管敷设区域的地质条件、土质类别、土的物理性能指标；填筑区的地理条件和退水条件以及距离潜管下潜区域的距离及相对位置。

2) 确保潜管铺设区域的地形平坦。潜管轴线铺设地点必须选择水下地形较为平坦且水流平顺的地带，严禁在水下出现突变的陡坎和沟壑的地带铺设潜管，以防止潜管在突变位置打折而造成管线断裂。其选择上下游范围应不小于潜管轴线长度的2倍。

3) 明确各机动船的职责。机动船的性能保持良好状态，在潜管横江沉放时必须做到各就各位，完好地完成各自的任务。①拖轮：负责挖泥船、潜管、水上管线的拖航就位和退场拖航；②抛锚艇：负责施工所需的抛锚和水上浮管的连接；③交通艇：负责施工人员的水上交通。

4) 保持通信联系畅通。与外界通过手机联系，施工场内用高频对讲机联系。

(11) 施工安全措施。潜管作业要严格按照当地航道部门制定的《水上施工作业安全操作规程》进行。具体措施如下：①浮管上每隔50m设置一盏光控白炽灯，潜管施工区上下游设醒目标志牌，标志为"潜管施工区，禁止抛锚"字样，标志上方有灯光照明；②由航道部门根据施工组织设计划定的施工区域设置移航灯标；③挖泥船操作人员必须在施工期间注意了望，防止潜管起浮；④定期潜管起浮，防止淤埋；⑤夜间施工必须按规定开启各种灯号和信号，所有操作人员必须熟悉水上交通的声号和信号、灯号；⑥按规定备齐各种消防、救生设备；⑦施工期间所有机动船的船员不得擅离岗位；⑧严格交接班制度，建立健全各种岗位责任制。

(12) 挖泥船操作安全措施。潜管安全和挖泥船合理操作也密不可分，施工时要注意以下几点。

1）挖泥船开挖断面边缘距潜管端点站的垂直距离不少于80m，防止端点站接头处的土体由于离绞刀太近而产生流失，从而造成悬空使潜管前端的长钢管断裂。

2）水上浮管在与潜管连接部位的浮体必须抛锚，防止由于浮管过长使水流压力转到端点站，造成端点站走锚而使潜管断裂。

3）挖泥船本身施工安全控制按照国家和当地航政、航道安全主管部门的有关规定执行。

（13）工程案例。荆江大堤盐卡段利用潜管进行吹填工程实例介绍。

1）工程概况。盐卡工程位于湖北省沙市东南郊，距沙市10km，下游距观音寺7.5km，该段堤临江陡立，无滩地缓冲，是荆江大堤险工段之一。为确保大堤安全，计划至荆江大堤745+500～751+700段全长6200m进行机械吹填，总工程量约600万m^3。由于大堤在该段地处凹岸，滩地无土可取，故采用挖泥船跨越航道从江对岸取土施工。由于潜管性能要求潜入水深不大于20m，A端点（指与水上浮管连接端）要求潜入水深不大于10m，其流速限制在1.5m/s以下，根据沙市荆江大堤试验站提供的水文资料，历年枯水期（12月至次年4月）水深变化在高程29.60～34.94m（黄海）之间。根据1985年荆江大堤修防处提供的水下地形图，基本满足水下潜管和端点站的性能要求。

2）材料及设备。

A. 设备和机具。潜管施工所配设备见表4-9。

表4-9　　　　　潜管施工所配设备表（按本工程实际计列）

设备名称	数量	设备性能	单位	备注
绞吸式	1艘	4600	hp	
拖轮	1艘	700	hp	
抛锚艇	1艘	330	hp	
交通艇	1艘	120	hp	
生活船	1艘	24	hp	63床位
油驳	1艘	300	t	
水下潜管	1套	400	m	
钢管φ700mm	500		根	
水上浮管（带浮筒）	76		组	

注　hp为英制马力，1hp=746W。

B. 潜管配置及性能参数见表4-10。

表4-10　　　　　潜管配置及性能参数表

名称	规格	数量	特性		
			参数	转速/(r/min)	流量/(m³/h)
柴油机	PJ3	1	33hp	2000	
水泵	离心式	1	21kW	1525	270

续表

名称	规格	数量	特性		
			参数	转速/(r/min)	流量/(m³/h)
空压机	活塞式	1	15.8kW	1080	220
发电机	直流 12V	1	20kW		
发电机	直流 24V	1	40kW		
液压油泵	齿轮式	1	27hp	2000	
起锚绞车	液压式	4 台	拉力 4t		
浦尔锚		4 支	260kg/个		
闸板阀	液压式	1 座	ϕ700mm		
呼吸阀		6 支			
闸阀			ϕ80mm：2 支；ϕ150mm、ϕ200mm 各 1 支		
钢管（A 型）	ϕ200mm 壁厚 12mm	1 根	管长 6m		
钢管（B 型）	ϕ200mm 壁厚 12mm	1 根	管长 5.8m		
胶管	ϕ766mm（外径）	20 根	管长 12m		
钢管	ϕ724mm（外径）	21 根	管长 4.5m		
长钢管	ϕ724mm（外径）	2 根	管长 25m		
短钢管	ϕ724mm（外径）	2 根	管长 3m		
球形接头	ϕ700mm（内径）	2 个	接头长 2.5m		
橡胶接头	ϕ700mm（内径）	4 个	接头长 0.4m		

注　hp 为英制马力，1hp＝746W。

C. 其他材料如钢丝绳、锚漂等根据需要购置，增设的移航标志（浮标、灯标等）由航道部门设置。

3）设备调遣。施工设备由 2 艘拖轮（2650hp）从安徽省宿松县复兴镇起航，历时 14d，航程 796km。于 1986 年 11 月 13 日到达工地。到场的设备有：海狸 4600 型挖泥船 1 艘，700hp 拖轮、300t 油驳、生活船、甲板驳、锚艇、交通艇各 1 艘，水上浮体管线 76 组。岸管利用观音寺工地的岸管由修防处组织转移并安装。水上潜管在观音寺停泊，由 700hp 拖轮于 11 月 20 日拖到工地。

潜管顺江试验和横江敷设。潜管经过保养、检修后，11 月 29 日进行顺江试验，当天水位 33.6m，下午 15：10 开始充水下沉，到 15：45 全部下沉完成，历时 35min；15：50 开始充气，到 17：15 球形接头浮起，历时 85min。试验证明潜管机械性能良好。顺江实验后更换了潜管的保险钢丝绳，改换为 ϕ18mm，浮体上的保险缆改为 ϕ21mm。12 月 10 日经当地航政、航道部门批准，早晨 8：00 潜管开始横江敷设工作。其作法是先由测量人员事先在设计的 A 端点站设置浮标（因当时没有 GPS）做标记，然后将潜管 B 点（接水陆接头侧）用地垄固定，由 700hp 拖轮拖带 A 端点站到浮标附近稳住潜管后，由测量人员用经纬仪校对位置后，再由抛锚艇将端点站的锚抛到预定位置（上游约 80m 处）。抛锚后再校对位置并用锚缆收放的方法将其调整到准确位置后开始充水下沉，到 11：00 潜管全部下潜完成，从开始到结束历时 3h。当天水位 33.15m，实测潜管轴线中心最大流速为 0.98m/s。A、B 端点距离实测为 236m，满足航道部门的要求。

4）水上管线连接。挖泥船就位后，落桩固定，先接船尾部 20 组浮管，然后接 A 端点站 20 组，并在与端点站连接的第二、三组浮筒上各加一个 400kg 浮筒锚，用以减少浮筒对端点站的拉力，中间 30 组分两次连接完成，最后加固浮管钢丝绳。

5）挖泥船施工。12 月 12 日 16：00 所有准备工作结束后，开始试生产，海狸 4600 船为 4 台主机双泵串联运行，主机额定转速为 1200r/min，合泵时转速为 600r/min，运行 2min 后 A 端点站的排气管开始放气，到 5min 时排气管开始水、气混杂同时排出，到 6min 出水，此时关闭放气阀门，主机开始提速到正常状态。

挖泥船第一次开挖边线距 A 端点站直线距离 100m，采用逆水分条开挖，每条宽度 50m（根据船型确定），挖深 16m，取土厚度为 9~12m（水位变化）。取土范围以 A 端点站平行距离 600m 为半径（70 组×9m）进行布置。第 1 条开挖长度 450m，第 2 条开挖长度 400m，第 3 条开挖长度 350m，第 4 条开挖长度 280m。

6）吹填区的布置。由 ϕ700mm 的主管道接到排泥场，水陆接头经穿越大堤到 747＋850 后顺堤脚接到 749＋000，岸管总长 2200m，总排距 2800m，排高 12.2m。为增加平整度，在顺堤脚的主管道上又加设 12 道 ϕ350mm 的闸阀，并将 ϕ350mm 的支管按吹填区的控制高度接到吹填位置。

7）潜管防淤起浮。当时经与航政、航道部门联系后，确定在 1986 年 1 月 3 日进行第一次起浮，此时施工历时 22d。一切工作准备结束后于 3 日 9：00 准时开始充气，10min 后 A 点球形接头上浮，以后每隔 2min 浮起一节，为在规定的时间（11：30）完成起浮工作，采用了驼峰式起浮方法，即当起浮到第 8 节时就开始向潜管内充水。由于水压力推动气体继续向前移动，使潜管形成前面起浮、后面下沉的驼峰式上下移动，于 10：40 全部起浮完成，历时 1h40min。第二次起浮时间在 1986 年 2 月 21 日，用同样的方法起浮历时 1h35min，第一次起浮后，因江水位很低，流速小、含沙量低，到第二次起浮经过 49d，起浮顺利。由于 4 月 28 日江水位突然上涨（上游降雨）到 33.75m，A 点江底高程为 23.4m，已超过允许水深 10m 的安全界限，经与航政、航道部门联系后，确定在 1986 年 4 月 30 日上午 8：00—11：00 潜管起浮收场，当日水位为 33.99m。由于从 2 月 21 日到 4 月 30 日，历时 68d 潜管淤积严重，起浮历时 3h 整。

8）效果。1986 年 11 月到 1987 年 4 月，在荆江大堤盐卡段进行潜管吹填，工期 5 个月，完成吹填工程量 253 万 m^3。

4.3 接力输送

绞吸式挖泥船以及吹泥船、水力冲挖机组的扬程或排距不能满足工程需要时，一般可采用将几台泥泵用排泥管串联起来同时工作的接力方式进行解决。

（1）方式。接力方式有封闭式、开敞式和混合式等。封闭式接力又分为就地串联和远地串联两种。除在人口稠密区为减少占地、节省征迁费用应采用直接串联方式外，其他情况下应根据现场的场地条件、操作人员的技术水平、通信联系条件、经济性等多方面进行通盘考虑，综合选择。几种接力方式各有其优缺点（见表4-11）。

表4-11　　　　　　　　　　远距离输泥接力方式表

接力方式		方式要点	优点	缺点	简图
封闭式	就地串联	用很短的管道将前一台泥泵的出口与后一台泥泵的吸口直接联通	泥泵较集中，便于操作与管理，可根据不同排距的需要，较为方便地将一台或多台泥泵接入或脱离	接力泵的出口扬程是两台泥泵扬程的叠加，排出压力大幅度增高，接力泵后排泥管容易破损	
	远地串联	用较长距离的管道将前一台泥泵后的排泥管出口端与后一台泥泵的吸口端直接联通	前一台泥泵所产生的水头有一部分已消耗在排泥管路中，接力泵吸口处压力较低，排出压力接近自身所产生的压力，整条排泥管线的沿程压力变化比较均匀	两台泵之间距离大，造成操作和指挥难度大，管理不便，需要增添通信及其他设施	
开敞式		在输泥途中设集浆池，前一台泥泵将泥浆输送到集浆池中后，再由后一台泥泵从池中吸排泥浆。两泵靠集浆池连接	能充分利用集浆池的储浆能力，前后泥泵可根据集浆池中液位的高低独自运转，减少相互间的影响，提高各泥泵的利用率	需要增加修筑集浆池的费用，前一泥泵的余压得不到充分利用，经济性较封闭式差	
混合式		在接力系统中同时采用封闭与开敞两种接力方式。一般在第一级接力中采用开敞式，后面各级接力采用封闭式	同时具用封闭式与开敞式接力的优点	同时具有封闭式与开敞式接力的缺点	

（2）技术。接力输泥对泵的选型、系统配置和操控等方面都有很高要求。

1）接力泵选型。所选择的接力泥泵要与船泵的性能，特别是流量及 $Q-H$ 特性要相同或尽可能接近。如差别太大，将导致其中一台或多台泥泵的功率不能得到充分发挥，从而使整个接力系统不能同步运行。

2）接力系统布置。接力泵站可布置在水上，也可布置在岸上。岸上接力泵站是较常使用的一种布置方式，选择岸上布置时接力泵站的位置要通过现场勘察选定，一般应设在场地开阔、交通便利、地基密实之处，基础应稳定、牢固，不均匀沉降应控制在允许范围之内，基础结构应经过受力计算确定。采用封闭式接力时，尚需符合下列要求。

A. 接力泵吸入口余压一般应保持在1个大气压左右，最低不得小于50kPa，布置时要考虑到泵前管线的改动可能会带来的影响。

B. 接力站（船）泥泵吸入口管与工作船输泥管线的连接应采取柔性连接。

C. 接力站（船）前输泥管线上应设来水监控阀，接力泵站间管线上应装设呼吸阀。接力站后排泥管线高于接力泥泵出口时，必须在站后排泥管线上装设止回阀，以防止接力泵突发故障停机时排泥管线中泥浆倒流对泥泵产生冲击，同时还可方便泥泵检修。

(3) 集浆池修筑。集浆池是开敞式接力系统中重要的设施之一，一般应按照下列要求进行设计与修筑。

1) 集浆池平面宜为矩形，以利进池泥浆流动，宽长比宜控制为 1:1.15～1:2.0。

2) 集浆池有效容积应合理选定，一般可按 0.25 倍进池泥浆小时流量进行设计，池顶应留有 0.5m 的富裕高度，并设标尺进行控制，以防止泥浆漫溢。

3) 池底应为斜坡式，坡向接力泵吸入口，以利于泥浆向吸口处自然流动。

4) 池底板一般宜为混凝土，池壁宜采用浆砌石护坡，以防止进池水流对池底和池壁造成冲刷，发生坍塌事故。

5) 进出排泥管口应布置成对冲式，吸泥管应布置在集浆池最低处，并应位于进口管泥浆喷射范围之内，接力泵与吸口之间的管路应尽量缩短，以保证泥浆的顺利吸排。

6) 池顶部需配置一定数量的冲水枪，以冲洗沉积的泥沙。

(4) 系统作业。接力系统如果操作不当可能会对设备安全带来不利影响，一般需采取如下技术措施。

1) 施工期间工作船与接力站（船）须建立可靠的通信联系，挖泥船启动前应先通知各接力泵站，待接到回复后方可启动；应设专人随时监控泵前、泵后的真空度和压力值，防止设备超负荷运行造成重大事故。

2) 工作船结束作业时应继续泵清水，直至排泥管口出清水时止。

3) 凡因故障停机，在恢复作业前应先低速泵清水，待确认管线疏通后方可提速进行正常作业。

4) 封闭式接力时，接力站（船）泥泵吸入口前应安装压力表进行观测与控制，以保证接力系统正常运转。

5) 封闭式接力时，对吸入泵即第 1 台泥泵的启动速度应进行控制，以消除或减弱其对接力泵所造成的冲击。启动时间一般应控制在 2min 左右。

6) 封闭式接力中途放泥时应对各放泥点的放泥量进行计算，保证放泥后在放泥点以下的主管及支管中的泥浆流速不低于临界流速，下一接力泵的入口压力不低于 50kPa。

4.4 泥泵及管线工况

挖泥船的施工效率与很多因素有关。通常比较重要的因素包括：挖泥船性能（按功能分为破土性能和输泥性能）、驾驶人员操作水平、土质情况、抛泥/吹填距离等。由于绞吸式挖泥船和耙吸式挖泥船的输泥性能都体现在泥泵和吸排泥管线系统，而在不同工况条件下，排泥管路具有不同的工作特性曲线，排泥管路不同的工作特性曲线又决定了泥泵特性曲线的不同，也就决定了挖泥船生产效率的不同。所以在实际施工过程中，需要根据不同的工况条件对泥泵及排泥管路的特性进行认真分析研究，确定出最佳的特性参数，使二者得到合理的匹配，最大限度地提高生产效率。

4.4.1 泥泵特性

(1) 工作特性参数间关系。泥泵装置是由泥泵和直接驱动泥泵的柴油机所组成。从工作原理上来讲，离心式泥泵是叶轮在外力矩作用下旋转，产生离心力作用，在叶轮叶道之间的液体受到叶轮强制转动和推动，使液流压力在泥泵出口处增大，从而产生扬程，完成液体在泵腔内能量转换的过程。同时，叶轮进口的吸口室构成局部真空而产生连续地吸入工作。

泥泵的主要性能参数有以下几个。

1) 流量 Q：指单位时间内泥泵排出的水或泥浆的体积。流量是衡量泥泵性能的主要参数，如果泥浆浓度一样的前提下，流量越大则效率越高。

2) 扬程 H：指单位重量的液体通过泥泵后能量增加的值。

3) 功率 P：指泥泵在单位时间内做功的大小。一般泥泵功率是指主机传到泵轴的功率，又称轴功率。被输送的泥浆或水从泥泵获得的能量称为有效功率。在泥泵工作过程中存在功率损失，所以轴功率是大于有效功率的。

4) 转速 n：是指泥泵叶轮在单位时间内转动的圈数。

泥泵的特性是指当改变泥泵转速时，其扬程、流量、功率与效率将发生变化；当改变泥泵部件结构尺寸，泥泵工作特性参数也将发生变化，其关系见表 4-12。

表 4-12　　　　　　　　泥泵工作特性参数关系表

项　目	数学公式关系	公　式　说　明
流量-转速	$Q_1/Q = n_1/n$	Q、H、P——转速为 n 时的流量、扬程和功率； Q_1、H_1、P_1——转速为 n_1 时的流量、扬程和功率
扬程-转速	$H_1/H = (n_1/n)^2$	
功率-转速	$P_1/P = (n_1/n)^3$	
流量-叶轮外径	$Q_1/Q = D_1/D$	Q、H、P——叶轮外径为 D 时的流量、扬程和功率； Q_1、H_1、P_1——叶轮外径为 D_1 时的流量、扬程和功率
扬程-叶轮外径	$H_1/H = (D_1/D)^2$	
功率-叶轮外径	$P_1/P = (D_1/D)^3$	

(2) 泥泵泥浆特性参数计算。

1) 泥泵泥浆扬程根据式（4-4）和式（4-5）计算。

$$H_m = H_w [K_H(\rho_m - 1) + 1] \qquad (4-4)$$

$$\rho_m = (\rho_s - \rho_w)P + \rho_w \qquad (4-5)$$

式中　H_m、H_w——泥泵泥浆、清水时扬程，m；

　　　ρ_m——泥浆密度，t/m³；

　　　ρ_s——土天然密度，t/m³；

　　　ρ_w——清水密度，t/m³；

　　　P——泥浆体积浓度，%；

　　　K_H——土质换算系数，可按表 4-13 查取。

2) 泥泵泥浆功率根据式（4-6）计算。

$$P_m = P_w[K_N(\rho_m-1)+1] \qquad (4-6)$$

式中 P_m、P_w——泵送泥浆、清水时的功率，kW；

K_N——土质换算系数，可按表 4-13 查取。

表 4-13　　　　　　　　　泥泵泥浆土质换算系数表

系　　数	淤泥、黏土、粉土	中、细沙	粗沙、砾石
K_H	0.75	0.5	0.25
K_N	1.0	0.8	0.6

3）泥泵泥浆效率根据式（4-7）计算。

$$\eta_m = \eta_w[K_H(\rho_m-1)+l]/[K_N(\rho_m-1)+1] \qquad (4-7)$$

式中 η_m、η_w——泵送泥浆、清水时的泥泵效率。

(3) 泥泵清水与泥泵泥浆特性曲线性质。泥泵在输送固液混合物时，提供的水头和浓度与疏浚材料的粒径和浓度有关。荷兰 DELFT 科技大学疏浚技术实验室泥沙输送实验台针对此问题进行了实验，结论是泥泵输送体积浓度对泥泵扬程比（即输送清水的水头和输送混合物水头的比值）的影响为：输送疏浚材料的体积浓度越大，颗粒粒径越大，泥泵特性曲线越下移，曲率越陡。

泥泵泵送泥浆与泵送清水的特性曲线在性质上是一致的，但在具体量值上彼此有明显差异，差异的程度随泥浆的浓度、密度、粒径组成及流态不同而改变，差异主要表现在几个方面：扬程增加（泥浆中颗粒较粗时有时也会减少），效率会下降，功率会增加。

泥泵清水与泥泵泥浆特性曲线性质如下。

1）流量-扬程（Q-H）曲线：即泥泵扬程与流量之间的关系曲线。随着流量的加大，扬程逐渐下降。换言之，流量与扬程成反比关系，挖泥船的排高加大时，泥泵流量会有所降低。

2）流量-功率（Q-P）曲线：即泥泵轴功率与流量之间的关系曲线。泥泵轴功率随着流量的增加而逐渐增大。

3）流量-功率（Q-η）曲线：即泥泵效率与流量之间的关系曲线。效率随流量的增大先增大，达到峰值后下降。该曲线呈弧顶状，说明泥泵工作存在一个高效区。

4）转速-扬程（n-H）曲线：即泥泵转速和扬程之间的关系曲线。在流量相同的情况下，转速越高扬程也越大。

5）转速-流量（n-Q）曲线：即泥泵转速和流量之间的关系曲线。在同一扬程下，转速越高流量越大。

4.4.2　管线特性

介质在管道内运输过程中，由于摩擦、速度和高程改变等原因，要消耗能量。消耗的水头 H 与流量 Q 的关系叫作管路特性。管路特性与管线的长度、形状、管径、拐弯、出口大小、挖深、排高以及管线内的介质等因素有关。

(1) 管路总耗泥浆水头。疏浚土料和清水混合，混合后形成泥浆从静止状态被吸入吸口到离开出口所消耗的水头较输送清水高，通常可按式（4-8）计算。

$$H=\rho_m[\lambda_{w1}\sum L_1 v_1^2/(2gD_1)+\lambda_{w2}\sum L_2 v_2^2/(2gD_2)+(v^2/2g)+Z_2]+Z_1(\rho_m-\rho_w)$$
(4-8)

式中 λ_{w1}、λ_{w2}——吸、排泥管路清水沿程摩阻系数，宜采用实测数值，无实测数值时可按表 4-14 查取；

$\sum L_1$、$\sum L_2$——吸、排泥管路折算长度，可按表 4-16 计算，m；

v_1、v_2、v——吸、排泥管路、管路平均流速，m/s；

D_1、D_2——吸、排泥管路内径，m；

ρ_m、ρ_w——泥浆、清水密度，t/m³；

Z_1——挖深，m；

Z_2——排高，m；

H——排泥管路总耗泥浆水头，m。

胶管、弯管折算岸管长度可参照表 4-16 取值，也可按式（4-9）计算。

$$L=\zeta_w D\lambda_w$$
(4-9)

式中 L——折算成岸管（钢管）的长度，m；

ζ_w——清水局部摩阻系数，可按表 4-15 取值；

D——管内径，m；

λ_w——清水沿程摩阻系数，宜采用实测数值，无实测数值时可按表 4-14 查取。

表 4-14　　　　　　　　　　钢质排泥管清水沿程摩阻系数表

管径 D/m	0.20	0.30	0.40	0.45	0.50	0.55	0.60	0.65	0.70	0.80
λ_w	0.019	0.017	0.0153	0.0146	0.0142	0.0138	0.0135	0.0132	0.0130	0.0125

表 4-15　　　　　　　　　　管件清水沿程摩阻系数表

项目	扩口胶管	法兰胶管	30°弯头		45°弯头		60°弯头		90°弯头	
管径 D/m	长 1.5	长 1.5	300~460	500~700	300~460	500~700	300~460	500~700	300~460	500~700
ζ_w	0.07	0.032	0.10	0.17	0.31	0.54	0.48	0.86	1.03	1.80

表 4-16　　　　　　　　　　不同管径排泥管折算排距表

名　称	管内径/mm	相当于岸管长度/m	备　注
水上浮管	300~700	浮管长度×1.5	扩口胶管接头
		浮管长度×1.3	法兰胶管接头
		浮管长度×1.1	球形接头
船上管	300~700	船上管长度×2.4	
排高	300~460	排高×40	
	500~700	排高×35	
扩口胶管（长 1.5m）	300~560	胶管个数×6.5	
法兰胶管（长 1.5m）	300~700	胶管个数×3	
30°弯管	300~460	弯管个数×3	
	500~700	弯管个数×5	

续表

名　称	管内径/mm	相当于岸管长度/m	备　注
45°弯管	300～460	弯管个数×4	
	500～700	弯管个数×7	
90°弯管	300～460	弯管个数×8	
	500～700	弯管个数×14	
球形接头	300～460	接头个数×4	
	500～700	接头个数×7	
三通	300～460	个数×30	不带闸阀
	500～700	个数×60	
闸阀	300～460	个数×5	全开
	500～700	个数×8	
吸泥口	300～460	25	带格栅
	500～700	40	
沉石箱	300～460	个数×60	
	500～700	个数×110	

（2）管路中泥沙临界流速的确定。临界流速是绞吸式挖泥船施工中需要重点控制的技术参数，管道中泥浆流速低于泥沙的临界流速时会造成泥沙沉淀，影响生产效率，严重时会造成管道堵塞。对粗颗粒或黏性土施工时更要高度关注。不同粒径泥沙临界流速不同，粒径越大其临界流速也越高。施工中除需考虑临界流速外，还需要考虑经济流速，流速过快，管道中泥浆含量下降，也会影响生产效率。临界流速及经济流速可按式（4-10）～式（4-12）计算。

1）平均粒径小于 0.05mm 的黏土以及粉土。

$$V_C = 0.928 P^{0.105} d_s^{0.056} [2gD(\rho_s - 1)]^{1/2} \tag{4-10}$$

式中　V_C——泥浆临界流速，m/s；

　　　P——泥浆体积浓度，%；

　　　d_s——平均粒径，mm，可根据地质报告确定；

　　　D——排泥管内径，m；

　　　ρ_s——土颗粒密度，t/m³，可根据地质报告确定，也可以参考表 4-17 选取。

2）平均粒径大于 0.05mm 沙性土。

$$V_C = (90P)^{1/3} g^{1/4} D^{1/2} v_s^{1/2} d_s^{-1/4} \tag{4-11}$$

式中　v_s——土颗粒在静水中的沉降速度，m/s，也可以参考表 4-17 选取；

　　　d_s——平均粒径，mm。

表 4-17　　　　　　　　　　砂砾土沉降速度参考值表

特性 \ 分类	细沙	粗沙	砾石
平均粒径 d_s/mm	0.175	1.0	4.0
天然土密度/(t/m³)	1.85	2.00	2.00
颗粒沉降速度/(m/s)	0.015	0.06	0.175

3) 经济流速的确定。

$$V_e = K_e V_C \tag{4-12}$$

式中　V_e——经济流速，m/s；

　　　K_e——经济流速系数，按表 4-18 选取。

表 4-18　　　　　　　　　　经 济 流 速 系 数 表

土类	淤泥、粉土	粉沙	中沙、粗沙	粗沙、砾石
K_e	1.10	1.20	1.25	1.30

4.4.3　合理工况

(1) 确定方法。泥泵-排泥管路合理工况确定方法如下。

1) 绘制泥泵与管路 Q-H 特性曲线。根据所用挖泥设备的性能、管线组成和土质情况，在同一图上，分别计算并绘制出泥泵在不同转速下泵送不同浓度浆体的 Q-H 特性曲线和相应条件下排泥管路的 Q-H 特性曲线。

2) 标示临界流速限制线。根据对应土质，在排泥管路 Q-H 特性曲线上，计算并标示出不同浓度时的临界流速的限制线。

3) 绘制出流速上限制线。根据泥泵发生气蚀的条件，计算并绘制出流速的上限制线。

4) 分析最佳工况点和合理工作区。在泥泵-管路特性图上，泥泵 Q-H 特性曲线与管道 Q-H 特性曲线的交点所界定的范围即为其工作区。当挖泥船在一定浓度范围内工作时，低浓度与可能最高浓度下的泥泵和管路 Q-H 特性曲线所界定的范围即为合理工作区。图 4-12 中，A、B、C、D 4 点所界定的曲四边形内区域即是泥泵-管路合理工作区。最大排距时，泥泵的工作点是最小工作点；最小排距时，泥泵的工作点是最大工作点。挖泥船在这个工作区内作业，排泥管内泥浆流速高于临界流速而低于最大允许流速；吸入真空低于最大允许真空；最佳工况点应在 B 点与 D 点的连线上；驱动泥泵的发动机工作正常。

(2) 控制措施。挖泥船施工一定要控制在工作区内运行，并尽可能保持在合理工作区内，以获得较高的生产效率。如低于最小工作点，管路中泥浆流速降到临界流速限制线以下，被输送的泥沙难以继续维持悬浮状态，会沉积下来，造成堵管现象。如超过了最大工作点，泥浆流速、流量以及发动机输出扭矩都超过上限制线，设备必将受到损害。常用控制措施如下。

1) 短排距施工时控制措施。短排距是指施工过程中实际排距远小于设计排距的情况。在水上排泥管发生爆裂或脱开时，也会出现短排距情况。

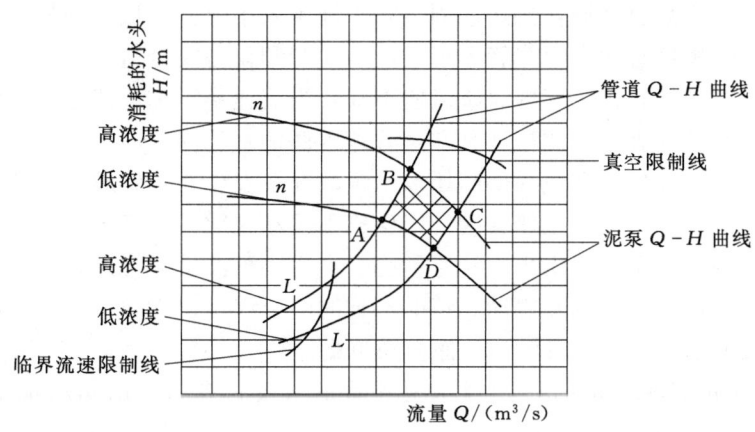

图 4-12　泥泵-排泥管路工况曲线
n—转速；L—排泥管折算长度

当排距过短时，管道内泥浆输送阻力减小，排出流量加大，使泥泵和主机输出功率增加，管路特性曲线与泥泵特性曲线相交在冒黑烟点以外。此时，驱动柴油机负荷过大，加速发动机的磨损，严重时还会造成主机损坏。短排距施工有以下常用的方法来解决问题。

A. 对装有两台以上泥泵的挖泥船，应及时改换为单泵施工。

B. 尽可能维持在较高浓度下运转，以降低管内流速。

C. 在允许的范围内降低发动机转速（低转速发动机不得低于额定转速的70%；对有增压器的高速发动机一般不得低于其额定转速的80%~85%），以减小其输出扭矩，降低功率，使泥泵特性曲线下移。但转速降低后，会造成管路输送能力减少，生产效率下降。另外，长期低转速运转对发动机零部件的寿命也极为不利。因此，降低转速运行只能作为临时应急措施。

D. 在管线出口处加接小直径喷口、挡板、管口消能器等，人为增大出口流速的方式来增大速度水头损失，从而使管路特性曲线左移。这一方法的缺点是使发动机的一部分功率消耗在了排泥管路增加的摩阻水头损失上，造成能量浪费、生产效率下降、成本提高。喷口直径与挡板的尺寸应根据排泥管路实际所需增加的摩阻水头损失的多少，通过计算确定。也有的挖泥船制造厂家随船提供有曲线图，可从图中直接查得。

E. 改用较小直径的排泥管，以增大管路沿程阻力。根据沿程摩阻水头损失公式，管径与摩阻水头损失成反比关系。这一方法的缺点与增加喷头或挡板相同。

F. 改用通道较大的三叶片叶轮，以减小泥泵扬程。

G. 减小叶轮直径，以减小泥泵效率。当无专用的小直径叶轮时，可将原叶轮进行切割，切割尺寸可按有关公式计算确定。

2) 长排距施工时控制措施。长排距是指在排高一定时，实际排距接近或超过挖泥船相应设计最大排距的情况。

当排距过长时，管路特性曲线与泥泵特性曲线相交点流量 Q 过小。因为各种管路阻力中，只有颗粒沉降阻力损失 J_p 是和速度成反比关系的，在粒径和浓度较大的情况下，流速降低，J_p 增大，又会更多地消耗能量保持颗粒的悬浮，加剧流速的降低。产生的现象是在排距长于一定数值之后，流速急剧下降，施工效率急剧降低，油耗大幅度上升。长排距施工极其易产生堵管和水锤爆管等现象，给生产和设备安全造成危害。堵管是由于排距过长，输送阻力增加，排泥管内泥浆流速下降，当流速小于临界流速时，泥浆中颗粒沉淀造成的。水锤是排泥管中形成局部真空，管道内两侧水流同时向真空区加速流动产生激烈碰撞，同时在碰撞部位会形成局部高压。水锤情况多发生在位置较低的部位，一般多见于水上浮管。水锤出现后，水上浮管则会产生剧烈甩动或跳动，经常会造成浮管脱开或管道爆裂。水锤出现后泥泵的输出压力和流量都会产生剧烈波动，泥泵轴功率基本处于卸荷状态，一般还会造成泥泵的剧烈震动，情况严重时会引起主机飞车。

长排距输泥时通常有以下几种方法来解决问题。

A. 施工现场准备期，应合理选择水上浮管的长度，有条件时尽可能缩短水上浮管长度。

B. 应合理布置岸管的走向，确定最短最优路线，管线拐弯时避免直接的大角度转弯，尽量减少大角度弯管、三通等管件的使用，尽可能保持管线顺直。

C. 施工过程中，应根据船位的变动，及时优化调整水上浮管以及岸管的布置，以使排距最短。

D. 管路布置时要综合考虑吹距、土质、主机转速、泥泵特性、临界流速等物理条件的影响，选择合理直径的管道，较小管径的管线在施工时会出现出口压力大、生产效率降低、排压超过封水泵排压的情况；有条件时可改用较大直径的排泥管，以减小沿程阻力损失；排泥管出口出尽可能不安装喷口等。

E. 提高驾驶水平，保证泥泵输出压力、流量的平衡，适当降低泥浆浓度，以使管内泥浆流速保持在临界流速以上，避免出现吸入高真空情况。

F. 当排距过长，泥泵管路没有相交工作区而无法工作，或很难保持在合理工作区内运转时，应增加泥泵数量，变单泵生产为双泵生产，或在水上浮管以及岸管的合理位置加设接力泵站施工工艺，进行接力输泥。具体可参见相关章节。

G. 具备条件时可选择外径较大、叶片数较多的叶轮。在设备允许的情况下，提高水下泵和舱内泵的转速，使泥泵输出压力提高。

H. 在绞刀桥架水面线以下的吸泥管上安装真空释放阀，当吸泥管内出现吸入真空时，管内负压增大，此时真空释放阀会自动打开，清水流入吸泥管内，消除高真空情况。

I. 在挖泥船上排泥管尾端安装卸荷阀，当排泥管内出现负压时，空气自动吸入，减小负压，从而消除或减小水锤冲击。

J. 在水上排泥管安装排气阀，使高压区的空气及时排出，减小水锤冲击。

4.5 质量控制

吹填工程质量控制的主要方式就是通过对吹填工程的吹填总量、吹填土质、吹填高程、吹填平整度、吹填流失量等通过一定的方法和措施加以控制，从而保证工程各方面质量符合设计要求。

4.5.1 检测方法及控制标准

（1）检测方法。吹填工程常用质量检测有断面检测法和平均高程检测法两种，具体根据工程施工合同要求选用。检测时，一般采用水准仪配合经纬仪、全站仪或 RTK‐DGPS 系统按设计和测量规范要求的标准进行检测。

1）断面检测法。断面法质量检测可根据吹填区块的设置或单元工程的划分，按照横断面测量标准进行检测。

A. 选用横断面法进行质量检测时，每个单元工程应不少于5个独立断面，检测断面间距应控制在20～35m，且横断面测量间距应与原始地形测量断面相一致，在检测吹填质量的同时提高工程量计量的准确性。

B. 断面法测量时要包含围堰所在范围。

C. 测点间距应符合《水利水电工程测量规范》（SL 197）的相关规定。

D. 当原始地形复杂起伏变化较大，或吹填区狭长、吹填厚度较大且不规则的地段，宜选择断面法进行土方量计算。

E. 吹填区地形图测图比例采用1∶200～1∶2000，在同一个吹填区施工的全施工过程中，地形测量应采用统一的测图比例。

F. 在进行工程质量检验测量时，测线间距一般定为图上距15～20mm。测点间距如果测图为水深图，则测点间距应小于图上距离5mm；如果测图为地形图，则测点间距定为10～15mm。

2）平均高程法。平均高程法就是通过测量吹填后的高程情况来检测和控制吹填工程质量，每个单元工程不得少于200个测点，测点间距应控制在5～10m。

（2）控制内容和标准。

1）吹填工程质量控制及检验的依据应包括合同文件以及工程设计阶段、施工阶段和完工阶段的有关图纸、文件和竣工资料等。

2）吹填工程质量检验的内容应包括吹填土质、吹填区的尺度和吹填程序等。

3）吹填工程的分层厚度和吹填程序应满足设计要求。

4）吹填土质应满足设计要求，吹填土应沿程沉积均匀，无显著差异。对吹填土有颗粒级配要求的工程还要满足设计要求的级配指标。检验方法应为抽样检查与观察检查相结合，一般按每10000m^{2}抽取一个试样，或按设计要求进行取样。

5）吹填区的高程应满足设计要求，平均高程与设计高程差值应控制为－10～30cm。对完工后吹填平均高程不允许低于设计吹填高程的工程项目，平均高程与设计高程差值应控制为0～30cm。

6）对吹填土层厚度大于1m的工程项目，吹填区表面平整度（测点）应符合表4-19的规定。

7）对吹填土层厚度小于1m的工程项目，吹填区狭窄及有横向坡降要求，难以满足表4-19指标规定的特殊吹填工程项目，其吹填高程和表面平整度（测点）应按合同规定的标准执行。

8）吹填区表面（除泄水口前外）不应出现有面积大于100m^2、深度大于1m的积水坑。

表 4-19　　　　　吹填土表面平整度（测点）允许偏差表

吹填土特性		测点允许偏差	
土类	D_{50}/mm	吹填状态	正负高差/m
淤泥质土	<0.005	流塑或软塑	-0.2~+0.3
粉质黏土	0.01~0.05	软塑土团	-0.4~+0.6
中（硬）塑黏土	0.005~0.01	硬塑土团	-0.8~+1.2
粉细沙	0.05~0.2	松散	-0.2~+0.4
中沙	0.2~0.5	松散	-0.3~+0.5
粗沙	0.5~2.0	松散	-0.4~+0.6

注　正负高差以设计吹填高程为基准面，低于设计值为负，高于设计值为正。

9）吹填土泥浆流失率不应超过允许标准，且流失的泥浆不应对周围环境、设施、河道或航道等造成污染、回淤等不利影响。

10）取土作业应保证规则开挖，取土区的开挖边界、深度应符合设计要求。

11）辅助工程的质量控制和检测应参照水利水电工程相关标准的规定执行。

4.5.2　施工控制

4.5.2.1　吹填总量控制

对吹填工程吹填总量的控制，可采用吹填区设计土方计算，实际开挖土方量应考虑疏浚土的搅动后松散度、在吹填区的流失量、吹填土固结量、沉降量及预留超高。按照吹填工程的设计标高，吹填工程总工程量应按式（4-13）计算：

$$V = \frac{V_1 + \Delta V_1 + \Delta V_2}{1 - P} \tag{4-13}$$

式中　V——吹填总工程量，m³；

V_1——包括设计预留高度在内的吹填土体积，m³；

ΔV_1——施工期因吹填土固结所增加的工程量，m³；

ΔV_2——施工期因吹填土荷载造成吹填区原地基下沉而增加的工程量，m³；

P——吹填土进入吹填区后的流失率，%。

在疏浚、输送和回填过程中的各个阶段，土的体积应根据具体情况和经验去判断。当缺乏可靠资料时，式（4-13）中的参数可按下列原则确定。

流失率 P 应根据土的粒径、泄水口的位置、高度及距排泥管口的距离、吹填面积、排泥管的布设、吹填高度及水力条件、具体施工条件和经验确定，特别应注意细颗粒土的流失。一般而言，吹填土粒径越小，流失率也就越高；吹填区面积越小、越狭窄、越浅、泄水口越低、吹填设备泥泵功率越大，流失率相应也就越高。吹填土的流失率在无经验和资料借鉴时，可参考表 2-19。

原地基沉降量 ΔV_2 可根据原地基钻探资料按《港口工程地基规范》（JTS 147-1—2010）计算。

吹填土本身固结引起的下沉量 ΔV_1 为吹填土固结下沉厚度和吹填区投影面积的乘积，其中吹填土固结下沉厚度可按式（4-14）取值。

包括设计预留高度在内的吹填土体积 V_1 可根据吹填区的地形测量及设计线计算。

4.5.2.2 吹填高程控制

(1) 吹填高程计算。控制吹填高程按式 (4-14) 计算。

$$H_R = H_S + \Delta H \tag{4-14}$$

式中　H_R——施工控制吹填标高，m；

　　　H_S——设计使用标高，m；

　　　ΔH——考虑吹填工程完工至工程合同规定交工验收期间，为抵消吹填土固结和地基沉降所需的预留高度，m。

其中，吹填土固结值应综合考虑吹填土特性、厚度、固结时间、排水条件、气候条件等因素，可采用试验的方式确定，无试验资料时可参照表 2-18 取值。

(2) 控制方法。吹填土高程控制主要通过高程的及时测量和排泥管线的移动等措施来实现。

1) 施工前，应在施工区外适当位置设置不少于 2 个永久性高程控制桩，并妥善保护。为方便日常高程控制，还可在围堰堰身内侧或吹填区内设立一些简易高程控制标示或标尺，控制标志或标尺数量可根据吹填土特性、吹填区形状、吹填区面积、平整度要求及吹填施工设备性能等因素确定，也可按 50~100m 间距布设，吹填区内也可利用沉降杆代替。控制吹填高程用的水准点和标尺应定期校核。

2) 在吹填过程中，除应经常利用高程控制标尺和简易高程控制标示观测吹填土的即时标高外，还要通过进行吹填区的高程测量加以核验和控制。要及时测量排泥管口处的堆土高程和各方向的坡度情况。在吹填过程中，要根据吹填土的标高变化、坡度的变化和土质情况及时延长排泥管线，调整管线的间距、管口的位置和方向及泄水口的高度，以达到吹填高程和平整度的要求。

3) 吹填期间应按吹填流失量和沉降量观测的规定，定期进行沉降观测，并根据观测的地基沉降量和固结量，及时修正流失量、固结量的计算值，并调整吹填预留的厚度。

(3) 沉降量的观测和控制方法。地基沉降量主要和地基土质、吹填土厚度等有直接关系。在不同土质的地基上吹填，吹填沉降量有很大不同，软弱地基沉降明显，密实地基沉降量则较小，有时甚至可以忽略不计。吹填土越厚，地基沉降量也越大，反之则越小。沉降量一般都通过埋设沉降杆的方式进行观测。

1) 当在软基上进行吹填时，应在吹填区内设置沉降杆，观测吹填过程中原地面的沉降值。沉降杆的构造见图 4-13。

2) 沉降观测点的布置和数量应根据吹填区地质情况和工程要求确定，宜采用 50~100m 间距的格网均匀布设，当地质变化较大时，可适当加密。

3) 沉降杆底盘应设在吹填区的原始地面上，装设牢固，测杆要垂直，底盘应平放在原地面上，测杆的顶端应超出吹填设计标高 1m 左右。当吹填土为粗颗粒沙或黏土时，测杆的顶端应超出吹填设计标高 1.5m 左右。当吹填厚度较大时，测杆应分段加装。

4) 吹填过程中，应对沉降杆进行保护，防止歪斜、损坏。

5) 沉降杆设置后，应在吹填前测量底部的原始高程。在软基上设置时，应在沉降板稳定后再读数。沉降观测应定期进行，观测间隔时间应根据原地基的土质和吹填进度确

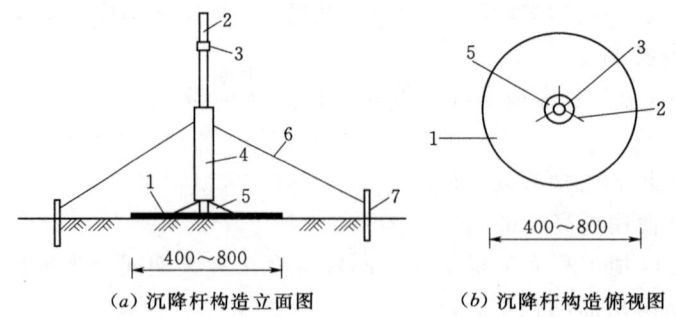

(a) 沉降杆构造立面图　　　　(b) 沉降杆构造俯视图

图 4-13　沉降杆构造示意图（单位：mm）
1—沉降盘；2—测杆；3—连接头；4—套管；5—加强筋；6—拉杆；7—固定桩

定，沉降杆处填土后的头3个月内宜每半月观测1次，3个月后可每月观测1次。对沉降观测数据应进行整理分析，并把数据及时反馈到设计部门。如果实际观测得到的沉降数据和设计及施工预控数值有出入时，要及时进行调整。

6) 当在软基上进行吹填时，应根据设计对吹填加载的要求和现场观测的沉降值、孔隙水压力、护岸水平位移等数据，控制吹填加载的速度，以保证地基或岸坡的稳定性。

4.5.2.3　平整度控制

吹填区平整度的控制，是与高程控制相结合来完成的，其核心就是在施工过程中根据吹填区的形状、吹填土的特性等，通过合理地布设和调控排泥管网并与有效的测量手段以及多种机械设备相互配合，从而使吹填区平整度达到设计要求。常用控制措施如下。

(1) 做好高程控制。吹填区平整度的控制是以吹填土高程的控制为前提的，也就是说吹填土高程控制是平整度控制的基础，因此在控制平整度时首先需要做好高程控制。

(2) 合理布设排泥管网。施工过程中应根据吹填区的地形、地貌、几何形状、泄水口所在位置等合理地布设排泥管网，使吹填土尽可能均匀平整，满足设计标准的要求。

1) 通过在排泥管线上设置三通管、转向阀、转向盲板、柔性胶管等，根据需要合理地控制排泥口工作时间并及时调整管线出口方向。

2) 通过在排泥管口上设置扩散板、渗漏孔、挡板、喷头等方式，在保证平整度的同时还可防止淤泥聚集，保证吹填区内不留死角。

3) 排泥管出口前移距离及出口间距离应根据吹填设备性能、吹填土落淤特性等进行控制。施工过程中应随时对吹填土的实际落淤坡度进行检测，并及时调整排泥管的延伸距离和分布间隔。管线分布间隔对粉质土、粉细沙一般控制在100~150m，黏土、中粗沙宜控制在30~60m，也可按式（4-15）计算。

$$L_1 \leqslant h_{绝}(m_L + m_R) \tag{4-15}$$

式中　L_1——两相邻排泥管线间距离，m；

$h_{绝}$——设计允许平整度绝对高差值，m；

m_L、m_R——实测排泥管口左、右方吹填土平均坡度系数值。

4) 平整度要求较高的吹填工程，宜采用方格网法进行控制，方格网的边长可与排泥管干、支线布置间距相一致。

5）出泥管口应离开沉降杆不小于 10m 的距离，以防止水流对沉降杆地基造成冲刷，或将沉降杆埋没，影响沉降和高程测量的准确性。

（3）消除吹填区原地貌影响。吹填区原地貌平整情况直接影响吹填固结后的平整度，原地貌高差越大，吹填后泥浆固结高差也越大，即使吹填结束平整度满足设计要求。但原地面较低的地方，固结沉降值要原地面较高地方沉降大，沉降后又可能造成吹填区平整度超标的情况出现，吹填区原地貌平整情况将增加吹填平整度控制难度。此种情况下需采取如下措施。

1）提醒督促围堰施工单位在吹填区内取土要均匀，尽可能避免大的坑洼出现。

2）吹填作业前对吹填区地形测量成果进行细致分析研究，对起伏较大的区域进行吹填作业时，应重点控制。通过计算，对低洼地带合理提高吹填控制标高，对高突地带合理减小吹填控制标高。

（4）合理配置设备。挖泥船功率对吹填平整度影响较大，在排距和排高相同的情况下，功率大的绞吸式挖泥船或吹泥式挖泥船管头水冲击力也越大，泥浆冲得也越远，泥面平整效果也越好。因此通过设备来控制平整度一般采取如下措施。

1）同一工程项目有多条挖泥船作业时，要合理调配，将大功率挖泥船尽量安排在排距大和围堰面积大的排泥场施工。

2）同一条挖泥船作业时，吹填过程中要通过采取"近土远抛和远土近抛"的施工顺序，尽可能保持排泥管长度的均衡，以增强设备性能的稳定，从而保证吹填的平整度。

3）根据施工图纸，对应河道开挖区域土方及吹填区容量，计算出吹填控制高度，结合挖泥船经济排距和管线长度，确定"远土"与"近土"的分界线。

（5）安排陆上土方机械配合平整。当工程对平整度要求较高时，对砂砾、粗沙等容易在排泥管口堆积的土质，应在吹填过程中用推土机边吹边进行整平工作，粗平到吹填要求控制高度后，再延长排泥管线，以减少工程后期的整平工程量。

（6）控制好分层吹填土厚度。在淤泥等软土地基上进行吹填时，应根据设计要求或经过试验确定第 1 层的吹填土厚度，防止第 1 层吹填厚度过大时会产生淤泥拱起现象。

（7）做好退水口位置选择和水位调控。吹填区泥浆沉淀过程受设备性能、吹填区大小、形状、泄水口位置影响，同时还受吹填区内水深影响。吹填区退水口也是影响平整度的一个重要因素，一般采取如下措施。

1）退水口位置要合理。退水口虽系吹填工程临时性辅助设施，但其设置合理与否，对吹填的效果和挖泥船生产效率影响较大，因此要综合多方面因素进行选择，使其达到最佳效果。泄水口位置一般根据吹填区面积、形状、取土区位置，并结合挖泥船排泥管道布置来确定，具体可参见 2.8.2 节。

2）退水口水位控制要合理。施工单位应安排长期从事挖泥船施工且施工经验丰富的人员担任，负责看护退水口，并根据施工情况和吹填土质情况及时调整退水口处水位。

4.5.2.4 流失量控制

吹填流失量的控制主要是对吹填区退水口排放余水内含泥量进行控制。通过对排放施工余水的监测和采取相应的有效措施，达到控制和降低余水含泥量的目的。通常采用如下措施。

(1) 定期取样检测。施工期间应分阶段定期在泄水口取样，检测分析并计算各阶段泄水含泥浓度及土方流失量，采样、检测和分析出来的结果对控制流失量是最直接、最准确和最有代表性的依据。

(2) 加强吹填区情况的巡视检查。吹填工程施工期间应加强施工现场的巡视检查，重点做好吹填区水位和泄水口情况的巡视检查。

1) 观察泄水口排放余水含沙量的变化，发现问题及时联系并采取有效措施进行处理。若含泥量较高，应采取如下措施控制。

A. 通过提高泄水口的高程或调整排泥管管口位置的方法减少吹填土的流失。

B. 如以上方法仍然不能取得明显效果，尤其是在施工后期，随着工程进展，吹填区容积越来越小，此时需通过减小吹填设备的生产能力，减少余水排放总量；或采用间歇施工生产的方式，使吹填土沉淀时间加长，以降低余水含泥量，从而使吹填流失量得到控制。

C. 对于环保要求较高的工程项目，通过上述方法仍然不能达到余水排放标准时，可参考本书第 3.10 节描述方法进行控制。

2) 观察吹填区水位的变化，吹填过程中应将吹填区水位保持在合理范围内，如发现有漫堤或即将漫堤时应及时通知挖泥船减小排泥量。

(3) 预防围堰受冲刷溃坝。围堰受冲刷溃坝或渗漏后，不但会造成大量的吹填土流失，也会造成环境影响。围堰沿线应备足土源、草袋或编织袋，当围堰以及泄水口受冲刷或出现渗漏时应及时进行修复。对易受冲刷的粉质土与沙质土围堰，除采取常规的抛填土袋、铺塑料膜或土工布的方法外，也可在吹填区内用土袋修筑挑流坝，以改变泥浆流向，减弱对围堰的冲刷。

(4) 测量回淤情况。对余水流经区域，特别是在造成回淤的地区，施工期间应定期进行回淤监测。对工期很长的工程，应定期进行水下地形测量，分析水深的变化，并计算回淤量和回淤厚度，与设计及取样分析结果进行对比。

4.5.2.5 土质控制

吹填土土质控制包括取土和吹填两个环节。

(1) 取土质量控制。取土质量是保证吹填土土质的前提，应采取如下措施控制。

1) 施工前应对取土区的钻探和地质调查资料进行收集和分析。选择符合设计要求的土源，并按设计要求对取土区开挖方式和方法进行规划，制订合理的取土开挖方案，报设计和监理单位同意后实施。

2) 应在设计规定的范围和深度内取土，未经设计单位许可不应随意改变。

3) 施工时应注意观察取土区内土层的变化情况，发现不合格土源应及时报告设计单位并采取如下技术措施，确保取土土质满足设计要求：①将不合格土料排至其他场地；②对不合格土源通过疏浚分离出去；③对土源紧张的吹填工程，进行补充勘探确定不合格土源的存在范围，如不合格土源的存在范围与设计规划出入较大，应另行制定取土方案或改变吹填土的级配指标。

(2) 吹填过程控制。

1) 应根据吹填区的地形、地貌、几何形状、泄水口所在位置等合理地布设排泥管网，并通过在排泥管线上设置三通管、转向阀、转向盲板、柔性胶管等，根据需要及时调整管线出口方向，使排泥管排出的泥浆充分扩散，特别是对吹填区的死角应高度关注，避免细粒土在这些部位聚集。

2) 通过在排泥管口上设置扩散器、效能器、渗漏孔、挡板、喷头等方式，使细粒土能和粗粒土充分混合沉淀，防止淤泥聚集。

3) 吹填粗粒土时，应控制好排泥管出口延伸或移动距离，避免细粒土在吹填区内积聚成淤泥囊。

4) 在淤泥等软弱地基上进行吹填时，应进行分层吹填施工，分层厚度应根据设计要求或经过试验确定第 1 层的吹填土厚度，防止第 1 层吹填厚度过大时造成底部淤泥土被挤出拱起。

5) 吹填细粒土时，宜设置两个或两个以上的吹填区轮流交替进行吹填，必要时还应采取加速排水固结的措施。

6) 应定期对吹填土取样进行颗粒级配分析试验，取样点应按 100m×100m 格网布设，对吹填土质要求高的工程项目可加密。

4.5.3 工程量计量

(1) 计算依据。工程量的计算应以签订的合同文件相关规定为依据。工程合同多以吹填区的实测充填体积为基础进行工程量计算，实测有效土方量是指按照《疏浚与吹填工程技术规范》(SL 17—2014) 规定的质量要求进行计算的实际工程量，超过规范允许超填值的工程量属无效方，不应计入有效工程量（合同规定的除外）。当吹填区情况复杂，无法按常规方法进行测量或因地形不规则造成测量偏差较大时，工程合同也有约定按取土区的水下开挖量计算吹填工程量的。施工过程中也可采用取土区开挖量作为进度计量。

(2) 计算方法。吹填工程量具体计算方法包括平均断面法、平均高程法等。

1) 平均断面法。平均断面法具体可参照 3.11.3 节的相关内容。

2) 平均高程法。吹填区实际填筑工程量的计算基础是施工前和施工后的现场实测断面图或平均高程图，当采用平均高程图计算工程量时一般采用方格网法。方格网的边长与吹填区的大小、形状和计算精度有关，方格的边长应基本相等，每个方格不应少于 5 个测点。具体步骤如下：

A. 开工前，先将吹填区原始地形图按一定的面积分成若干方格。

B. 计算出原始地形图每一方格的平均高程和面积，再用加权平均法计算总的平均高程和总面积。

C. 完工后，在完成的竣工图上按照原来的比例和方法将吹填区分成若干方格，计算出竣工图上每一方格的平均高程和面积，再用加权平均法计算总的平均高程和总面积。

D. 用竣工后总的平均高程减去原始地形总的平均高程得出吹填区的平均吹填厚度；用竣工后总面积加上原始地形总面积除以 2 得出吹填区的平均面积；用吹填区的平均面积乘以平均吹填厚度即得总的吹填土方工程量。

E. 在吹填工程量计算过程中，也可以采用先计算单个方格的面积和吹填厚度，并计算出单个方格的土方工程量；再将所有方格的土方工程量累加，即为该吹填工程的总工程量。用此法计算土方工程量应注意以下两点。

a. 每个方格内用以测算平均吹填厚度的点位应足够多，且具有代表性。

b. 吹填区边角不规则部位格子的面积计算要足够精确。

(3) 总工程量计算。以吹填区作为计量对象进行工程量计算时，总工程量应包括吹填区实测有效土方量和吹填区实测地基沉降量两部分，其计算公式见式（4-16）和式（4-17）。

$$V_t = V_S + V_J \tag{4-16}$$

$$V_J = A_P h_J \tag{4-17}$$

式中　V_t——吹填区总工程量，m^3；

　　　V_S——吹填区实测有效土方量，m^3；

　　　V_J——施工期间地基沉降量，m^3；

　　　A_P——吹填区平均底面积，m^2；

　　　h_J——竣工时吹填区实测地基平均沉降深度，m。

1) 地基沉降量计算。地基沉降量可根据实测最终平均沉降深度乘以吹填区底面积求得，地基沉降量的观测方法可参考本章 4.5.2。当无实测沉降资料时，可近似用式（4-18）估算。

$$S = T/C \tag{4-18}$$

式中　S——地基平均沉降深度，cm；

　　　T——地基上部有效作用力，MPa；

　　　C——地基土抗陷系数，MPa/cm，不同土类的原状土抗陷系数见表 4-20。

表 4-20　　　　　　　　　不同土类的原状土抗陷系数 C 值

原 状 土 质	C	原 状 土 质	C
淤泥	0.01~0.015	可塑黏土、中密沙	0.035~0.06
淤泥质土、粉细沙	0.018~0.025	硬塑黏土	0.1~0.125
软塑黏土、松散沙	0.025~0.035	紧密沙	0.13~0.18

注　本表摘自《建筑施工手册》缩印本 1992 年 3 月版 358 页，土名略有改动。

2) 流失工程量计算。吹填工程中的流失土方量是一项较敏感和较难计算的工程量。吹填施工合同中因流失量造成的损失多约定由承包人承担，不单独计算支付。如合同规定允许将吹填区流失工程量计入有效总工程量时，或因编制施工进度计划需要时，总吹填工程量应包含流失量，可按式（4-19）计算。

$$V_t = (V_S + V_J)/(1 - P) \tag{4-19}$$

式中　V_t——吹填总工程量，m^3；

　　　P——合同规定的吹填土计算流失率（合同结算情况下，当实际流失率大于合同规定值时，按合同规定值计算；当实际流失率小于合同规定值时，按实际流失率计算；因编制施工进度计划需要时，按实际流失率计算），%。

吹填土实际流失率通常按如下两种方式计算。

A. 以取土区开挖量和实际吹填量为基础计算流失量，吹填土实际流失率 P_S 可按式（4-20）计算。

$$P_S = (V_W - V_S - V_J)/V_W \tag{4-20}$$

式中 P_s——吹填土实际流失率，%；

V_w——取土区实测开挖总土方量，m^3。

B. 当合同允许计取流失土方量且取土区开挖工程量不能准确测量计算时，应在工程实施过程中定期采集泄水口的余水排放标本进行测定，此情况下实际流失率 P_s 可按式（4-21）计算。

$$P_s = \frac{r_s - r_w}{r_e - r_w} \quad (4-21)$$

式中 r_s——泄水口余水平均容重，t/m^3；

r_w——水的容重，t/m^3；

r_e——原状土容重，t/m^3。

（4）取土区工程量计算。取土区工程量计算的目的在于根据吹填工程量来确定取土范围和取土深度。在编制施工组织设计时必须对取土区进行规划，通过计算取土工程量来确定实际需要的开挖范围和开挖深度。同时，也可通过对取土工程量的测量和计算对吹填工程量进行复核，有时也作为进度计量或出现计量争议时的依据。

取土区工程量除了包括吹填区实际填筑量、地基沉降量和流失土方量之外，还应考虑吹填土的松散系数和吹填土自身的固结沉降率等因素。

吹填工程取土区工程量可按式（4-22）计算。

$$V_q = (V_s + V_j + V_l) K_s / K_y \quad (4-22)$$

式中 V_q——吹填工程取土工程量，m^3；

V_s——吹填区实际填筑量，m^3；

V_j——吹填工程地基沉降工程量，m^3，可参考表 2-20 取值计算；

V_l——吹填工程流失工程量，m^3，可按类似工程或参照表 2-19 取值计算；

K_s——各类土壤的松散系数，不同土类扰动后的松散系数可根据表 2-16 和表 2-17 取值计算；

K_y——各类土壤的固结损失系数，不同土质吹填后的固结沉降率可参考表 2-18 取值计算。

5 施工安全与环境保护

5.1 施工安全

涉水工程的施工环境一般都复杂特殊，疏浚与吹填工程施工环境受气候、水流、风浪、潮汐、土质、设备状况、交通状况等多种因素影响，情况复杂多变。另外，围堰修筑，敷设岸管，水上管线的安拆、固定、位移，施工作业等多工种交叉作业，流动性大等都是潜在的危险因素。疏浚与吹填工程施工设备价值高且集中，一旦发生安全事故，将会给国家财产和人民生命安全造成损害，造成很坏的社会影响，其后果和损失是难以估量的，因此安全管理至关重要。

分析事故的成因，人、设备和环境因素的作用是事故的根本原因。人的不安全行为和设备的不安全状态是酿成事故的直接原因。施工环境条件恶劣也是造成不安全的因素之一，必须采取有效措施加以克服和避免，它也与人的行为、重视程度和设备的技术状况密切相关。

要做好安全管理，重点是要建立健全安全生产管理体系，提高现场施工人员的安全意识和业务素质，掌握和遵守安全生产法律法规和各项安全生产管理规定、技术措施和操作规程，并使作业人员充分了解施工自然环境，保证设备配置和设备的良好技术状态，并结合实际制定科学的安全保证措施和应急预案。

安全生产技术措施是施工组织设计中的重要组成部分，是做好安全管理的重要基础性文件。编制时需要涉及：周边重要设施保护的安全技术措施、船舶施工时的安全技术措施、应急管理和应急救助措施、专项安全技术措施和专项安全操作规程等内容。

5.1.1 常规安全技术措施

（1）重要设施的保护。重要设施包括设备调遣沿途所遇到的重要设施和施工区域内存在的重要设施。施工前首先要对设备调遣沿途所遇到的重要设施和施工区域内存在的重要设施，如桥梁、船闸、架空或埋地的管道与线缆、码头、取水口、水产养殖场、军工设施、过往船舶等进行详细的调查，并对由于碰撞、超载、施工的原因可能造成的破坏形式和破坏程度进行分析和辨识，通过辨识和评估确定可能发生的危险因素和危险源，建立安全隐患台账。再根据确定的危险源和被保护设施的建筑等级制定保护这些设施的安全技术措施。对于非重要设施（如渔网、水产养殖池塘等）也要制定相应的防护措施。

重要设施保护的安全技术措施主要包括设备在调遣和施工作业过程中，因台风、阵风、水流等自然原因造成船舶或施工设备失控和走锚，对附近的重要设施可能造成破坏而事先制定的安全技术措施。主要有两种措施：一是主动措施；二是被动措施。主动措施包括对施工设备的机械性能、操作人员的技能以及为保护设施所采取的施工保护措施；被动措施是指发生事故时所要采取的措施，通常称为应急救援预案。

1) 主动措施的编制方法。被保护设施距施工设备的水上距离、水流方向、风力等级、施工设备性能等是编制保护措施的重要依据。如果施工设备位于被保护设施的上水方向，由于船舶失控漂移对下游设施造成破坏的可能性和损坏程度更大，因此在这种情况下的安全措施更要详细和具体，需要计算风荷载和水流推力同时作用下，船舶所受到的推力，可按式（5-1）计算。

$$p = \frac{v^2}{2g} Ar \tag{5-1}$$

式中　p——水流或风荷载作用下对船舶的推力，当顺风顺水条件下需要分别计算后再叠加，反之则减去反力，kg；
　　　v——风速或水流速，m/s；
　　　A——船体受风或受水流推动部分面积与水流、风向的投影面积，m^2；
　　　r——水或空气密度，kg/m^3。

受风吹的面积包括满实面积和非满实面积两种。

满实面积包括：船体、船舷、上层建筑、甲板室、烟囱、雷达天线、原材、通风筒、桅杆、吊杆、甲板机械救生设备、甲板上固定物等的投影面积。计算投影面积时，应乘以流线形系数 k，对于单独的圆截面，$k=0.6$，对于椭圆形物体，$k=0.7$。

非满实面积包括：张紧网的栏杆、桁架式桅杆、某些雷达天线等的投影面积。将其外廓的侧投影面积乘以系数 f 即得受风面积。

对不张紧网的栏杆，$f=0.2$；对张紧网的栏杆，$f=0.5\sim0.75$；对桁架式桅杆，$f=0.2\sim0.5$。

根据上述计算，得出船舶对被保护设施的冲击力，再设计保护体的形式和强度以及保护体与被保护设施的安全距离。

2) 被动措施（强制措施）的编制方法。主要根据当地政府和设施的主管部门对设施保护的有关规定，包括所必须遵守的规定和必须采取的技术措施。如重要交通干线上的桥梁、管线、通信及军事设施等建筑物的保护规定。根据这些规定，施工单位必须编制对设备调遣沿途和施工区域内（或附近）上述设施进行保护的措施，该措施必须经当地主管部门或业主批准方能实施。这些措施包括施工调遣方案、施工方案和计划、施工船舶和水上排泥管的锚缆长度、锚的重量和机动船舶的航行路线等。

(2) 船舶施工。疏浚与吹填工程施工时必须坚决贯彻"安全第一，预防为主"的指导思想。开工前与当地港航监督部门取得联系，收集有关海上或河道交通安全的法律或法规、船舶避碰规则以及当地港、航部门的有关规定等，并组织船员、技术人员等认真学习、严格遵守，以保证船舶在航行、作业与停泊时的安全。

1) 在通航航道内从事疏浚、吹填作业，应在开工前与航政管理（海事）部门取得联系，及时申请并发布航道施工公告。航行通告应包括下列内容：①工程名称和地点；②施工起止日期；③施工船舶名称、类型以及锚缆、水上排泥管设置情况；④施工占用的水域范围；⑤挖泥船作业时悬挂的信号；⑥应采取的避让方法和联系方式、联系信号；⑦过往船只在施工区航行时的注意事项；⑧作业船临时锚地位置、锚泊方式等。

2）施工船舶应取得合法的船舶证书和适航证书，并获得安全签证。

3）开工前与当地港航管理部门取得联系，征求同意后施工区外侧设临时导航航标，航标灯光信号等须符合当地有关规定。

4）先遣组抵达工地后，即着手对当地避风锚地情况进行认真调查，确定适合施工船舶挖泥船要求的避风锚地，并在避风水域内设置泊位标，在岸上埋设带缆桩或在水上设置系缆浮筒。

5）施工前进行扫床，对扫床中发现的爆炸物、障碍物、杂物、树根等应采取措施进行清除或标识。

6）作业人员上岗前，要进行岗前安全作业教育，所有船员必须经过严格培训和学习，熟悉安全操作规程、船舶设备操作与维护规程；熟悉船舶各类信号的意义并能正确发布各类信号；熟悉并掌握应急部署和应急工器具的使用。

7）船员应按规定取得相应的船员服务簿和任职资格证书。

8）施工前应对作业区内水上、水下地形及障碍物进行全面调查，包括电力线路、通信电缆、光缆、各类管道、构筑物、污染物、爆炸物、沉船等，查明位置和主管单位，并联系处理解决。

9）施工时按规定设置警示标志：白天作业，在通航一侧悬挂黑色锚球一个，在不通航一侧悬挂黑色十字架一个；夜间作业，在通航一侧悬挂白光环照灯一盏，在不通航一侧悬挂红光环照灯一盏。

10）陆地排泥场围堰与退水口修筑必须稳固、不透水，并在整个施工期间设专人进行巡视、维护。水上抛泥区水深应满足船舶航行、卸泥、调头需要，防止船舶搁浅。

11）绞吸式挖泥船伸出的排泥管线（含潜管）的头、尾及每间隔50m位置应显示白色环照灯一盏。

12）自航式挖泥船作业时，除显示机动船在航号灯外，还应在白天悬挂菱形、圆球号型灯各一个，夜间设置红、白、红光环照灯各一盏。

13）严禁超载航行，注意泥驳装载平衡，做到"三适"（适航、适载、适运）。

14）拖轮拖带泥驳作业时，应分别在拖轮、泥驳规定位置显示号灯和在航标志。

15）施工船舶应配置消防、救生、防撞、堵漏等应急抢险器材和设施，应定期进行检查和保养，使之处于适用状态；船队应编制消防、救生、防撞、堵漏等应急部署表，应定期组织应急抢险演练；并按不同区域、不同用途在船体适合部位明示张贴警示标志和放置位置分布图。

16）跨航道进行施工作业应得到航政管理部门同意，并采用水下潜管方式敷设排泥管线；施工中随时注意过往船只航行安全，需要时应请航政部门进行水上交通管制。

17）同一施工区内有两艘以上挖泥船同时作业时，每条船上设专职安全员负责对周围船舶的了望，发现问题及时发出信号并采取措施。船体、管线彼此应保持足够的安全距离。

18）沿海或近海施工作业，应联系当地气象部门的气象服务；随时掌握风浪、潮涌、暴雨、浓雾的动向，提前采取防范措施；风力大于6级或浪高大于1.0m时，非自航船应停止作业，就地避风；暴雨、浓雾天气应停止机动船作业。

19）施工船舶在施工期间还应遵守下列规定：①施工船舶应配置功率足够的无线电通信设备，消防、防撞和救生设备和器具，并保持其技术状态良好；②机舱内严禁带入火种，排气管等高温区域严禁放置易燃易爆物品。在无安全监护条件下，不应在船上进行任何形式的明火作业；③施工船舶的工作平台、行走平台及台阶周围的护栏应完整；④行走跳板要搭设牢固，并设有防滑条；⑤各类缆绳应保持完好、清洁；⑥备用发电机组、应急空压机、应急水泵、应急出口、应急电瓶等应处于完好状态，每周至少检查1次，并将检查结果记入船舶轮机日志，一旦发现问题应及时报告、处理。

20）台风季节应提前了解、察看、落实避风港或避风锚地，并保持机动船舶及锚具处于完好状态；所有水上管线必须用不小于$\phi22mm$的钢丝绳串联固定。

21）严禁船员作业时间喝酒，同时禁止船员酒后水上作业。

22）废弃物品（污油、棉纱、生活垃圾等）不应随意抛弃，应放入指定的容器内，定期处置。

5.1.2 专项安全技术措施
5.1.2.1 专项安全技术措施要求
（1）冬季施工。

1）冬季施工应注意设备保温，需要时柴油机应加注防冻液，或打开蒸汽管进出阀对循环油柜的润滑油进行加温。

2）各工作平台、行走平台及台阶要增加防滑设施，及时清除表面霜、雪、冰凌。

3）在水上进行作业时必须穿戴救生衣、防滑鞋，并配有辅助船舶协同作业。

4）防冻防滑措施。提前做好防寒防冻的物资准备。

5）天寒时甲板上禁止浇水。若有薄冰、油污，应及时清除或铺上沙、草垫等防滑材料。

6）通道及甲板无扶手栏杆处设置拉绳。

7）露天管线、泡沫灭火器用防寒材料包扎。

8）装有暖气管的油、水柜及时加温防冻。

（2）夏季施工。

1）夏季施工应注意防暑降温，保持机舱通风和通风设施良好。

2）高温天气在甲板作业时应穿厚底鞋，以防烫伤。

3）易燃易爆物品应存放于阴凉通风处，消防灭火器材准备齐全并保持完好有效状态。

4）应检查船上避雷装置使其保持有效状态，预防雷电突然袭击。

5）施工期间安排专人每天收听气象，随时掌握其动态，及时通知相关施工船舶和现场施工人员，必要时提前采取预防措施做好防暴雨、风浪准备。

6）风力等级或浪高大于表2-36规定数值时，施工船舶应停止作业，就地避风。暴雨天气应停止机动船作业。

7）施工期间安排专人每天收听水情预报，随时掌握其动态，及时通知相关施工船舶和现场施工人员，必要时提前采取预防措施做好防洪水暴发和水位突降准备。

8) 台风季节应提前了解、察看、落实避风港或避风锚地，并保持机动船舶及锚具处于完好状态；所有水上管线必须用不小于 $\phi22mm$ 的钢丝绳串联固定。

9) 暴雨、风浪天气应密切注意上下游过往船只动向，发现异常及时通过鸣笛和灯光信号给予警示。

（3）雾季施工。

1) 在雾季来临之前，施工船舶须根据本船情况及周围环境、条件制定雾季安全措施，并组织有关人员进行业务学习。

2) 施工船应保证助航仪器、灯光、声号等有关设备处于良好状态，要对施工船进行雾季安全检查。

3) 施工船舶应严格执行《海上雾中航行规则》和有关雾航的规定，按规定采取施放雾号等措施。

4) 发现附近区域起雾后，在海上航行的施工船舶，发放雾航声号，保持全船寂静，加派船首和船尾瞭望人员。

5) 保持VHF16号频道值守，加强监听和联系，开启雷达助航，及时判明周围水域安全状况。

6) 视程小于500m时停止航行，选择避开公共航道的安全海域抛锚。

7) 在水上施工区内停泊的船舶和水上施工点，须组织人员24h值班，显示灯光，保持寂静，并保持VHF16号频道值守。

（4）防碰撞。

1) 如疏浚作业时间长，施工期间挖泥船占用航道将会影响船舶的航行。因此，施工单位和施工船舶必须根据船舶动态，合理安排施工作业面，认真执行《中华人民共和国海上安全交通法》，遵守《1972年国际海上避碰规则》（1989年修订本）的规定和当地港口的港章和其他航行规则。

2) 船舶上的人员必须遵守有关海上交通安全的规章制度和操作规程，挖泥船或泥驳在抛完泥后进航道时须重新向海上交管中心申请，挖泥船在港区不允许调头。

3) 挖泥船作业时，应悬挂灯号和信号，灯号和信号应符合国家规定。

4) 挖泥船施工前应与港航监督部门和港务局调度部门研究挖泥船施工与航行和作业船舶的干扰问题，制订相互避让办法，并由港航监督部门发布航行通告。

5) 保持机动船舶及锚具处于完好状态。

6) 台风季节以及交通繁忙航道所有水上管线必须用不小于 $\phi22mm$ 的钢丝绳串联固定，避免突然脱开漂移后冲撞到附近设施和过往船只。

7) 暴雨、风浪天气应密切注意上下游过往船只动向，发现异常及时通过鸣笛和灯光信号给予警示。

（5）排泥管线架设。

1) 陆地排泥管线架设管基应稳固、平顺，管件连接应紧固、密闭，保证施工时不漏泥浆。

2) 坡面架设排泥管线应做好管道固定墩，并不应在坡面自由滚动运输管线。

3) 排泥管线跨（穿）越公路、铁路、桥梁等交通要道时，应事先与有关管理部门联系，取得施工许可证以后，才能进行管线架设；管线架设不应损坏原有设施的功能和耐久性。

4）水上管线宜采用陆上组装、分段下水连接或直接在船舷侧组装下水的连接方式。

5）水上管线与挖泥船连接时，机动船应根据流速、流向谨慎操作，避免紧急停车造成物体碰撞、人员落水等不良事故发生。

6）水陆接头将尽可能布设在水下地形变化平缓，风浪、水流影响较小，对其他施工船舶基本无妨碍且不易受碰撞的位置。水陆接头连接应搭设固定排架或抛设固定锚缆或构筑固定地垄，固定排架坡度不宜大于30°，水上管与陆地管之间用大于$\phi 22mm$的钢丝绳连接锁定，以防风浪袭击或船舶碰撞时脱开。

7）船体与浮管、浮管与水陆接头及岸管的连接安装应牢固无泄漏，以免造成管线脱开、浮筒（体）窜位、翻转造成事故。

8）浮筒之间及船体与船尾后第1组浮筒间应以铁链或钢缆绳连接，以防止浮筒万一脱开对附近施工船舶造成冲击。

9）进入锚地避风时，按海上施工防风安全技术措施内容执行。

（6）机动作业船作业。

1）接到航次命令后应即时宣布开航时间，通知所属船员按时回船，并备足燃油物料及全船生活物品。

2）检查本轮及附拖驳船的航行证书及其他有关证件办好情况，检查进出港口签证手续，如装运危险物品，应办理危险物品准运证。

3）机动船应按相关规定配备好救生衣、救生圈、灭火器等安全设施和器材。

4）检查本船及附拖驳船的助航仪器、操作机械、工属具、拖带设备、锚泊设备、消防救生设备，如发现问题，应采取措施排除，严禁带病出航。

5）作业人员应穿戴好救生衣、工作鞋、手套等。

6）锚艇、拖轮起吊或拖带用的钢丝绳、缆绳等必须完好，不应使用按规定应报废的钢丝绳和缆绳，以避免拖航或起吊作业过程中发生钢丝绳、缆绳断裂，造成起吊物品坠落或被拖设备失控的情况。

7）通知机舱对主机、副机、轴系、管系电器设备等进行一次全面检查，做好开航准备。

8）开航前召开航次会议，认真落实安全措施，明确分工，职责到人。

9）船长应根据风向、风力、流速、流向对船舶的影响及码头或停靠船舶周围的水深和船停靠情况，决定离开码头或停靠船舶的方法，并告诉值班人员。

10）注意码头、泊位、周围环境、前后船、来往船舶动态，在无妨碍他船航行时或确认无碰撞隐患后方可动船，并鸣放离码头信号，在得到附拖驳船同意后，方可动车操作。

11）驶离停靠码头或停靠船舶时，用车不宜过猛，用舵不宜过早，需要小舵角，防止船尾扫码头或其他停靠船舶。

12）驶离停靠码头或停靠船舶后，及时收起船舷外不必要的缆绳和障碍物。

13）作业过程中应防止钢丝绳断丝头扎手、身体各部位被卷入起锚绞盘等事故发生。

14）工作人员应与承重钢丝绳保持一定距离，防止钢丝绳崩断而导致人员受伤。

15）起吊作业时应安排专人指挥，并事先明确信号和手势等。

16）航行中要集中精力观察瞭望，对一切可疑物进行避让。

17）风大浪大时，注意避浪、避涌。

（7）船舶调头。

1）自航式挖泥船、拖轮、锚艇、泥驳、船队等调头必须选择河面宽阔、水深足够的平直河段进行，严禁在弯道段调头。

2）调头前驾驶人员要根据风向、风力、水流流速和流向及所处航道的特点确定调头方式：①有流航道，顺水调向逆水，应从主流向缓流掉头；②逆水调向顺水，则应从缓流调向主流；③如受航道限制，可采用固定一头，拖另一头的掉头方法；④风浪较大时，应选择上风一侧或较平稳区域调头，切忌在大浪区仓促调头。

3）调头前应按《中华人民共和国内河避碰规则（2003年修正本）》规定显示灯号、型号、鸣放声号，密切注意上下游来往船舶的动态及周围环境，在确认无碍他船航行后方可调头，调头不能抢越他船船头。

4）拖带船队调头时要充分考虑航道宽度，拖带长度及水流、水深、风向等方面情况，正缆调头，驳船队应配合操舵。

5）调头前应适当减速，船队顺流调头，更应及早减速。开始时操舵要慢，待驳船队跟随回转后，再加车助舵，结束前应立即回舵，保持航向稳定。

6）航道正常情况下，船舶应尽量驶向航道一侧，保持较大的回转直径，不得采用硬调头的方法。拖带船队，更应坚持大直径回转，不得用舵角转向调头。

7）单船顺流向逆水调头时，调头前应减速，转舵的舵角不要太大，防止流压及离心力的作用，使船发生横倾。

8）在长江调头，更应考虑船队的实际控制能力以及浮鼓的相对位置。

（8）船队过桥。

1）挖泥船队内河调遣途中通过桥梁时，在过桥前必须认真掌握过桥范围内的水流、风力、桥梁通航孔宽度和净空高度。根据本船队控制能力和拖带船队情况，制订过桥方案。

2）遵守沿途各地有关过桥规定，过险桥应由经验丰富的驾驶人员亲自指挥操作，甲板上备好防碰工具，正缆过桥。

3）按照"当快则快、当慢则慢"的原则，正确使用车速，以保持船队的稳直及拖轮有较良好的操纵性能。

4）遇有横风，应临时拆除船队所有挡风设施，做好防碰准备。船队应靠上风一侧行进，单舷测水，指挥船队打上风舵。

5）如流量或风力过大时，应根据拖轮的控制能力，采取解队分批拖带过桥的方式。桥孔上、下游有不正常水流时，应迎主流，切勿图快走回流。

6）通过潮汐段的桥梁，应注意潮汐变化规律，掌握最高水位和最低水位、潮汐涨落时间等，切勿冒险过桥，以免发生上碰下搁事故。

7）过桥时应加强了望，密切注意前方来船，上水让下水船过桥，禁止在桥孔内追越、交会或齐头并进。

8）天气恶劣、视线不清时，如没有把握过桥，应暂时停靠等候，不要冒险过桥。

（9）船队过船闸。

1）挖泥船队内河调遣途中通过船闸前应根据闸室的长度、宽度及闸室内已停靠船的情况，结合本队情况，决定进闸队形和艘数。如不能整队进闸，应及时解缆并将不能马上进闸的驳船停靠妥当。

2）严格遵守船闸管理制度，听从船闸值班人员指挥，依次进闸，闸门未开满不准进闸，进闸时不得抢挡、追越或齐头并进。

3）船舶驶入船闸引航道或到达鸣笛标处，应按章鸣放信号，并慢速调直船队，对准闸门中间线行驶。

4）注意风向、水流对船队的影响，正确使用车舵，当驶近闸室时应保持最小牵引力，以稳定船队。进闸后根据船舶速度及时停车，依靠惯性前进，必要时倒车。遇有横风时应迎上风进闸。

5）严禁在闸室内放倒锚和在扶梯、链条上带缆。

6）船闸放水时，值班人员要注意闸室内水位升降，及时收、放缆绳，防止闸壁突出物勾损船体和搁翻船舶。

7）闸内水位平稳，要等闸门开满后才能出闸，并服从船闸值班人员指挥，顺序出闸。出闸时先通知驳船解手缆，撑开船首，小角度慢速起拖，向闸室中心线行驶，等全部船舶出闸后，拖轮才能加速前进。

8）顺流通过船闸时，应注意前方航道和船舶情况，保持一定距离，必要时下阻链制动，出闸时注意闸门外停靠船只，加强防碰措施。

（10）吹填区围堰。吹填工程施工中围堰的安全稳定是重要监控内容，应采取措施重点避免围堰的冲刷和塌垮情况出现。安全技术措施除可参照第2.8节和第5.2节相关内容制订外，施工时同时还应重点遵守下列规定。

1）排泥管口或喷口位置离围堰应有一定安全距离，以避免水流冲刷危及围堰安全。初始吹填，排泥管口离围堰内坡脚不应小于10m，并尽可能远离退水口；围堰较高或筑围堰土质较为松软时，应在排泥管口左右10m范围内铺设土工布或沙袋等，防止围堰被冲刷。

2）吹填区内排泥管线延伸高程应高于设计吹填高程，延伸的排泥管线离原始地面大于2m时，应筑土堤管基或搭设管架，管架应稳定、牢固。

3）吹填区围堰应设专人昼夜巡视、维护，发现渗漏、溃塌等现象及时处理，处理不了时应及时报告。

4）在人畜经常通行的区域，围堰的临水侧应设置安全警示标志和防护栏。

5）在新筑围堰内吹填时，一次吹填厚度根据不同土质控制在0.5~1.5m之间，并采用间隙吹填方式，以避免一次性吹填土过厚而对围堰形成较大推力造成围堰失稳破坏。间隙吹填时间可根据吹填土质的排水性能和固结情况确定。

6）吹填时主管线应顺围堰布置，需要时可敷设吹填支管；对有防渗要求的围堰，应在堰体内侧铺设防渗土工膜，并在围堰外围开挖截渗沟，以防渗水外溢危及周围农田与房屋。

7）围堰沿线应备足土源、草袋或编织袋，当围堰以及泄水口受冲刷时，应及时进行修复。对易受冲刷的粉质土与沙质土围堰除采取常规的抛填土袋、铺塑料膜或土工布的方法外，也可在吹填区内用土袋修筑挑流坝，以改变泥浆流向，减弱对围堰的冲刷。

（11）防风。台风危害性巨大，是海水施工作业必须重点防范的内容，因此要做好预案编制等防台应急准备工作，接到台风警报，施工船舶及时择地避风。海上施工防风安全技术措施可参照如下要求。

1）施工期间安排专人每天收听气象和海洋水文预报，随时掌握其动态，及时通知相关施工船舶和现场施工人员，必要时提前采取预防措施。

2）在进场施工前要落实各类大小施工船舶的避风锚地，暴雨季节，落实相应预防措施。要提前根据施工船舶数量及其性能特点选择安全避风水域，处理好与公共锚地的关系。如果避风撤离航程较远，还可考虑针对不同风级选择不同的避风水域，以减少作业和安全的矛盾。

3）作业人员要注意施工船舶各锚位的布置情况，经常检查各缆绳及地垄是否牢固可靠，如遇大风必须及时加缆加锚。杜绝前后锚缆在同时拉紧的情况下移船，应对作业所需的设备、吊索具等认真检查，发现异常，应立即停车并采取相应措施。

4）对于泥驳、吹沙船、油驳、水驳等无动力船舶，应备足拖轮、锚艇。在避风移船时，要观察周围船舶的动态，防止意外事故发生。

5）常用施工船舶的作业条件按6级风考虑，大型施工船舶按各自的抗风能力安排避风。6级风以上确需作业时，应制定应急措施，防止人员落海、施工船机碰撞事故发生。

6）原则上当预报风力达8级时，启动应急预案，应急指挥部应通知水上施工船舶、人员做好防风准备。具体处理是要区别对待在场船舶尺度、船型、吃水，由指挥部安排就地或进临时避风锚地防风。大风来临前10h指挥长应发出防风指令，所有船舶及施工设备、人员停止作业，所有施工设备均应加固停放妥当。除大型船舶就地防风外，其余船舶进避风锚地单船锚泊，已抛锚就位的船舶保持可以旋回的安全距离，交通船、锚艇等到岸边防风。

7）现场船机调度组应加强控制，合理安排船舶锚泊位置，做好应对风力加大情况下的处置方案。

8）预报风力达9级（含）以上，所有船舶进避风锚地单船锚泊或提前坐滩，已抛锚就位的船舶保持可以旋回的安全距离，在现场船舶除保留必要的值班人员以确保船舶受控外，其余人员需离船上岸以确保人身安全。避风时，采取有效措施以防走锚等意外事故的发生，以确保工程海域内现有码头和临建设施的安全。

9）预报风力达10级（含）以上，大风或台风中心距离现场1000km，8级大风圈可能48h内影响施工现场时，应急救援指挥部应立即启动应急预案，由指挥长发布撤离命令，通知各船开始撤离，安排进避风锚地抛锚。

10）船舶避风起锚时，要安排锚艇和拖轮，各船必须服从统一调度。由现场调度对撤离船舶编队，安排引航船舶，明确编队纪律。现场防风船舶人员在船舶到位后全部撤离上岸。起锚的先后顺序须坚持"拖航难度大的船舶优先"的原则。被拖船舶在拖轮、锚艇到场前须做好起锚、拖航准备工作，并仔细检查拖缆。

11）船舶撤离过程中，由指挥部对撤离船舶进行 2h 间隔的船位跟踪。船舶抵达避风港锚地抛锚就位后，船长及时通过甚高频无线电话或手机将船舶经纬度报给海上调度，同时已抛锚就位的船舶保持 24h 不间断值班，巡回检查船体、船机、锚缆状况，防止走锚，及时报告和处理意外险情。指挥部应每隔 2h 与防风船舶联系一次，以获取船舶状况。

（12）施工船舶锚泊。

1）锚地选择。锚地选择的好坏，将直接影响抛锚的成效和船舶的安全。选择时应重点考虑以下几个方面。

A. 气象情况。坚持收听当地气象报告，注意天气变化；根据风向、风力等天气情况来选择锚地，以免受到风浪的袭击。尤其在台风季节中，更应注意。

B. 水深和海底土质情况。

a. 宜选择水流不太急或无回流、漩涡现象出现和海底比较平坦地方。

b. 根据船舶吃水应选择适当水深，一般不小于吃水的两倍。水深超过 70m 一般不适宜锚泊，因为有可能造成锚不易被绞起。

c. 海底土质好坏直接影响锚的抓力，抓力最佳是黏土，泥沙次之。如海底坡度极大或底质为砂砾、小石块、贝壳、岩石等抓力差的海区，一般不适合锚泊。

C. 周围环境条件。

a. 锚地应有足够空间供船舶抛锚和起锚时方便操纵，并尽量不妨碍他船航行。

b. 锚地周围应无暗礁、浅滩。

c. 避风锚地应有合适的陆地或岛屿作遮蔽。

d. 如锚地向海开敞，应选择风由岸向海吹，因这种情况下风不能引起涌浪。万一走锚时，船被吹向大海方向，反之船有被吹向岸的可能。在这种锚地锚泊危险性就较小。

2）船舶锚泊。

A. 风浪大时锚泊，船底下要有足够水深，以防船舶在风浪中触底。在浅水中抛锚应防止锚碰船底，更不宜采用航进抛锚法。当船底下水深少于 1m 时，不要采取应急抛锚停船办法。

B. 锚泊时以顶流和顶风为原则。

C. 锚地内锚泊船舶较多时，宜在他船的下风抛锚，如需顺流调头，宜在他船下流抛锚调头。

D. 保持抛锚安全余速。抛锚安全余速就是指船舶在抛锚前相对地面的实际速度，即船在水中速度与流速之和，锚泊时船舶船速控制不当，常发生锚链或缆绳被拉断的情况。

E. 深水抛锚原则和抛锚注意事项。

a. 一般 25m 以上作为深水抛锚处理较为妥当。

b. 抛锚方法先用锚机倒出部分锚链后，然后用刹车将锚抛下。

c. 锚触底后，船身慢慢后退使锚爪得力，再缓慢松链或倒出全部所需锚链。

d. 由于深海海底资料不够清楚，往往遇到倾斜度大、凹凸多、底质差等情况，应尽量避免在深海中抛锚。

F. 应经常测定锚位和检查锚链，注意周围情况，尤其他船与本船位置变化。双锚锚泊在转流（风）时，要防止双锚的锚链互相缠绕。

G. 在风大流急时，抛锚时要谨慎。抛锚时应尽可能抛上风锚和上流锚，避免锚链过船底，增加锚链受力，造成锚链受损。

5.1.2.2 专项安全操作规程

（1）挖泥船进场就位。

1）挖泥船进场前，应了解沿途航道及水面、水下碍航物的分布情况，必要时联系和安排熟悉水域情况的引航员或机动船引航。

2）自航式挖泥船或由拖轮拖带挖泥船进场时，应遵守下列要求：①航行前应仔细检查拖缆，拖轮的连接缆绳应牢固可靠；②行进中做好船舶避让和采取防碰撞措施；③临近施工区时应减速，缓慢行驶进入施工区域；④就位时，应在满足安全下桩速度时或船舶完全停稳后再抛定位锚或下定位桩。

3）钢桩定位挖泥船在流速较大的水域就位时，还应遵守下列安全操作要求。

A. 应有专人在驾驶台指挥拖轮或锚艇将挖泥船拖向施工区，并根据坐标位置及DGPS显示器提供的船舶轨迹指挥拖轮或锚艇不断修正船位。当挖泥船被拖至距离挖槽起点20～30m时，通知拖轮将航速减至极慢，并调整好方向。

B. 到达施工区附近时应采用逆水缓慢上行方式就位，当船位（绞刀头位置）到达定位点附近时，停止拖曳，待船基本停稳后可先下放绞刀至水底，暂时固定住船位后，再放下一根定位桩，并抛设左右两个边锚。

C. 下放定位桩前必须先测量定位桩处水深，确认安全后方可落下。若水深接近定位桩最大允许深度或水域底部为软弱泥土时，应采取分段缓降方式进行落桩定位。

D. 采用常规的锚缆定位施工时，待船基本到位并停稳后，如为逆流进位可先下放绞刀至水底，作为临时定位，再抛设主锚、边锚和尾锚；顺流进位时可先在距挖槽起点150m左右处抛设尾锚，然后绞锚将绞刀调整到起点位置，下放绞刀固定好船位后，再抛设边锚和首锚。抛锚结束后再逐步将挖泥船调整到位。

（2）开工前安全检查操作规程。

1）检查全船各部件的紧固情况，对机械运转部位进行全面润滑，保持各机械和部件运转灵活。锚缆、横移缆、提升缆、拖带缆应完好、无破损。

2）检查各操纵杆是否都处在"空挡"位置，按钮是否处于停止工作位置，仪表显示是否处于起始位置。

3）检查各柴油机及连接件紧固、转动情况，开车前盘车1～2圈无特别重感，才可启动操作。

4）检查冷却系统、柴油机机油和日用油箱油位、齿轮箱与液压油箱油位、蓄电池电位、报警系统中位等是否处于正确和正常状态。

5）检查各种起重机具、锁具，确认其状态安全后方可使用。

6）检查水、陆排泥管线及接头部位的连接是否可靠、牢固，锚固是否合理可靠。排泥场运行情况是否正常。

7）耙吸式挖泥船进行疏浚作业或采用泥驳运输疏浚物料时，从开挖区到卸泥区之间自航或拖航船舶应上、下水各试航一次，同时应测量水深，了解水情和过往船只情况及避让方式。

8) 检查抓（铲）斗船左右舷压载水舱是否按规定注入足够的压载水，以防止吊机（斗臂）旋转时造成船体过度倾斜。

9) 修船或停工时间较长，恢复生产时应安排整船及各机（含甲板机械）的空车试运行，试运行时间不应少于2h，保证整船各机械、各部件施工时运转正常。

(3) 绞吸式挖泥船常规作业。

1) 开工前船长应结合施工情况制定相应的安全技术措施和操作规程，组织全体船员进行安全技术交底。

2) 开机前确认甲板机械各部和操作控制手柄、开关、按钮、仪器仪表、灯光信号等均正常后通知机舱备车并全船发电。

3) 发布开机信号，打开桥架制动销，下放桥架至绞刀头完全浸入水下；对有水下泵的挖泥船要在桥架入水前检查水下泵和绞刀水封。

4) 开机时，当主机达到合泵转速要求时，方可按下合泵按钮进行合泵操作，合泵后应缓慢提高主机转速，直至达到泥泵正常工作压力；主机转速超过800r/min以上时，不应实施合（脱）泵操作；对有水下泵的挖泥船要先启动水下泵，水下泵工作参数及液压压力完全稳定后启动舱内泵。

5) 合泵时要观察水上管线，注意泵前和泵后压力，判断泥泵系统处于正常状态，方能逐渐增加泥泵转速，直至进入正常工作状态；合泵速度要保持平缓提升，铺设有潜管时更应注意控制，以避免水上管线出现剧烈的扭动引起碰撞、水上管线脱开或潜管出现驼峰等不安全现象。

6) 操作过程中应密切注意各仪表值，吸扬式挖泥船施工中如遇泥泵、绞刀等工作压力仪表显示不正常时，应立即缓慢降低主机转速至脱泵，检查分析原因并处置后，再重新进行合泵操作。

7) 横移锚缆位于通航航道内时，应加强对过往船只的观察，需要时应放松缆绳让航，防止缆绳对过往船只造成兜底或挂住推进器。

8) 挖泥船在窄河道采用岸边地垄固定左右横移缆作业时，应设置醒目的警示标志，并有专人巡视，有行人、牲畜、车辆通过时不能收缆作业。

9) 沿海地区需候潮作业时，施工间隙宜下单桩并收紧锚缆等候，禁止下双桩或绞刀头着地。

10) 停机前应适当提升绞刀桥架，按停机目的和停机时间长短结合排泥管总长度，使泥泵抽送清水，以保证排泥管线内不存泥浆。

11) 操纵主机调速手柄将主机转速平缓降至650r/min以下后实施脱泵操作。

12) 脱泵后提升绞刀桥架出水面，关闭绞刀转动，上好桥架安全保险销，并适当放松桥架起落钢缆。

13) 适当提升副定位桩并插入安全销后，放松定位桩提升钢缆。

14) 操作台各手柄复中位，各调速钮复位，关闭各开关。

15) 脱泵后应使主机保持空载运行5min，各部温度下降后再停机。

16) 停止发电机运转，关闭海底阀。

17) 关闭各冷却水泵、水封泵、海水泵、燃油供油阀，启动空气阀。

18）开机前、开机后、施工过程中及停机后及时填写操作记录。

（4）耙吸式挖泥船常规作业。

1）开工前船长应结合施工情况制定相应的安全技术措施和操作规程，组织全体船员进行安全技术交底。

2）耙吸式挖泥船行驶到达施工区域前与项目经理部联系，沟通注意事项，船长组织当班人员结合当时潮流、风向、潮位、周边环境具体情况，选择安全、最佳的进点航线，不断修正船位，控制好船速，同时加强对周围水域了望，避免与国外船只发生碰撞。

3）驾驶员指令当班有关各岗位人员对各种疏浚设备进行检查准备，重点检查并清除耙吸管、绞车、吊架、波浪补偿器等活动部位的障碍物；同时根据海图校对DGPS提供的方位、经纬度、坐标及航迹、参照物是否有疑点，使其处于良好、准确的运行工作状态。

4）操纵台岗：①提前30min通知泥泵仓备泵机；②开启操作台所有电源开关；③提前15min启动液压泵、封水泵，按不同的工况调节好闸阀、溢流门；④卸下液压缸撑架或泥门销；⑤检查操纵台所有仪表、指示灯是否正常；⑥准备工作就绪后报告驾驶员。

5）操耙岗：①应提前10～20min到达工作岗位；②开启操耙台上所有电源，检查各种指示灯是否处于正常状态；③根据所挖地段土质情况，按船长指令确定耙头波浪补偿器压力；④根据指令拔去三臂座架插销，将耙平行推出舷外，待命。

6）驾驶员注意导航仪器各种参数的变化和转换，密切关注周围参照物的特征，以防止仪器、仪表万一出现特殊情况时进行应急反应，避免偏离航线发生搁浅等事故。

7）与当地港监或经理部取得联系，了解当天进出港船舶动态，并记录。

8）密切注意渔船、渔网的动态及分布，如在施工区范围，对双方安全造成不利影响的，应报经理部并及时沟通、劝解，采取必要的防范措施。

9）注意抛泥区通道有无影响航行的障碍及潮流变化情况。

10）船长根据提供的施工区水深情况及所挖泥的土质情况正确选取溢流挡，并调整好该挡位溢流门。

11）根据施工图纸和DGPS提供的航迹不断修正船位，临近施工区前控制好航速，使船舶提前稳妥地正确上线，将船舶动态告知有关岗位人员，提早做好施工的准备。同时，船长询问水位。

12）下耙、挖泥：①到达指定施工地段后（距挖泥上线还有400～500m时），控制好船速、船位，下达下耙指令；②操纵台岗重复命令，根据当时的水位情况通知耙头下放深度；③操耙岗接到下耙指令后，平稳地将耙臂放到舷外并使弯管对好泥泵吸入口（注：下放过程中要求耙头先下水，弯管最后下水，整个耙臂与水平约形成$10°～20°$的角度），告知当班驾驶员、操纵台一水，以利船舶加速；④操纵台岗得到通知后启动泥泵，将泥泵转速逐渐调节到正常转速后，通知操耙岗将耙头继续下放到控制深度处；操耙岗听从操纵台驾驶员的指挥，准确无误地将耙头下到泥面，直至正常生产；⑤施工中注意流速、流向，当挖槽与流向有交角时应尽量使用上游一舷的泥耙，下耙前应慢车下放，调整船位；⑥发现船体失控有压耙危险时，应立即提升耙头钢缆，使之垂直水面或定耙平水，并注意与船舷的距离；待船体平稳后再"下耙"进行挖泥施工。

13）装舱。

A. 操纵台岗观察泥浆浓度正常时，打开进舱阀，关闭旁通阀。使泥浆进舱，并随时观察流量、浓度等数据的变化，异常时及时通知操耙岗适当调整耙臂水下角度，使耙头始终处于最佳位置，使挖泥流量与浓度保持最佳状态。

B. 根据挖泥地段土质、潮流情况，船长视挖泥效果确定船舶对地安全航速。当班驾驶员、操纵台、操耙岗随时交换施工情况沟通信息。

14）满舱溢流：①操纵台岗根据开挖不同土质的密度、地段开挖长度，视"船舶泥舱装载仪"指针显示及船舶前后吃水情况，平衡泥舱进口位置，待满舱后或装载仪显示装载量上升停滞而不经济时，向当班驾驶员报告要求停泵、起耙；②驾驶员综合各种情况后下达起耙指令；③在水深浅的地方施工，为确保船舶安全可采取不装舱溢流施工，待满足船舶重载吃水后，再装舱施工。

15）重载航行。

A. 操耙岗听到驾驶员起耙指令后，重复指令，并起耙。

B. 起耙时要保持整个耙臂水平，待操纵台岗指令起耙弯管上架时，三管才能往上起。起耙上架时要求弯管先出水面，中间泥管居中，耙头最后出水面。其目的是把管内的存水全部倾倒出舷外。

C. 全部耙子上架后，操耙岗应详细检查耙头、耙齿、钢缆磨损情况及各部件松动情况，清除杂物、异物，更换耙齿，按规定加注油。

D. 驾驶员待耙头离开水面后加速，按照安全路线驶向抛泥区。

E. 距抛泥区尚有适当距离时减速。

F. 驾驶员或操纵台岗询问水位，掌握抛泥区水深情况。

16）转头、抛泥：①到达抛泥区范围后驾驶员控制好抛泥船速，调整航向并指令操纵台岗抛泥，避免横浪抛泥；②卸泥时，在开启泥门前应测试水深，水深值应大于挖泥船卸泥后泥门能正常关闭时的水深值，否则应另选深槽卸泥；③操纵台岗视水深及舱内土质情况控制泥门的开启程序，水浅时要逐步开启，防止泥门触损；④抛泥时驾驶员要注意在抛泥区均匀布船。各岗驾驶员要密切注意DGPS轨迹线的抛泥点（必须在倾废仪鸣响、进入区域内记录抛泥时间）；⑤在接近浅水抛泥区时，当班驾驶员注意及早降低船速，减少船舶震动，防止事故发生，并保持船舶的一定进速，避免海底门循环水管道进泥浆；⑥抛泥完毕操纵台岗，关闭泥门，告知驾驶员加速驶向施工区。

17）轻载返程航行时驾驶员根据风向、潮流及动态情况指令舵工按照进点航行操作步骤驶向施工区施工地段，并观察船舶是否有倾斜，查明原因以便平衡调整油、水柜。如油、水不可调时，施工中可采取调节闭流阀的方法，控制船舶平衡。

18）作业及航行过程中密切观察周围过往船舶动态，避免发生碰撞。

19）开机前、开机后、施工过程中及停机后及时填写操作记录。

（5）抓斗（铲斗）式挖泥船常规作业。

1）开工前船长应结合施工情况制定相应的安全技术措施和操作规程，组织全体船员进行安全技术交底。

2）必须在泥驳停稳、缆绳泊系完成后才能进行抓（铲）斗作业。

3）挖掘启动前，抓（铲）斗操作人员必须事先发出信号。

4）抓（铲）斗作业回转区下禁止行人走动，以免造成人身伤亡事故。

5）装驳过程中，应根据泥驳干舷高度的变化及时调整系缆的松紧度，防止系缆过松或过紧。船机收紧或放松各种缆绳要由专人指挥，任何人不应站立于钢缆或锚链之上或紧靠滚筒或缆桩。

6）操作人员要集中注意力，抓斗松缆下落时严禁突然刹车，严防钢缆、链条崩断伤人。

7）向泥驳装载时，抓（铲）斗不宜过高，开斗不宜过大，防止因泥团石块下坠力过大损坏泥门、泥门链条或泥浆石块飞溅伤人。

8）升降、摆动抓斗作业时，必须注意防止抓斗碰到装驳的船舶。

9）作业过程中，抓斗船甲板值班人员应密切注意周边泥驳、拖轮及周围水域过往船舶动态，预防无关船舶靠近或者船舶推进器叶轮打到本船的施工锚缆。

10）甲板作业人员系缆、解缆时，严禁脚踏两船作业，防止突然失足落水。

11）施工中因等驳、移锚等暂停作业时，抓（铲）斗不应长时间悬在半空，应将抓（铲）斗落地并锁住开合、升降、旋转等机构，需要时通知主机人员停车。

12）夜间工作时，抓斗船作业周围和泥驳上应有充分的照明。

13）船、驳甲板上的泥浆应随时冲洗，以防人员滑倒。

14）挖泥时起重机严禁超负荷提升抓斗，避免发生起吊钢缆、链条崩断事故；当抓斗充泥量过多或因其他原因而吊不起来时，应进行检查或将泥斗放开吊起。

15）施工过程中遇到水下障碍物或无法开挖的泥面时，应测定其所在的位置，并向现场技术人员汇报，必要时应在障碍物处设立标志。

16）开机前、开机后、施工过程中及停机后及时填写操作记录。

（6）链斗式挖泥船常规作业。

1）开工前船长应结合施工情况制定相应的安全技术措施和操作规程，组织全体船员进行安全技术交底。

2）每天交接班时，应对斗链、斗销、桥机、锚机、钢缆及各种仪表进行全面检查，确认安全后才可开机启动。

3）链斗运转中，应时刻注意斗桥运行状况，合理控制横移速度，以防止斗链出轨；听到异常声响时应立即放慢转速后停车、提起斗桥，待查明原因并处置后，再重新启动。

4）松放卸泥槽要待泥驳停靠泊系完成后进行；收拢卸泥槽则应在泥驳解缆之前完成，以防卸泥槽触碰驳船或伤人。

5）横移锚缆位于通航航道内时，应对过往船只加强观察，需要时应放松缆绳让航。

6）前移或左右横移锚缆时，若发现绞锚机受力过大，应查看仪表所示负荷量，若拉力超过最大允许负荷量时，应停止继续绞锚，待查明原因并处置后，再继续运转；严禁超负荷运转。

7）挖泥过程中如锚机发生故障，应立即停止挖泥，防止锚机倒运转引发事故。

8）开机前、开机后、施工过程中及停机后及时填写操作记录。

（7）绞吸式挖泥船高岸土方开挖。

1) 对开挖区的土体顶高程、水位及水下地形进行测量并分析。

2) 水面以上土层高度超过3m或大于2倍绞刀直径时，不应直接用挖泥船进行开挖，应待陆上土方机械在上层土体剥离或松动爆破坍塌成一定坡度后，才可用挖泥船垂直岸坡进行开挖。

3) 应采取分层开挖方式，开挖时宜实现边挖边塌，防止大块土方突然坍塌对挖泥船造成冲击或损坏。

4) 分层开挖时，在保证挖泥船施工水深的情况下，尽量减少上层的开挖厚度。

5) 分层开挖的同时尽可能增加分条的开挖宽度，以减少高岸土体突然坍塌对挖泥船造成冲击。

6) 分条开挖时，应减少并控制条段长度，以尽可能避免两侧土体坍塌对挖泥船造成的冲击或使船舶搁浅。

7) 挖泥船每次前移距离与开挖厚度要小于正常值，通过减少前移距离和开挖厚度的方式，以减小土体的坍塌量的方式消除土体坍塌所造成的安全隐患。

8) 在受潮位影响的区域施工，要利用高潮位开挖上层，低潮位时再开挖下层；上层开挖要尽量安排在白天通视条件较好时进行。

9) 施工中应安排专人加强船头与岸上的观察，当发现大块土体将要坍塌时，应立即松缆退船，待坍塌完成后再进船施工。

(8) 潜管作业。疏浚与吹填工程采用潜管输泥施工时应按第4.2.4条内容做好安全措施，并要遵守下列安全操作规程。

1) 潜管安装完成后应进行压水试验，确保管线无泄漏现象。

2) 潜管在航道内敷设或拆除前应提前联系航政部门，及时发布禁航或通航公告；敷设或拆除时应由适航的拖轮与锚艇配合进行作业，并申请航政部门在航道上、下游进行水上交通管制。

3) 潜管端点站及管线固定锚应悬吊红、白色醒目锚飘，并加强对锚位的了望观察，发现锚位移动较大时，应及时采取有效措施恢复锚位。

4) 施工中应加强对潜管段水域过往船只的了望，发现险情时，应及时发出警报信号，同时提升绞刀开始吹清水准备停机，以防不测。

5) 挖泥船合泵前操作人员必须注意观察航道过往船只情况，严禁在船只通过潜管时合泵。

6) 挖泥船开机时要控制好合泵速度，开始合泵时转速必须缓慢上提，防止出现驼峰现象。合泵前设专人在潜管与水上管的端点站上开启放气阀，待潜管无起浮时通知挖泥船操作人员，此时可通知逐步缓慢上提泥泵转速到正常生产转速，并关闭阀门。

7) 潜管在易淤区域作业时，应定期实施起浮作业，以避免潜管被淤埋无法起浮而造成财产损失。

(9) 炸礁作业。山区河道疏浚工程经常通过水下爆破方式进行炸礁作业，其安全操作规程如下。

1) 水下爆破作业应由具备相应资质的专业队伍承担。

2) 在通航水域进行水下爆破作业时，应向当地港航监督部门和公安部门申报，并按时发布水下爆破施工通告。

3) 爆破工作船及其辅助船舶,应按规定悬挂特殊信号(灯号)。

4) 在黄昏和夜间等能见度差的条件下,不宜进行水下爆破的装药工作;如确需进行水下爆破作业时,应有足够的照明设施,确保作业安全。

5) 进行水下爆破作业前,除按《爆破安全规程》(GB 6722)中的施工准备要求作相应准备工作外,还应做好下列各项工作:①准备救生设备与器材;②检查爆破工作船技术性能和状况;③爆破器材的水上运输和贮存应安全可靠;④危险区的船舶、设备、管线及临水建筑物的安全防护措施;⑤水域危险边界上警示标志、禁航信号、警戒船舶和岗哨等的设置;⑥检查水域中遗留的爆炸物和水体带电情况。

6) 爆破作业船上的工作人员,作业时应穿好救生衣,无关人员不应登上爆破作业船。

7) 爆破工作负责人应根据爆区的地质、地形、水位、流速、流态、风浪和环境安全等情况布置爆破作业。

8) 水下爆破应使用防水的或经防水处理的爆破器材,实施水下爆破前应对爆破器材进行仔细检查:①用于深水区的爆破器材,应具有足够的抗压性能,或采取有效的抗压措施;②用于流速较大区的起爆器材还应有足够的抗拉性能,或采用有效的抗拉措施;③水下爆破使用的爆破器材应进行抗水和抗压试验,起爆器材还应进行抗拉试验。

9) 水下爆破器材加工和运输应遵守下列规定:①水下爆破的药包和起爆药包应在专用的加工房内或加工船上制作;②起爆药包只可由爆破员搬运;搬运起爆药包上下船或跨船舷时,应有必要的防滑措施;用船只运送起爆药包时,航行中应避免剧烈的颠簸和碰撞;③现场运输爆破器材和起爆药包,应专船装运;用机动船装运时,应采取严格的防电、防振、防火、防水、隔潮及隔热等措施。

10) 水下爆破作业应遵守以下基本规定:①水下爆破严禁采用火花起爆;②装药及爆破时,潜水员及爆破工不应携带对讲电话机和手电筒上船,施工现场亦应切断一切电源;③用电力和导爆管起爆网络时,每个起爆药包内安放的雷管数不宜少于2发,并宜连成两套网络或复式网络同时起爆;④水下电爆网络的导线(含主线连接线)应采用有足够强度且防水性和柔韧性良好的绝缘胶质线,爆破主线路呈松弛状态扎系在伸缩性小的主绳上,水中不应有接头;⑤在水流较大、较深的爆破区放电炮连线时,应将连线接头架离水面,以免漏电造成电流不足而导致瞎炮;⑥不宜用铝(或铁)芯线作水下起爆网络的导线;⑦起爆药包使用非电导爆管雷管及导爆索起爆时,应做好端头防水工作,导爆索搭接长度应大于0.3m;⑧导爆索起爆网络应在主爆线上加系浮标,使其悬吊,应避免导爆索网络沉入水底造成网络交叉、破坏起爆网络;⑨起爆前,应将爆破施工船舶撤离至安全地点;⑩应按设计要求进行爆破安全警戒;⑪盲炮应及时处理,遇有难以处理而又危及航行船舶安全的盲炮,应延长警戒时间,继续处理,直至完毕;⑫水下钻孔位置应准确测定,经常校核,孔口应有可靠的保护措施。

11) 水下爆破作业炸药应符合下列技术要求:①用金属或塑料筒加工成防水药筒盛装非抗水的散装炸药时,应在药面采取隔热措施,才可用沥青和石蜡封口;②水下钻孔爆破,应采取隔绝电源和防止错位等安全措施,才可边钻孔边装药;③钻孔装药时应拉稳药包提绳,配合送药杆进行,不应从管口或孔口直接向孔内投掷药包,不应强行冲压卡塞的钻孔药包；用护孔管装药时，每装入一节药包，应提升一次护孔管，待该孔装药完毕，护孔管提离药包顶面后，才能填入填塞物；④水下深孔采取分段装药时，各段均应装有起爆药包；各起爆药包的导线应标记清楚，防止错接；⑤提升套管（含护孔管）应注意保护药包引出线，移船时应注意保护起爆网络，在急流区，对孔口段的导线应加以保护。

12）水下裸露药包爆破，应遵守下列技术要求：①水下裸露药包（含加重物）应有足够的重量能顺利自沉，药包表面应包裹良好，防止与礁石（或被爆破物）碰撞、摩擦；②捆扎药包和连接加重物，应在平整的地面或木质的船舱板上进行，并应捆扎牢实；③在施工现场，已加工好的裸露药包，可临时存放在爆破危险区外的专用船上或陆地上，并派专人看守，但不应过夜存放；④投药船应用稳定性和质量好的船只，工作舱内和船壳外表不应有尖锐的突出物；⑤在投药船的作业舱内，不应存放任何带电物品；⑥药包投放应使用绳、缆、杆牵引，不应直接牵引起爆网络；⑦在急流河段爆破时，投药船应由定位船或有固定端的缆绳牵引，定位船的位置应设标控制，防止走锚移位；⑧投药船离开投放药包的地点后，应反复检查船底和船舵、推进器、装药设备等是否挂有药包或缠有网络线；⑨已投入水底的裸露药包，严禁拖曳和撞击，并采取防止漂移措施，若有药包漂出水面不应起爆。

5.1.3 应急管理

（1）应急管理。应急管理是动态管理过程，包括预防、准备、响应和恢复 4 个阶段。尽管在实际施工过程中，这些阶段往往是交叉的，但每一阶段都有自己明确的目标，而且每一阶段又是构筑在前一阶段的基础上。因而，预防、准备、响应和恢复的相互关联，构成了重大事故应急管理的循环过程。应急管理的主要工作内容是建立有效的应急管理组织机构并制定相关应急预案和措施。

1）事故预防。施工单位需根据所在施工区域的工况条件编制安全技术措施。安全技术措施的编制依据安全第一、预防为主、综合治理的方针进行。

A. 首先要进行隐患排查，根据排查的结果找出哪些隐患是可以通过提高员工安全意识加以预防的，哪些是虽然加强了安全意识但不采取措施也无法预防的。对可以预防的隐患，必须通过安全教育、安全培训、安全技术交底和安全警示等方法加以防范。

B. 对于无法预见的隐患必须编制安全技术措施或应急预案。如在海上施工必须编制防台风、防油泄露、防火等应急预案；在内地河、湖施工需要编制预防山洪暴发、泥石流、防油泄露、防火等应急预案；对于施工中可能发生的溺水、触电、走锚等安全隐患必须编制安全技术措施。

2）应急准备。应急准备是应急管理中一个极其关键的过程，它是针对可能发生的事故，为迅速有效地开展应急行动而预先所做的各种准备，包括应急体系的建立，有关部门和人员职责的落实，预案的编制，应急队伍的建设，应急设备（设施）、物资的准备和维护，预案的演练，与外部应急力量的衔接等。其目标是保持重大事故应急救援所需的应急能力。

3）应急响应。应急响应是在事故发生后立即采取的应急救援行动，包括事故的报警与通报、人员的紧急疏散、急救与医疗、消防和工程抢险措施、信息收集与应急决策和外部救援等。其目标是尽可能地抢救受害人员、保护可能受威胁的人群，尽可能控制并消除事故。应急响应可划分为初级响应和扩大应急响应。初级响应是在事故初期,施工单位应用自己的救援力量,使事故得到有效控制。但如果事故的规模和性质超出本单位的应急能力,则应请求扩大应急救援活动的强度,以便最终控制事故。

4)应急恢复。恢复工作应在事故发生后立即进行,它首先使事故影响区域和施工设备恢复到相对安全的基本状态,然后恢复到正常状态。要求立即进行恢复的工作包括事故损失评估、原因调查、清理废墟等,在短期恢复中应注意的是避免出现新的紧急情况。

(2)应急预案的编制。应急预案应结合实际进行系统编制,主要应包括事故类型和危害程度分析、应急处置原则、管理体系、预防与预警、信息报告程序、应急处置、应急保障等项内容。

1)事故类型和危害程度分析。疏浚与吹填工程安全事故主要有以下一些类型。

A. 船舶碰撞、搁浅或触礁事故、船舶火灾、船舶遭遇恶劣天气(包括台风、巨浪、海啸)、船舶机械故障、施工设备对过往船舶或周边设施造成的损害等。其危害是可能引起船舶沉没、设施破坏和人员伤亡事故。

B. 船员触电、落水、中毒、危险化学品泄漏事故等。其危害是可能导致人员伤害、伤亡。

C. 船舶污染(包括油污染、生活垃圾污染)事故。其危害是可能导致海洋、河流、湖泊污染事故所造成的经济损失和纠纷。

D. 海盗、恐怖袭击事件。其危害是可能导致船舶灭失、重大财产损失和人员伤亡。

2)应急处置原则。安全事故处置应坚持以下原则:①以人为本,安全第一,综合治理;②统一领导,分级管理;③高效配合,快速反应;④依靠科学,依法规范;⑤预防为主,平战结合。

3)管理体系。应急管理体系应主要包括应急组织机构及各部门、岗位的职责。

A. 应急组织机构。应急组织机构包括各级相关单位安全事故领导机构、协调指挥机构、现场指挥机构、应急救援队伍和基本生产经营单位,各机构的负责人和联系人及其联系方式要明确给出。

B. 应急组织机构职责。应急组织机构职责应涉及应急预案编制和审查、组织应急预案的演练和实施、事故的调查处理等内容,具体如下。

a. 组织有关部门制定安全应急预案并进行审查。

b. 根据险情及事故情况迅速启动应急预案,统一部署应急预案的实施工作,并对应急救援工作中发生的争议采取紧急处理措施。

c. 紧急调用各方力量,为事故救援提供足够的支援。

d. 配合上级部门或组织相关部门进行事故调查处理工作。

e. 做好稳定和伤亡人员的善后及安抚工作。

f. 定期组织预案的演练,根据情况的变化,及时对预案进行调整、修订和补充。

g. 指挥中心办公室具体负责应急救援各项工作的组织实施。

4)预防与预警。应重点做好危险源监控、预警行动等工作。

A. 危险源监控。对所有参加施工的船舶定期进行强制检验,并制定安全生产管理制度和安全操作规程,安全监管部门负责安全检查和监督,发现险情立即报告上级主管部门和就地采取使险情不再扩大的果断措施。

B. 预警行动。各级安全管理机构,特别是单船、船队专兼职安全生产管理人员要加强船舶安全检查,及时发现险情及事故隐患,充分利用船舶通信系统及时接收台风、海浪、洪水等信息,通知有关单位提前预警。

5) 信息报告程序。当发生事故时,由发生事故单位主要负责人向其上级主管部门报告,紧急情况下可以越级上报。同时还要向当地政府安全主管部门报告。

6) 应急处置。应重点做好应急响应、应急处置工作。

A. 应急响应。根据事故的可控性、严重程度和影响范围,将事故分为4个等级,其等级划分见表5-1。

表 5-1 疏浚与吹填工程事故等级划分表

响应级别	级别描述	事故描述
I	特别重大	1. 发生重大碰撞、沉船或死亡失踪10人以上特大事故; 2. 船舶发生重大搁浅或触礁事故,处于严重危急状态; 3. 发生重大污染事故,造成对环境的严重危害; 4. 遭遇台风、寒潮大风、浪损、地震海啸等自然灾害,人员、船舶处于极端危急状态; 5. 船舶、油库发生重大火灾、爆炸事故,造成死亡失踪10人以上特大事故和重大社会影响; 6. 船舶遭受武装劫匪、海盗袭击,发生人员和船舶被劫持等重大事件
II	重大	1. 发生重大船舶碰撞、沉船或死亡失踪3～9人以上特大事故; 2. 船舶发生重大搁浅或触礁事故,事态尚未得到有效控制; 3. 发生重大污染事故,造成对环境的较大危害; 4. 遭遇台风、寒潮大风、浪损、地震海啸等自然灾害,人员、船舶处于严重危急状态; 5. 船舶、油库发生重大火灾、爆炸事故,造成死亡失踪3～9人死亡的重大事故和较大社会影响; 6. 船舶遭受武装劫匪、海盗袭击,人员和船舶受到严重威胁等事件
III	较大	1. 发生较严重船舶碰撞或造成1～2人死亡失踪事故; 2. 船舶发生搁浅或触礁事故; 3. 发生大污染事故,造成较大社会影响; 4. 遭遇台风、寒潮大风、浪损、地震海啸等自然灾害,人员、船舶处于较大危急状态; 5. 船舶、油库发生重大火灾、爆炸事故,造成1～2人死亡事故和社会影响; 6. 船舶遭受武装劫匪、海盗袭击,人员和船舶受到较严重威胁等事件
IV	一般	1. 发生船舶一般碰撞事故; 2. 船舶发生搁浅或触礁事故; 3. 发生一般污染事故; 4. 遭遇风灾、浪损、地震海啸等自然灾害,人员、船舶受到威胁; 5. 船舶、油库发生重大火灾、爆炸事故,造成一般社会影响; 6. 船舶遭受武装劫匪、海盗袭击,人员和船舶受到威胁等事件

B. 响应程序。按施工单位分别编制的应急预案中的应急响应程序执行,由施工所在船舶的第一责任人负责分级报告,必要时可以越级报告。

C. 应急处置措施。根据施工船舶的船型、作业区域特点、组织机构的差异,现场应急处置措施以各单船、船队的应急措施为主。由各施工单位依据各自实际情况对应急处置措施做出规定,规定要明确处置最佳时机、处置程序、参与机构和人员等。

7) 应急保障。应急工作应做好通信与信息、物质与装备、应急队伍准备与管理工作。

A. 通信与信息。船舶、船队以及公司有关部门必须保证24h通信畅通。施工单位总部、安全主管部门、船舶、船队各级要指定负责日常联系的工作人员，配备必要的通信设备，保证24h通信畅通。

B. 物资与装备。所有施工船舶均兼有应急抢险装备功能，险情、事故发生时必须服从统一调遣参与抢险救援。

C. 应急队伍。公司要加强船员培训，保证所有船员掌握必要的自救、求生、救助技能，建立有效的专兼职应急救援队伍。

(3) 应急救援措施。主要包括制度措施和应急处置措施等内容。制度措施具有普遍性，应急处置措施具有特殊性，要结合事故类别和性质编写。

1) 制度措施。制度措施主要包括以下内容。

A. 根据施工船舶、辅助船舶的性能、作业地点和安全管理的不同特点，有针对性地制定对策，以提高船舶的应急反应能力。

B. 船舶投入使用前，施工单位与监理一起组织船舶联合检验，确保合格后方可使用，并保留验船记录，未经联合检验的船舶禁止投入运营。

C. 沿海工程项目施工船舶必须符合沿海航区安全要求，其安全适航证书、船舶检验证书、安全检查证书和船舶签证簿必须合格有效。

D. 船员应当按照标准定额配备，必须持有相应合格的职务证书和经过相应的专业技术训练，严禁非船员人员随船。

E. 从事沿海工程项目的施工作业船舶必须满足在沿海施工作业的安全标准，按规定配备两台VHF，有GPS导航系统（船用AIS-Class B或小型船舶监控系统），配备足量的救生衣、救生圈，并保证始终处于良好的使用状态。

F. 配备与本船航行、停泊和作业区域相符的海图、潮汐表等航海图书资料，并及时更新，确保有效。

G. 开展施工安全管理人员和船员安全知识培训。为了提高施工船舶、辅助船舶安全管理水平，可以对各涉海工程建设施工单位的安全管理人员，就相关国际公约、港口法律法规和相关制度、海事部门的各项安全管理规定及施工船和运沙船的安全管理相关制度和组织方法等，邀请相关专业人士，开展专项培训。

H. 建立和完善船舶危险预警和应急救援制度。

a. 可以根据海事部门报告的水域和船舶安全信息、相关单位通报的信息以及新闻媒体披露的相关信息等，通过12395、VHF、DSC通信系统以及手机短信等平台，向施工船舶和辅助船舶传递恶劣天气预警信息，督促其在恶劣天气来临之前采取有效的预防措施。

b. 加强应急指导和搜救演练，提高施工船运沙船自救、互救能力。

一是编制施工船舶、辅助船舶应急反应指南，以指导施工船舶、辅助船舶有效处置突发险情，提高施工船舶和辅助船舶自救、互救能力。

二是组织施工船定期开展搜救演习，提高应急指挥部门的指挥水平，检验各部门之间的协同配合能力，提高施工船舶和辅助船舶综合救助水平和快速反应能力。

三是结合当地水域施工作业特点，分区域建立立足本地、依托地方政府和施工企业的施工船舶和辅助船舶自救、互救应急救援体系，提高其救助指挥和协调能力。

2）船舶火灾救助的应急处置措施。施工船舶发生火灾事故后，应立即启动本级火灾事故应急预案，积极组织实施应急救援，尽可能控制火灾蔓延、扩大，迅速抢救受伤和受困人员。

A. 按规定，迅速、准确将火灾事故和先期处置情况逐级上报项目部、公司应急指挥部。

B. 对于发生等级为一般火灾事故以上，项目部接到报告后，及时做好启动本预案的各项准备工作。

C. 现场救援组：主要由事发地水上消防大队构成。负责火灾的扑救，控制火势的蔓延，疏导附近船舶撤离，避免火烧连环船以及进行火灾现场的清理。

D. 事故调查组：主要由事发地港监、安监局构成。对事故展开全面调查，确定起火原因，协助相关部门进行定性分析，判明事故责任方及责任分摊。

E. 后勤保障组：主要由事发地航道和公安部门组成。负责交通保障和救火工具供应及物资；协助相关部门转移、疏导事故范围内的群众，安置事故受伤人员。

3）船舶发生重大水上交通事故的应急处置措施。辖区发生重大水上交通事故，应及时通知当地海事部门。当地海事部门接到报案后，应立即向本部门领导报告，并按重大事故跟踪上报制度逐级上报，单位和部门领导应立即组织救援队伍和设备赶赴事故现场。处置原则为"先救人，后救船"，并按照以下处置方案实施救助、抢险。

A. 处置方案（一）。

a. 船舶碰撞造成浸水、沉没，海事部门应立即调遣有关救助船舶，驶往事故地点，并同时要求船员进行自救。

b. 增调3艘以上巡艇到现场，维护救助秩序和管理航行、停泊秩序。

c. 实施对遇难船所载贵重货物过驳、打捞、监管。

d. 视现场救助情况，临时对肇事水域实施交通管制。

e. 事故处理人员赴现场进行调查、取证。

B. 处置方案（二）。

a. 船舶发生3人以上落水，海事部门应立即调遣3艘以上海巡艇到肇事现场。

b. 临时对肇事水域实施交通管制，并按处置方案（一）中a、b、c项进行救助。

c. 发现生还者则设法救助上船或上岸，必要时通知救护部门进行救护、治疗。

d. 有失踪的，应立即调遣有关船舶搜寻、打捞，直至找到为止。

e. 发现死亡的，应立即通知殡葬部门，处理尸体，并通报公安部门。

f. 事故处理人员赴现场进行调查、取证。

g. 组织力量开展事故处理，并配合有关部门进行善后处理。

4）船舶发生燃油泄漏事故的应急处置措施。船舶发生燃油泄漏事故的，应及时通知海事部门，海事部门接到通知后应立即调遣巡逻艇等设备到肇事现场，并按照规定迅速上报。①临时对事故水域实施水上交通管制；②通知下游船舶禁止向水域抛落火种；③向有关部门求援围油栏；④向有关部门求援使用消油剂；⑤对事故船进行堵漏施救；⑥通知消防、环保等部门。

5）风灾事故的应急处置措施。进入台风季节或大风等恶劣气候期间，从预防为主出发，按照以下预防和处置措施进行监控。

A. 处置方案（一）。当收到气象部门发布的台风、大风警报后，应采取以下措施。

a. 施工单位执行昼夜24h值班制度。

b. 加强现场船舶检查，对抗风浪能力较差的施工船舶、辅助船舶、水上管线等进行重点检查。

c. 控制施工区内施工和辅助船舶的航行和施工作业。

d. 加强对过往船舶的现场监控。

e. 保持通信联络畅通。

B. 处置方案（二）。当收到气象部门发布的强台风、7级以上大风警报，除执行预案（一）外，还应采取以下措施。

a. 对抗风浪能力低于抗风浪等级的施工船舶、辅助船舶、水上管线等进行重点检查，并及时安排进入避风锚地避风。

b. 禁止施工区内施工和辅助船舶的航行和施工作业，并警告施工区内通行的外部船舶采取就地避风等安全措施。

c. 现场施工人员进入待命状态。

C. 处置方案（三）。当收到气象部门发布的台风紧急警报，除执行预案（一）、（二）外，还应采取以下措施。

a. 停止所有船舶施工和航行。

b. 及时安排所有施工船舶和辅助船舶进入避风锚地避风。

c. 对进入避风锚地的船舶、水上管线随时检查系泊情况。

d. 现场施工人员、船艇进入现场待命状态。

5.2 环境保护

疏浚与吹填工程环境保护的重点首先是做好水环境保护工作，其次是做好空气保护和声环境保护。施工前应对施工过程中可能发生的环境污染隐患进行排查分析，确定环境污染的途径并制定相关预防措施，避免施工中出现环境污染，达到合同约定的环境保护标准。

5.2.1 环境影响评价

5.2.1.1 环境保护目标

疏浚与吹填工程施工前应依据合同文件、工程所在地政府有关环境保护的法律法规、政策要求等明确疏浚或吹填工程的环境保护目标。通常情况下，疏浚与吹填工程环境保护的目标为：满足合同约定的环保要求，节约能源，杜绝恶性环境事故发生。

5.2.1.2 影响评价

疏浚与吹填工程项目施工前应对施工过程中可能出现的环境污染以及可能出现的各类事故、事件对周边水域的水质环境、大气环境、声环境以及生态环境的影响作出系统分析和评价。

（1）评价范围。施工过程中对工程区域及周边区域内可能造成的水质、噪声、空气污染及生态破坏情况进行分析和评价，目的是在分析和评价的基础上，制定并采取有效措施，使之不受污染或将污染降到合同约定和当地环保部门规定的范围之中。

1) 水环境。应主要对以下方面作出水环境影响评价。

A. 开工前对本项目确定的开挖区域所在水域（河道、湖泊、水库、海域）、吹填区附近水域、抛泥区外水域的水质是否达到合同规定的标准或国家规定的Ⅲ类水质标准进行评价。一般通过组织工程发包方、施工方和监理共同取样化验分析实现，对环保标准要求高的项目可邀请当地环保部门共同参加。目的是通过评价确定开工前这些区域的实际水质情况，减少不必要的争议，规避施工方风险。

B. 陆地排泥场排放余水的水质是否满足合同规定的标准或当地环保部门规定的排放标准。一般通过施工方以往类似工程的经验加以判断，如无类似工程经验时，要对吹填土土质、施工设备性能和数量、排泥场的面积、深度、形状等设置情况、余水泄水口的结构和位置等进行通盘分析考虑评判。

C. 生产和生活污水排放是否满足合同规定或当地环保部门规定的排放标准；生产和生活污水排放日益受到关注，一般通过对参与施工的人员数量、设备配置情况、生产和生活污水的排放量和排放及处理方式等进行评价。

2) 大气环境。应对施工设备及生活设施是否对空气造成污染进行评价。

3) 声环境。应对施工过程中生产设备、生活设施及娱乐设施是否对周边区域形成噪声污染作出评价，在周边存在居民区、学校、医院、养殖场时要特别注意。

4) 生态环境。应分析施工区域内及附近是否有需要保护的生态环境保护区，以及施工作业、生活及娱乐活动是否对水产养殖、动物栖息繁殖、农作物及植物生长产环境产生破坏。

(2) 评价结论。应主要在以下方面作出评价结论。

1) 水环境。①疏浚或吹填作业时可能造成超过水质标准的水域面积及污染程度；②陆地排泥场的余水排放流经区域的水质污染面积及污染程度；③生产和生活污水排放、存储对周边水域或地下水造成的水质污染面积或深度及污染程度。

2) 生态环境。

A. 在疏浚挖泥作业中，由于机械搅动或扰动，使得水域底部（河底、湖底、水库底、海底）淤泥和细沙悬混上浮，从而在作业区内产生一条羽状浑浊带，将导致一些底栖生物死亡。应分析此种情况的影响面积和影响时间〔正常情况下这些损害在较短时间内（6个月）是可以得到恢复的，疏浚挖泥作业对海洋底栖生物的影响是可逆的〕。

B. 当排泥场余水不达标时，可能导致大量悬浮状淤泥和污染物流失，影响到附近的农田或水产养殖区的面积及可能造成农户和养殖户的损失程度。

C. 施工作业、生活及娱乐活动所生产的噪声、振动对周边动物栖息繁殖或养殖的影响程度和可能造成的损失程度。

局部范围内悬浮物浓度增大对海洋、河流区域生态环境的不利影响是暂时的，施工结束后短时间内水质即可恢复。因此，总体来说，施工期间悬浮物对海域生态环境的影响是轻微的。排泥场的余水排放将采取技术措施处理，避免和减少对下游水质的污染。

3) 大气环境、声环境以及固体废物。

A. 施工作业、生活活动所排放的废气对周边大气环境的影响程度和可能造成的损失程度。一般情况下，挖泥船施工作业点大部分位于比较开阔的水域，施工过程中排放的废气一般都能够及时扩散，不会对周围环境产生污染影响。但在城市湖泊、城市河道内施工时则会产生一定程度污染。

B. 施工作业、生活及娱乐活动所生产的噪声、震动对周边居民、学校、医院、动物栖息繁殖或养殖场的影响程度和可能因施工过程产生噪声而引起的施工受干扰、施工时间受限等所造成的施工进度及经济效益等方面的损失程度。挖泥船施工作业区与陆域距离一般都超过200m，大多不会对陆域声环境产生噪声污染影响。但在城市湖泊、城市河道内施工时则会产生一定程度污染，特别是当附近有学校、居民区、医院、动物养殖场时。施工期间噪声具有暂时性和间歇性的特点，随着施工的结束，施工噪声的污染也随之消失。

C. 施工作业、生活及娱乐活动所生产的垃圾等对周边自然环境的影响程度和可能造成的损失程度。固体废物主要为施工期间挖泥船工作人员生活垃圾，由垃圾船接收后送入城市垃圾处理场统一处理，一般不会对水域环境产生不利影响。

5.2.2 预防措施

5.2.2.1 吹填工程余水水质排放标准

吹填工程的余水主要是指通过水力输送方式，将疏浚土送入指定的吹填区域，并经沉淀后再排放到自然河道、沟渠的水。在20世纪70年代前，国内疏浚工程排放的余水没有控制标准。随着我国环境保护意识的日益增强，尤其各大风景区环保疏浚工程的兴起，各地方政府对疏浚工程的余水排放要求越来越严格。因此，施工中必须对余水水质进行必要的控制。

(1) 无污染土余水排放要求。对于无污染的疏浚土来说，余水排放控制主要是控制其悬浮的细颗粒及有机物，常规余水排放控制要求如下。

1) 余水排放前首先是通过充分的自然沉淀过程。一般情况下，余水经过24h沉淀后，绝大部分的悬浮物可沉入水底，表层余水可达到排放要求，细颗粒土需要更长的沉淀时间。

2) 对余水排放要求较高且悬浮物沉底时间较长时，则需要在排泥管出口同时添加一定浓度的混凝剂，以加速悬浮物的絮凝沉淀。

(2) 污染底泥余水排放要求。对于底泥中含有大量化学残留物和重金属的环保疏浚工程，必须先将疏浚土排入指定排泥场，并对自然沉淀后的余水水质进行检测，达到排放标准后才可排入自然河道或水域。否则应对余水进行脱毒处理后才能排放。

(3) 余水水质排放标准。

1) 我国的疏浚和吹填工程目前还没有统一的余水排放标准，普通疏浚和吹填工程一般多以余水中固体悬浮物（SS）浓度作为控制指标。

2) 国内近年来实施的一些环保疏浚工程多以《污水综合排放标准》（GB 8978）为依据规定了相应排放标准，并且多数工程选取pH值、氨氮（NH_4-N）、总磷（TP）、化学需氧量（COD）、悬浮物浓度（SS）等作为主要控制指标，其中排泥场余水中悬浮物浓度（SS）为重点观测和控制指标。

根据多项工程的经验发现，余水中的 COD、TP、TN 和 NH_4-N 与 SS 显著正相关关系，通过去除悬浮物就可以有效控制余水的出水水质。当 SS 浓度达到《污水综合排放标准》(GB 8978) 一级标准 (70mg/L) 和二级标准 (150mg/L) 时，COD、TP、TN 和 NH_4-N 均可以达到相应标准。因此，为方便控制和检测，一些疏浚工程只以余水中悬浮物浓度 (SS) 为重点观测和控制指标，具体见本书第 3.10.1 的相关内容。

3) 根据《中华人民共和国水污染防治法》(2008 年) 第五十一条的规定，向农田灌溉渠道排放工业废水和城市废水，应当保证其下游最近的灌溉取水点的水质符合农田灌溉水质标准。因此，当在国内实施的疏浚工程的余水向灌溉渠道内排放时，应达到我国农田灌溉的水质要求，具体见第 3.10.1 条相关内容。

5.2.2.2 环境污染的途径

疏浚与吹填工程对环境的污染途径主要包括如下方面：①机舱废油、液压油泄漏、洗仓废水流入施工区水域；②船上生活垃圾和生活污水排入施工区水域；③开挖过程或航行运输过程中对底泥的扰动；④铲斗、链斗及抓斗式挖泥船泥斗在提升和装卸过程中的泄漏；⑤耙吸式挖泥船和泥驳在装舱过程中的泥浆溢流；⑥耙吸式挖泥船和泥驳在水上抛泥区抛泥时的泥浆扩散；⑦排泥管渗漏或爆裂、破损造成的泥浆外泄；⑧排泥场余水排放及输送过程的泄漏；⑨排泥场围堰渗漏或塌垮造成的大面积吹填料和余水外泄；⑩环保疏浚排泥场密闭性差造成的污水渗漏。

5.2.2.3 预防污染措施

疏浚与吹填工程施工过程中预防污染的主要措施包括如下内容。

(1) 施工前精心准备，科学合理安排组织施工，精心操作。除参照本书相关章节执行外，还要注意如下方面。

1) 航道疏浚工程施工应尽可能避开鱼类产卵和洄游季节。

2) 疏浚过程应采用先进的疏浚设备和工艺，要求所有参与施工的疏浚船、测量船和运输驳船装备尽可能有精确的自动监测设备、DGPS 定位系统和疏浚头深度指示仪。自航耙吸式挖泥船还要装有连续载荷指示器，以便施工人员根据船舶吃水深度和潮位变化随时调整下耙深度，从而实现高精度的定深挖泥。先进仪器的配置的根本目的是要减少疏浚作业中的不必要的超深、超宽，降低疏浚作业对周围水体的扰动，减轻对周边海水水质和生态环境的影响。

3) 严格控制挖泥船挖泥时挖泥机具头部产生的悬浮泥沙扩散。环保疏浚工程施工时要采用环保型挖泥机具，必要时还可布设防淤帘，以防止污染施工水域以外的水域。具体见第 3.10 节相关内容。

4) 定期检查排泥管各节点以及与挖泥船的连接点，防止管段脱开而使泥浆大量外泄。平时派专人定时巡查，发现问题，立即停机，进行处理。

(2) 合理敷设排泥管线，合理布设排泥管线也是控制泥浆流失的一个重要手段。

1) 施工过程中将依据各吹填区的形状对排泥管线进行合理布设，尽量将出泥口设在远离退水口的位置，避免泥浆直冲退水口。可参照本书相关章节。

2) 合理布设退水口位置。退水口应选择在泥浆不易流到的位置，以使泥浆充分沉淀，减少余水中的含泥量。开工前要对现场退水口的位置进行勘察，如不能达到控制泥浆流失的目标，要重新布置。可参照本书相关章节。

3）科学选择退水口的型式。退水口的型式选择的正确与否是关系到环保工作好坏的一个关键因素，因此需科学选择并加强施工过程中的水位调控管理工作。可参照本书相关章节。

（3）减少装舱过程中溢流对施工区水域环境的影响，可参照本书相关章节。

1）采用耙吸式挖泥船施工时应严格按疏浚规范要求作业，应对满舱溢流时间进行科学控制，不能一味地追求入舱浓度值，以减少悬浮泥沙入水体量。

2）采用耙吸式挖泥船或斗式挖泥船施工前，应对所有的施工设备尤其是泥舱的泥门进行检查，施工中也要派专人进行检查，确保密闭良好，以避免造成沿途泄漏污染水体。

（4）余水排放的控制措施，可参照本书相关章节，同时满足如下技术要求。

1）实验取值。排泥场设实验区进行实验观测，为全面生产取得真实、有效、经济的控制参数。

A. 设立实验区，为准确反应堆场吹填土固结的实际情况，可采用不透水桩膜围堰修筑围堰，疏挖施工开始后先将该区填满，形成实验区。

B. 和环保有关的观测主要包括以下项目。

a. 吹填土沉淀固结时间。观测吹填土进入实验区后多长时间能够沉淀，以便确定是否需要分区吹填、如何划分区域并规划流向、延长流径。

b. 检测余水成分含量。通过对余水中含泥量和余水中重金属、有机物含量进行检测分析，查看余水是否能达到排放标准，不能达标时确定所要采取的技术措施。

c. 如计划采取加药促沉措施，需要通过实验确定药品类型和药品的反应效果，以及泥浆浓度、余水流程和加药量的关系，提出加药控制参数，并编制报告，制订药品的投放计划、投放量和投放工艺。

2）余水处理。余水排放的控制首先是进行自然沉淀。一般情况下，余水经过24h沉淀后，绝大部分的悬浮物可沉入水底，表层余水可达到排放要求。对余水排放要求较高的环保疏浚工程，悬浮物沉底时间较长时，则需要在排泥管出口同时添加一定浓度的混凝剂，以加速悬浮物的絮凝沉淀。常用混凝剂及使用条件见表3-18。

A. 严格按规范要求采购、储存、管理化学反应药品，如PAC（聚合氯化铝）。

B. 溢流堰前设余水监测站，配备必要设施和器材。吹填正式开始后定时对余水成分进行取样检测，以便及时对施工方案和余水环保控制措施进行调整，实现动态化管理。

C. 投药工艺可参照如下方法制定。

a. 投药按规范要求宜采用湿投法，其工艺流程见图5-1。

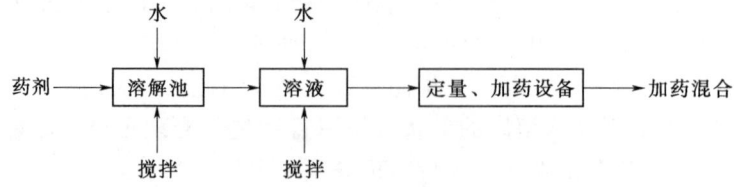

图5-1 余水加药促沉工艺流程图

b. 药液浓度根据余水检测情况随时调整。溶解池、溶液池均用钢制,内做防腐处理,池底部分设排渣管和排空管;调制设备选用电动搅拌机,由活动支架夹固在池壁。

c. 通过计量泵将化学药液由软管注入排泥管中,以加速余水中的SS(悬浮物)、TP(磷)、TN(氨氮与有机氮合称)沉淀。泵、溶液池设在排泥场的中间,加药点设在陆上排泥管的前段,这样可避免排泥管出口的调整对投药的影响。施工时将处理计划、方案和结果及时上报监理工程师。

D. 在溢流堰前对已处理过的水进行检测,如仍不合格,则立即停止疏挖施工,并将排泥场内水引入应急反应槽。反应槽围堰可采用透水桩膜围堰。进水口设闸门控制流量,以便在进口用应急投药设备投放化学药品进行促沉处理,保证反应槽内水有足够时间沉淀,直至达到排放标准后通过槽尾出口拦污网排入湖、河、渠内。

疏浚与吹填工程余水处理过程见图5-2。

E. 疏浚与吹填工程余水处理除采用加药促沉的技术措施外,还要采用如下辅助措施配合控制。

a. 设置隔堰。根据吹填区实际情况对塘内积水进行排水处理并进行晾晒;除修建实验区子堰外,为使吹填泥面趋于平整,增加吹填区尾水滞留时间,降低尾水中的悬浮颗粒,提高退水质量,在堆场内利用现有高埂修筑透水桩膜子堰,形成"迷宫式"隔堰,同时使堆场分成若干吹填小区,以便于合理吹填使污染土充分沉淀脱水。

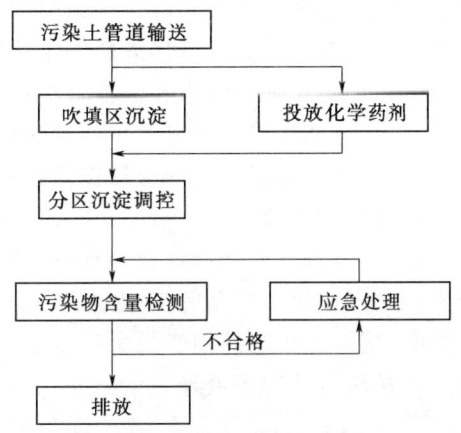

图5-2 疏浚与吹填工程余水处理过程示意图

b. 溢流堰的修筑和调控。排泥场采用溢流堰,如作退水口时,应设计为可调控水位的类型,也可采用塑料编织袋装土分层压实堆放。堰顶铺筑成鱼鳞状,以减缓流速,进行消能。溢流堰后跌水处铺设编织布以免冲刷。溢流面坡比采用1:4~1:5,两侧用编织袋装土,垒成顶宽0.5m、坡度1:0.5的挡土墙。溢流堰顶根据需要设置拦污网。

c. 做好围堰的防护,施工时安排专人对围堰进行巡视,发现有围堰被冲刷或泄漏时,要及时处理;排泥场附近要备好部分土料供围堰、隔堰和溢流堰加高时使用。

d. 退水口前设置拦污网,拦截余水中漂浮物并及时清理。

e. 加强退水口管理,派专人对退水口进行管理,视余水中泥浆含量对堰顶或进水口水头进行加高或降低,在保证余水泥浆含量符合要求的同时保证排水通畅。

5.2.2.4 专项防治措施

(1) 船舶污染物污染防治措施。

1) 国内施工时严格按照《中华人民共和国防止船舶污染海域管理条例》的规定,到港船舶不得在港口水域内排放舱底油污水。确需排放舱底油污水的船舶应事先向当地海事部门提出书面报告,经批准后到指定区域排放。

2) 配合海事部门对船舶进出港舱底油污水进行相关的例行检查手续,即船舶靠泊时,海事部门立即登船对船舶的含油污水存量进行测量并记录于航海日记上，在船舶驶离时再次登船检查，复核码头停靠期间含油污水存量变化情况，有效地控制和杜绝船舶停靠时的舱底油污水偷排，确保到港船舶不在码头水域排放舱底油污水。

3）在国外施工时严格按照国际防污公约，即经 1978 年议定书修订的《1973 年国际防止船舶造成污染公约》（MARPOL 73/78）规定，所有施工船舶均配备油水分离器，用以舱底含油污水处理，达到当地的污水排放标准后方可排放入海。

4）根据有关规范要求，船舶应当设置与生活污水产生量相适应的处理装置或者储存容器。施工期间挖泥船生活污水由船舶自身处理或储存，或送交海事部门认可的船舶接收处理，不得在本航道水域排放船舶生活污水。

（2）环境空气、噪声及固体废物污染防治措施。

1）优先选用符合环保要求的低噪声、低排放电机设备。

2）加强对施工机械的维修保养，禁止以柴油为燃料的电机机械超负荷工作，减少烟度和颗粒物的排放。

3）设备选型要选择符合声环境标准的低噪声设备，个别高噪声源设备采取消声隔声设施。对发动机、泥泵等机械做好维护工作，保持设备低噪声水平。

4）挖泥船施工期间船员生活垃圾应分类收集和储存，定期送交岸上，和其他生活垃圾一并送垃圾处理场处理。

6 工程案例

6.1 深圳河治理二期工程

6.1.1 工程概况

治理深圳河二期第二阶段工程合同 B,河道疏浚开挖范围为 CH0－200~CH4＋200 段,总长 4400m。设计河道底宽 106~130m,上口宽 182~211m,河底高程 －4.60~－5.00m。根据设计图纸显示,全河段表层 1.2~1.5m 厚度上为污染泥范围,开挖工程量约 77.4 万 m^3,弃置于落马洲指定弃渣场做脱水治污处理。

(1) 主要工程内容和工程量。

1) 主要工程内容。

A. 河道污染土、非污染土开挖。开挖河道表面的污染土弃置于落马洲弃渣场,然后将河道开挖的部分非污染土覆盖在污染土之上。

B. 处理污染土。本工程的污染土均弃置在落马洲指定弃渣场并予以脱水处理。

C. 落马洲旧河曲生境恢复工程。落马洲生境恢复工程主要是在旧河曲上覆盖非污染土。

D. 落马洲弃渣场排水系统。

2) 主要工程量(见表 6-1)。

表 6-1 主要工程量表

序号	项目内容	单位	工程量
1	污染土开挖及弃置	万 m^3	77.4
2	污染土场盖土层	万 m^3	34
3	落马洲旧河曲清淤	万 m^3	21.95
4	落马洲旧河曲覆盖土	万 m^3	34
5	低土埂填筑	万 m^3	4.5
6	沙、碎石滤料	万 m^3	19
7	过滤土工布	万 m^3	25.2
8	深圳河 CH5＋350 左岸堤坝背水面砌石护坡	m^2	2200
9	落马洲弃渣场排水系统	m	8256

(2) 工期情况。合同工期 1095d,自 1997 年 11 月 10 日至 2000 年 6 月 9 日。本工区

施工将同治理深圳河第二期第一阶段工程及二期工程合同 A 施工交叉进行。

(3) 工程特点。

1) 施工范围大、长。河道开挖从 CH0－200～CH4＋200 共计 4.4km，原深圳河落马洲段 2.65km 须做生态恢复处理，落马洲施工场地 26 万 m^2。

2) 施工规范严格。本工程由深圳、香港两地政府共同投资兴建。工程普遍采用内地、香港规范、规程及国际合同条款，难度较大。

3) 施工工序多。由于施工期间深圳河不能断流、断航，存在着施工与过流、通航之间的矛盾，河道开挖，基础处理等工序间的干扰和限制较大，各项工程的施工进度、施工工艺都需要做出周密的计划和安排，否则将直接影响其他项目的开展。

4) 保安、安全要求高。深圳河是深港两地的界河，施工区的进出口设在深圳境内，工区范围周边架设施工围栏，长约 6430m，各施工工序间的干扰多，陆上、水上作业交叉进行，施工安全尤为重要。

5) 周围环境制约条件多，临时设施工作量大。由于施工地点处在边防禁区，工作人员必须凭施工作业证出入施工区。为保证工程的顺利进行，必须提前做好与周边管理部门的联系，办齐各种证件，并取得他们的支持和合作。同时，还需要设置好必要的临时渡河设施，形成顺畅的施工通道。

6) 环境保护要求高。施工期间的环境污染主要包括：施工和运输机械的噪声、废气；运输物料过程中的扬尘；开挖和疏浚过程中的绞动及污染土弃置的环保处理；施工营地内的生活废水、废物的排放处理等。工程处于深圳和香港交界地带，环保要求高。

7) 气候复杂多变。雨季长、降水量多、台风多、雨季施工难度大、施工有效作业时间相应较短等。

(4) 工程难点。

1) 安全隐患较大。本项工程工期长，期间要经历 2～3 个汛期和台风季节，安全隐患较大。

2) 工艺复杂。本项工程疏浚土料为污染底泥，疏浚及疏浚土处置工艺环节复杂，工艺标准要求较高。

3) 环保要求高。本项工程位于深圳和香港交界地带，居民多，特别是香港一侧环保要求高。

6.1.2 施工组织

(1) 营地建设。在皇岗边防检查站皇岗桥下游设置主营地，作为一工区管理人员的生活及办公场所及部分民工食宿之用，该营地距离施工现场较近，交通方便，能够很好地为现场施工服务，在深圳侧 CH3＋900～CH4＋050 处设置分营地，主要为民工及现场管理人员提供生活及办公条件，水电供应从由皇岗边检站接驳。工作人员通过渔农村工地出入口进出工地。

(2) 临时施工码头建造。旧河曲覆盖土料的运输和回填以及南岸施工用料的转运，无法采用皮带驳进行，须用驳船运输再经码头转运。旧河曲纵身地带河底较原图河底高，河曲不能行驶大吨位船舶，须在旧河曲出口段右岸布置简易临时码头。用料通过驳船运输并在临时码头停靠，平斗长臂反铲负责卸船并完成倒运。为保证北岸真空预压面按要求施工，必须修建3个临时码头，同时修建1个备用码头，以便在其他码头出现故障或维修时，能保证倒土施工顺利进行。为保证码头的可靠性以及完工后方便拆除，临时码头为钢结构，备用码头为木桩块石结构。北岸3+130～3+250段（皇岗码头下游）4个正在使用的码头经加固后作为本岸的装料码头。

（3）临时施工道路。沿旧河曲北岸修筑一条临时施工道路，并通过南岸CH4+140～CH5+300段（一期工程落马洲河段完工段）堤外道路连接临时施工码头，用于旧河曲覆盖土的运输及弃渣场的维护。临时道路顶宽6～8m，高3m。土料来自北岸开挖的非污染土料，该土料兼作旧河曲覆盖土层的备料。由于来自北岸开挖的非污染土料含水量大，不易压实，车辆通行困难，因此路面加铺一层厚50cm、宽8m的碎块石、碎砖等混合料。道路修筑采用自卸汽车和泥驳运送土料，长臂反铲和湿地推土机配合修整，进占法施工。

（4）施工总体部署。

1）施工工序流程见图6-1。

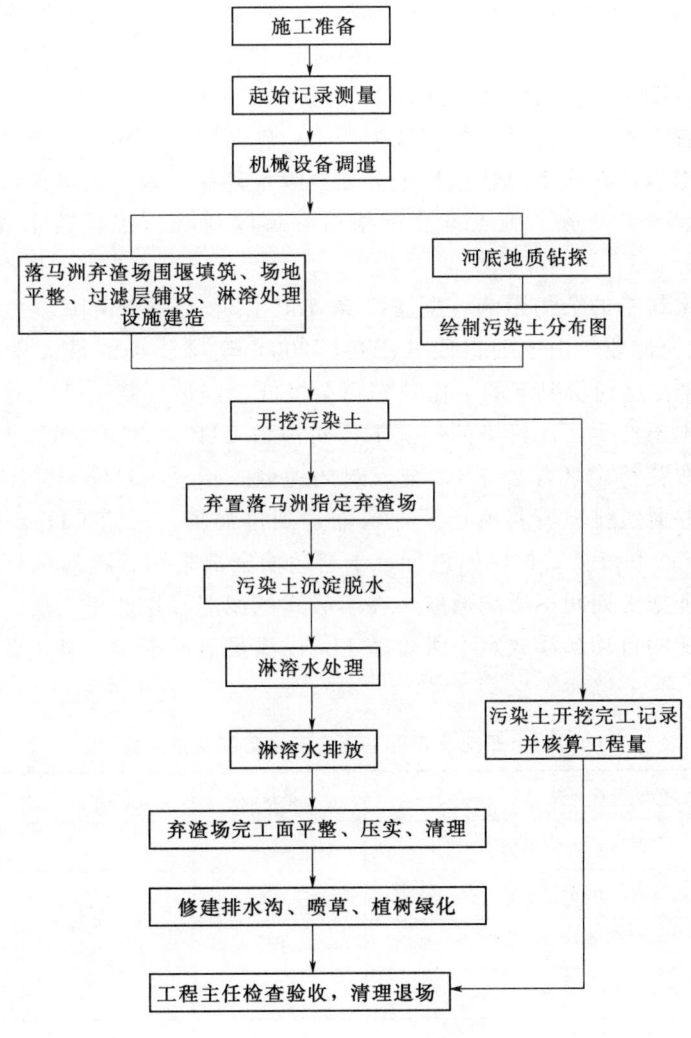

图6-1 施工工序流程图

2）河道土方开挖采用 1450m³/h 绞吸船及抓斗船进行。CH0－200～CH1＋800 段用抓斗船开挖，装泥驳运至泊停在深圳河 CH5＋850 左侧的吸扬船边，再用吸扬船吸取泥驳中的土料通过排泥管进入排泥场。CH1＋800～CH4＋200 段用绞吸船开挖，河道中尤其皇岗码头附近存在着大量的散落块石及其他杂物，先使用 2m³ 抓斗清障，然后绞吸船开挖。

3）北岸土方开挖施工时，使用过河潜管穿过河道以免碍航，潜管使用绞吸船自配的自浮式潜管系统。

4）泥驳和自卸汽车运料，长臂反铲、趸船反铲和湿地推土机配合施工。旧河曲香港侧盖土层施工采用抓斗船、方驳轻型湿地推土机和轻型湿地反铲进行，旧河曲中间河道盖土层用 4 方小型自卸泥驳、推土机、抓斗船及反铲进行。

5）围堰采用自卸汽车、反铲、湿地推土机进行。

6）排泥场滤层施工，选择水上和路上同时进料，铺料采用人工并辅以机械进行。

7）绞吸船和抓斗船等水上机械由深圳湾沿深圳河进入工地现场，陆上机械通过渔农村工地出入口进入工地，前期南岸所需设备可通过 CH8＋100 处贝雷架桥沿 2A 工地南岸道路进入工地，后期南岸所需设备可通过渡轮进入工地。

（5）设备配置。本工程对环保要求极为严格，施工噪声、粉尘、水质等指标均应控制在规范要求的范围内，在施工设备选型中首先要满足环保要求，再考虑机械性能及其适用性。施工机械的选择、调遣及施工方法严格按《疏浚与吹填工程技术规范》（SL 17—2014）的规定执行。

考虑到开挖土料中的杂物影响，配备 2 条 4m³ 抓斗船用作清障，主要开挖机械采用 1450m³/h 绞吸式挖泥船。由于河口段（CH0－200）至排泥场的最大排距已达到或超过 6km，大型绞吸船在这种状况下的工作效率将会极低，经过反复论证，并经过多次实验改进，在对河道基本不产生二次污染的情况下，对河道 CH0－200～CH1＋800 的开挖采用抓斗船（抓斗经改装符合环保要求），装入封闭泥驳，运至 CH4＋850 锚停的吸扬船边，在用吸扬船吸附并通过排泥管将河道开挖料输送到排泥场。河道 CH1＋800～CH4＋200 开挖均采用 1450m³/h 绞吸式挖泥船进行，土料运输全部采用管道运输，力求将污染程度降到最低。为保证施工期间不影响通航，在绞吸式挖泥船开挖北岸土层时，水上过河管线采用该施工船专配的自动起浮式水下潜管施工，以满足通航要求，其主要施工设备配备投入见表 6-2。

表 6-2　　　　　　　污染土开挖及弃置主要施工设备配备投入表

序号	设 备 型 号	单位	数量	设备状况
1	1450m³/h 绞吸船	艘	1	新
2	浮管	m	500	新
3	潜管	套	2	新
4	接力泵站	套	1	新
5	岸管	m	6000	良好

续表

序号	设 备 型 号	单位	数量	设备状况
6	4m³ 抓斗式挖泥船	台	2	良好
7	2m³ 抓斗式挖泥船	台		
8	200m³ 泥驳	艘	4	良好
9	臂长为 9.8m 反铲	台	2	良好
10	湿地推土机	台	2	良好

(6) 河道底泥分析。在河道开挖之前进行河道底泥取样，探明污染土的分布范围和数量，定量分析开挖河段沉积物中重金属含量及评价其污染程度，为河道开挖弃土处理提供依据。河道底泥取样孔布点及取样要求如下。

1) 根据香港《工程技术部 No. 22/99 疏浚土的入海处理》中"疏浚土的取样和试验指南"规定：在可能污染的区域，按 200m×200m 网格浅层取样为宜。据此拟定合同 B (CH0+000～CH4+047.444 段) 的采样点沿规划深圳河中心线每隔 140m 布设断面，每个断面布 3 个取样孔，河道轴线一个孔，两端各一个孔。采样孔的布置应上报工程主任并得到工程主任的批准方可进行。

2) 每个取样孔自表面以下每隔 1m 取一个样品进行分析，样品直径 100mm，高度 100mm。从现有河底面钻至开挖完工面为止，预计每个取样孔各取 6 组土样，取样孔数量为 90 个孔，土样数共有 90×6＝540 组。

3) 污染土采用香港特别行政区分类标准，划分为 A、B、C 3 类（见表 6-3）。

表 6-3　　　　　香港特别行政区疏浚污泥重金属污染程度分类表　　　　　单位：mg/kg

类别	Cd	Cr	Cu	Hg	Ni	Pb	Zn	备 注
A	0.0～0.9	0～49	0～54	0.0～0.7	0～34	0～64	0～140	未受污染，不需要采取特殊疏浚、转运和弃置措施
B	1.0～1.4	50～79	55～64	0.8～0.9	35～39	65～74	150～190	中等污染，疏浚和转运中需要特别注意，在弃置时应减少污染物通过溶出和再悬浮释放
C	>1.5	>80	>65	>1.0	>40	>75	>200	严重污染土，疏浚和转运中需要高度注意，不允许在公海上倾倒弃置，弃置时必须与周围环境有效隔离

4) C 类别划分为工程的污染土，对污染土的分析试验工作应由具有国家环保部门颁发的资格证的单位来完成。

5) 将分析成果综合，绘制污染土的分布图，清楚表明污染土的分布范围并计算工程量，上报工程主任。

(7) 地形测量。组织测量人员布设测量导线，保护测量控制点，复测原河道及吹填区水下地形，并按 25m 间距绘制断面图。

(8) 围堰修筑。

1) 污染土弃置前，根据吹填区实际情况对塘内积水进行排水处理并进行晾晒，加固加高东西区周边围堰，并在西区东西向修筑一隔堰，以便于合理吹填使污染土充分沉淀。

2) 第Ⅰ、Ⅱ储水区围堰沿旧福田河堤岸修筑，围堰采用梯形断面型式，顶宽3m，高程略低于周边围堰，边坡1∶1.5。围堰修筑主要土方来源于本标段北岸1.0m以上开挖土方，部分土方来源于弃渣场内，围堰内取土时距堰内坡脚应大于5.0m。

3) 第Ⅰ～Ⅲ储水区沿用已经工程主任批准使用的退水口，东西区堰体分层压实填筑，退水口底部采用尼龙编织袋装土或沙密铺两层，堰顶铺筑成鱼鳞状，临时坡比同围堰边坡，溢流面坡比采用1∶4～1∶5，退水口两侧用尼龙编织袋装土或沙，垒成顶宽0.5m、坡度1∶0.5的挡土墙。

(9) 水尺设立。每千米设置一个临时水位尺，水尺零点同河底设计高程一致，水深标尺精确到厘米，派专人记录、整理汇总，及时向挖泥船通报水位，以便控制挖深。

(10) 排泥管线敷设。

1) 设计排泥管道主干线沿深圳河南岸架设，险要工段敷设钢架和混凝土墩支撑，管道转弯段以弯管或软管连接，每隔400m设1个水陆接头。弃渣场主管道沿旧深圳河右岸架设，各吹填区支管道与主管道以三通连接，并设活动闸阀，以便随时变换出泥口，合理弃置污染土。

2) 输泥管线由深圳河南岸跨落马洲旧河曲到北岸时，采用定点沉底潜管连接。

3) 排泥管由水上运到施工现场，岸管架设由熟练管道工配小型吊机和手拉葫芦安装。

4) 水陆接头施工由熟练管道工配吊机和锚艇组装。

5) 1450m³/h型绞吸式挖泥船自备500m水上浮筒管线。水上管线的拆装由挖泥船甲板工自行负责。

6) 开挖过程中深圳河不能封航，为此应采用自动起浮式水下潜管，以满足航道运营。

7) 由于输泥管线较长，最长距离已达1450m³/h型绞吸式挖泥船排距极限，生产效率已很低，为确保工期，提高生产效率，在CH3+000附近设置一个接力泵，提高输泥能力，以满足本标段环保和质量要求。

(11) 施工放线。开挖前根据复测污染土分布图，沿开挖轴线，每隔25m分别设置水上中线标旗和开挖边线标旗，挖泥船开挖施工中每个开挖断面前至少应有两个断面标旗。弯道段适当加密样标，每个开挖折线段沿开挖单道轴线延伸到岸边设置中线旗，以便挖泥船在转折部位的操作驾驶。

(12) 开工展布。样标放好后，挖泥船由拖轮拖带，测量人员指挥就位。

6.1.3 主体工程施工

(1) 污染土开挖。根据工程实际，为减少施工过程污染土的再悬浮扩散及降低施工时的噪声污染，本工程采用1450m³/h绞吸式挖泥船进行污染土开挖施工。

1) 污染土开挖采用分段、分道、分层的开挖方式，施工中坚持稍超勿欠的原则，每段100m。

2) 每过一个转折点，挖泥船均要重新就位。

3)根据污染土分布平面和剖面图,挖泥船开挖时在不同桩号段采用不同的开挖方式,CH0-200～CH0+200 双道双层开挖;CH0+200～CH0+800、CH3+000～CH3+400 三道双层开挖;CH0+800～CH1+700 双道三层开挖;CH1+700～CH3+000、CH3+400～CH4+140 双道双层开挖。

4)开挖前,预先算好各段不同开挖深度、挖宽与摆角的关系,供驾驶人员操作使用。由于污染土分布的不均匀和绞吸挖泥船断面开挖的特殊性,污染土开挖施工中,部分非污染土将一起被疏浚,部分岸坡污染土将安排在高潮位时开挖。

5)齿槽开挖。根据河道开挖剖面图,CH0+900～CH1+350 段左岸的齿槽部分仍是污染土。为尽量减少污染土开挖的扩散,施工仍采用绞吸式挖泥船施工。

6)污染土开挖完成后,复测水下地形图,绘制与原始断面相应桩号断面图,核算污染土开挖工程量。

(2)污染土运输。污染土全部通过绞吸式挖泥船输泥管道密闭运输,分道开挖时采用自动起浮式水下潜管施工,保证河道船只畅通。

(3)污染土处置。总弃置污染土量 68.6 万 m^3,铺设滤水层碎石约 15.2 万 m^3,沙垫层 11.4 万 m^3,在第二、第三层污染土吹填时修筑低土埝需土方 4.5 万 m^3。根据污染土弃渣场实际地形,旧福田河以东为东区,旧福田河以西为西区,安排东区弃置污染土 23.8 万 m^3,西区弃置污染土 44.8 万 m^3。

1)污染土弃置淋溶水处理过程见图 6-2。

2)为增加吹填区尾水滞留时间,降低尾水中的悬浮颗粒,提高退水质量,减少退水污染,同时使吹填泥面趋于平整,在第一层污染土吹填后,利用原水塘土埝对较大水塘重新修筑堤埝,使之分成若干吹填小区。

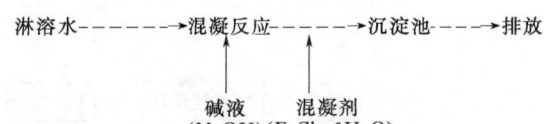

图 6-2 污染土弃置淋溶水处理过程图

3)在进行污染土第二、第三层吹填时,按设计要求,区内要分成若干 60m×80m 的污染土脱水隔离池,以便于污染土沉淀脱水。隔离池土堤填筑料取本标段北岸开挖土料修筑,由泥驳运至落马洲弃渣场预定存放区,并采取必要的环保措施,防止流失。修筑时由反铲或装载机装翻斗车运料,湿地推土机平整、压实并整修成形。

4)过滤层铺设。碎石、沙全部用皮带船由水路运输卸到预先设置的存放区,由装载机装自卸汽车运至施工现场,分区铺筑。第一层过滤层铺设由自卸汽车直接运至弃渣场内,人工配合推土机平整铺设;第二、第三层碎石、沙、过滤层铺设时,首先平整场地,由小型反斗车装料运输,湿地推土机结合人工进行铺设。

5)污染土吹填时合理布置排泥口,排泥口应布置在距退水口相对较远的位置,以增长泥浆流程,延长沉降时间,保证退水质量。

6)排泥管口上仰伸出围堰应大于 5.0m,以防止吹填泥浆回流冲刷围堰造成塌方,排泥管口处围堰内坡需用沙袋防护。污染土开挖中掺带部分非污染土,其沙土含量较高,容易在管口堆积,故排泥口轮流使用,可使吹填完工面趋于平整。

7)进行第二、第三层污染土吹填时,在排泥口附近的碎石、砂石过滤层上铺设过滤土工布,并在泥浆直接冲击处再铺放苇席,以分散泥浆冲击力,确保排泥口处的过滤层不被冲走。

8) 吹填时按分区采用多级沉积、检测的方法,各吹填区交替使用,使污染土有足够的时间沉淀,提高退水质量,方便过滤层铺设。

9) 退水口前设置拦污网,拦截水中漂浮物并及时清理。

(4) 污染土余水排放控制。在污染土疏浚吹填过程中,部分细小颗粒淤泥极易形成胶体悬浮物,在自然条件下沉淀时间较长。施工中根据水质检测 SS 值情况,若有超标及时向吹填区内投放化学药剂(生石灰等),以解决悬浮污染土沉淀和超标排放问题。

1) 严格按规范要求采购、储存、管理化学反应药品（$NaOH$；$FeCl_3 \cdot 6H_2O$）。

2) 从污染土吹填区采集淋溶废水做沉淀过程试验;从第Ⅱ储水区取样化验淋溶废水的重金属含量,以确定污染土废水是否需进行淋溶处理。

3) 若重金属含量超出规范要求,则污染土废水排放到深圳河以前必须进行淋溶处理,并及时提供处理计划、方案和结果报告。

4) 对已淋溶处理而检测仍不合格的污染废水,经水渠再次流入反应槽进行第 2 次淋溶处理,直至达到排放标准。

5) 污染土余水排放控制过程见图 6-3。

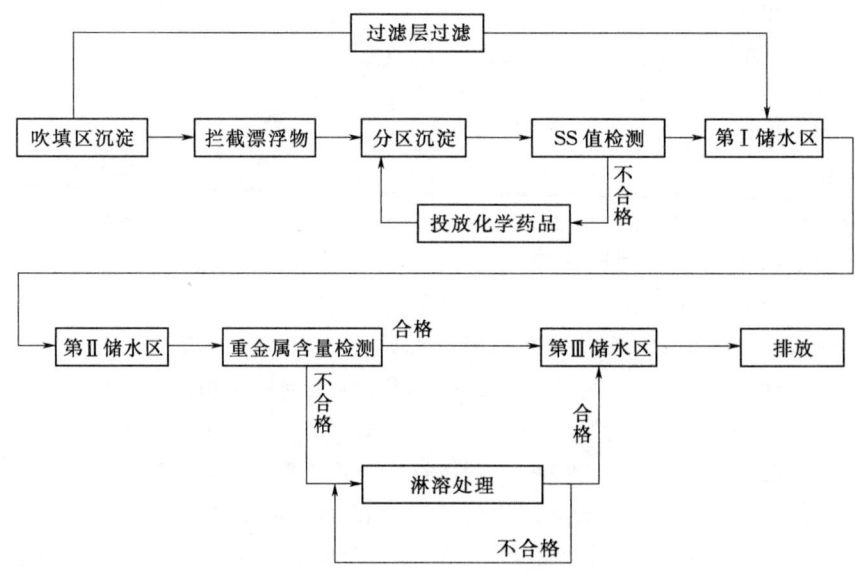

图 6-3 污染土余水排放控制过程图

6) 淋溶水处理。

A. 对污染废水进行化学药品吸附重金属的效果试验,并编制报告,制定药品的投放计划、投放量和投放工艺。

B. 按淋溶水处理程序投放需要量的化学药品。

C. 清理沉淀池内沉淀物并按规范要求埋置于指定地点。

D. 设置淋溶废水泄水口,处理后的非污染水排入深圳河内。污染土弃置淋溶水处理过程见图6-2。

E. 超标淋溶水经水渠流入处理站，再往混凝反应池内与投加的碱液（或石灰乳）和铁系凝剂进行混凝反应，然后淋溶水进入沉淀池沉淀，出水达标排放。

7）为保证高潮位时正常施工，在第Ⅲ储水区设置大功率抽水泵，及时把合格尾水排入深圳河。

（5）污染土覆盖。

1）污染土覆盖。污染土吹填完成后，须覆盖至少厚1.0m非污染土。覆盖土采用1450m³/h绞吸式挖泥船开挖吹填，施工时分区吹填，逐级沉淀，以便于场地平整等后续工程施工。待吹填土方脱水固结后采用TS220推土机平整压实并达到表面设计要求。

2）排水设施。污染土覆盖工程验收后，按施工图纸设计要求，弃渣场内及周边修筑浆砌石排水沟，共计8000m。全部用料自水路运输，采用75号砂浆砌石。施工顺序为：测量放线、设标→基础开挖→沙、石料运送→砂浆拌和→砌筑→抹面→养护→回填。

3）网格状绿化。污染土覆盖工程验收后，结合排水沟修筑，及时按落马洲弃渣场环境保护工程施工图进行网格状喷草绿化。喷草绿化带宽2.0m，间距20m。

6.1.4 安全技术措施

6.1.4.1 安全风险分析评价

（1）该工程不同于其他水利工程项目，施工中将有较多的限制条件，涉及诸多部门，如深圳、香港双方的边境管理、港务监督、环境保护、水上交通、城建管理等部门。如果在施工安全方面处理不慎，其后果将非常严重。

（2）深圳地区位于南部沿海地带，处于珠江三角洲的南端，属于南亚热带季风海洋气候，雨量充沛，每年都有3~5个台风在该地区登陆。当雨季降大暴雨时，由于深圳河现有的泄洪能力有限，将可能造成洪水泛滥灾害。

（3）本工程工作量大、工序繁杂、工期紧迫、施工人员多而杂，高峰时施工人数近千人，配备的机械设备数量和种类多，仅大型施工机械、船舶高峰期将达到近百台（艘）。同时，由于本工程在施工期间，深圳河不能断流、断航，而皇岗、上步两码头等来往停靠的船只较多，存在着施工与过水、通航的矛盾。这些隐患容易引起船舶碰撞、翻沉事故风险。

（4）另外，本工程施工场地较狭窄，生活区紧靠深圳河，深圳河的污染状况及四周的虫害也将或多或少影响施工人员的身心健康。

综合上述评估，充分认识到工程有诸多不安全因素。施工过程中要变被动为主动，想方设法克服不安全因素，做到严格、周密、谨慎地协调和处理，达到安全文明施工的目的。

6.1.4.2 洪水、台风及高温等恶劣天气防护基本措施

（1）成立抢险救援小组，定期进行训练，随时听候调用。

（2）事先做好防台防洪的应急方案，方案中应包括人员、组织、机械、交通、通信、疏散、物资、抢险、医疗、善后等方面。

（3）汛期（每年5月15日至10月15日），工地安全部保持24h的值班，由专人收听并记录深圳、香港两地的天气预报和台风警报以及深圳各水库的排洪情况、每日潮水位

置。根据以上进行综合分析，做出防台防洪的紧急准备。

（4）汛期前，对所有输变电线路、用电器进行检查和维修。

（5）汛期前，对施工区内、生活区内的排水系统进行疏通和清理。

（6）洪水来临前，应将所有施工机械撤离到安全地方，对河里的临时施工设施进行加固。

（7）洪水来临前将所有建筑材料集中堆放，并适当维护。

（8）台风来临前，对临时工棚进行加固，系好缆风绳。

（9）听从公司防台防洪指挥部的统一指挥，必要时，服从三防办的统一调度和指挥，以保障深圳市河堤防的安全。

（10）台风洪水过后，对发生险情的堤段进行维修、加固，对决口段迅速组织堵口复堤，及时做好善后工作。

（11）在台风洪水期间，工地医疗站也应一起投入到防台防洪工作中，负责救治伤员工作。

（12）在气温超过35℃时，应对作息时间做出调整，避开中午的高温时间，并向员工供应消暑饮料等。

6.1.4.3 专项安全技术措施

（1）收集掌握水情雨情。防台防洪度汛小组与业主、工程主任、市三防办、气象台、水文站（潮位站等）建立通信网，及时接受业主的防洪抢险指令，掌握雨情、水情、险情报告。

1）防台防洪度汛小组主动与业主、工程主任、市三防办、气象站、水文站等单位联系，及时掌握深圳地区的水文、气象、台风、洪水预报，估算深圳河洪水将出现的时间与水位高度。

2）在汛期，特别是洪水期间，防汛人员要密切注意防洪度汛工程的变化，遇到问题随时研究处理。

3）洪水期间，随时注意市防洪（潮）预警系统。在洪水对居民安全、财产有威胁时发出警报，采取度汛安全防范措施。应对各种洪水，事先都要有万无一失的对策。

（2）主体工程防洪度汛技术措施。综合分析深圳河历史统计水文资料及在工程施工期间了解的水位资料，结合本工区的总体规划布置和施工进度计划安排，防洪措施为疏浚河道、修筑堤岸、充分准备、做好防护。

1）防洪度汛材料准备。

A. 物资准备。做好防汛抢险物资器材的组织、供应和运输工作。根据可能发生险情和抢护时采取的方法，各工段必须储备一定数量的防汛器材、物资，以备急用。主要物资包括土石料、钢材、木材、塑料布、尼龙编织布、草袋、绳索等。

B. 交通准备。汛期保证工区内外道路、交通畅通，设备完好，以备人员、设备、物资调运。

C. 通信的准备。在洪水期，往往伴有暴风雨，有线通信易遭破坏，对外对内联系必须采用无线电通信，配备足够的移动电话和对讲机。

2）落马洲弃渣场防洪度汛措施。落马洲弃渣场防洪度汛的主要任务是：防止污染土和污染废水的外泄扩散造成环境污染,确保按设计处理后再排水、覆盖、埋置。主要度汛措施如下。

A. 洪水到来前,检查并加固、加高围堰,修整边坡,减少雨水集中冲刷,确保洪水期围堰的安全稳定。

B. 沿周边围堰修筑排水沟,检查、维修排水闸门,使其正常运作,保证各排水渠道畅通。

C. 针对落马洲弃渣场安全度汛,成立一支巡察抢险队,昼夜巡逻,发现问题立即上报防洪度汛领导小组,以便及时妥善解决。

D. 洪水到来前,在险工段存放足量的防洪抢险物资(木材、钢材、编织袋等),以备急需。

E. 检查并维修淋溶处理池、存药房;购买并储存足量的化学药品。

F. 汛前清理淋溶池沉积物,并按工程主任指定地点埋置;对已脱水处理的污染土吹填区及时进行非污染土覆盖,修筑排水沟渠、喷草绿化,以利于水土保持。

G. 检查并修补污染土覆盖层和网格状喷草绿化,防止水土流失;清挖、疏通排水沟。

H. 检查并清挖落马洲旧河曲两岸排水渠道和植被绿化,发现问题及时解决。

3)抢险措施。

A. 堤坝防漫顶措施。根据预测洪水位和堤坝填筑的实际情况备足编织袋,在堤坝的适当地段备足土石料。如果暴雨过分集中,洪水宣泄不畅,水位壅高较快,根据上游流量、水情和气象预报等,洪水位可能高于临时防洪堤坝,将会出现漫顶危情时,采用抢筑堤堰、增加挡水高度的办法处理。若遇有特大洪水,险情段堤坝漫顶在所难免,届时将根据预报情况,全力抢护堤坝,提前在新筑堤坝上覆盖尼龙编织布或塑料布,以防洪水冲刷毁坏堤坝。

B. 防风浪冲击措施。洪水持续时间较长,不能迅速退下,没有护砌的堤坝极易受风浪冲击而破坏。为此,根据实际情况采用铺设尼龙袋、尼龙布等防浪冲刷措施。

采用草袋防浪时,用草袋或麻袋(尼龙袋)装土或沙70%左右,放置在波浪上、下波动的部位,袋口用绳缝合,并互相叠压成鱼鳞状。

采用尼龙编织布防浪时,将卷好的编织布分段,一边打孔穿绳,一边坠以石块、金属等重物。在堤顶或背水坡打木桩,将分段准备好的编织布铺放于迎水堤面上,上面用绳子固定于木桩上,使风浪直接冲击编织布,从而保护堤坝。

(3)皇岗大桥桥墩防冲撞措施。为防止大洪水时施工船舶走锚漂移或上游漂浮物冲撞桥墩,采取将桥墩周围预设钢结构架防护的方法,保证桥墩的安全。

(4)水上施工设备度汛措施。

1)物资准备。

A. 充分利用水上现有设备,备足钢丝绳、锚链、靠球,旧轮胎等安全抢险物资。

B. 施工船舶现有救生设备和器材,要进行清点检查,损坏或不足部分,应提前修复或配齐,以确保度汛抢险时运用可靠。

C. 提前做好机动船只和陆上交通设备的维修和保养工作,使之处于完好状态,以备度汛抢险急用。

D. 各施工船舶都需配备无线电话，保证对外通信线路的畅通，以便度汛期间与港务监督部门、公司保持24h联系。

2) 施工船舶度汛停泊位置准备。提前选择好水上施工设备度汛停泊位置，并将其停泊位置通知港务监督部门、航道等有关部门和工程主任，以取得他们的支持和帮助。

3) 临时渡河设施保护措施。

A. 台风、洪水期暂时不使用的浮码头集中停泊于河道较宽、水流较缓的皇岗码头附近，浮码头水上集体抛八字锚定位，缆绳留有富余量，避免洪水时水位过高走锚而被洪水冲走。

B. 汛期使用的浮码头在其两头位置各打1根钢桩，用钢缆套住，使之可以上下浮动而不能水平移动，以便于应用。

4) 水上设备度汛停泊技术措施。

A. 水上设备应避开主航道，逆水停泊。

B. 挖泥船停产期间绞刀头必须提出水面，绞刀头正前方可抛一只锚，船头和船尾两边各抛一只锚以固定船位。水上浮筒管线拖至水流较缓、水域较宽的地方抛锚停泊。

C. 挖泥船、趸船反铲停产度汛期间，严禁定位桩双桩下落。当浪高小于0.6m时，可放下一根定位桩；当浪高大于0.6m时，应将两根桩全部提起，用锚或缆桩固定船位。

D. 各船舶停产度汛期间，应按规定悬挂停泊信号，防止其他机动船泊碰撞。

E. 拖轮或锚艇、交通艇等应紧靠挖泥船停泊，要随时注意停泊区水流和水位的变化，以及时调整船位。

F. 挖泥船、抓斗船、趸船停泊方向尽量与水流平行，在船位调整到与水流方向基本一致后再固定各个锚缆。

G. 洪水过后，随时掌握水位下降趋势，以便及时转移船位，防止船舶搁浅。

H. 水上施工设备停泊位置。绞吸式挖泥船、抓斗船、趸船反铲及其配套船舶停置于上步码头、皇岗码头或水流较缓（小于1.0m/s）有足够水深的区域。主要施工船舶基本水深要求见表6-4。避台风时，水上施工设备停泊区域水深应大于2倍的吃水深度。

表6-4　　　　　　　　　主要施工船舶基本水深要求表

序号	船舶类型		吃水深度/m	富裕水深/m	基本水深需求/m
1	趸船反铲	0.5m³	0.85	0.4	1.25
2	绞吸式	1450m³/h	2.00	0.5	2.50
3	泥驳	100～300t	1.80～2.20	0.4	2.20～2.60

（5）工地安保措施。

1) 在工程施工前，由保安安全部组织全体人员学习深圳、香港两地政府关于边境地区的规定、政策和相应法律；认真阅读、理解招标文件上有关保安的规定，理解和履行保安的职责。

2) 所有参与工程施工的人员由保安部审核，办理前往治河工地作业证，并为施工人员办理边防部门的证件，如边境地区临时作业卡、下海证、船民证等。

3) 进入工地施工的所有船只（包括挖泥船、工作管理船）等均须在首尾两端悬挂公司大幅旗帜，以供识别和保安工作。

4）进入工地施工的所有车辆和施工机械等均须办理工地作业证；施工机械需悬挂公司大幅旗帜，以供识别和保安工作。

5）所有参与本工程的施工人员，建筑机械及所需物料必须由所设施工出入口进出工地。

6）香港一侧工地的安保措施：①购置或租用船只，由持证明专业人员驾驶船只过河；②去香港一侧的施工人员，不能超越香港侧工地围网范围；③前往香港一侧工地施工作业的人员必须凭《深圳经济特区下海证》前往作业地点；④对《深圳经济特区下海证》实施统一管理，一般由各施工队长统一保管，过境作业时在码头分发给个人，由保安人员验证放行，去香港一侧工地后由工地领队统一收缴保存，并在保安人员陪同下进行有关工作，确保他们的活动不超出工地范围；⑤去香港一侧施工作业，均指定领队人，工地负责人，领队人负责填写《去香港一侧工地作业情况登记汇报表》，返回后当天送到工程安全保安部。

6.1.5 环境保护措施

（1）环境影响评估。下河段施工环境特殊，右岸是深圳经济特区福田保税区和皇岗码头，左岸为香港新界。下河段毗邻深圳湾河口处，是具有国际性意义的湿地，米埔、福田自然保护区尤其具有高度的环境敏感性。在施工过程中对周边环境和生态平衡带来的影响主要有以下几个方面。

1）施工噪声。主要来自施工动力机械设备的运作及车辆运输等过程。本工程部分地段周边居民、商铺较多，施工会对居民生活造成一定影响。

2）施工粉尘。主要来自土石方挖掘、回填、运输，多尘料的装卸、运输及混凝土配料等施工过程。由于本工程陆上施工设备相对较少，施工中采取洒水等措施基本可以控制粉尘污染。

3）污水污泥废弃物料。包括对污染土泥浆的处理，以及污水、废弃物料的排放等。本工程污染土运输通过绞吸式挖泥船排泥管线输送，全程密闭，不会产生泄漏，污染基本可以控制。弃土场周围修筑有密闭围堰，也不会产生渗漏和塌垮情况。弃土场退水口设有加药设施，并安排专人看管，及时取样分析，水质不达标不排放。对水体环境的二次污染可以完全控制。

4）生态环境。来自鱼塘面积的减少，绿地和植被面积的减少，以及部分鸟类迁移等。施工期间会有影响，可采取措施尽可能减少破坏，工程后期按合同约定进行恢复。

（2）水质污染控制措施。本工区可能造成水质污染项目主要有疏浚工程产生的水质污染和生活废水排放污染等。

1）疏浚过程的水质污染控制措施。

A. 泥沙再悬浮控制。泥沙再悬浮将对水质尤其是下游水质造成影响，为减少泥沙再悬浮，弃置到落马洲弃渣场的河道开挖物料将以绞吸式挖泥船开挖为主。另外，在保证质量与进度的前提下，疏浚作业将主要安排在小流量与低潮位时进行。在疏浚淤泥质土层时，采用绞吸船绞刀慢绞动横移抽吸的办法，以降低沉积物再悬浮污染。

B. 输送淤泥的排泥管道在安装前应仔细检查，有破损的坚决不用。安装时还要保证密闭性良好，保证不发生泄漏现象，一旦发现应立即停止疏浚，检修排泥管道。

C. 抓斗挖泥船施工时采用密闭式抓斗，采取合理的操作程序，降低抓斗的提升速度，将泥沙的再悬浮降低到最低程度，以减少疏浚过程中沉积物的再悬浮和污染物的再释放，禁止在多雨季节进行疏浚工作。

D. 在枯水期抓斗船疏浚施工时，应在施工段上游 200m 和下游 500m 处布设防泥帘幕，横跨河道整个断面，以有效防止再悬浮泥沙向上下游迁移。挖泥工程进行时防泥帘幕保持关闭，并加以保护维修。

E. 使用抓斗船开挖河道时，采取涨潮时施工，退潮时不施工的方法，有效地防止了污泥向下游河口地区扩散。

F. 控制每月的水下开挖量不超过 40400m^3。若水质监测结果超标，则应降低开挖强度 10%，如水质仍未达标，则继续降低开挖强度，直至水质达标。

2) 落马洲弃渣场环境保护措施。落马洲弃渣场环保工程包括污染土弃置、污染土的脱水措施、污染土淋溶废水的处理和弃渣场的水土保持措施。弃渣场的水土保持措施主要为纵横向排水沟设置和填土区网格状草坪种植。

A. 污染土弃置按设计图纸所示的位置及要求严格执行，污染土和非污染土分层弃置。当下层污染土脱水固结后，方可填上层污染土或非污染土。

B. 污染土在弃置时，从远至近分块进行，污染土填置完毕后尽快覆盖非污染土（覆盖层厚度大于 1m）。

C. 脱水措施包括铺设粗沙层、碎石层，按设计图纸严格执行。污染土淋溶水中重金属含量达到表 6-5 所示标准时方可排入深圳河。

D. 中华人民共和国地面水（Ⅴ类）环境质量标准见表 6-5。

表 6-5　　　　　中华人民共和国地面水（Ⅴ类）环境质量标准表　　　　　单位：mg/L

参数	铜（Cu）	汞（Hg）	镉（Cd）	锌（Zn）	铬（Cr）	铅（Pb）
标准	<1.0	<0.001	<0.01	<2.0	<0.1	<0.1

E. 超标淋溶水经水渠流入处理站，与混凝土反应池内的碱液（或石灰乳）和铁系混凝土剂进行混凝反应，然后再进入沉淀池沉淀，出水达标后排放。由于处理后的淋溶水的 pH 较高，须调整至Ⅴ类标准（pH=6～9）方可排放。

3) 水质监察。

A. 施工期水质监察的启动、行动和极限水平规限见表 6-6。

表 6-6　　　　　　施工期水质监察的启动、行动和极限水平规限表

水平	规　限
启动水平	控制点 SS 含量同时超过下列水平： (1) 同一监测日内对照点平均 SS 含量的 130%（即：SS+SS×30%）； (2) 基线调查均值加 2 倍标准差
行动水平	在 2 个连续监测日中监测点的日平均 SS 含量均高于该河段的启动水平
极限水平	在 3 个连续监测日中监测点的日平均 SS 含量均高于该河段的启动水平

注　SS 含量平均值与标准差由工程主任和环监组长根据基线监测结果并参考相关资料后确定。

B. 在施工中如果发生水质超标情况，将立即采取措施及行动，分析解决超标原因，实施纾缓措施，其行动计划见表6-7。

表6-7　　　　　　　　　　　施工期水质监察行动计划表

事件		行　动　计　划		
		环监组长	工程主任	承建商
启动水平	1个或多个连续监测日达到或超出	1. 现场复查监测结果； 2. 识别影响源； 3. 通知工程主任和承建商； 4. 检查监测数据、实验室和仪器设备以及承建商工作方法； 5. 与工程主任及承建商讨论纾缓措施	1. 与环监小组和承建商讨论建议的纾缓措施； 2. 批准纾缓措施的实施； 3. 评估纾缓措施实施的效果	1. 以书面形式通知工程主任不能服从的通告条款； 2. 更正不当作业方式； 3. 检查施工设备； 4. 3个工作日内向工程主任建议纾缓措施并与工程主任和环监组长讨论； 5. 实施经许可的纾缓措施
行动水平	A. 1个监测日超出	同启动水平，另增加：超标的第2天继续监测	同启动水平	同启动水平，另增加：考虑更改施工方法
	B. 2个以上连续监测日超出	同行动水平A，另增加： 1. 监督纾缓措施的实施； 2. 准备提高监测频率至每天监测	同行动水平A	同行动水平A
极限水平	A. 1个监测日超出	1~6同行动水平B，另增加：每天监测直至不超标为止	同行动水平B，另增加：指令承建商仔细检讨工作方法	同行动水平A
	B. 2个以上连续监测日超出	1~6同行动水平B，另增加：每天监测直至连续2d不超标为止	同极限水平A，另增加：如需要，将考虑通知承建商停止或放慢全部施工或部分施工的进度	同行动水平A，另增加：按工程主任的指令放慢或停止全部（或部分）施工活动，直至超标停止

（3）噪声污染控制。施工噪声需控制在合同规范条款所指定标准及条例要求的范围之内，施工过程中从以下4个方面采取措施，对噪声污染进行控制。

1）合理安排施工计划。

A. 合理安排施工计划，以使动力机械设备的使用能够较均匀地分布在限定的工期和施工场地上，尽量避免在同一地点、同一时间集中使用大量动力机械设备。

B. 禁止在规定的工作时间之外进行施工活动，如确实有例外的需要，在限制动力机械设备使用的基础上需对噪声影响做出详细评估，并得到工程主任的许可。

2）采用低噪声设备。

A. 固定的机械和运动机械如挖掘机、推土机和自卸货车可通过消音管和隔离机器的振动部件来降低噪声。产生噪声的部件可部分或全部封闭以使噪声降低。超静空压机组，可从底座采用隔音内衬、隔音材料和抗振纸板，把发动机和空压机隔离开，以减少振动面板的振幅。

B. 维持动力机械良好的运行状态，一切动力机械设备均应适时维修，避免维修不良的设备因松动部件振动或降低噪声部件（如消音器）的损坏而产生很强的噪声。

C. 动力机械设备的停放与行驶路线尽可能远离敏感受体，闲置的设备应关闭或减速。

3) 设置噪声屏障。施工工地靠近市区居民一侧修建围墙与周围环境隔离，混凝土预制场地、仓库及办公室、宿舍同样布置在靠近市区一侧，以形成人为的隔离屏障，降低并减少对周围环境的影响。

4) 噪声监察。

A. 在施工中，深圳、香港两侧噪声监察的启动、行动和极限水平都有规定及要求（见表6-8）。

表6-8　　　　　　　　施工期间噪声的启动、行动和极限水平规限表

启动水平	行动水平	极限水平	
		香港侧	深圳侧
在19:00—7:00间接到一起噪声扰民投诉	非节假日及周末 7:00—19:00 19:00—23:00、节假日及周末 7:00—23:00 23:00—7:00	香港方：一周内接到1起以上噪声扰民投诉； 深圳方：一周内接到同一噪声源的3起投诉	同一测点连续2次超出75dB(A) 同一测点连续2次超出70dB(A) 同一测点连续2次超出55dB(A)	一周内接到同一噪声源4起以上投诉

注　施工现场附近有学校（罗湖公立学校），除考试期间学校附近的监测点实施监测外，其极限水平（昼夜）应降至70dB(A)（非考试期间）和65dB(A)（考试期间），此规定亦适用于深圳一侧。

B. 在施工中如果发生噪声超标及扰民情况，将立即采取措施及行动，分析解决超标原因，实施纾缓措施，其行动计划见表6-9。

表6-9　　　　　　　　　　施工期噪声监察行动计划表

水平	行动计划	
	环境监察与审核小组组长或工程主任	承建商
启动水平	1. 通告承建商； 2. 调查分析超标准原因； 3. 要求承建商采取一定的纾缓措施	1. 调查分析超标原因，找出解决办法，并形成书面报告； 2. 实施纾缓措施； 3. 检查实施效果，是否还需改进
行动水平	1. 通告承建商； 2. 调查分析超标准原因； 3. 要求承建商提出纾缓措施并增加监测频率，以核查纾缓措施效果	1. 向工程主任和环境监察与审核小组组长提交1份调查分析报告及纾缓措施； 2. 实施纾缓措施； 3. 检查实施效果，是否还需改进
极限水平	1. 通告承建商； 2. 通知深港环保局（署）； 3. 要求承建商实施纾缓措施并增加监测频率，以核查纾缓效果	1. 实施纾缓措施； 2. 跟踪检查实施效果，是否还需改进； 3. 向工程主任和环境监察与审核小组组长提交实施纾缓措施后的效果材料

6.1.6　工程效果

（1）施工历经了3个年度，施工期间跨两个汛期。施工期间工区根据汛情的特点，防洪度汛工作采取主动控制、早研究、早布置、早着手、早落实，防患于未然。整个施工期间未出现安全事故。

（2）施工期间针对污染底泥的疏浚与处置制定的技术措施与施工方案切实可行，满足了合同文件约定的工期和质量要求。

（3）制定的环保技术措施在施工期间得到有力地执行，未出现投诉情况。

6.2 马来西亚古晋DLIP工业园区场地工程

6.2.1 工程概况

（1）基本情况。DLIP工程位于马来西亚沙捞越州州府所在地古晋市，取沙区在沙捞越河石金岗处，吹填区在其左岸，共分为8个小区，吹填区面积约340英亩（约1.4km^2），吹填土质要求为含泥量不超过30％的沙，吹填方量约320万m^3，吹填土厚度平均为1.2m，吹填区平整度要求为±0.2m。平均排高为5.2m。工程合同工期自1998年3月5日至1999年9月5日，共18个月。

（2）施工设备配置。该工程所用设备为海狸3800（又名德盛号）与4604（又名德源号）两条绞吸式挖泥船，其中以海狸3800船为主进行施工。辅助船舶为1条1200马力拖轮，330马力和160马力锚艇各1条。

（3）工况条件。DLIP工程工况条件极为恶劣，主要表现在以下几个方面。

1）水文。工程所在地距河口仅十余公里，受潮汐影响较大。该地潮汐为规则半日潮，最大潮差达到6m。大潮时，潮涨潮落来势汹涌，加之在取沙区上游约2km处有一支流和一大型拦潮闸，每到退潮时拦潮闸便开闸放水，更加快了水流速度，实测最大流速达到2.1m/s（但并非该河段的最大流速）以上。而海狸3800挖泥船所在取沙区正好位于一上宽下窄的喇叭口处，受到水流直接的强烈冲击。

2）气象。工程所在地属热带海洋性气候，雨水充沛，有时狂风暴雨，有时又阴雨连绵。如果退潮时正赶上风雨天气，或上游来水较多时，水面波涛起伏，水流情况就更为险恶。

3）地质。取沙区土质以粗沙为主，部分区段夹杂大量砾沙、卵石、块石。地质剖面较复杂，泥沙分层交替出现，薄厚不一，大部分区段为厚约2m的土层所覆盖。取沙区内杂物较多。

4）交通。沙捞越河为马来西亚第一大内陆河，河中大小船只往来穿梭，交通运输极为繁忙。取沙区边缘距航道较近，施工安全性较差。

5）排距。工程最远排距为3.5km，平均排距为2.2km，水上最短排距为500m，最远排距达到1300m。

6.2.2 难点分析

此项工程自开工伊始就面临了巨大的困难，恶劣的施工条件使参加工程的所有人员和设备都面临严峻的考验。这些困难突出表现在以下几个方面。

（1）设备安全问题。由于水流湍急，退潮时最大流速达到2.1m/s以上，已远远超过海狸3800挖泥船与4600型船规范所允许的1.6m/s最大流速值，而当时海狸3800挖泥船所配浮筒锚仅为6只重600kg巴尔特锚，此种锚抓重比仅为2～4，4604型挖泥船

（4600型挖泥系列的一种）当时所配浮筒锚也仅仅是几只重800kg的抓重比为2~6的霍尔锚，而水上浮筒又都在600m以上，也超出了规范允许值，要以如此轻小的锚去抵抗强大水流的冲击，确实令人难以想象。

开工初期走锚后水上管线（全部为浮体管）全貌见图6-4。水面波涛汹涌，浮管上下游水位差达到30cm以上，最严重时浮管在水流的冲击下在水中上下跳动，一会被压入水面下，一会又跃出水面。

图6-4　开工初期走锚后水上管线全貌

走锚后胶管被拉伸变形的场景见图6-5，照片中胶管内径为650mm，被严重拉伸变形，而图中所反映的已是水流较平稳时的景象，根据现场观测与测量情况，最严重时胶管外径被拉伸到仅剩略大于200mm。

走锚后钢缆被拉断的场景见图6-6。钢缆是为保护鹅颈管后胶管设置的，粗24mm。

图6-5　走锚后胶管被拉伸变形的场景　　图6-6　走锚后钢缆被拉断的场景

湍急的水流不仅使水上管线遭受了严重破坏，走锚后的管线对船体所产生的侧向拉力，使船体向管线一侧倾斜，不仅影响到船舶的稳定，同时还影响到船体结构的安全。另外,胶管一旦被拉脱,在水流的冲击下便会快速甩向下游,不但会干扰过往船舶的正常航行,严重时还存在发生海上事故的可能。

(2)沙源问题。由于取沙区沙层薄厚不一,而沙质又有明确要求,加之潮差较大,不少区域又有软弱泥层出现,因此挖深也受到限制。另外,业主划定的取沙区靠近岸边近宽150m的区域经开挖发现主要为淤泥质黏土,不能满足工程需要,使原本就已非常紧张的沙源,出现了近100万 m^3 的缺口,而合同规定沙源缺口部分由施工方承担。所以,沙源的严重不足也成了困扰施工的一大难题。

(3)进度问题。DLIP工程原定由一条海狸3800挖泥船实施,但开工后发现实际的进度与投标时所预测的相去甚远,经分析主要影响原因如下。

1)工况条件和投标时现场勘察所掌握的情况截然相反,涨退潮时,特别是退潮时湍急的水流不仅使挖泥船根本无法施工,而且还使挖泥船随时面临倾覆的危险。水流平稳后,又要花费大量的时间整理水上管线与管线锚,使得每日因水流影响而造成的停歇时间占了近2/3。

2)走锚后变形受损胶管的承压能力大幅下降,开机生产后破损频繁,湍急的水流和风浪的影响又增大了胶管更换工作的难度,更换胶管的时间较之以往耗费了更多。

3)由于沙源中泥土含量较高,约占到30%,业主(该项工程的围堰和退水口由业主负责管理)为了保证吹填沙的质量,有意将退水口开得很低,甚至降到了比吹填区底高程还要低2m左右的程度,使得细颗粒土大量流失,影响了生产效率。

4)由于沙捞越河内过往船只极多,海狸3800挖泥船取沙区所在位置以前又是一锚地,大量遗弃的轮胎、缆绳、帆布、石头、木材、渔网、沉船等遍布其中,每日处理吸泥口或泥泵内的堵塞物少则4~5次,多则10余次,有时刚一合泵开挖又不得不脱泵进行处理,严重降低了生产效率。

5)由于业主未提供地质资料,投标时按中细沙进行考虑,但实际上取土区土质以粗沙为主,部分区段还夹杂着大量的砾沙、卵石、块石,不仅使生产效率大幅下降,而且还加剧了泥泵和排泥管线的磨损,造成了泥泵和管线的频繁拆检、修补与更换。

6)500~1300m长的水上管线加大了抛锚固定的难度,也增加了管线维护和管理的工作量,同时还增加了管道内的阻力损失,降低了生产效率。

(4)泥泵部件损耗严重问题。由于取土区土质以粗沙为主,部分区段还夹杂着大量的砾沙、卵石、块石,开工生产后泥泵因磨损和汽蚀等造成部件损耗严重,平均每周都得拆检一次,每次都需要3d左右时间,严重影响了生产进度。

6.2.3 技术措施

从上述分析可知,设备不安全、沙源不足、生产效率低下、泥泵部件的损耗是困扰DLIP工程施工的最主要、最关键的问题,对此主要采取了以下一些措施。

(1)优化施工总布置。

1)土方调配。由于工程实际与所预想的偏差较大,因此为保证能按期完工,在开工2个月后决定将4604型挖泥船调入,与海狸3800挖泥船共同承担此项工程。由于海狸3800挖泥船挖深比4604型挖泥船多2m,而上游吹填量较大,施工布置时将船体和水上管线阻力相对较小、挖深较大的海狸3800挖泥船布置到上游,负责吹填1~5号及8号区，4604型挖泥布置在下游，负责吹填6号、7号两个小区，并根据两船挖宽的不同，将各自取沙区划分为条段进行开挖控制，一方面充分利用了设备性能；另一方面也给设备安全提供了一定保障（见图6-7）。

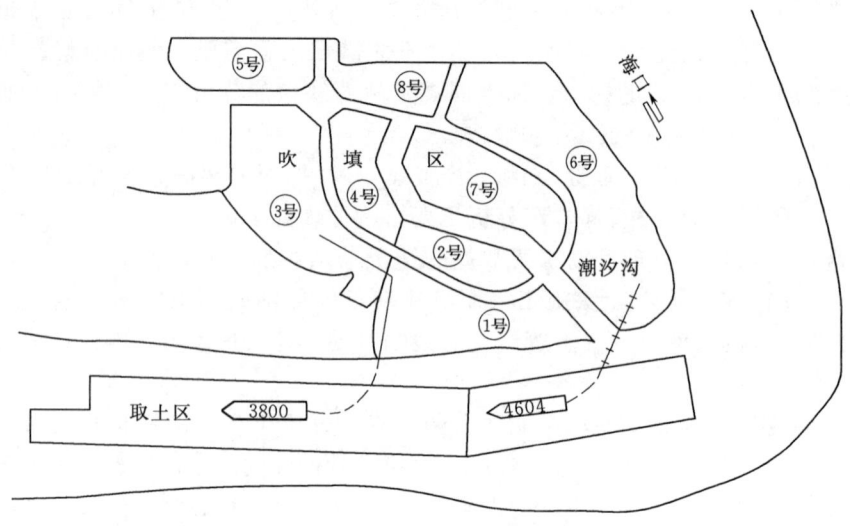

图6-7　DLIP工程施工布置示意图

2) 增大挖深，解决沙源问题。海狸3800挖泥船设计挖深为18m，4604型挖泥船设计挖深为16m，施工区内最大潮差为6m，另外由于海狸3800挖泥船取沙区底部存在软弱泥层，因此决定前期海狸3800挖泥船挖深按11.0m＋潮位控制，4604型挖泥船挖深按10.0m＋潮位控制。

工程后期沙源仍然缺少近100万m³，如果从外面采购，又需要增加近200万美元的费用，因此项目决定从设备内部挖潜，加大挖深。但由于受潮水影响，原11.0m＋潮位的挖深已接近安全极限，如再加大就极易发生漏桩事故。近多次研究讨论，项目创新性地提出"浅区落桩法"赶潮施工作业方法，即改变常规正向进桩前进为倒退桩方式进行开挖作业，使定位桩始终落在水深较浅区域，并根据此设想制定了一套完整合理的施工作业方案。采用此方法后增大有效挖深4m，从而彻底解决了沙源不足的问题，为项目节省费用近200万美元。

（2）保证设备安全技术措施。设备安全与否是能否保证工程顺利进行的首要前提，施工中项目主要采取了以下几点措施。

1) 在初期走锚问题尚未得到完全解决的情况下，先开挖靠近岸边的区条，并尽量减少水上管线的长度。

2) 充分认识水流对设备的危害，并结合泥泵部件每半月即要拆检修补的实际情况，科学合理地安排施工，在每月潮水最大的初一与十五前后两天进行停产检修。实际上在这几天，由于潮水极其凶猛，即使不走锚，每日能够生产的时间也仅有几个小时，生产意义并不大。停产时，将水上管线与船体脱开，并拖至岸边固定，以减小管线与船体受力，确保安全。待检修工作完毕，最大潮水过去，再将管线和船体连接进行施工作业。

3) 要解决安全问题，首先要解决浮管走锚问题，但在这一问题上项目经历了一段漫长而曲折的过程。在这一过程中，项目主要采取了以下几种措施。

A. 锚的配置与改造。海狸3800挖泥船所配水上管线锚仅为6只重600kg的锚，通过简单的计算就可发现其根本起不到固定管线的作用。

浮管不受约束时，所受拉力F可按式（6-1）计算。

$$F = 0.5\rho k_1 k_2 v^2 A \tag{6-1}$$

式中 ρ——海水密度，取$104.61 \text{kgs}^2/\text{m}^4$；
  k_1——风影响系数，取1.05；
  k_2——管线阻力系数，管线全部按浮体管考虑，取0.85；
  v——最大流速，取2.1m/s；
  A——管线垂直水流方向的阻力面积，根据图6-4所示情况，浮管按全部浸入水中考虑，故可按$0.67L$计算（其中0.67为管道外径），m；L为挖泥船到岸边垂直距离，m。

将各值代入后，得$F = 137.93L$。由此可计算出不同L下的F值（见表6-10）。

表6-10　　　　　　　　浮管受力计算表

序号	L/m	F/t	序号	L/m	F/t
1	375	51.72	5	575	79.31
2	425	58.62	6	625	86.20
3	475	65.51	7	675	96.10
4	525	72.41			

从表6-10中可以看出，即使在离岸边最近的一道，浮管仍要承受51.2t的力，如抓重比按4计算，则抵抗退潮水流所需浮管固定锚总重量为12.8t。考虑到海狸3800船所配锚艇的起锚力与作业时的方便（起锚时锚杆全部露出水面），最大只能选配重1500kg锚，由此可得固定浮管所需重1500kg锚的最少个数为7个。如将抓重比提高到6，则只用4只重1500kg锚即可完成浮管的固定。

当时恰逢马来西亚金融危机暴发，公司资金极端紧张；使得项目要求配置大型锚的报告被搁置了2个多月才得到批复。在此期间本着少花钱、多办事的原则，项目对现有的600kg锚以及后来从4604船调拨来的两只800kg锚进行了锚齿的加宽、加长改造试验，在抛锚方式上尝试了加长锚缆、二锚、三锚串联、八字锚等方法，虽然取得了一定成效，但只能抗击落差小于0.7m/h潮水的冲击。在此基础上，项目根据河床上覆盖有一层厚2m左右淤泥质黏土层的情况，开发研制了3只近550kg重、适用于软泥的大抓力风筝锚，这种锚的抓重比可达到50以上，在3月下旬试用后取得了较好的效果，成功地抵御了大潮水的袭击，使生产暂时基本步入正常。

1998年5月6日早晨7时退潮时，由于1根风筝锚的缆绳突然被拉断，浮管顺势向下游飘去，造成其他几个浮管锚的走动，在水流的冲击下，水陆接头处钢管被拉弯、岸上近130m长的排泥管连同为固定水陆接头而埋设的地垄、在水下沉设的4组浮筒，全部被拉向河中。事件发生后，项目按计划陆续分别购置了2只重1200kg和重1500kg的巴尔特锚。但这种锚存在锚齿较短、抓重比较小、易翻转等缺点，因此该项目在800kg锚改造经验的基础上，对这几只锚的锚齿进行了加宽与加长，在总重量变化不大的前提下增加了抓重比。同时，项目对浮管锚进行了重新布设，由于风筝锚只适用于软泥，因此只将其布设在靠近岸边未开挖的区域处，在已挖区域则布设改造后的1200kg和1500kg锚，并取得了较好的效果。

B. 潜管的敷设。由于海狸3800挖泥船最远取沙区到水陆接头需1300m，如果全部设为水上浮管，水流阻力势必会随之加大，因此潜管的敷设也就成为必然。虽然潜管在使用上不乏成功的例子，但在如此恶劣的工况条件下敷设潜管的工程事例却尚未见到。项目一是担心潜管在水流的冲击下移动造成扭曲或匿折；二是担心由于潮差较大，管线在涨落潮时会发生匿折；三是担心胶管，特别是上下坡处胶管发生脱落。对此，项目根据工程特点，设计了一套长近530m的特殊潜管，并投入使用。实践证明这套潜管完全适用这种恶劣工况，为今后的施工积累了经验。

C. 水上浮管的重新调整。海狸3800挖泥船配有浮筒和浮体两种水上管线，而两种管线对水流的阻力又有所不同，其中浮体管在生产时有80%要没入水下，犹如一道水坝横窝江中，根据计算结果在这种情况下，浮体管对水流的阻力要大于浮筒管，因此在施工过程中对水上浮管进行了重新调整，将浮筒管分段接入浮体管中，以增加水流的过水面积，达到减小阻力的目的。

（3）提高生产效率的措施。

A. 开挖方向的确定。常规在这种流速下，应进行顺流施工，但由于一旦走锚，如为顺流施工，浮管会压向挖泥船，这样只有等到涨潮后浮管脱离船体后方可生产，造成低潮时的几个小时的时间被白白浪费掉。因此，项目选择了逆流为开挖方向，但使用前提是挖泥船左右横移锚必需抛设牢固。

B. 浮管抛锚点的处理。抛锚点的胶管在退潮时由于受力而匿折，增大了管道内的局部水头损失，不但严重影响过水的通畅，还极易造成胶管的爆裂，对此项目在抛锚点处增设了一个60°钢弯头，变常规的软弯为硬弯，较好地解决了这一问题。

（4）泥泵部件损耗问题解决措施。泥泵系统作为绞吸式挖泥船的一个重要组成部分，其部件的损耗速度不仅直接影响到工程效益的好坏，而且还关系到工程能否顺利进行。在泥泵接连不断地出现问题后，项目对荷兰产海狸3800挖泥船泥泵系统进行了深入研究，找出了该型挖泥船普遍存在的泥泵部件易损易耗的6项主要原因：①设计原因；②制造原因；③装配原因；④工况原因；⑤使用原因；⑥修补原因。本项目针对性地提出了多项改进措施并落实，使原来每周拆检1次延长到1月拆检1次，取得了良好效果。同时，也对高铬铸铁泥泵部件长期存在的以购带耗、无法修补的传统观念进行了大胆创新，提出了以修为主、以焊为主要修补方案的修补技术，打破了长期存在的高铬铸铁泥泵部件不能焊补的观念和损耗后只能更换的老大难问题，为项目节省开支近50万美元。

6.2.4 工程效果

针对恶劣的工况条件，本项目优化了施工方案，并采取了一系列技术措施，保证了设备安全，不仅使工程得以顺利实施，还节省了大笔费用支出。

6.3 巴基斯坦卡拉奇港深水集装箱码头（PDWCP）工程

6.3.1 工程概况

（1）工程内容。工程主要施工内容有现有航道的拓宽与加深、防波堤基槽疏浚开挖、港池与内航道的疏浚，以及码头后侧堆场 A、B、C、D 区域的填筑、存土区域备土、施工区域内现存箱涵改道的设计与施工以及为实施这些工作内容而需要设置与施工的临时工程。

（2）主要工程量。

1）港池与卡拉奇港现有航道疏浚：1515 万 m^3。

2）PDWCP 港池疏浚：1722.6 万 m^3。

3）防波堤基础开挖：64.81 万 m^3。

4）码头区域吹填：350 万 m^3。

5）存土区吹填：450 万 m^3。

6）临时围堰修筑：包括沙袋填筑 84 万 m^3，土工布铺设 9.76 万 m^2，以及用于护面的块石 5700m^3，50kg 沙袋 13450m^3。

（3）合同工期。合同总工期为 107 周（749d）。其中，节点工期要求如下：节点 1＝区域 1 完成开挖，22 周；节点 2＝区域 2 完成开挖，53 周；节点 3＝区域 3 完成开挖，107 周；节点 4＝区域 4 完成开挖，107 周；节点 A＝区域 A 完成填筑，47 周；节点 B＝区域 B 完成填筑，87 周；节点 C＝区域 C 完成填筑，91 周；节点 D＝区域 D 完成填筑，91 周。

（4）自然条件概要。卡拉奇夏季潮湿炎热，最高气温 35℃，湿度 90％左右，暴雨较罕见，但常有大风天气。冬季干燥凉爽，气温 12～22℃，湿度 60％。年平均降雨量 197mm，大多集中在 7 月和 8 月。夏季盛行西风与西南风，冬季西风、东北风多见。施工区域内多年统计高潮位 3.4m，低潮位－0.7m。工地范围内受台风的影响，每年的 6—8 月为季风季节，在设计航道开挖区域将受到涌浪的影响。

（5）土质及分布概况。本工程疏浚量除约 500 万 m^3 分布在防波堤外长 6.2km 的航道区域内，其余 2600 余万 m^3 开挖量分布在总长约 3.6km 的港池和防波堤内航道区域内（含防波堤基础），开挖土方分布相对集中。

1）粉土（粉沙），标贯击数 5～10，分布在海床上层，约 120 万 m^3，大部分为暗灰褐色，含少量云母。

2）中密沙，标贯击数 10～30，约 1440 万 m^3（防波堤外航道部分约占 500 万 m^3），大部分为暗灰褐色，含少量云母、贝壳碎片或碎砂砾石。

3）密实沙：标贯击数 30～50（少量达到 70 或 90），约 160 万 m^3，主要分布在港池和防波堤内航道区域。

4）砂砾石：标贯击数超过 28 或在 100bls/(10～75)mm 范围之内，约 70 万 m^3，主要分布在港池区域的上段西侧。

5）硬黏土：标贯击数21～50（少量达到70或90），约410万 m^3，绝大多数分布在港池区域内上段。

6）泥岩、砂岩或黏土质岩（岩石强度低于10MPa）：标贯击数100bls/（10～170）mm，约850万 m^3（以港池和防波堤内航道区域分布为主）。

（6）工程难点。本项目土质情况复杂，疏浚范围内涉及多种土质，需多种设备配合完成，施工组织难度较大。

6.3.2 施工组织

（1）总体施工方案。根据本工程的施工条件分析，本工程施工方案采用以绞吸式挖泥船施工为主，抓斗式挖泥船、耙吸式挖泥船为辅施工作业方式。具体安排如下。

1）绞吸式挖泥船主要进行图6-8中规划区域以及OYSTER防波堤基槽的上部土层的疏浚，开挖的土料经排泥管线直接弃土在码头后侧的堆场、业主规划的储料场，以及承包人规划的区域。绞吸式挖泥船疏浚工程量约1800万 m^3。

2）耙吸式挖泥船主要进行外航道的疏浚施工，施工弃土弃置到外海低于-20m的弃土区；耙吸式挖泥船疏浚工程量约660万 m^3。

3）防波堤基槽的下部和上述两种设备所剩余的土料全部采用抓斗式挖泥船进行疏浚开挖，装1200m^3 的开体驳运至外海低于-20m的弃土区弃置。抓斗式挖泥船疏浚工程量约775万 m^3。

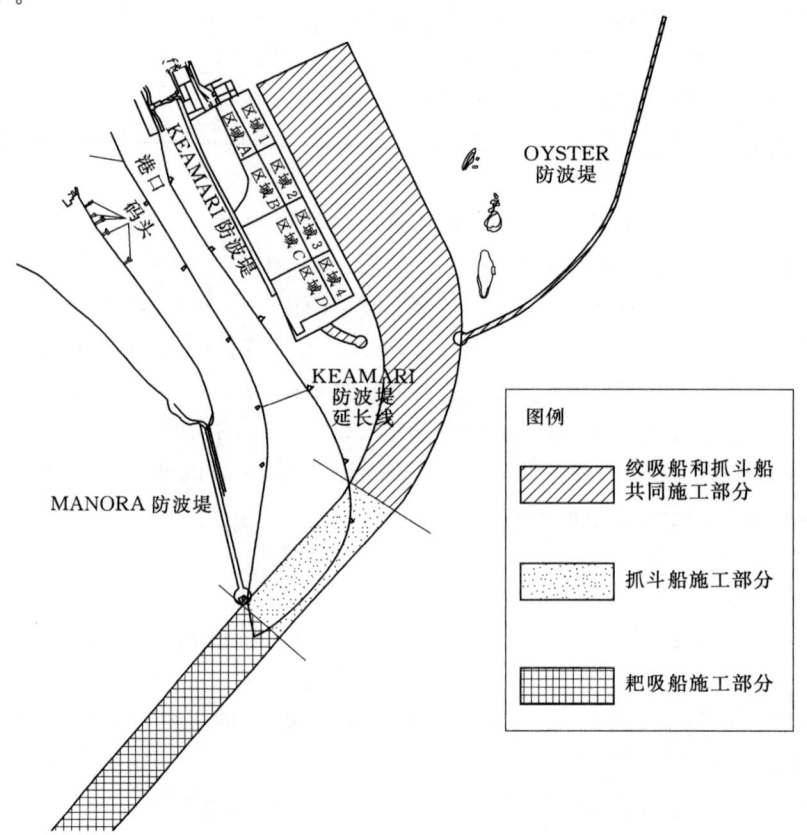

图6-8 施工总体布置示意图

施工总体布置见图6-8。

(2) 设备选型。

1) 从本工程区域潮位来看,最高潮位为+3.4m,码头区域疏浚底高程最大为-18.00m,所以该工程最大疏浚深度为21.5m。

2) 从疏浚土质来看,本工程疏浚土质复杂,没有规则的分层,疏浚土质坚硬,最大强度达20MPa。

3) 施工期间现有码头运行的过往船只将对处在航道部位施工的船舶产生比较大的干扰,所以施工期间可能会产生船舶避让的问题。

4) 本工程疏浚施工强度大,施工期按照20个月考虑,则施工强度为165万m^3/月。

5) 工地范围内受台风的影响,每年的6—8月季风季节,在设计航道开挖区域将受到涌浪的影响。

6) 依据本工程的施工强度以及施工条件综合分析,并结合公司现有设备状况,选用绞刀功率较大的7025型(1号)绞吸式挖泥船、7018型(2号)绞吸式挖泥船以及11000kW(3号)绞吸式挖泥船投入施工;抓斗式挖泥船拟选用重型斗容(斗重量大于100t)为$18m^3$以上的施工船舶,以增加对坚硬土质的开挖能力;耙吸船拟选用的舱容为$7000m^3$以上。

(3) 施工布置。

1) 码头基槽的疏浚施工。

A. 码头基槽的开挖采用绞吸式挖泥船施工,挖泥船疏浚分层进行。

B. 挖泥船在规划的开挖中心线处,选择目前地面高程-5.00m的地方开始疏浚开挖,疏浚方向为向现存海岸进尺。

C. 疏浚弃土以水力冲填的方式结合堆场的初始填筑施工(A、B、C、D)。

D. 在初始填筑施工和围堰施工完成后,疏浚弃土进行堆场的水力充填施工。

E. 施工中根据土质的变化及时调整施工方案,当疏浚中遇到黏土时,则改用抓斗船进行疏浚施工,开挖土料装$1200m^3$的开体驳运输到外海规划的弃土区内。

2) 防波堤基础开挖。

A. OYSTER防波堤的基槽采用7018型(2号)绞吸式挖泥船进行上部土层的疏浚开挖。

B. 疏浚弃土通过水力吹填的方式弃置到防波堤内侧规划的弃土区(3号和4号围堰之间)。

C. 当下层土质坚硬时,则采用抓斗式挖泥船进行疏浚开挖,开挖土料装$1200m^3$舱容的自航开体驳弃置到深海弃土区。

D. MANORA防波堤、KEAMARI防波堤及航道南侧的新建防波堤基槽开挖直接采用抓斗式挖泥船进行基础疏浚,装$1200m^3$舱容的自航开体驳弃置到规划的深海弃土区。

3) 外航道疏浚。外航道主要指现存航道的拓宽加深部分,具体的区间是从位于航道中心线的点(296229,2741525)到最南端,该区间的疏浚工程量约为660万m^3。

该区域采用6000~$7000m^3$舱容的耙吸式挖泥船进行疏浚施工,疏浚土料直接弃置在深海弃土区中。

4）内外航道结合部位施工。

A. 内外航道结合部位指位于航道中心线的点（296909，2742353）到点（296229，2741525）之间的区域，该区域疏浚的总工程量约 211 万 m^3，其施工采用 $18m^3$ 斗容的抓斗式挖泥船进行开挖，装 $1200m^3$ 泥驳运输到底高程低于 $-20.00m$ 的深水区域弃置。

B. 当接近设计开挖底高程 2.00～2.80m 时，改用绞吸式挖泥船进行疏浚开挖和扫床，以尽量减少疏浚超挖工程量。

C. 开挖弃土直接弃置到防波堤内侧的存储区域。

5）内航道与港池疏浚。内航道与港池疏浚总工程量约 2300 万 m^3，采用绞吸式挖泥船和抓斗式挖泥船联合施工作业方式进行疏浚施工，具体安排如下。

A. 绞吸式挖泥船承担其中 1800 万 m^3 的施工任务，绞吸式挖泥船疏浚弃土通过管线弃置到第 4.2.2 条所述的材料储存场和第 4.2.3 条以及第 5.6 节所述区域进行吹填造地。

B. 抓斗式挖泥船承担其中约 500 万 m^3 的施工任务。抓斗式挖泥船的疏浚弃土装 $1200m^3$ 的开体驳运输到外海 $-20m$ 区域弃置。

第一层开挖分条见图 6-9。

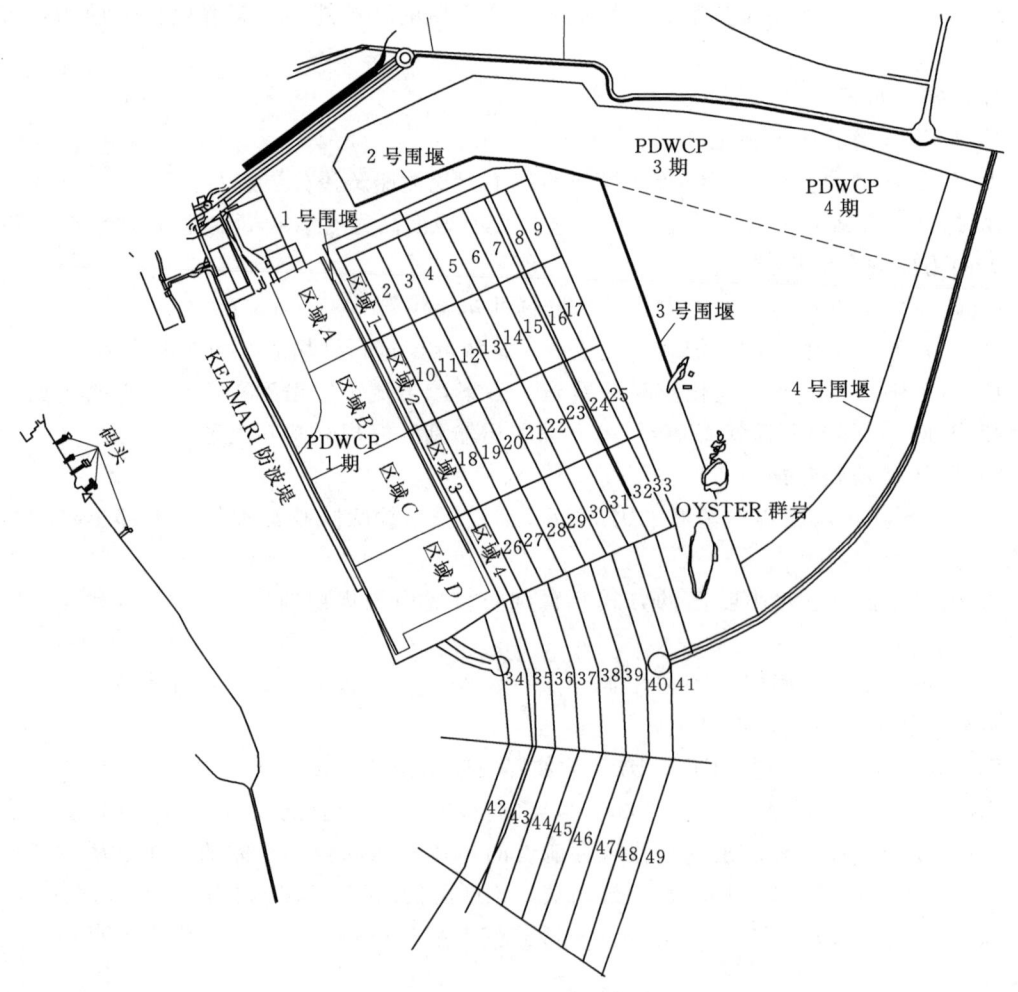

图 6-9　第一层开挖分条示意图

C. 当采用绞吸式挖泥船施工遇到黏土时，则改用抓斗式挖泥船进行疏浚施工，疏浚弃土弃置在外海规划的弃土区内。

6) 码头堆场填筑和材料存储场的填筑与管线布置。

A. 在围堰施工完成后即安排填筑施工，填筑施工结合疏浚采用水力冲填的方式进行。

B. 进行码头堆场填筑时的管线布置。

C. 填筑施工自图 6-8 中区域 A 向区域 D 方向进占吹填，区域 D 吹填需要在其端部 MARINE WORKS 完成后再进行施工。

D. 进行材料存储场填筑的管线通过水陆接头来进行吹填施工。

7) 防波堤内侧填筑施工与管线布置。

A. 4 号围堰基本形成，并具备运输管线的条件后，2 号船按照施工总平面图调整管线布置。

B. 在 3 号围堰基本形成后，3 船均按照总平面图调整管线布置。

C. 在高潮位时布设浮管线并采用抛锚艇抛设管线锚。

D. 吹填施工采用进占的方式逐步延伸岸管进行吹填。

E. 岸管运输采用装载机进行，采用 $1.5m^3$ 反铲就近取土打设管堆，然后吊装管线，人工安装螺栓连接管线，在管线布置时每隔 50~100m 布设一节胶管以方便后期对管线的调整。

F. 在 Oyster Rocks Breakwater 防波堤施工完毕后，部分拆除 4 号围堰，以通过水力充填的方式填平 4 号围堰与防波堤之间的空隙。

8) 退水口的设计与施工。当围堰封闭后，围堰内的退水口形式采用井式退水口，采用埋管的方式，埋设 4 根直径 700mm 的钢管，随着吹填区水位的抬高和退水泥浆浓度的增加，及时接管抬高吹填区内管线（见图 6-10）。

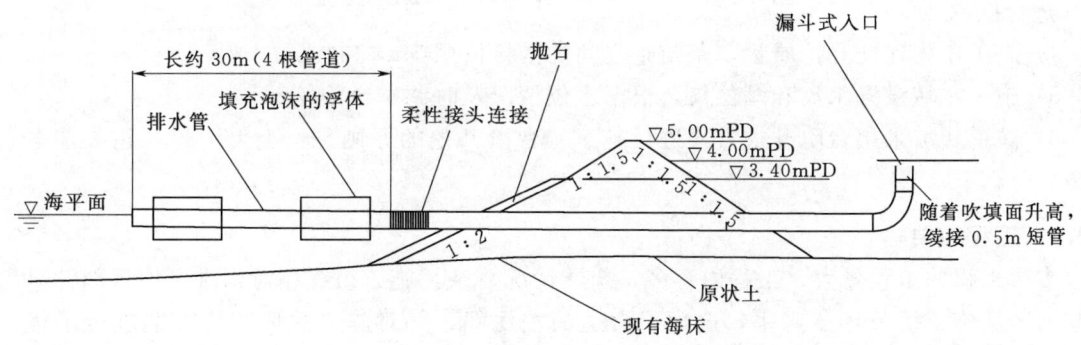

图 6-10 退水口结构示意图
PD—巴基斯坦当地高程系

6.3.3 技术措施

(1) 耙吸船施工技术措施。

1) 挖泥船耙泥时，采用分段、分条、分层挖泥，挖泥装舱采用"往返挖泥"方法，分段的长度和分层的厚度根据土质情况现场确定。

2）耙吸挖泥在开挖顺序上遵循先浅后深、先中间后两侧的原则。所谓先中间后两侧指先挖挖槽的中间部位，而后沿中间向两侧拓宽挖槽。

3）耙吸船的定位采用 GPS 定位施工方法。耙吸船对地航速根据开挖土质和装舱泥浆的浓度在现场确定。

4）在放耙着底初期，泵吸上的清水和低浓度的泥浆，宜直接排出舷外，待泥浆达到正常浓度再转换装入泥舱。在提升耙管过程中，应先将吸上泥浆排出船舷外，待变为清水后再停泵，避免停泵后泥沙在泥泵及内外管道中沉积堵塞。

5）耙吸船施工泥浆装船采用装舱溢流施工方法，逆水抛泥到底高程低于－20.00m 的深水区域，当泥沙抛不掉时可以附以高压水冲舱或者泥泵吸水灌舱助抛。

6）抛泥过程中要避免船体横对波浪，并且在泥门下开的情况下，不能快车转向调头。

(2) 抓斗船施工技术措施。

1）抓斗船定位采用四锚定位法，首、尾各抛八字锚，锚缆长各约 200m。抓斗挖泥船抛锚施工采用抛锚艇进行。

2）抓斗船施工采用分条、分层施工方法，分条宽度与分层厚度依据现场情况确定。

3）抓斗施工时，采用留埂和切角挖泥法的方法，以提高挖泥效率，在收斗时慢速闭斗。

(3) 绞吸船施工技术措施。

1）施工前首先采用拖轮拖带挖泥船到既定的开挖区域初步定位，然后由挖泥船倒桩精确定位后开始疏浚施工。

2）因疏浚区域范围较大，绞吸式挖泥船施工时分条分层进行，分条宽度和分层厚度根据现场情况在现场确定。但考虑到挖泥船施工的安全，除第 5.1.2 节进行码头基槽疏浚外，所有其他区域的第一层的开挖底高程应为－5.00～－8.00m。

3）船舶疏浚进尺通过船舶的定位桩台车进行控制，挖泥船疏浚施工的边线控制通过 GPS 进行控制。

4）施工中为保证开挖质量，条与条之间的搭接按照 5m 控制。

5）施工水域设置水尺和潮位仪，根据水位情况及时调整疏浚挖深。

6）航道边坡采用台阶开挖方式进行施工。台阶开挖的原则是：上欠下超，超欠基本平衡。

6.3.4　工程效果

本项工程的工程量大，工程内容多，土质情况复杂，施工组织相对困难。项目部针对这些问题从施工组织环节入手，选配了合适的挖泥船，并对施工总体布置方案进行了优化，保证了工程的顺利进展。

6.4　黄河挖河固堤东营工程

6.4.1　工程概况

（1）基本情况。本工程位于山东省东营市垦利县（黄河右岸）、利津县（黄河左岸）辖区内，开挖河段为义和险工至朱家屋子，河段长约 9.7km，挖河长度 9.3km。河段开挖起自义和险工（黄河大堤右岸桩号238+400），终到朱家屋子（黄河大堤右岸桩号248+100）。沿程主河槽河底高程7.40～8.50m（黄海高程，下同），平均比降为1/10000左右。本标段施工区大堤高度为14m左右。

本标段挖沙河段长3744m，设计开挖宽度150m，约为主河槽宽度的1/3，开挖边坡比1:5，设计开挖河底高程5.12～4.74m，平均开挖深度1.7m；固堤淤区段长2230m，平均放淤宽度100m，淤沙顶高程在11.83～12.11m之间；右岸大堤桩号242+102～243+350堤脚外50m均为村庄，吹填区宽度缩小为50m；各段吹填区围堰须分期修筑，一期围堰高2～3m，顶宽2m，内坡1:2.5，外坡1:3，上部围堰采用吹填区内的淤沙，边淤边加高围堰，后期围堰和隔堤采用吹填区内淤沙填筑。

挖河及吹填固堤土方为99.95万m^3。本合同段淤背区内有3条上堤辅道，分别位于桩号243+000、243+720、243+950处。

工程范围及工程量见表6-11。

表6-11　　　　　　　　　　工程范围及工程量表

工程范围	单位	工程量	备注
挖沙吹填、排距2500m	m^3	183083	Ⅲ类土
挖沙吹填、排距2000m	m^3	816374	Ⅲ类土
淤区盖顶、运距2.0km	m^3	86480	Ⅲ类土
淤区包边、运距2.0km	m^3	385	Ⅲ类土
淤区包边、运距4.0km	m^3	12765	Ⅲ类土
截渗沟及排水沟开挖	m^3	28534	

（2）工况条件。

1）本地区一般在12月进入凌汛期，气温降至0℃以下，黄河开始有冰凌。本地区风沙天气较多，风沙较大。

2）本标段洪水设防流量为2000年利津站11000m^3/s，设计洪水位12.13～12.84m。

3）本工程开挖河段土质总体以轻粉质沙壤土、粉沙土为主，液性指数在0.82～1.03之间，呈软塑、可塑状。属疏浚Ⅲ类土。

（3）工程难点。本工程的难点是上游来水情况不确定，挖泥船施工存在一定风险。

6.4.2　施工组织

（1）设备选配。

1）疏浚与吹填设备选型。根据设计技术交底，本标段河道浚挖方式主要为挖泥船施工，挖泥船施工设计河道流量为200m^3/s，保证流量大于100m^3/s，当流量达到600m^3/s时，断面流速达1.2m/s，超过了挖泥船施工的适应范围。因此，确定挖泥船施工适宜流量为200～500m^3/s。

根据近期历年水文资料以及上游小浪底（蓄水12亿m^3）、三门峡（蓄水0.5亿m^3）等水库的蓄水情况分析，估计当年来水较往年偏少，因此挖泥船正常施工的工作水深（流量）难以保证，以挖泥船作为主施工设备的设计方案需要重新调整。

根据企业多年工程施工经验，结合本工程实际情况，考虑以目前黄河挖河淤背工程中普遍采用的水力冲挖机组（即泥浆组合泵）为主要挖河设备，挖泥船只配合负责深水区施工。

每套组合泵采用泰安产10EPN-30型主泵1台，200NL-15型泥浆泵4~6套，74kW发电机4台，清水泵4~6台，ϕ300mm输沙钢管1.5~2.0km，软胶管500m，管线总长度2.0~2.5km。根据目前其他工程施工经验，排距2.0~2.5km，排高6m，Ⅲ类土的情况下组合泵月产量在8万m^3左右。组合泵主要设备性能及机械匹配情况见表6-12。

表6-12　　　　　　　　　组合泵主要设备性能及机械匹配情况表

设备名称	型号	功率/kW	流量/(m³/h)	管径/mm	用途	数量
主泵	10EPN-30	130.8	1110	300	吸泥	1
发电机	75GT	75			发电	4
泥浆泵	200NL-15	26	380	200	吸泥	8
清水泵	3B57	15	60	80	送清水	9

深水区施工（水深大于3m）采用荷兰产海狸600型（改装型，下同）绞吸式挖泥船进场辅助施工。该船为拼装式，体积小、转运方便、适于长排距生产，可一次性将河沙输送至固堤淤筑区，生产效率高、噪声小、环保清洁，是本工程极佳的配套施工船舶，其参考产量及主要参数见表6-13和表6-14。

表6-13　　　　　　　　　海狸600型绞吸式挖泥船参考产量表

排距/km	1	2	2.5	3
台时产量/m³	380	300	200	100
台班产量/m³	3040	2400	1600	800
月产量/万m³	15.20	12.00	8.00	5.00

注　1. 根据施工单位多年施工统计，并考虑黄河来水情况等因素，挖泥船月平均生产台班按50计。
　　2. 本工程土质为轻粉质沙壤土、粉沙土，Ⅲ类，排高5m，工况2级。

表6-14　　　　　　　　　　　挖泥船主要参数

参　数	取值	参　数	取值
型宽/m	5.72	最大挖深/m	8.00
型深/m	1.51	开挖宽度/m	20~28
绞刀桥架呈水平状态时总长度/m	20.15	发动机功率/kW	465
浮箱总长度/m	12.50	总干重/t	50
燃油舱装满燃油时平均吃水/m	1.10		

2）其他施工设备。主要为截渗沟及围堰修筑用设备、淤区包边盖顶用设备等。机械设备配备及进场情况见表6-15。

表 6-15　　　　　　　　　　　　　机械设备配备及进场情况表

设备名称	型号及规格	数量	购置年份	已使用台时数	检修情况	进场时间/(年.月)
挖泥船	IHC600	1	1998	10000	良好	2001.9
挖泥船	IHC600	2	1998	10000	良好	备用
组合泵	10EPN-30	4	1999	4000	良好	2001.9
交通艇	72P	1	1998	5000	良好	2001.9
油驳	14T	1	1998	5000	良好	2001.9
挖掘机	EX220	3	1999	1050	良好	2001.9
推土机	TY120	3	1998	1300	良好	2001.9
湿地推土机	TSL160	1	1998	1090	良好	2001.10
自卸汽车	东风5T	25	1999	1200	良好	2002.2
发电机组	50kW	1	2000	300	良好	2002.2

（2）设备进场、组装。海狸600型绞吸式挖泥船拆装后采用30t平板车由公路进行转移，移至施工段面黄河北岸中古店险工处（6+200）进行组装，拟选组装场地1处，占地 $50m \times 75m = 7500m^2$，船舶主仓吊装下水采用两台35t吊车进行。

（3）施工总平面布置。黄河挖河固堤工程Ⅱ标段施工总平面布置见图6-11。

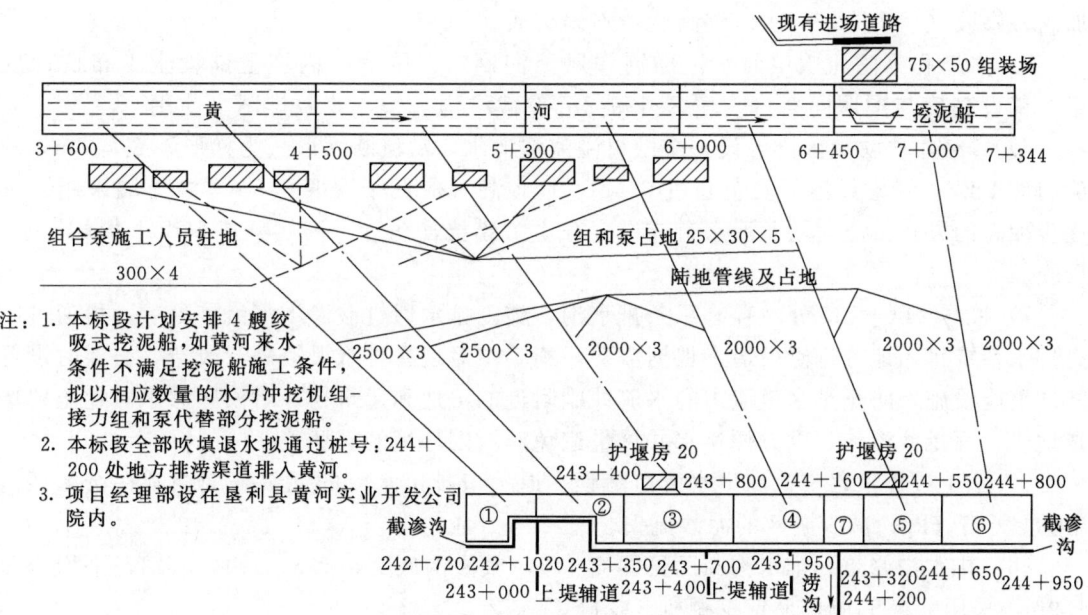

图6-11　黄河挖河固堤工程Ⅱ标段施工总平面布置图（单位：m）

（4）油料供应。施工油料向当地石油公司采购，由石油公司油罐车直接自黄河滩地向油驳加油，再由交通艇拖带油驳给挖泥船加油。

（5）淤区围堰修筑。

1）固堤淤区段位于临黄大堤右岸桩号242+720～244+950处，长2380m。淤区内满布芦苇、草皮、树根等杂物。首先,安排民工割掉芦苇,清除表面覆草;然后再用 55kW 推土机进行普遍清基,清基范围及要求严格按照设计及监理工程师的要求执行。

2) 围堰分两次填筑施工,填筑时先将表土翻松,填覆新土予以压实。一期填筑至高程 10.00m。一期围堰修筑与截渗沟开挖同时进行,围堰先用截渗沟开挖土,不足部分由推土机自淤区内取土填筑,填筑从最低处开始,施工中采用推土机分层碾压,压实干密度不小于 1.5t/m³。

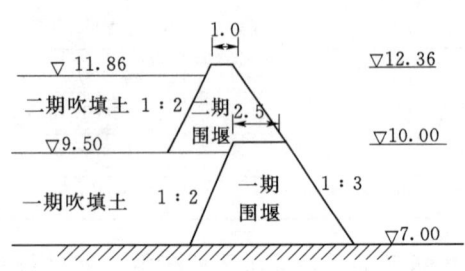

图 6-12 围堰标准断面图(单位:m)

3) 一期吹填淤积高程控制在 9.50m,二期围堰采用湿地推土机或人工由淤区内取土填筑,围堰填筑至 12.36m;二期吹填淤积高程达到设计要求,吹填区预留沉降量由试验确定。在淤区内取土填筑分段隔堤时,取土坑避免连续贯通,防止泥浆串流冲刷堤脚。取土区边缘距新堤堤脚不小于 3m。围堰标准断面见图 6-12。

4) 为方便吹填淤筑并考虑安全因素,区间内设 5 道隔堤,桩号分别为 243+000、243+400、243+800、244+320、244+650。围堰修筑时,对原有跨淤区的上堤辅道一并进行加高、修坡(1:15),一次做够高度,不误交通。

5) 本工程为防止吹填时水流冲刷和风浪淘刷,在围堰的内坡上铺设土工布抗冲反滤,铺设高度与围堰同高。吹填区外侧 2m 设截渗沟一条,兼做排尾水使用。

6) 每一小块吹填区再各设一个敞口溢流堰泄水,溢流断面形式为梯形,底宽 2m,两侧边坡 1:2,考虑风浪及安全超过 0.5m,堰顶高程应低于围堰 0.8m。溢流堰采用人工逐步加高的方式,溢流堰及泄水道铺设复合土工膜抗冲防渗,两侧叠放编织土袋枕挡水、压膜。

7) 桩号 244+150 处现存有一条排水沟,施工排水通过截渗沟汇流该处后,再通过原有排水系统排入地方排涝渠道。根据需要,施工中对现有排水渠道进行改造,必要时设置防冲消能设施,防止排水口泄出的水流冲刷附近的田地和建筑物。对淤区渗水碱化土地严重地段,开挖截渗沟,以方便排水并尽量避免对周围环境的破坏。

8) 施工过程中逐步抬高进水管口高程,退水口排出水流的泥浆浓度控制在淤区尾水含沙量小于 5kg,减少淤区的泥沙流失。

(6) 排水沟修筑。排水沟断面见图 6-13,截渗沟底宽 1.5m,边坡 1:2,平均深度 1.9m,采用 2 台 1.0m³ 反铲挖掘机开挖施工。

6.4.3 主体工程施工

(1) 施工设备布置。

1) 清淤固堤采用挖泥船与组合泵联合施工方式。

2) 根据放样控制图,准确定位出挖槽的上开口边线、挖槽中心线及河道的坡脚线,同时

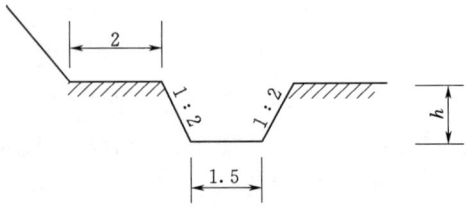

图 6-13 排水沟断面图(单位:m)

定位出挖泥船进场施工时的船位（标明定位桩的位置），供挖泥船作业定向。挖泥船在组装场组装完成后，就地通过滑槽下水，采用交通艇调整船位，当定位桩到达预定位置后落桩，再用测量仪器校核船位。若船位略有误差，可在施工进桩时适当调整；若船位误差较大，起桩后通过横移绞车和交通艇帮带再次调整船位，确保准确定位，然后挖地垄（或抛左右边锚）固定船位。

3）施工中安排4套组合泵（泥浆泵）队伍进场施工，各队施工区段为3+600～4+500、4+500～5+300、5+300～6+000、6+000～6+450。由于本工程的排距超出了单台泥浆泵的最大排距，决定采用接力方式完成泥浆输送，在距离组合泵约500m处布设一集浆池。

施工时由各组合泵通过管道将泥浆排入集浆池，再通过主泥浆泵抽送到吹填区。每套主泵配备8套泥浆泵，以保证正常情况5～6台泥浆泵运转，使大泵的生产效率得以发挥。6+450～7+344段河底高程较低，采用1条海狸600型液压绞吸式挖泥船施工。

黄河挖河固堤工程Ⅱ标段施工总平面布置见图6-11，黄河挖河固堤工程Ⅱ标段组合泵挖河见图6-14。

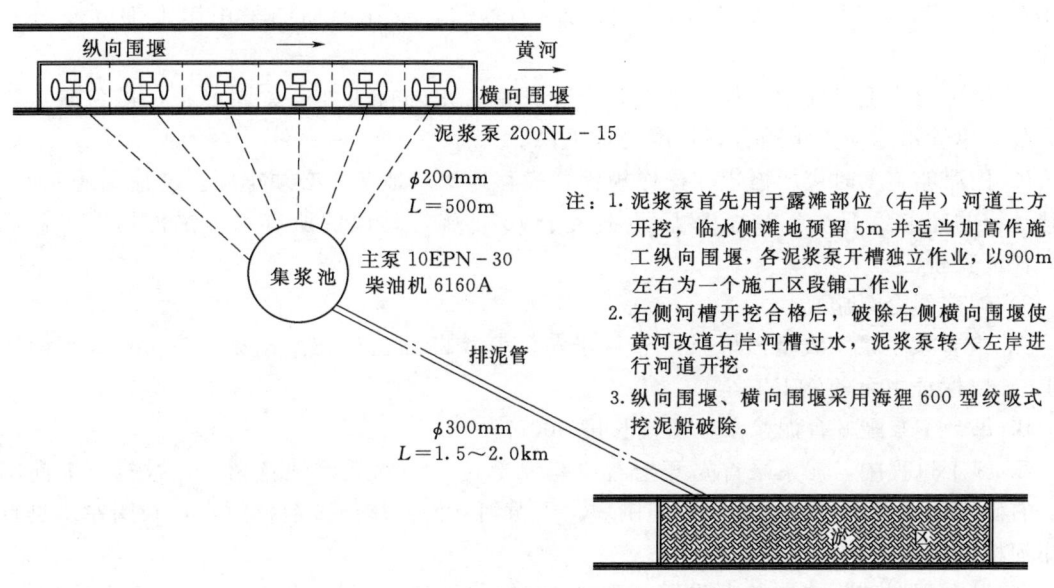

图6-14 黄河挖河固堤工程Ⅱ标段组合泵挖河示意图

（2）管线布置。本标段挖泥船配水上管线400m，陆地管线1600m；4套组合泵每台配500m水上软管，4条陆地主管线。

1）排泥管线应按监理指定的位置、范围布设，管线布设做到牢固可靠，并注意加强维护。

2）排泥管线离排泥场内的分区边线距离不小于30m，避免在吹填内形成坑洼水塘，吹填区的泥面宜高出水面，以利排水。

3）吹填全过程应保持排泥区内进退水平衡，随吹填随退水，严禁出现高水位危及堤堰安全情况。

(3) 疏浚与吹填施工。

1) 浚前清障。工程开工前报请监理并请地方有关组织协助清理施工区河道障碍,发布施工公告,施工区段内实行安全监管。工程开工前对施工区域水面进行排查,清除施工障碍,保证施工安全。

2) 挖泥船施工。

A. 本标段设计平均开挖宽度为150m,分6道开挖,每道挖宽28m,道与道保证2~3m的搭接宽度,避免遗留浅埂。河道平均挖深1.7m,相应河底高程6.18~6.61m。采用海狸600型绞吸式挖泥船施工,下超上欠的阶梯开挖法,自然塌落形成设计边坡。严格按设计要求进行施工,超欠面积比例控制在1~1.5范围内,避免出现边坡超挖或欠挖的现象。

B. 挖泥船施工采用定位桩横挖法,分断、分层、分条绞吸。当流速小于0.5m/s时,采用顺流开挖;当流速大于0.5m/s时,采用逆流开挖。施工前正确记录水位,用测杆控制挖槽深度。

C. 考虑到本工程河道水位较浅,无法保证抛锚船或拖轮正常工作水深。本工程主要采用在两岸埋设地垄的形式控制挖泥船的左右横移,挖泥船加油采用岸上油罐车直接加油。

D. 施工时水上排泥管应保持平顺,避免死弯,水陆接头处应紧固严密,避免漏水漏泥。陆上岸管沿途应平坦顺直,弯度力求平稳。

E. 挖泥船施工时应严格遵守操作规程,横移地锚(地垄)必须牢固。逆流向施工时,横移地锚的超前角不大于30°,落后角不大于15°,施工地段的所有水下锚位均以浮标标志,保证安全。

3) 泥浆组合泵施工。

A. 组合泵主泵(大型砂砾泵)布置于黄河开挖断面右岸滩地高处(500m^3/s水面线以上),以保证主泵的施工安全。

B. 每台主泵配8台泥浆泵,疏浚长度900m。

C. 施工过程中,泥浆泵首先开挖右岸露滩部位,临水侧滩地预留5m做施工纵向围堰。右侧河道开挖成型后,破除横向围堰,引黄河水沿右岸新开河槽过水,封闭左岸进行左岸河槽开挖,最终形成设计断面。

D. 纵向围堰破除首先考虑采用海狸600型绞吸式挖泥船,如黄河来水条件不允许,考虑采用泥浆泵在纵向围堰一侧或两侧进行适量超挖,超挖方量略大于纵向围堰方量,然后破除围堰。纵向围堰水面以上部分采用高压水枪冲入河槽,水下部分依靠黄河来水冲刷及自然塌落形成设计断面。

黄河挖河固堤工程Ⅱ标段组合泵挖河见图6-14。

(4) 淤区包边、盖顶施工。

6.4.4 工程效果

本项工程原设计主要由挖泥船施工,施工前经反复研究改为以水利冲挖机组为主、挖泥船为辅的组合施工方案,该方案实施效果良好,不仅质量有保证,而且还大幅降低了施工成本,加快了施工进度。

6.5 太仓市应急水源地围堤工程

6.5.1 工程概况

(1) 基本情况。太仓市现有蓄淡避咸水源地的原水供应能力难以满足经济社会快速发展的要求，必须建设新的水源地。新水源地位于太仓浏河口长江边滩上，水源地总容积为1742万 m^3，有效容积1427万 m^3。水源地区域面积约220万 m^2。

水源地围堤工程含新建围堤4486m、原太仓长江大堤加宽加固并绿化2362m、水源地底层清淤约120万 m^3 等。

(2) 工程内容。围堤施工2标段是水源地围堤工程的一部分，包括建围堤 L2+200～L4+486；西堤加固及清淤及泵站向下游100～L4+486冲泥管袋充填、堤心采沙吹填、库底清淤、聚丙烯编织充沙管袋棱体、采沙吹填堤身加厚、聚丙烯编织充沙管袋平台、钢筋混凝土栅栏板护坡、灌砌块石护坡、埋石混凝土镇脚、抛石护脚、袋装碎石垫层、土工布反滤层、钢筋混凝土防浪墙、堤顶沥青混凝土道路、砌石石拱草皮护坡、监测设施等。

(3) 主要工程量。采沙吹填80.5万 m^3（其中老堤加宽堤心土拟使用库区疏浚土方），充泥管袋充填约88.3万 m^3，库底清淤74.28万 m^3。防渗墙约2万延米，沙肋软体排约12万 m^2，连锁块软体排约2.5万 m^2，塑料排水板约21.1万m，块石20.24万 m^3，碎石6.87万 m^3，土工布22.77万 m^2。

(4) 合同工期。540日历天，2010年10月7日开工，2012年4月30日竣工。

(5) 工况。

1) 雨量。每年5月1日至9月30日为汛期。工程区雨量设计为100年一遇最大24h雨量307.2mm，300年一遇最大24h雨量为362.8mm。

2) 潮流及潮位。长江口是中等强度的潮汐河口，潮汐性质属非正规半日浅海潮。一日内两涨两落。一涨一落平均历时约12h 25min，日潮不等现象明显。每年春分至秋分为夜大潮，秋分至次年春分为日大潮。随着每个太阴日潮汐的涨落，潮流的主流基本上为西北—东南向沿等深线的往复流。受径流和河床阻力作用，潮波变形比较显著，前坡陡直，后坡平缓，自下而上涨潮历时逐渐缩短，落潮历时延长，潮差递减。一般涨潮历时约4h，落潮历时约8h。年最高潮位通常出现在台风、天文潮和上游大洪水三者或两者遭遇之时。

长江口潮流在口外呈旋转流性质，口内因受河岸约束，渐呈往复流性质。潮流在进入口内之前，潮位和流速的时间过程基本保持一致，即涨潮流最大流速出现在高潮位附近，落潮流最大流速出现在低潮位附近。进入口内以后，水位和流速不再同步，存在一定的相位差。

长江口地区潮流量大小随天文潮和上游径流大小而变化。两个半日潮总进潮量约60亿 m^3。

工程区设计高潮位100年一遇为4.57m，300年一遇为4.88m，多年平均高潮位1.71m；工程区最低潮位-1.52m，多年平均低潮位-0.55m。

3) 风。各季风向变化，4—8月盛行夏季风，7月SE-SSE-S三个方向频率达50%，

11月至次年2月盛行偏北风，NW-NNW-N 或 NNW-N-NNE 三个方位风向频率在12月至次年2月可达50%以上。1980—1996年引水船站风要素统计见表6-16。

表6-16　　　　　　　　　1980—1996年引水船站风要素统计表

要素＼风向	N	NNE	NE	ENE	E	ESE	SE	SSE	S	SSW	SW	WSW	W	WNW	NW	NNW
平均风速/(m/s)	8.2	7.6	6.9	6.5	6	6.4	6.9	7.4	6.6	5.5	5.3	5.2	6.1	8.3	9.1	9.0
最大风速/(m/s)	28	28	21	19	20	20	20	18	18	16	17	18	20	24	20	22
风频/%	10	11	7	7	7	8	10	4	2	2	2	3	6	9		

4）风暴潮特性。长江口地区风暴潮绝大部分是由台风所引发，较强的风暴潮灾害全为台风所致，具有来势猛、速度快、强度大、破坏力强的特点。影响长江口地区的热带气旋平均每年2~3次，5—10月均可能出现，并集中发生在7—9月，占全年的90%以上。一次台风影响长江口的时间平均持续2~3d。登陆型约占40%，其中90%为长江口以南登陆，所引起的最大增水在空间分布上有南支大于北支，同一河段南岸大于北岸的特点；海上转向型约占60%，所引起的最大增水在空间上也有南岸大于北岸之势，但分布不明显，且基本上呈口外增水大，渐向上游增水减小的格局。年最高潮位通常出现在台风、天文大潮和上游大洪水3者或两者遭遇之时。风暴潮对河口地区年最高潮位的发生起着"加强"以致形成特高潮位的作用；长江口地区1997年及2000年实测最高潮位均发生在台风（9711及0012）与天文大潮遭遇之时。

5）地形地貌。工程区位于长江口南支南岸边滩，微地貌单元为滨海平原，总体地势较低，标高0.5~3.5m，往长江边滩总体地势较低，总体坡降约3‰。太仓大堤堤线内侧地形总体平坦，标高2.0~3.5m。

6）工程地质。工程区地层为第四系河流冲积—滨海相松散沉积物，其厚度巨大，具有层序复杂、相变剧烈的宏观特征。根据勘探报告，在约45m勘探孔深范围内，从上到下各土层依次为：流塑状淤泥（局部）、粉质黏土、粉土粉沙、淤泥质粉质黏土、淤泥质黏土、黏土等。

7）施工组织条件。

A. 工程交通。工程区位于长江南岸浏河口上游侧，水、陆交通方便。附近有沪太路、太新路和浏太公路经过，沿江高速、苏昆太高速公路自附近经过，交通方便。主要交通干道与长江干堤之间有连接道路可至工区。外购材料和设备可以直接到达施工现场，主要交通干道与长江干堤之间有连接道路可至工区。外购材料和设备可以通过以上道路直接到达施工现场。

B. 施工供电。施工用电采用电网电与自发电相结合的方式。各类船只用电采用自备发电机发电解决。

C. 施工供水。本工程施工及生活用水采用当地自来水。

D. 施工通信。本工程通信设施包括对外通信和场内通信两部分。对外通信，项目部与当地邮电部门联系设置一部固定电话，同时工程项目经理和各主要工程技术管理人员各配备一部移动电话,以满足对外联系的需要;场内通信,由于本工程施工线路长,作业范围广,将在施工现场配备高频台对讲机,保证每个施工作业点之间可以随时联系,以满足发包人、监理和施工单位的施工现场管理和协调。

E. 主要材料供应。本工程所需的编织土工布、机织土工布、排水板等,从江苏地区购买,由厂家汽运或船运至施工现场。

本工程吹填用沙沙源区位于长江航道对面设计指定区域。根据长江口水文水资源勘测局编制的《太仓市应急水源地工程采沙可行性论证报告》,可采沙源区位于浏河口外偏向上游的太仓边滩水域,沙源区区域各坐标点(54北京坐标系,下同)为M1(3493033,339974)、M2(3491378,340898)、M3(3490597,340526)、M4(3492708,339387),控制开采高程—7.85m。

除此区外,在离工程区约12～14km处有一备用采区,沙源区区域各坐标点为B1(3505692,334557)、B2(3503010,336808)、B3(3502528,336234)、B4(3505210,333983)。

可采区距离东围堤约2km,开采面积约151万m^2,备采区距离纵堤(东堤)前沿平均距离约13km,距离老长江大堤约15km,可供开采面积约610万m^2。

本工程所用块石采用浙江大小洋山处开采用块石料,由1000t以运石驳水运至工程现场,然后由浮吊通过网兜将石料吊至堤脚,进行抛石棱体、抛石护脚施工。

本工程充泥管袋所用编织布采用苏州、无锡等地产品,材料由供货商采用载重汽车运输至工地充泥管袋加工厂加工成型或直接由供货商在厂内加工成型运输到现场材料仓库,成品充泥管袋采用机动自卸车运输至简易码头,由工作船运输至围堤施工现场进行充填施工。

本工程软体排由材料供应商根据围堤所用尺寸在工厂加工成型,直接将成品采用汽车运输至工地材料仓库,再由运输船运至施工现场铺设。

(6)工程难点。本工程地处长江口,围堤施工受潮汐影响较大,特别是围堤的龙口合龙必须在预定的最佳时间段内完成,施工进度控制是本项工程的难点。同时,参与施工的船舶类型多、数量大,设备的协调以及安全管理难度大。

6.5.2 施工组织

(1)进度计划。

1)总进度计划。本项目开工后首先进行施工准备工作,包括营地建设、预制场建设、施工船舶设备调遣、施工用材料调查等工作。因业主原因,本工程从宣布中标后直到2010年11月13日才具备开工条件。所以,本工程主体工程2010年11月15日正式开工。施工进度计划调整如下。

A. 开工伊始,又处于临冬季施工,施工难度很大,只能采取加大机械设备投入、增加施工人员的举措。从开工到2011年3月开展百日大会战,2011年3月上旬前确保北堤、东堤围堤达到+4.10m合龙高程。

B. 2011年6月底前完成围堤主体填筑工程及抛石护脚、一级坡灌砌石的施工,具备度汛条件。

C. 2011年汛期完成围堤内外护坡工程。

D. 2011年12月31日前完成防渗墙施工，2012年3月31日前完成防浪墙及堤顶路面的施工。并完成库区清淤工程施工，主体工程完工。

2) 节点工期。本工程计划设三个控制节点。

A. 2011年3月31日前，围堤龙口合龙。

B. 2011年3月20日前完成南堤、东堤基础工程和通长充泥管袋及充泥管袋沙棱体，堤心沙填筑至高程3.50m，老大堤加固袋装沙棱体围堰填筑和堤前抛石护脚形成抛石棱体，具备围堤合龙条件。

C. 2011年4月底，围堤棱体吹填基本完成，2011年5月底前，完成围堤护坡及堤前抛石护脚工程，完成灌砌块石工程，围堤具备度汛条件。

D. 2012年3月31日，完成栅栏板安装，防渗墙、防浪墙浇筑，堤顶路面及库底清淤工程，具备竣工验收条件。

3) 主要工程施工进度安排。

A. 施工准备：2010年10月20日至11月15日。

B. 清基及通长充泥管袋：2010年11月15日至2011年1月15日。

C. 东堤塑料排水板：2010年12月1—25日。

D. 南堤充泥管袋棱体及堤心吹填土：2010年11月20日至2011年3月20日，吹填至高程+4.10m。

E. 子堰及堤内吹填土：2011年4月1—30日。

F. 护坡工程：2011年5月1日至9月20日。

G. 防渗墙工程：2011年9月1日至11月31日。

H. 防浪墙浇筑：2011年10月1日至2012年1月31日。

I. 堤顶路面：2012年1月1日至3月31日。

J. 库区清淤：2011年10月15日至2012年2月29日。

K. 原长江干堤内侧耕质土回填、砌石石拱草皮：2011年12月1日至2012年3月31日。

(2) 工期保证措施。

1) 施工计划的保证。制定科学的组织管理制度，努力提高管理水平。按照业主和监理工程师要求进一步完善、优化施工组织设计，加强项目经理部计划安排管理工作，进一步优化、完善工程进度计划。

A. 月、旬、日作业计划由项目部生产副经理负责，由生产计划部门制订，并落实到各班组、各现场作业面。

B. 对月、旬、日计划完成情况，定期进行检查，每天进度由各分部控制和掌握，每天的调度会议由分项负责人召开，每月由项目经理召开定期调度会调整资源，采取措施确保旬、月计划完成，并将计划完成情况报业主和监理。

C. 单位本部生产计划主管部门每季召开一次计划会议，检查计划完成情况，分析存在问题，提出解决办法，重新调整计划和资源。

2) 施工设备和材料的保证。工程所需要的编制土工布、机织土工布和排水板等从江苏省内购买；工程所需石料可从浙江洋山购买；混凝土骨料、垫层碎石料等可从江苏、上海、浙江等地购买。另外，本工程拟定了两个沙源区，可满足该工程的需要。施工工程中须按照总体施工进度计划提前做好材料进场的计划工作，做到早计划、早落实。本工程施工设备主要考虑公司自有设备为主、租赁设备为辅。设备进场后，在努力提高机械化施工程度和设备使用效率的同时，加强设备的维修、保养工作。

3）人员的保证。调遣最优秀的、具有丰富类似施工经验的管理人员和技术工人参加本工程的建设。在确保工程质量的前提下，把职工收入和工程进度、质量紧密联系起来，充分体现多劳多得分配原则，保护和充分调动职工的生产积极性，使工程进度按工程进度计划和网络图保质保量按时完成。

4）确保工期的组织措施。

A. 选派具有丰富现场组织施工经验的技术管理人员组成本工程项目部，加设总调度员，建立强有力的生产指挥系统，做到政令畅通，对生产计划周密安排，确保总工期目标。

B. 建立项目经理负责制的工期控制网络，各工序、各环节服从总体进度安排，形成层层控制、环环相扣的制约机制。一旦发现薄弱环节，及时更新、改进施工措施，确保工程总体进度按计划实施。

C. 建立健全进度控制制度，做好施工日报、月报的收集、整理、分析工作，掌握施工设备的生产情况、计划完成情况、施工质量情况及存在的问题，及时提出改进和调整措施。

D. 建立形象进度考核制度，把形象完成情况与工资、奖金挂钩，实行奖罚制度。针对工程实际进展情况，抓住有利施工季节，适时开展劳动竞赛，掀起施工高潮，并及时组织立功奖励活动，充分调动广大职工的积极性和创造性，节约工期。

E. 尊重科学、尊重知识、尊重人才。通过技术质量攻关活动，积极推动技术进步，改进完善施工工艺，提高劳动生产率，精心组织，加快施工进度，确保工程顺利按期保质保量完成。

F. 做好施工前后各项施工准备。迅速组织施工队伍进场、设备进场，筹建现场临时设施，及时按照监理工程师批准的施工组织设计，组织开展各项工作，确保施工设备按计划准时进场开工。

G. 在努力提高机械化施工程度和机械设备使用效率的同时，加强机械、设备维修、检修和保养工作，保证完好率；公司将给本项目优先使用局设备和人员组合的权益。

H. 围堤施工队开展"提高围堤吹填作业率、围堤施工进度"劳动竞赛活动，制定劳动经济责任制，由各施工队根据项目部提供的技术资料，确定每月完成工作量，然后由全体施工队作出承诺，保证完成围堤施工任务，并在每个月兑现上个月完成责任制情况，真正做到多劳多得，从而最大限度地调动职工的积极性和主观能动性。

I. 坚持每日生产调度会制度，检查当日各工序完成情况，研究解决施工存在的问题，布置落实次日的生产任务，做到当日任务当日完。项目部每月召开一次生产例会，各部（室）及施工队负责人参加，听取生产情况汇报，评估项目的发展状况，解决存在的问题，根据需要调整进度计划，确保工程的顺利实施。

J. 采取切实可行的技术组织措施克服桥位处各种不利施工条件和自然灾害对施工的

影响，与当地气象部门加强联系，对各种不利气候条件预防为先，尽量做到遇灾不受害，节约工期。

　　K. 合理选择并配备施工设备，施工设备的性能和数量要确保能按期完成施工任务。

　　L. 围堤工程选用在海上筑堤施工经验丰富的施工队对本工程进行施工，施工采用大兵团作战，围堤采用分段多工作面同时开工。配备充足的泥浆泵设备，设备保障率达100％。同时采用轮班制，做到歇人不歇机，轮班作业，保证在 2011 年 4 月 30 日前完成所有围堤吹填施工任务，在 2011 年 6 月 31 日前完成所有围堤抛石防护及部分护坡工程施工，围堤具备度汛条件。2011 年 9 月 20 日前完成栅栏板安装，2011 年 11 月 31 日前完成防渗墙施工。2012 年 3 月 31 日前防浪墙浇筑、堤顶路面及库区疏浚工程施工，具备验收条件。

　　5）创造良好的外围环境。积极主动和各级政府主管部门联系，为施工提供方便。做细致的工作，争取周围群众的理解支持，减少扰民和民扰，尽量延长工作时间。

　　6）农忙季节、节假日的工期保证措施。项目部采取如下措施，确保施工人员在节假日的数量，从而保证工程施工连续进行。

　　A. 全体动员，进行重点工程教育，使全体职工在节假日集中精力，想工程所想，干工程所干。

　　B. 树立全员质量、工期意识，从思想上确保工程按期交付业主使用。

　　C. 与职工订立节日施工劳动力合同计划，制定详细的节日、农忙季节劳动力稳定措施，以切实可行的措施，首先解决好工人后顾之忧，由组织上来解决家在农村的一线施工人员过节日、农忙季节问题，使前方工人能安心一线工作。

　　D. 实行经济责任制，制定春节施工奖惩制度，保证工程进度。凡节日、农忙季节期间能坚守岗位的工人，其工资按劳动法调整，并在经济上对工人进行适当补贴。

　　（3）施工准备。施工准备工作内容主要包括：测量放样，现场平面规划，施工用水、用电管线的布设，临时道路修建，场地清理（包括现有障碍物清理等），临时设施的修建，落实各项资源进场，技术准备等其他准备工作。具体划分如下。

　　1）外业准备。对施工现场进行仔细勘察，根据现场条件对施工总体布置进行优化。详细了解当地的水文、地质、风俗人情，减少施工中不必要的干扰。对业主提供的测量控制点进行复核、校验，并加以保护，将复核结果上报监理工程师审核。监理工程师批准使用后，依此为基础，布设施工控制网点。

　　2）现场准备。组织好人员、材料、设备进场，对施工现场进行彻底清理，修建临时便道，根据施工平面布置图设计，铺设施工现场的临时用水、用电管线，同时搭建板房作为施工管理人员的现场办公室，以便为下一步顺利施工创造条件。

　　3）技术准备。

　　A. 熟悉和审查图纸。由项目总工组织项目部技术人员尽快熟悉图纸，提交图纸存在的问题及在施工中所需解决的问题和合理化建议等，会同业主、设计单位、监理单位进行图纸会审。

　　B. 根据现场情况修改和完善具体施工段的施工组织设计。按图纸要求、现场环境和本标段实际情况，进一步修改和完善施工组织设计。

C. 编制施工图预算和施工预算。由项目部预算人员根据施工图确定的工程量、施工组织设计拟定的施工方法和进度计划进行编制，向材料部门提供详细的材料计划，做好劳动力、材料及机械台班需要量分析。

D. 进行技术交底。开工前由项目总工组织施工人员、质检人员、班组长进行交底，针对施工的关键部位、施工难点、质量和安全要求、操作要点及注意事项进行全面的交底，并由班组长组织操作工人认真学习和交底，要求落实到各个施工环节之中。

E. 资料准备。施工中严格按照国家和行业现行质量检验评定标准和施工技术验收规范以及质量安全监督站的有关规定进行施工和验收，开工前准备好各种资料样表，施工中及时填写整理，分册保管，工程竣工后装订成册。

4) 设备准备。本工程在实施的过程中，需要大量的专业设备，用于铺通长充泥管袋、充袋、吹沙、插板、疏浚以及一些辅助设备。项目部在专业船机设备的组织安排上，以自有船舶为主、社会船舶为辅；在辅助设备（比如运输设备）的安排上，以社会船舶为主、自有设备为辅。

工程开工前，在设备总体使用计划的基础上，设备物资部将根据施工计划编制具体的设备进场计划，并严格组织落实。

本标段袋装沙及堤心沙吹填是影响工期的最关键节点任务。新建围堤通长充泥管袋、袋装沙及堤心吹填工程量约110万 m^3，计划施工期为：2010 年 11 月 15 日至 2011 年 4 月 30 日，实际有效施工期按 5 个月考虑。本标段计划采用 6 英寸（152mm）泥浆泵进行围堤吹填，单台泥浆泵吹填按 $30m^3/h$ 计，考虑受潮汐影响每天施工时间按 8h 计，每天单台泥浆泵吹填工程量 $30×8=240m^3$，每月按 25d 计，每月可完成工程量：$240×25= 6000m^3$，配备泥浆泵 40 台可在 5 个月内完成袋装沙及堤心沙吹填任务。

结合本工程施工现场条件、施工方案、工期控制、施工强度等因素，为保证工程按期保质的完成，主要施工设备、主要测量仪器及检测设备分别见表 6-17 和表 6-18。

表 6-17　　　　　　　　主要施工设备表

序号	设备名称	型号规格	数量	产地	制造年份	额定功率/kW	生产能力
1	铺排船	1000t	1 艘	镇江	2005	400	$6000m^3/d$
2	泥浆泵	NL150-15	50 台	泰兴	2008	40	$50m^3/h$
3	柴油发电机组	200kVA	10 台	常州	2008		
4	绞吸式挖泥船	$350m^3/h$	2 艘	荷兰	2006	800	$350m^3/h$
5	采沙船	$500m^3/h$	8 艘	镇江	2002	350	$500m^3/h$
6	运沙船	$800\sim1000m^3$	20 艘	镇江	2002	500	
7	吹沙船	$300m^3/h$	1 艘	芜湖	2000	460	$300m^3/h$
8	趸船	1000t	8 艘	镇江	2002	400	
9	交通船	120t	4 艘	济宁	1998	120	
10	抛石船	200t	4 艘	济宁	1998	200	
11	浮吊	25t	2 台	上海	2004	600	

续表

序号	设备名称	型号规格	数量	产地	制造年份	额定功率/kW	生产能力
12	机动工作船		8艘	济宁	1998	80	
13	指挥交通船	100HP	1艘	镇江	2003	120	
14	插板船	CBC30/800	2艘	浙江	2006	360	1.5万m/d
15	冲击钻机	YKC-10	2台	济宁	2006	30	
16	立式制浆机	WJG80-1	2台	济宁	2006	30	
17	灌浆泵	HB80型	2台	济宁	2007	60	
18	泥浆泵	BW-150型	2台	济宁	2007	50	
19	挖掘机	CAT320	4台	徐州	2008	99	
20	推土机	75kW	1台	济宁	2004	128	
21	自卸汽车	5t	6辆	济南	2005	80	
22	自卸汽车	10t	4辆	济南	2005	160	
23	载重汽车	10t	5辆	济南	2004	60	
24	稳定土摊铺机		1台	徐州	2008	90	
25	沥青混凝土摊铺机	RP951W	1台	徐州	2006	120	
26	振动压路机	YZ18	1台	徐州	2005	160	
27	光轮压路机	3Y6/8	1台	山东	2005	120	
28	光轮压路机	3Y15/18	1台	山东	2005	130	
29	汽车起重机	8t	6台	徐州	2006	90	
30	柴油发电机	120kW	2台	潍坊	2006		
31	柴油发电机	30kW	2台	潍坊	2006		

表6-18　　　　主要测量仪器及检测设备表

序号	仪器设备名称	型号规格	数量/台	产地	制造年份	用途
1	全站仪	SET-2	2	深圳	2008	测量
2	经纬仪	J2	1	苏州	2008	测量
3	水准仪	DZS2	5	南京	2009	测量

注　钢材、土工织物、混凝土材料及试压块的检测全部委托有资质的单位进行检测并出具检测报告。

5) 劳动力组织方案。

A. 劳动力来源。投入本工程的劳动力主要包括项目部的管理人员、船员和技术工人。项目部的管理人员均来自公司内部，船员由各施工船舶自行配置（符合海事部门的要求），对于各工序施工的技术工人，从长期配合的劳务合作单位中择优选择。

B. 人员动员周期及进场计划。

a. 第一批进场人员，主要为施工管理人员、技术人员和测量人员、后勤准备人员以及临时营地施工人员，为工程的开工做准备，在中标5d内进驻现场。进场后主要进行各临建搭设、修筑施工便道、场地清理和平整、架设临时电力线和通信线、解决施工用水，做到路通、水通、电通和场地平整，为工程实质性开工创造条件，做到早准备、早进场、早开工。同时进行预制场建设，为提早进行栅栏板预制作准备。

b. 第二批进场人员，全部管理人员到位，各种施工船舶及其他设备操作人员、围堤吹填施工人员、排水板施工人员、栅栏板预制施工人员陆续进场，尽快形成规模的施工生产局面。

c. 第三批进场人员主要为混凝土施工队、防渗墙施工等人员。

d. 第四批进场人员为堤顶路面、水库疏浚及其他尾工施工等人员。

在施工过程中，依据现场的实际情况或按业主、监理工程师的要求，随时调整工种及数量，以满足施工需要，确保施工质量及进度，保证工程按期、保质、安全地完成。

C. 劳动力计划。拟投入本标段的劳动力计划见表6-19。

表6-19　　　　　　　　拟投入本标段的劳动力计划表　　　　　　　　单位：人

工种	按工程施工阶段投入劳动力情况						
	2010年	2011年				2012年	
	第4季度	第1季度	第2季度	第3季度	第4季度	第1季度	第2季度
管理人员	20	20	20	20	20	20	12
采沙工	30	30	30	0	12	0	0
运沙工	60	60	60	0	20	0	0
吹沙工	200	260	200	30	30	30	0
排水板工	30						
抛石工	0	30	30	20	30	30	0
砌石工	0	60	60	20	50	50	0
木工	0	0	20	30	0	0	0
机械司机	20	20	20	20	20	20	6
混凝土工	30	40	60	30	30	30	0
筑路工	0	0	0	0	0	30	0
疏浚船员	0	0	0	0	35	0	0
普工	50	50	50	50	50	50	0
合计	440	570	550	220	262	295	18

6.5.3　管袋充填筑堤施工

本工程遵循"先清基、通长充泥管袋铺设，围堤塑料排水板插设，再充泥管袋充填、堤心沙吹填，后护坡及堤顶工程"的原则进行施工。由于围堤长度较长，施工时分为3个施工区即纵向东围堤、南围堤、老堤加固围堤，分别安排施工队伍施工，根据现场具体情况或平行或交叉进行施工。

6.5.3.1　取沙运沙

本工程筑堤用沙采用转运的方法供给，即取沙→运沙→吹沙的施工工艺。工艺流程为：采沙区采沙船采沙装船→运沙船江面运沙→吹泥船吹填充灌→沙料进入施工区域。

（1）取沙。吸沙船按采沙区要求，在沙源区料场采沙，采沙船抛锚定位后，按设计要求及开采规范标准取沙。采沙船定位后，船上悬挂明显的信号灯及施工旗帜和采沙许可证，同时时刻注意周边船只的动向，保证安全。在采沙船只300m区域以外抛设黄色泡沫浮标以作为警示标记。严禁非施工船舶进入业主设定的黄浮警戒线内。

本工程进行采沙施工时，采沙船船位布置于采沙区，并按每500m/艘间距进行布置。随着采沙施工的进行，采沙船根据规定的采沙范围、深度及自身吸距等具体情况，进行调整船位。采沙船采用抛锚定位，通过绞锚机收放施工锚缆移动施工船舶。在采沙区内，按照侵占式斜向开挖的顺序进行开采，采沙船一般顺序为从下游向上游开挖，船首向上游方向。水流大于0.5m/s采用逆流开挖，水流小于0.5m/s采用顺流开挖。

采沙区开挖方式遵循以上原则进行分块、分段施工。施工时，经常利用定位仪对采沙船进行定位，定期对采沙区进行必要的水下地形观测，以保证采沙符合采沙规划报告的要求。

（2）运沙。采沙作业时在采沙区设立明显标志，用黄浮标定采沙区的范围，落实水上作业安全运沙船经水路驶近采沙区，抵靠停泊在采沙区内的吸沙船边。吸沙船将沙料抽吸到运输船舱内，沙料装至船舱容积的90%时，经过水上航行通道，运到围堤前的吹泥船停靠，由吹泥船吹填灌袋。

加强现场监管，减少对通航安全的影响。

（3）吹沙。本标段新建围堤底部为1～5层通长充泥管袋，通长充泥管袋以上为双棱体＋堤心沙结构。因此，管袋充灌采取铺排船铺设、输沙泵灌袋以及吹泥船直接灌袋。具体用沙方案详见通长管袋铺设、堤心吹填等施工方案。

（4）施工控制。

1）施工许可证控制。

A. 采沙施工前，所有采沙船须取得长江河道采沙许可证和水上、水下施工作业许可证。

B. 所有拟投入采沙作业的船舶必须将已取得的采沙作业许可证挂于采沙船驾驶室左上方后方可进入规定的采沙区进行采沙作业。采沙施工过程中，严格执行采沙许可证载明的开采的性质、种类、地点、时限以及作业方式、弃料处理方式、许可证的有效期限等规定。

C. 采沙许可证一船一证，由船主妥善保管，且仅限于许可证上载明的船只使用。

D. 严禁伪造、涂改或者买卖、出租、出借或者以其他方式转让以本工程的名义取得的河道采沙许可证。

E. 河道采沙许可证只能在有效期限内使用，有效期间届满应当重新办理河道采沙许可证。

F. 经常对采沙区进行检查，禁止无证采沙船进入采沙区，一经发现及时通报当地水行政执法部门。

2）采沙范围控制。

A. 本工程所有吹填沙料必须且只能从规定的采沙区域内开采，严禁超范围开采。

B. 采沙施工前,根据采沙区控制点坐标,在采沙区设置浮标,标明采沙区的范围。所有采沙船只能在该范围内采沙。

C. 施工过程中定时或不定时对水下地形进行测量,防止采沙作业时超深开采和水下超出规定的范围。

D. 采沙施工过程中,定时校核浮标的位置,防止浮标移位。

E. 采沙船定位、移位应准确,避免由此造成超范围采沙。

3) 采沙深度控制。

A. 在规定的采沙区域内采沙时,应按采沙规划报告的规定严格控制采沙深度。

B. 本工程使用的采沙船吸泥泵管径为15cm,该吸沙泵功率较小,开采深度有限,不会超过规定的开采深度。

C. 采沙作业时,根据水位、吸泥管长度等,加强观测,一般可控制开采深度。

D. 施工过程中定时或不定时对水下地形进行测量,防止采沙作业时局部出现超深现象,若有发生应立即更正。

4) 采沙量控制。

A. 在规定的采沙区内,只能按批准的采沙量采沙,不得超采。自规定的采沙区域内开采的沙只能用于本工程。

B. 加强运沙船控制,未取得水上水下施工许可证的运沙船,不得在本工程中运沙。

C. 加强运沙船航行检查,所有运沙船必须自规定的航线,自采沙区将沙料运至吹填区。

D. 加强采沙船、运沙船、吹沙船的采、运、吹沙控制,认真填写太仓市应急水源地工程围堤2标段采沙区登记表和太仓市应急水源地工程围堤2标段用沙区登记表,严禁将自采沙区开采的沙料运至本工程以外的地方。

6.5.3.2 通长充泥管袋充填筑堤

(1) 工艺流程。基础清障、通长充泥管袋铺设、充泥管袋充灌是3个关键性工作和主要环节,其施工工艺流程见图6-15。

(2) 基础清障。

1) 清障范围。

A. 在软体排、充泥管袋铺设范围内将树根、竹桩、块石及其他有损软体排完整和强度的杂物清除。

B. 在围堤工程与原海塘接头处,将垃圾、浮石等清除。

C. 在通长充泥管袋施工前,首先对新建围堤内、外堤脚范围内的河床泥面及杂物和吹填区范围内杂物进行清理。清基内容为清理范围内的芦苇、草根、腐殖土、沉船、渔网、废除的出水闸(暗涵)、电缆、散乱的抛石等可能影响工程施工或运行的一切杂物。

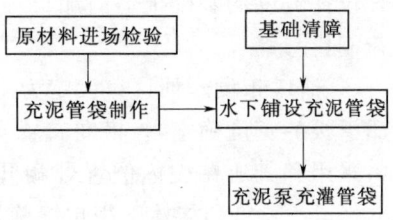

图6-15 通长充泥管袋充填筑堤
施工工艺流程图

2) 清障方式。基础清障根据滩地情况分两种方式。

A. 对低潮时能露滩的区段,采用目测,发现障碍物人工清除。

B. 对不能目测的区段，采用两条机动艇绑扎铁链对测区进行全覆盖的水底进行拖拉，遇到障碍物将其拖拽上岸。

3) 杂物弃置。对清理的杂物按监理指定的地点弃置。

4) 验收。基础清障结束后，按监理工程师的要求及时上报验收评定资料。

(3) 充泥管袋制作。

1) 原料控制。底层通长充泥管袋厚1m，其余通长充泥管袋厚0.5m，通长充泥管袋充填料为设计指定沙源区江沙。通长管袋采用聚丙烯编织土工布。

A. 通长充泥管袋单位面积质量不小于$190g/m^2$，其物理力学指标见表6-20。

表6-20   聚丙烯编织土工布物理力学指标表

质量/(g/m^2)	断裂强度/(kN/m)	延伸率/%	CBR顶破强度/kN	等效孔径O_{90}mm	垂直渗透系数/(cm/s)	撕破强力/kN
≥190	纵不小于35	纵小于24	>3.2	<0.13	$>2×10^{-2}$	纵不小于0.35
	横不小于30	横小于22				横不小于0.32

B. 原材料进料验收、存放。原材料进料应严格按照材料计划确定的尺寸、数量及进料时间执行，材料用黑色袋体包装，避免紫外线照射。所进材料应室内存放，并且按照不同批号、不同尺寸、不同的进料时间存放。

C. 原材料检验。原材料进场后及时会同监理工程师取样复验，按质量检验标准规定：每$10000m^2$随机取样1个，并且每批不少于1个。在监理见证下进行取样，送到业主指定的检测机构检测。检测项目需满足设计和规范要求，检测合格后才能用于加工生产。

2) 制作。

A. 加工工艺流程。原材料检验→裁剪、划线→缝制加筋带、套环→袋体缝制成型→验收包装→存放、出运。

B. 尺寸确定。袋体在横断面方向整块制作，纵向依据铺排船的滚筒长度确定；其长度在设计宽度的基础上适当加长。长度根据潮水及施工工效确定，考虑单幅通长充泥管袋通长制作与铺设。

C. 袖口布设。袖口布设定为$16\sim20m^2$布置1个，袖口纵向间距在5m（主要根据铺排船滑板的宽度确定），横向布置4个（35m宽通长充泥管袋），且袖口均匀布设。袖口原材料采用和其所在袋体位置处相同的材料，袖口直径25cm，伸入袋体30cm，伸出袋体0.5~5m，袖口和袋体采用包缝缝接。

根据施工船舶的干舷大小，结合施工区域的水深，头部、中间部位及尾部各设置2排长袖口，长度5m左右。

D. 土工布单元片总拼。将加工好的土工布单元片用包缝法拼织在一起，使用双线缝制，针脚密度每10cm长缝10~14针，缝制强度要大于原织物强度的80%。

E. 验收包装。管袋依据质量检验标准进行加工，袋体验收合格后，人工将袋体每3~5m一层折叠好，并按每3~5m一道用细绳捆扎好。

F. 袋体存放及出运。袋体加工好后，如不立即出运应尽量室内存放，室外存放应做好覆盖，防止紫外线照射。袋体用汽车运至码头驳运到现场。

3) 质量控制。

A. 原材料控制。土工织物的品种、规格和质量必须满足设计要求和有关规定。

B. 进场的原材料必须具备合格证和质保书，进场后严格按照设计、规范的要求及时取样复测，复测合格后才能用于袋体加工。

C. 对存放期超过 6 个月，或老化、破损的土工布和袋体严禁使用。

D. 土工织物拼接、缝制和缝合强度，必须符合设计要求。

E. 拼制用的土工织物，不应有破损，如有破损之处，必须进行修补，再用于缝制。

(4) 通长充泥管袋铺设。本工程通长充泥管袋全部采用铺排船充灌，铺排船卷筒 $\phi 80cm$、长 40m。单个通长充泥管袋顺轴线宽 35m，垂直于轴线长度按照设计断面取定。

铺排船铺设充泥管袋施工工艺：卷筒上卷袋子→铺排船就位→运沙船靠铺排船→充灌头部袋体，系结检测浮标→放滑板、松卷筒→移船后退→解开尼龙绳活扣→测量验收。

1) 卷筒上卷袋子。将加工好的袋体头部约 10m 平展在甲板上，启动卷筒开始卷袋，当袋子的第一排袖口处于滑板边缘时停止卷袋。灌袋体的头部平展在甲板上，锁定卷筒。

2) 铺排船就位。铺排船的就位采取平行于轴线定位，垂直轴线移船，从深水区向浅水区铺设。铺排船采用六锚定位，单艘铺排船在 2 台 GPS 引导下进入施工现场，下锚定位，然后在电子海图上放大施工区域，根据铺排船与袋体铺设位置的相对距离绞锚移船，使铺排船准确定位。

3) 运沙船靠铺排船。铺排船定位完成后，运沙船停靠在铺排船边上，用缆绳将运沙船和铺排船系在一起。

4) 充灌头部袋体，系结检测浮筒。用船上吊机将泥浆泵吊入运沙船舱，用泥浆泵连接袋子第一排袖口，启动高压水泵，用高压水枪破碎液化沙土，充填头部管袋。

5) 放滑板、松卷筒。放滑板前，再次确认铺排船定位情况，确认无误后，缓慢下放滑板，启动卷筒使袋体徐徐下降放滑板，让管袋头部接触滩涂面。

6) 移船后退。当袋体已经着地后，边启动卷筒使袋体下滑，边平行移船，每次移船 2～3m，启动泥浆泵将沙通过各个袖口向通长充泥管袋袋内充灌，通过充沙时间计算充沙方量，从而控制充灌厚度。移动过程中，对照电子海图和铺排区域坐标，通过集控台或机旁操作手柄，给船精确定位。铺排船移动见图 4-2。

7) 解开尼龙绳活扣。通长管袋铺设完成后，解开尼龙绳活扣，将剩余通长管袋铺设到涂面。

8) 测量验收。铺设完成后，提供测量数据，检验铺设情况，同时通过充填沙量计算充填情况。

(5) 灌袋。通长充泥管袋铺设达到设计高程后，采用吹泥船直接灌袋。

1) 吹泥船的管线抵达围堤附近后，利用浮漂将管头上浮，在管头上安装钢质分接头，在分接头上设置支线管（见图 4-3）。

2) 在支线管上绑接 $\phi 15cm$ 的尼龙软管，通过尼龙软管将泥浆混合液送入管袋内。经过不间断地输送，将管袋充灌至设计要求的厚度。吹泥船充灌袋见图 4-4。

3) 袋体充灌质量采取如下保证措施：①袋体上卷筒前，仔细检查有无破损，如有则用同规格布按有关要求修补后再上卷筒;②经常校核船上 GPS 的参数,保证定位准确;③船舶用 6 个锚定位,并根据施工地点的水流流速、流向合理调整锚的位置,确保船舶就位准确;④在袋体两侧的甲板上划上刻度线,精确计算袋体铺设的长度,使其和船舶移动保持同步,且船舶的移动要缓慢、平稳,避免船舶惯性拖动袋体;⑤充填过程中不断改变充沙管口的输送方向,以免袋体受力不均而导致变形移位;⑥袋体铺设宜在流速较小时施工,压载防收缩小沙袋时,小沙袋一定要充沙饱满;⑦管袋铺设后及时对其平面位置和厚度进行检测;⑧施工中根据原泥面的工前测量图结合水位变化确定放袋体长度和行船距离。

(6) 船机、人员配备。

1) 施工时分多组施工,一个作业组分别配备铺排船、吸沙船、运沙船、灌沙泥浆泵、电控柜、高压水泵等设备,其设备配置见表 6-21。

表 6-21 一个作业组设备配置表

序号	船名	数量	规格	工作内容
1	铺排船	1 艘	1000t	铺设通长充泥管袋
2	吸沙船	2 艘	250m^3/h	采沙
3	运沙船	6 艘	800~1000m^3	运沙
4	灌沙泥浆泵	6 台	6 寸	长充泥管袋充沙
5	电控柜	6 个		
6	高压水泵	12 台	4 寸	稀释液化沙料

2) 施工时分多组施工,一个作业组配备技术员、测量工、泥浆泵操作工、船员、现场调度等相关工种人员,其人员配备见表 6-22。

表 6-22 一个作业组人员配备表

工 种	人 数/人	备 注	工 种	人 数/人	备 注
技术员	2		船员	10	
测量工	2		现场调度	2	
泥浆泵操作工	24		合计	40	

6.5.3.3 袋装沙棱体堤身施工

本工程围堤袋装沙内外棱体堤身由吹泥船直接吹填灌袋。

通长充泥管袋铺设达到设计高程后,采用吹泥船直接灌袋。吹泥船的管线抵达围堤附近后,利用浮漂将管头上浮,在管头上安装钢质分接头,在分接头上设置支线管,具体可参见图 4-3。

施工选择低潮期施工,袋装沙外形尺寸为:厚 0.5m,宽 3~24m(与围堤结构断面相适应)。棱体以上子堰袋装沙外形厚 0.5m,宽 1.5~3.5m,沙袋长度可根据现场具体情况确定,但一般不超过 35m。

(1) 施工准备。

1) 充填袋装沙施工前,应按技术规范和设计要求采集取沙区土料样本,按《土工试验方法标准》(GB/T 50123—99)的要求做颗粒组成、含泥量及干密度等试验，合格后即可进行采沙施工。

2）编排施工作业计划报监理审批。

3）布设施工控制网点，对水下地形图进行审核和校验。如有出入，会同监理、发包方代表研究解决。

4）将监理工程师签认合格的报审材料连同审签意见单报送总监，由总监签发同意开工的意见。

(2) 施工材料。

1）透水的编织布长管袋进场应具有出厂合格证和试验报告。使用前委托有资质的检测单位对其进行性能检测，检测项目按设计要求和规范要求确定，检验合格后，报监理审查批准（见表6-23）。

表6-23　　　　　聚丙烯编织土工布物理力学指标表

质量 /(g/m²)	断裂强度 /(kN/m)	延伸率 /%	CBR顶破强度 /kN	等效孔径 O90/mm	垂直渗透系数 /(cm/s)	撕破强力 /kN
≥160	纵不小于30	纵小于24	>2.4	<0.13	>3×10⁻²	纵不小于0.27
	横不小于24	横小于22				横不小于0.25

2）本工程围堤袋装沙充灌和堤心吹填土沙料均在设计指定的可采区和备用沙源区采沙。灌袋土料均采用排水性好的沙土，粒径大于0.075mm以上的颗粒含量大于75%，其黏粒含量控制在10%以内，充填后，干容重达到1.45kN/m³以上。

(3) 施工控制。

1）根据结构设计确定土工布织袋尺寸。

2）透水的长管织物袋选用160g/m² 防老化编织布缝制，缝制做到顺直，针脚采用链式针脚，缝制线采用尼龙线，强度不小于150N，缝合采用"包缝"。

3）管袋在围堤横断面方向整块制作。袋装沙棱体的拼接缝制方法、所用缝线线材及缝制后的缝接强度按施工技术要求。在制作、运输、堆放过程中，注意保护不得出现破损老化。

4）充填口视充填粒径和充填能力确定，一般每16~20m² 布置1个。

5）用砂浆泵送沙料入袋。袋装沙棱体分层填充，每层（充填）厚度一般在0.5m，宽度与堤同，棱体袋长25~35m，袋体要堆叠整齐，上下层交叉排列，搭接缝错开。袋体之间做到紧靠、挤密，不出现通缝（最大缝宽不大于10mm）。棱体平均轮廓线不小于设计断面，坡面坡度符合设计要求。

6）在施工前对袋体进行检查，确保袋体无破损。

7）管袋施工时，要及时进行外侧反滤层及抛石施工，防止袋体遭受水流淘刷或波浪冲击。

8）在施工过程中，派专人现场观测，监视地基的变化，发现问题，及时调整速率和进程，必要时采取应急措施。

6.5.3.4 堤心沙吹填施工

围堤堤心沙吹填采用吸、运、吹施工方式，采沙船采沙至沙驳，沙驳将沙料运至吹泥船或泥浆泵定位船，用泥浆泵将沙驳的沙吹到堤身，完成堤身吹填。

(1) 施工材料。

1) 本工程堤身填筑用沙由采沙船自备用沙源区取沙吹填，吹填沙要求粒径大于 0.075mm 的颗粒超过 75%，黏粒（粒径小于 0.005mm）含量小于 12%。

2) 申请并取得有关部门的采沙许可证。

3) 开工前，首先对料场进行复查，根据复查资料，对料场开采进行详细规划，将规划报告报甲方及监理批准。

4) 进场后按照设计图示、甲方及监理指定的取料区中取料，在施工过程中，若因采沙区储量及沙质不满足要求，或应有关部门要求，需对上述沙源区进行调整时，按合同专用条款进行变更。

5) 按甲方和监理工程师批准的施工作业方法和措施进行吹填取沙施工。

6) 施工中注意保护河势、保障河道航运，尽可能减少对河势及航运的影响。

7) 所有开挖料排至设计图纸所示的围滩吹填区域、甲方和监理工程师指定的区域，严禁在现有河道随意抛弃任何开挖料。

(2) 标志设立。为保证工程质量、施工安全，标志按下列要求设立。

1) 施工前对甲方提供的测量控制点、水准点进行查对复核。对丢失的控制点、水准点补全，必要时增设辅助导线。

2) 取土位置布设浮标显示。

3) 围堤施工区域按规定位置设置、维护及拆除临时水位尺，水位尺以 225mm×50mm 硬木做成，尺身涂 3 层油性漆油，尺上最小刻度 0.1m，其他满足规范要求。

4) 在取沙区通往施工区、避风锚地的航道上，设置临时性航标，指示航行路线。

5) 在水道狭窄、航行条件差、船舶转向困难时，在转向区设转向标志。

6) 在避风区域内设置泊位标，在岸上埋设带缆桩或在水上设置系缆浮筒，以利船舶紧急停靠。

(3) 吹填施工。

1) 在规定的取沙区采用采沙船取沙。

2) 吹填沙要求粒径大于 0.05mm 的颗粒超过 50%，黏粒（粒径小于 0.005）含量小于 10%。

3) 吹填沙工程质量按标书及《江苏省水利工程施工质量检验评定标准》（苏水科〔2002〕1 号）进行控制。

6.5.3.5 沙肋软体排施工

(1) 沙肋软体排准备。本工程围堤护底结构主要采用沙肋软体排结构，沙肋软体排由一层复合土工布和 φ30cm 的沙肋组成，具体按下列要求准备。

1) 复合土工布的规格、尺寸及其物理、力学和渗透性指标符合设计要求。机织布均备有出厂合格证和抽样试验报告。对存放超过 5 个月或已出现老化现象的土工布一律不得使用。

2) 复合土工布和沙肋的设计指标要求满足施工图纸中指标要求。

3) 沙肋软体排的尺寸根据图纸和现场环境条件、设备条件而定。

4）为了保证沙肋软体排的整体性能，垂直于围堤轴线方向不准搭接或缝接，平行于堤轴线方向允许搭接或缝接，搭接宽度不小于300cm，缝接采用包缝，不得采用包缝。

5）沙肋软体排水下铺设时，保证定位准确，及时用袋装碎石压边固定。

6）沙肋软体排铺设时力求平整，不宜拉得过紧。

7）加筋带和机织布采用35支3股绵纶线缝制而成，每隔1.5m留有ϕ28cm的空隙，以穿ϕ30cm沙肋，加筋带宽5cm。沙肋软体排的尺寸根据图纸和现场环境条件、设备条件而定。软体排排布为260g/m^{2}机织布、沙肋为230g/m^{2}机织布。

8）龙口段连锁块软体排排布采用380g/m^{2}的复合土工布上系结0.48m×0.48m×0.12m的混凝土连锁块，由230g/m^{2}丙纶长丝机织布与150g/m^{2}涤纶短纤无纺布复合。

机织布物理力学指标见表6-24。

表6-24　　　　　　　　　　　机织布物理力学指标表

单位质量/(g/m^2)	断裂强度/(kN/m)	延伸率/%	CBR顶破强度/kN	等效孔径O90/mm	垂直渗透系数/(cm/s)	撕破强力/kN
≥260	纵不小于65	纵小于32	>6	<0.1	>3×10^{-3}	纵不小于1.1
	横不小于58	横小于28				横不小于1.0
≥230	纵不小于55	纵小于32	>5	<0.1	>3×10^{-3}	纵不小于1.1
	横不小于50	横小于28				横不小于1.0
≥380	纵不小于50	纵小于35	>5	<0.07	>1×10^{-3}	纵不小于0.9
	横不小于52	横小于28				横不小于0.9

（2）沙肋软体排施工。本工程软体排主要为堤身沙肋软体排，工程量为12.6万m^3，主要作为镇脚外护脚抛石下防护层。因堤身软体排顶部压在C20埋石混凝土镇脚下面，下部自围堤袋装沙堤脚向外延伸。软体排在-1.4m以上铺设，计划采用定位船结合人工铺设。

1）主要施工程序。软体排制作→固定岸侧铺排边线→铺排船船就位→软体排就位→充填沙肋袋→沉放软体排→软体排上复抛加固沙肋袋。

2）主要施工方法。将满足设计要求的沙肋软体排缝制好后运到现场后，采取以下措施。

A. 按照图纸尺寸，将软体排的岸侧铺设边线用竹竿做好标记。

B. 在软体排的岸侧用直径5cm的钢管将软体排的岸侧边固定，并将岸侧两个角拉紧，把软体排的岸侧加固住。

C. 吹沙泥浆泵自岸侧进行沙肋充填，将软体排的另一侧采用工作船固定在江侧，发电船固定在趸船上。

D. 连接吹沙泵，在岸上充填第1个沙肋，充盈度达到85%。充填第2、第3个沙肋，待其充盈达到要求后，将袋口扎牢。

E. 依次充填其他沙肋袋。

3）施工技术措施。

A. 软体排由加工厂按照设计要求的尺寸和技术参数缝制完成，长度按现场实测地形而定，不得径向拼接。

B. 在现场采用砂浆泵自沙驳取沙充灌沙肋。

C. 软体排运到现场后，先在岸上固定软体排，然后采用定位船将软体排拉伸摊铺在一级坡上，然后从上而下充灌沙肋，软体排尽量在低潮和无潮时铺设，围堤外侧用 2 条工作船定位，将软体排外侧二脚固定在工作船上，并经常测量定位船的位置，保证软体排位置准确，并经常测量块间搭接情况。排体沉放后再用输泥管插入缝制时预留的 3m 袖口，将剩余的沙肋袋吹满，用来固定软体排。

D. 摊铺时灌一节铺一节，由高到低，方向由堤脚向河床，顺水流铺设，船边设一浮排，作为排体铺设、固定、填充及下滑的工作平台。船在陆上测量人员的指挥下，通过锚泊系统调整船位，使中心线对准排体铺设中心线。由低而高充填，灌一节铺一节，同时船沿排体中心线缓缓向江心移动，顺堤从下游向上游一块压一块依次下沉。排体搭接宽不小于 2m。

(3) 铺设质量检查。会同监理人进行以下各项的质量检查，检查记录报送监理人。

A. 沙肋软体排工程中所用的机织布、复合土工布指标按监理人指示和施工图纸中指标要求进行物理力学性质和外形尺寸的检查。

B. 沙肋软体排工程中，排体搭接宽度及长度按监理人指示和施工图纸中的要求进行检测。

6.5.3.6 龙口合龙

(1) 龙口设置。本标段龙口位于东侧堤中部，桩号 L2＋283～L2＋463，龙口宽 180m，滩面保护采用混凝土连锁块软体排铺设，软体排布采用 $380g/m^2$ 的复合土工布，由 $230g/m^2$ 的丙纶长丝机织布与 $150g/m^2$ 的涤纶短纤无纺布复合。本工程龙口合龙从 2011 年 2 月 25 日开始，2011 年 3 月 10 日完成。

(2) 龙口的构筑。在龙口构筑前，首先按照设计施工好龙口两侧的袋装沙泥库，泥库作为合龙用沙取沙池，同时兼作安全施工平台，为施工人员提供应急避险场地，并作为合龙时施工机械设备的安置场地。

龙口基础铺设软体排保护，软体排较一般断面加宽，排体全断面采用复合布，软体排采用混凝土连锁块软体排，排体采用机织复合布，采用混凝土连锁块压载。软体排尺寸为 200m×137.046m，软体排在龙口两侧各压在泥库袋装沙下 10m，泥库外边坡 1∶3，采用厚 400mm 理砌块石护坡，软体排在围堤中心线以外 55.958m，在围堤中心线以内 61.088m。

加筋带和机织布采用 35 支 3 股绵纶线缝制而成，软体排排布采用 $380g/m^2$ 的复合土工布，由 $230g/m^2$ 丙纶长丝机织布与 $150g/m^2$ 涤纶短纤无纺布复合。混凝土联锁块排采用 480mm×480mm×120mm 混凝土块，标号采用 C25，单片混凝土联锁块用多吊点平吊平放，吊架每个吊点吊重应控制在 300kg 以下，混凝土块连接采用 ϕ14mm 防老化丙纶绳。为了保证连锁块整体性能，垂直于堤防轴线方向不准搭接或缝接，平行于堤轴线方向允许搭接或缝接，搭接宽度 500cm，缝接采用包缝，不得采用丁缝。

沿东堤方向软体排共分为 5 块，每块宽度为 40m，每两块软体排搭接至少 5m。

在龙口合龙前，将龙口底部以上的沙袋棱体逐步向里收缩，形成台阶状，以利龙口封堵时，沙袋与沙袋的咬合，避免"通天缝"。

龙口两侧的裹头,亦用400g/m²的无纺土工布覆盖,并用块石进行理砌压护。

(3)软体排铺设。龙口软体排铺设高程-2.50m,不宜采用人工铺设,拟采用专用铺排船进行施工。

1)设备准备。项目部投入本工程实施水下软体排铺设的作业船为1000t级的铺排船。船机主要配置为:2台尾锚绞车、4台移船绞车、2台滑板提升绞车。长度为40m的φ120cm的软体排钢卷筒1根;在甲板作业面边沿设置软体排铺设专用翻板1块,滑板规格:40m×6m;起重能力为10t的桅杆式起重机一台。吃水深度1.8m,滑板长6m,利用高潮时段进行铺排作业。

2)定位。为了确保软体排铺设实际平面位置及相邻两块软体排搭接宽度满足设计要求,在利用GPS测量系统对施工船机精确定位的同时,对软体排排体入水前的平面位置进行有效预控。

铺排船采用GPS卫星水上导航系统进行水上定位,先将船上GPS卫星水上导航系统的导航图移至铺排施工的范围,然后垂直于排布轴线方向将六锚抛下,再通过现场GPS测量的卫星水上导航图移锚,将船准确地定位至要求施工的排布轴线。考虑到最后下水的那部分排布可能因水流等因素的影响,出现与下一块排搭接不到位的现象,先将每块排布末端的两个角上各系1个小锚浮,铺下一块排时,先将铺排船移至锚浮前方,保证设计水下排布达到搭接长度。

3)铺设准备。

A.卷排。软体排卷在施工船上所设置的止动卷筒上。将软体排在施工船甲板上展开后利用沙肋袋在软体排上按一定的间距进行预先压载(利用直径为300mm的沙肋进行压载);开动卷筒释放软体排并在GPS测量系统的控制下按一定的步距进行移船,实施软体排排体的沉放和铺设。

在甲板和滑板上展开排体,松开刹车,用长25m的双股丙纶绳(φ14mm)将排体末端与铺排船的滚筒上各系点所设置的钢丝绳(每0.5m一个)连接起来(见图6-16)。

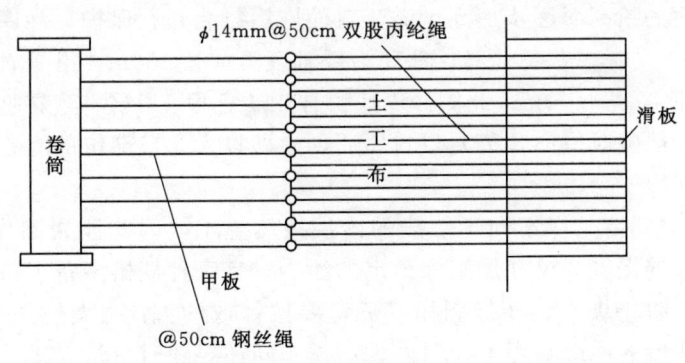

图6-16 排体上卷筒示意图

开动滚筒端部的绞车,使排体逐渐卷上滚筒。

第一步:开动滚筒端部的绞车转动滚筒,卷起钢丝绳和丙纶绳,每两条绳安排1名工人,以便随时纠正绳位,使绳位始终卷在系点左右位置,确保排体平整。

均匀卷在卷筒上。

第二步：排体上卷时，滚筒的两端各安排 2 名工人，随时纠正排体的位置，避免卷偏、卷皱，甲板上排体两侧需要 6～8 名工人整平预卷排体。

当排体端部于滑板边缘齐平时，停止滚筒作业，并将滚筒刹住。

B. 拼接。将已经卷在铺排船滚筒上的排布头部展开在甲板和滑板上。单片连锁块由运输船从加工厂运至现场并抵靠铺排船，铺排船将滑板放成水平，由船上起重机将单排连锁块吊到甲板上的复合软体排排布上，进行组装。

4）铺设。

A. 如前定位所述，配合工长指挥锚车操作人员将铺排船准确定位于排头位置。

B. 船舶就位后，经测量滑板位置满足设计边线要求时，松开滑板端部的钢丝绳，使滑板外侧缓慢下降，连锁块软体排沿滑板进入水下，直至滩面。

C. 根据滑板外边缘处到水底泥面的距离及滑下的软体排长度，计算出已沉放到泥面上的软体排长度，根据此长度确定第 1 次移船的距离，避免排体的重叠或排头定位失误。铺排船通过 GPS 卫星水上导航系统计算移动距离，平缓退船到目标位置。移船距离要略小于落在泥面上的软体排的长度，防止排头被拖移或排体撕裂。

D. 保持滑板倾角不变，释放软体排，在甲板上每次铺装的连锁块的长度，必须大于滑板端部到水下泥面的距离。通过 GPS 卫星水上导航系统移船使软体排铺设到位，当甲板上最后 1 条连锁块滑到甲板边缘时，停止移船。

E. 松开滚筒上的绳索，铺排船缓慢后移 2～3m，直至排体铺完。然后回收丙纶绳。

F. 后 1 幅排根据前 1 幅已铺设排体，在 GPS 卫星水上导航系统的导航图及前 1 幅排布最后锚浮位置，确定当前排体的平面位置。搭接部位必须预留 5m 以上的宽度，此范围内不得绑扎连锁块。

（4）合龙前准备。

1）沙库。为确保龙口一次性封堵成功，根据设计在龙口两侧、外棱体的内侧边各设置 1 个沙库，沙库采用充填袋结构围堰，每个沙库的内侧设置宽 10m 的溢流口，其顶高程随沙库内充填面的抬高而逐步加高。溢流口面层用袋装碎石保护，沙库的总库容量按合龙所需沙袋量的 1∶2 考虑贮备沙料。沙库沿堤轴线方向长 150m，沿垂直于堤轴线方向长 100m，沙库围堰顶高程 4.00m。北侧沙库底脚伸入 1 标段 111m，需要业主、设计进行调整。另外，采供沙船随时待命，待龙口封堵后，立即投入龙口部位的堤心吹填及内棱体施工，确保合龙后大堤安全。

2）沙袋。考虑到堵龙口不同于一般的沙袋棱体施工，因此沙袋制作要派专人负责。在制作沙袋时，根据提供的尺寸加工好预定的沙袋，且每种规格多备 1 份，制作时要特别保证线缝的质量，防止爆裂。沙袋制作好后，要按铺放的方向卷好，并按铺放的顺序编号，安放在龙口两侧的沙库隔堤上。另外，制作车间还要随时听从安排，制作一些不规则的找补沙袋，并要成立一个突击小分队，快速将沙袋运抵合龙现场。

3）施工机械。施工机械的正常，是龙口合龙成功的重要保障。对参加合龙的水力冲挖机组及柴油发电机进行彻底的检修，发现机械故障，立即处理，把合龙时机械故障的发生率降到最低。

拟投入 30 台套 NL150-15 型水力冲挖机组，8 台 200kW 柴油发电机组，并对机械统一编号，泥浆泵分别布置在两侧沙库中，发电机组安置趸船上。

4）合龙时段选择。本标段龙口为 1 标段、2 标段共用龙口，合同要求 2011 年 3 月 10 日前完成合龙。但是根据潮汐表，2011 年 3 月下旬为小潮汛，因此合龙时间初定在 2011 年 2 月 25—28 日进行。

（5）龙口封堵。当合龙条件全部具备时，开始进入龙口的合龙阶段。

合龙采用"平立堵"相结合的方式进行，利用小潮汛进行龙口封堵，在一个潮次内全线出水。

1）由于龙口合龙时，过水断面缩窄至 100m，水流较急，采用"先块石合龙，管袋紧跟其后"的方法十分适当。具体做法为：合龙初期在龙口位置抛石形成石垄，石垄顶宽 3~5m，顶高程 2.00m，两侧坡比 1∶2，以改善龙口的水力条件，保证合龙体不被冲蚀。

2）合龙用 30 台左右泥浆泵自备沙区内取沙，同时进行充填灌袋及进行堤心沙吹填，充填完成后立即抛石护脚。合龙分三步进行龙口部位的棱体充填堆筑。第一、第二步采用"立堵法"，第三步为"平堵法"。首先从龙口两侧向龙口中心位置进占，将宽 180m 的龙口先收缩至宽 100m，待收缩断面达到设计要求的断面后，再收缩至宽 80m，在龙口断面收缩过程中，用 $400g/m^2$ 土工布及块石、碎石袋等对收缩断面进行防护，以避免随断面的收缩、水流速度加快而使袋体遭致冲刷破坏。

3）利用小潮汛在 1~2d 内加高合龙断水。当潮流降落到至龙口顶面高程 50.00cm 左右，人可以下水作业时，集中人力，清除龙口堤身部位的护底、石笼网兜、护裹块石、碎石袋，当龙口顶部水深在 0.15m 左右，流速小于 1.0m/s 时，即铺袋充填，袋体的铺设充填固结同棱体施工。

施工时，每 3~4 台泥浆泵作为 1 个施工小组，共同充填 1 个沙袋，泥浆泵同时作业，使工作面同时上升不留缺口和产生高低差。一层结束后，输泥管同时撤出，再铺设第二层沙袋，进行充填，各小组之间相互配合协作。随着龙口棱体的上升，外侧迅速用袋装沙、袋装碎石进行防护。

4）在围堤合龙前，当通长充泥管袋施工形成一定工作面后，为避免水流直接冲刷棱体袋，在镇脚以外的管袋上采用浮吊抛投块石，形成抛石消浪棱体，棱体顶宽 5m，高度则根据每延米块石用量确定。

5）合龙成功后，为确保龙口段的安全，迅速组织力量贴着龙口段外棱体的内侧，裸吹堤心闭气土方，待龙口段内棱体形成后，进行龙口段堤心闭气土方的吹填，同时派专人巡查堤身有无渗水漏水现象，以及龙口各部位有无小管涌、顶部坍陷、滩地流泥浆、淌浑水等渗透流破坏的征兆迹象，如有立即采取有效措施，确保安全。

6）龙口巡视。龙口结构施工完后安排专人对龙口进行 24h 巡视，观测软体排排体的完好情况、沙肋的完好和饱满情况、软体排之间的搭接有效情况、软体排的移位情况。龙口两侧袋装沙棱体的完好情况、龙口附近滩地冲刷情况。

7）龙口施工的注意事项。

A. 合龙施工前，其各项准备工作一定要做好，满足合龙施工的条件：临时排水口要具有正常的排水能力、挡潮能力；堤身外棱体高程除龙口段外全线达到 4.0m，并对外棱体的迎水面进行了简易防护，内棱体达 3.0m，堤心吹填土达 3.0m，以满足龙口合龙后堤身的防渗稳定要求。围区分隔的隔堤加宽完成并满足挡水防渗和交通要求，龙口两侧的沙库沙源储备充足，抛石船已组织就绪，抛石合龙的石料已准备充分。施工机械检修完毕，并安装就位；合龙抢险物资准备充分。合龙现场组织必须严密，统一指挥，人员分工明确，专人负责机械的运行与维修，一切工作小到生活后勤供应，大到工序调整、事故处理等，必须有序进行，是确保合龙成功必要条件。

B. 合龙前，经常对龙口部位进行检查与维修，确保护底良好。

C. 合龙条件基本满足后，一定要根据气象预报选择合适的小潮汛期进行合龙，保证合龙期间潮位和潮差一日比一日小，同时在龙口断流后到下次大潮汛高潮位之前，能有更多时间来加高加固龙口，以确保合龙成功。

D. 充分发挥平堵合龙的特点，利用龙口的宽度，分散水流动力以减小合龙的难度，其关键是维护好龙口地形，不使冲刷成槽以避免水流动力集中。合龙中第三步的断流施工，袋体要分层同步上升，即充填时要保证收缩后的龙口平面上一层棱体袋全部充填完成并固结，才可以进行上一层管袋的充填。平面上棱体袋之间的高差，应控制在一层棱体袋之间，不能用进占的方式进行施工，即出现龙口两侧棱体袋迅速升高，而中部却形成窄小深沟的情况，这也将导致水流动力集中。

E. 在合龙过程中，应始终注意潮位的变化，保持龙口棱体断面的上升始终领先于相应时段潮位 0.5m 左右。

6.5.3.7 抛石护堤施工（略）

6.5.4 水库疏浚施工

库区疏浚工程，主要包括水源地内库底清淤和原长江大堤绿化隔离带内吹填等用挖泥船施工的疏浚及吹填工程。主要施工内容为：水库疏浚（管长 1~2km）381033m^3，水库疏浚（管长 2~3km）76207m^3。

(1) 施工总体布置。本标段疏浚工程主要是取输水泵站引水管线以北部分库区内的清淤及疏浚吹填工程。主要排泥区为 900m 老大堤加固范围内堤心土吹填及水库北侧的弃泥区排泥。

库区表层淤泥采用可拆装的绞吸式挖泥船排入弃泥区内，经过清淤后的库区疏浚土方采用挖泥船开挖，通过管线吹填至老大堤加固堤心吹填区内。

库区疏浚底高程为 −2.80m。

施工时采用 1 条挖泥船进行库区清表层淤泥，1 条挖泥船进行老大堤堤心吹填。

(2) 疏浚设备的选择。

1) 适用于本工程挖泥船的基本条件。鉴于本工程施工条件特殊，疏浚挖泥船必须满足以下条件。

A. 因本工程为江边水库疏浚，挖泥船可采用水路运输，也可采用陆路运输。因库区疏浚时，水库已封闭，与长江不相连接，因此挖泥船选用拼装式绞吸式挖泥船，其单个分体应在公路运输能力之内，在施工区域附近能组装下水。

B. 工程为水库清淤，质量要求高，所选设备必须能保质、按期完成该项工程。

C. 本工程排泥管线最长约 2000m，挖泥船在此排距时的生产能力必须满足产量进度要求。

D. 挖泥船开挖淤泥颗粒较小，不宜沉淀，尽可能以大的输泥流量和浓度施工。

E. 选用挖泥船的吃水应能满足疏挖区水深条件，挖深应能满足设计最大挖深要求。

2）挖泥船性能及生产能力核算。根据以上施工条件，实施时选择了 2 条 1200 型（350m³/h）绞吸式挖泥船（可拼装）投入本工程施工。

A. 挖泥船输送生产能力。根据船舶厂家资料，1200 绞吸式挖泥船在泥浆浓度为 20%时、输泥管线距离 2000m 时生产效率为 360m³/h。

根据土质情况，施工时挖泥船挖泥厚度单层按 1m 控制，选配的挖泥船绞刀长度 1.0m，有效切泥长度为 0.75m，取平均横移速度 8m/min，则挖泥生产率为 $1 \times 0.75 \times 8 \times 60 = 360 m^3/h$，与厂家资料基本吻合。

B. 时间利用率及生产能力。根据本工程施工特点，疏浚过程中，尤其疏浚过程中的清口、掏泥泵调整管线以及自然客观条件等因素的影响，确定挖泥船时间利用率为 75%，月生产能力经计算为 14.58 万 m³，其生产能力见表 6-25。

表 6-25　　　　　　　　　　挖泥船施工月生产能力表

挖泥船型号	每日工作时间/h	每月工作日/d	生产率/(m³/h)	月生产能力/万 m³
1200 型绞吸式挖泥船	18	22.5	360	14.58

本工程设计疏浚工程量 74.276 万 m³，计划施工工期 120d，共 4 个月，按实际疏挖天数 90d 计，1 条挖泥船可完成 58 万 m³ 的疏浚工程量；因此配置 2 条 1200 绞吸式挖泥船可满足工程需要。

3）设备调遣。2 艘 1200 型绞吸式挖泥船当时正在国内施工，计划在 2011 年汛后调遣至该工地。该类型船为拼装式挖泥船，可拆卸。实施时采用陆路运输至工地，先在工地水库临北堤处建了一个临时码头，采用 50t 吊车将浮箱等吊装至 50t 平板拖车上运至工地临时码头，用 2 台 50t 汽车吊协助拼装；水上管线用 20t 平板车运至临时码头，吊车吊下水后组装；陆上管线用 20t 平板拖车运至泥库沿设计主管线位置摆放，吊车配合人工连接，备用的陆上管线在临时码头临时堆放。

交通艇及机动艇等辅助设备由 40t 平板拖车运往临时码头，用 40t 吊车吊下水。

挖泥船拆装运输时间安排 3d，现场组装下水时间安排 5d，水上管线每天组装 250m，按水上最长排距 1200m 计，水上管线组装 5d。辅助船舶运输及下水时间安排 2d，整个船舶设备在 15d 内完成调遣、进行试生产。

(3) 挖泥船疏浚。（略）

6.5.5　工程效果

通过周密的组织和管理，施工过程中克服了潮水和汛期的影响，本工程按预定时间完成了围堤龙口合龙和围堤的修筑。施工过程中未发生人身伤害和设备安全事故。

参 考 文 献

［1］ 全国水利水电施工技术信息网组. 水利水电工程施工手册［M］. 北京：中国电力出版社，2002.
［2］ 交通部上海航道局. 疏浚工程手册［M］. 北京：人民交通出版社，1994.
［3］ 交通部第一航务工程局. 港口工程施工手册［M］. 北京：人民交通出版社，1994.
［4］ 刘厚恕. 国外挖泥船发展新态势［J］. 工程船舶，2009，20（6）：1-7.
［5］ 高伟，王立强. 绞吸挖泥船新型施工定位方式的探讨及优化［J］. 水运工程，2009（6）：133-136.
［6］ 马玉臣. 绞吸式挖泥船的性能及改进建议［J］. 水运工程，2004（11）：21-21.
［7］ 王望金. 提高绞吸式挖泥船施工能效的探讨［J］. 水运工程，2012（9）：190-193.
［8］ 孙宝升，谢远庆. 绞吸式挖泥船在特殊排距下的工作机理及应对措施［J］. 海河水利，2002（5）：53-53.
［9］ 王常金. 定位桩液压抓斗挖泥船的施工方法［J］. 中国水运，2010（9）：34-35.
［10］ 赵秀英. 链斗式挖泥船施工中几个问题的探讨［J］. 水运工程，1981（12）：20-22.
［11］ 甘仲龙. 提高链斗式挖泥船施工质量的管理措施［J］. 水运工程，1983（12）：41-45+24.
［12］ 刘常春. 链斗式挖泥船施工质量的控制方式［J］. 水运工程，2001（6）：35-38.
［13］ 郑志银. 利用新技术提升自航耙吸挖泥船施工效率［J］. 中国水运，2010，10（6）：221-223.
［14］ 彭建军，井绪东. 常见挖泥船疏浚特性及选型［J］. 浙江水利科技，2004（6）：87-88.
［15］ 孙超. 综合涉水工程施工安全和防污染措施研究［J］. 中国水运，2012，12（6）：125-126.
［16］ 丁玉森，等. 引进国际先进清淤技术的几点做法［J］. 江苏水利，2002（4）：37-38.
［17］ 聂芳容，段炼中，傅辉. 洞庭湖区挖泥船筑堤技术［J］. 人民长江，2000，31（1）：13-15+60.
［18］ 宋贺好. 河道整治工程中疏浚设备选型及技术探讨［J］. 丹东海工，2008（12）：37-38.
［19］ 水利电力部水利水电建设总局. 水利水电工程施工组织设计手册（土石方卷）［M］. 北京：水利电力出版社，1990.
［20］ 符朝辉，蒋继来，谢桃生. 水下炸礁工程施工工艺［J］. 中国水运，2011，11（9）：184-186.
［21］ 赵坚. 内河水下炸礁施工技术［J］. 科技风，2010（20）：195-197.
［22］ 席明军. 大型充填袋施工技术［J］. 水运工程，2009（11）：189-192.
［23］ 彭建军，井绪东. 常见挖泥船疏浚特性及选型［J］. 浙江水利科技，2004（6）：87-88.
［24］ 高大伟. 抓斗式挖泥船的施工技术［J］. 中国港湾建设，2008（5）：40-42.
［25］ 沈永科. 疏浚工程边坡质量控制［J］. 丹东海工，2008（12）：87.
［26］ 程志东. 浅谈耙吸式挖泥船施工工艺［J］. 中国水运，2012，12（7）：142-143.